慶長遣欧使節の
考古学的研究

Archaeological Study on the Keicho-era Mission to Europe (1613-1620)

佐々木和博
Kazuhiro Sasaki

六一書房

まえがき

　本書は伊達政宗がメキシコ・スペイン・ローマに派遣した慶長遣欧使節を将来品等の関係資料の検討・分析に基づいて考察し，その歴史的意義の一端を明らかにしようとするものである。

　慶長遣欧使節はその30年ほど前に派遣された天正遣欧使節と対比して論じられることがある。両使節は派遣目的やルートに大きな違いが認められるが，研究資料でもその違いは大きい。慶長遣欧使節には記録・書翰等の文字資料のほかに絵画・諸道具等の非文字資料が一定のまとまりをもって存在している。これに対して天正遣欧使節は文字資料が中心で，非文字資料はほとんどない。したがって慶長遣欧使節の研究資料の特徴は非文字資料群の存在ということができる。

　慶長遣欧使節に関する非文字資料の中核をなすのが国宝の慶長遣欧使節関係資料47点で，「ローマ市公民権証書」，肖像画，聖画・聖具，染織品，馬具，刀剣などからなる。江戸時代，これらの資料は伊達家と仙台藩切支丹所で保管され，一般の目に触れることはほとんどなかった。明治時代になりこれらの資料は廃藩置県によって宮城県に移管され，明治9（1876）年開催の宮城博覧会に出品されたことで衆目を集め，さらに天覧によって全国に周知されることになった。

　慶長遣欧使節関係資料の研究はまずラテン語で書かれた「ローマ市公民権証書」の解読ならびに紋章学的分析から始められた。その後，美術史や服飾史の研究者による絵画や染織品の研究が行われ，一方で聖具の名称の特定もなされた。しかしながら馬具・刀剣が研究の対象とされることはなかった。

　馬具は鞍・鐙・轡・四方手・野沓からなり，聖画・聖具とともに特徴的な資料群を形成している。また刀剣は《ローマ教皇パウロ五世像》とともに伊達家が直接管理していた資料である。このように見てくると馬具と刀剣は慶長遣欧使節研究において等閑視できない資料群であることが容易に理解できる。

　本書では慶長遣欧使節関係資料における馬具と刀剣を考古学的方法で分析することによって，時間的・空間的位置づけを明らかにし，それを踏まえて慶長遣欧使節との関わりの有無を含む基礎的事項を検討・考察し，その歴史的意義を指摘したい。また伊達政宗墓出土の欧州系副葬品の考古学的考察をとおして，慶長遣欧使節を派遣した伊達政宗の意図も探ってみたい。さらに慶長遣欧使節が明治期になってから周知された歴史的事跡であることから，その過程も丹念に追跡し，とくに明治新政府の積極的な関与とその背景に視点を据えて考察を試みてみたい。

慶長遣欧使節の考古学的研究

目　次

まえがき

序　章

第1節　1600年前後の日本を取り巻く国際環境 …………………………… 3
　　1. 倭寇・明・ポルトガル …………………………………………… 3
　　2. マニラ ……………………………………………………………… 4
　　3. 布教保護権と日本 ………………………………………………… 5
　　4. 江戸幕府の成立とオランダ・イギリスの参画 ………………… 7
第2節　慶長遣欧使節 ……………………………………………………… 9
　　1. 江戸幕府とスペインの通商交渉 ………………………………… 9
　　2. 伊達政宗による遣欧使節の派遣 ………………………………… 11
第3節　慶長遣欧使節の研究 ……………………………………………… 16
　　1. 特　質 ……………………………………………………………… 16
　　2. 課　題 ……………………………………………………………… 17
　　3. 本書の構成 ………………………………………………………… 18

第1部　慶長遣欧使節に対する認識過程の研究

第1章　江戸時代における慶長遣欧使節の認識

第1節　日本における慶長遣欧使節の認識 ……………………………… 23
　　1. 慶長遣欧使節帰国後の情勢 ……………………………………… 23
　　2. 仙台藩における慶長遣欧使節の認識 …………………………… 23
　　3. 幕府における慶長遣欧使節の認識 ……………………………… 30
　　4. 小　結 ……………………………………………………………… 31
第2節　欧米における慶長遣欧使節の認識 ……………………………… 33
　　1. 同時代の記録と史料群の保管 …………………………………… 33
　　2. 欧米における慶長遣欧使節の認識 ……………………………… 33
　　3. 小　結 ……………………………………………………………… 34

第2章　明治時代前期・中期における慶長遣欧使節の認識

第1節　廃藩置県と慶長遣欧使節関係品 ………………………………… 37
　　1. 明治5年の太政官諜者報告第57号 ……………………………… 37
　　2. 窪田敬輔と父・窪田潔 …………………………………………… 39
　　3. 小　結 ……………………………………………………………… 42

第2節　岩倉使節団とヴェネツィアの支倉常長文書……………………42
  1.　イタリアにおける岩倉使節団……………………42
  2.　岩倉具視以前に文書館を訪問した使節団員……………………43
  3.　岩倉具視・久米邦武の文書館訪問……………………45
  4.　実見した文書……………………46
  5.　実見した文書に対する認識……………………49
  6.　小　結……………………52

第3節　明治9年の宮城博覧会と明治天皇の東北巡幸……………………53
  1.　宮城博覧会と宮城県……………………53
  2.　明治天皇の東北巡幸と宮城博覧会……………………54
  3.　宮城博覧会で注目された陳列品……………………55
  4.　博覧会の観覧記録者等の支倉常長およびその関係品に対する認識……………………55
  5.　小　結……………………57

第4節　明治新政府による慶長遣欧使節の主導的研究……………………58
  1.　慶長遣欧使節関係品の東京への郵送……………………58
  2.　平井希昌による慶長遣欧使節の調査研究と『伊達政宗欧南遣使考』の出版………58
  3.　小　結……………………61

第5節　明治新政府の広報外交と慶長遣欧使節……………………61
  1.　『東京タイムス』 Tokio Times 第1号掲載の慶長遣欧使節記事……………………61
  2.　E. H. ハウスと平井希昌の接点……………………63
  3.　『東京タイムス』の創刊とその目的……………………64
  4.　「記事」掲載の契機とねらい……………………67
  5.　小　結……………………72

第6節　国内における慶長遣欧使節関係品の全容周知……………………73
  1.　伊達家所蔵「ローマ剣」の公開……………………73
  2.　伊達家所蔵「南蛮皇帝ノ図」の公開……………………73
  3.　小　結……………………74

第7節　国外所在の慶長遣欧使節関連資料の調査と収集……………………75
  1.　ベルシェーの史料収集と研究……………………75
  2.　日本人による慶長遣欧使節関連書状および絵画の実見……………………76
  3.　小　結……………………78

第2部　慶長遣欧使節関係資料の考古学的研究

第1章　慶長遣欧使節関係資料の研究史的検討

第1節　慶長遣欧使節関係資料の構成と藩政期における保管 …… 91
1. 構成と名称の変更 …… 91
2. 仙台藩切支丹所保管の慶長遣欧使節関係資料 …… 92
3. 伊達家所蔵の慶長遣欧使節関係資料 …… 97
4. 小　結 …… 100

第2節　慶長遣欧使節関係資料に関する研究史の考古学的検証 …… 101
1. 考古学的検証の必要性 …… 101
2. 考古学的検証の方法 …… 102
3. 慶長遣欧使節関係資料に関する研究史の型式論的検証 …… 103
4. 小　結 …… 111

第2章　慶長遣欧使節関係資料における刀剣の基礎的理解

第1節　慶長遣欧使節関係資料における刀剣 …… 115
1. 藩政期における保管 …… 115
2. 明治期における保管 …… 115
3. 失われた刀剣 …… 116

第2節　仙台カスターネの基礎的理解 …… 117
1. 固有名称の特定 …… 117
2. 観　察 …… 118
3. 基礎的考察 …… 119
4. 小　結 …… 121

第3節　仙台クリスの基礎的理解 …… 121
1. 固有名称の特定 …… 121
2. 観　察 …… 122
3. 基礎的考察 …… 128
4. 小　結 …… 132

第3章　慶長遣欧使節関係資料における馬具の基礎的理解

第1節　慶長遣欧使節関係資料における馬具 …… 136
1. 仙台藩切支丹所保管品における馬具 …… 136
2. 馬具研究の意義 …… 136

第2節　鞍の基礎的理解　137
1. 記　録　137
2. 観　察　137
3. 鞍A・Bの基礎的考察　140
4. 小　結　147

第3節　鐙の基礎的理解　148
1. 記　録　148
2. 観　察　148
3. 鐙A・Bの基礎的考察　152
4. 小　結　157

第4節　馬銜の基礎的理解　158
1. 轡之様成物　158
2. 轡之様成物と和式轡の比較　158
3. 馬銜の基本型式とその特徴　158
4. 大勒馬銜の部分名称と各部の形態　160
5. 慶長遣欧使節関係資料の大勒馬銜　161
6. 大勒馬銜の製作地域と年代および用途　163
7. 小　結　166

第5節　野沓の基礎的理解　167
1. 機　能　167
2. 記録と観察　167
3. 野沓の基礎的考察　168
4. 小　結　175

第6節　四方手の基礎的理解　175
1. 記録と観察　175
2. 四方手の基礎的考察　176
3. 小　結　181

第4章　慶長遣欧使節関係資料の歴史的位置

第1節　慶長遣欧使節関係資料の時間的・空間的位置　187
1. 時間的・空間的位置把握の意義　187
2. ローマ市公民権証書および肖像画　187
3. 聖画・聖具　188
4. 刀剣・馬具　190
5. 染織品・印章・留金具　191

6.　小　結……………………………………………………………………193
第2節　慶長遣欧使節の将来品と非将来品…………………………………………193
　　　1.　慶長遣欧使節関係資料の通説的理解とその問題点……………………193
　　　2.　慶長遣欧使節の将来品と非将来品………………………………………194
　　　3.　小　結……………………………………………………………………196

第5章　慶長遣欧使節関係資料の歴史的意義

第1節　慶長遣欧使節将来品の歴史的意義…………………………………………199
　　　1.　慶長遣欧使節将来品の二様とその意味…………………………………199
　　　2.　《ローマ教皇パウロ五世像》―伊達家所蔵の将来品―…………………199
　　　3.　仙台カスターネと仙台クリス―伊達家所蔵の将来品―………………200
　　　4.　仙台藩切支丹所保管の使節将来品………………………………………207
第2節　慶長遣欧使節非将来品の背景とその歴史的意義…………………………210
　　　1.　鞍Bと鐙B………………………………………………………………210
　　　2.　支倉常長と文禄の役………………………………………………………210
　　　3.　歴史的意義………………………………………………………………212

第3部　慶長遣欧使節関連資料の考古学的研究

第1章　瑞鳳殿出土の欧州系副葬品

第1節　瑞鳳殿の発掘と特徴的な副葬品……………………………………………219
　　　1.　瑞鳳殿の発掘調査…………………………………………………………219
　　　2.　特徴的な副葬品とその研究………………………………………………219
第2節　欧州系銀製品…………………………………………………………………220
　　　1.　出土状況と現状……………………………………………………………220
　　　2.　既往の見解とその問題点…………………………………………………222
　　　3.　類例と用途…………………………………………………………………222
　　　4.　剣帯の構成と変遷…………………………………………………………225
　　　5.　日本における剣帯関係の絵画と史料……………………………………228
　　　6.　伊達政宗と剣帯……………………………………………………………230
　　　7.　小　結……………………………………………………………………232
第3節　欧州系金製品…………………………………………………………………232
　　　1.　出土状況と現状……………………………………………………………232
　　　2.　16・17世紀のブローチ説とその問題点…………………………………234

3. リングブローチ………………………………………………235
　　　4. 特徴と用途……………………………………………………240
　　　5. 小　結…………………………………………………………241
　第4節　副葬品の構成と欧州系製品の副葬意図………………………242
　　　1. 副葬品の構成…………………………………………………242
　　　2. 欧州系製品の副葬意図………………………………………243

第2章　宮城県大和町西風の五輪塔
　　　　　　　　　たいわ　ならい

　第1節　現状と年代………………………………………………………248
　　　1. 既往の見解とその問題点……………………………………248
　　　2. 西風五輪塔にまつわる伝承…………………………………248
　　　3. 現状と特徴……………………………………………………249
　　　4. 類例と年代……………………………………………………252
　第2節　西風五輪塔の所在地と支倉常成の関係………………………260
　　　1. 富谷下ノ原村（里）の所在地………………………………260
　　　2. 常長の知行地と実父常成の切腹……………………………262
　第3節　遣欧使節の選任過程と支倉常長の新知行地…………………263
　　　1. 「三日もかかる遠隔地」にある知行地の没収………………263
　　　2. 遣欧使節の選任過程…………………………………………264
　　　3. 「三ミリオ離れた所」の新知行地……………………………266
　第4節　支倉常長墓＝西風五輪塔の可能性と先行説の問題点………267
　　　1. 常長墓＝西風五輪塔の可能性………………………………267
　　　2. 先行説とその問題点…………………………………………268
　　　3. 小　結…………………………………………………………269

あとがき　275

　挿図・挿表の出典・所蔵・制作者等　279

　索　引　285

　Summary of Archaeological Study on the Keicho-era Misson to Europe (1613-1620)　319

目次

Summary of Archaeological Study on the Keicho-era Mission to Europe (1613-1620)

Introduction
  Chapter 1. The international situation surrounding Japan from the latter half of the 16th century to the early half of the 17th century ········· 319
        2. Keicho-era Mission to Europe ········· 322
        3. Research on the Keicho-era Mission to Europe ········· 327

Part One. Research on the process of growing awareness about the Keicho-era Mission to Europe ········· 328
  Chapter 1. Awareness of the Keicho-era Mission to Europe up to the end of the Edo Period ········· 328
        2. Awareness of the Keicho-era Mission to Europe from the 1860s until 1890 ··· 330

Part Two. Archaeological research on materials related to the Keicho-era Mission to Europe ········· 332
  Chapter 1. The history of research on materials related to the Keicho-era Mission to Europe ········· 332
        2. Basic knowledge of the two swords included in the materials related to the Keicho-era Mission to Europe ········· 334
        3. Basic knowledge about the equestrian equipment included in the materials related to the Keicho-era Mission to Europe ········· 335
        4. The position of the Materials related to the Keicho-era Mission to Europe in history ········· 338
        5. The historical significance of the materials brought back by the Keicho-era Mission to Europe ········· 340

Part Three. Archaeological study of materials connected to the Keicho-era Mission to Europe ········· 342
  Chapter 1. Burial goods of European origin discovered at Zui Ho Den (the mausoleum of Masamune Date) ········· 342
        2. Gorinto, located in the Narai area of the Yoshida District of Taiwa Town, Kurokawa County, Miyagi Prefecture ········· 343

挿図・挿表目次

挿　図

[第1部]
- 第 1 図　久米邦武の支倉六右衛門署名模写……………………………………46
- 第 2 図　宮城博覧会の会場位置図………………………………………………53

[第2部]
- 第 3 図　評定所と切支丹御改所…………………………………………………93
- 第 4 図　評定所と片倉小十郎邸の位置…………………………………………95
- 第 5 図　南蛮剣……………………………………………………………………98
- 第 6 図　「帰朝常長道具考略」における類例の提示…………………………103
- 第 7 図　失われた小刀……………………………………………………………116
- 第 8 図　カスターネ柄頭の基本モティーフ……………………………………117
- 第 9 図　1765 年，オランダ軍押収のカスターネ………………………………117
- 第 10 図　仙台カスターネ…………………………………………………………118
- 第 11 図　刃根元の銀象嵌マーク・文様…………………………………………119
- 第 12 図　カスターネの象牙製柄の類例…………………………………………121
- 第 13 図　仙台クリス………………………………………………………………122
- 第 14 図　クリス剣端の形態………………………………………………………122
- 第 15 図　仙台クリスのブラボトの部分名称……………………………………123
- 第 16 図　仙台クリスの柄および基部装着金具…………………………………124
- 第 17 図　仙台クリスのウウンの文様および部分名称…………………………125
- 第 18 図　鍔の側面形態……………………………………………………………125
- 第 19 図　仙台クリスの鞘…………………………………………………………127
- 第 20 図　ウィーン国立民族学博物館所蔵のクリス……………………………129
- 第 21 図　仙台クリスのガンバルに描かれた「心臓をＸ字状に貫通する2本の矢」……130
- 第 22 図　「心臓をＸ字状に貫通する2本の矢」の類例…………………………130
- 第 23 図　鞍 A ……………………………………………………………………138
- 第 24 図　鞍 B ……………………………………………………………………139
- 第 25 図　『百科全書』図版編「馬術」掲載の鞍橋と〈鞍〉……………………140
- 第 26 図　『騎兵学校』掲載の鞍橋と〈鞍〉……………………………………141
- 第 27 図　西ヨーロッパの16世紀・17世紀の鞍橋と〈鞍〉……………………141
- 第 28 図　鞍 A の前輪鋲列………………………………………………………142
- 第 29 図　西ヨーロッパの15世紀・17世紀の鞍橋と〈鞍〉……………………143
- 第 30 図　鞍前輪頂部の円形突起…………………………………………………145
- 第 31 図　幅広の居木と居木・鞍輪の固定法……………………………………146
- 第 32 図　鞍前輪の中央部が凹む中国鞍…………………………………………147
- 第 33 図　『金城秘韞』掲載の鐙…………………………………………………148

第 34 図	鐙 A	149
第 35 図	鐙 A 鐙枝左面レリーフ	149
第 36 図	鐙 B	150
第 37 図	鐙 B 外面の象嵌文様	151
第 38 図	鐙枝をレリーフで飾る鐙	152
第 39 図	騎馬画像に見られる鐙枝のレリーフと鐙板前面中央下部の貝状突起	153
第 40 図	半獣半人像と重層するモティーフ	154
第 41 図	D 字状鐙革通しと大きな球を有する鐙	155
第 42 図	双獅戯球文および獅子戯球文	156
第 43 図	轡之様成物と和式轡の比較	158
第 44 図	馬銜の加圧箇所の違い	159
第 45 図	馬銜の諸型式	159
第 46 図	大勒馬銜の部分名称と各部の形態	160
第 47 図	慶長遣欧使節関係資料の大勒馬銜	162
第 48 図	慶長遣欧使節関係資料の大勒馬銜と各部が類似する大勒馬銜	164
第 49 図	パーキンスによる馬銜身の分類	164
第 50 図	18 世紀後半の円錐形馬銜身	164
第 51 図	野沓の装着例	167
第 52 図	慶長遣欧使節関係資料の野沓	168
第 53 図	13～17 世紀の絵画に描かれた A 型・B 型の野沓	170
第 54 図	大宰府条坊跡および鎌倉市内出土の野沓	171
第 55 図	騎西城跡出土の野沓	172
第 56 図	中国・朝鮮の鞍における野沓の存否	173
第 57 図	1590～1595 年制作のムガル細密画に描かれた鞍における野沓の存否	174
第 58 図	ヨーロッパの鞍における野沓の存否	174
第 59 図	慶長遣欧使節関係資料の四方手	176
第 60 図	四方手の諸形態	177
第 61 図	絵画資料に見られる B 型・C 型の四方手	177
第 62 図	出土した四方手	178
第 63 図	騎西城武家屋敷跡出土の四方手	179
第 64 図	中国における四方手の存否	179
第 65 図	インドおよびヨーロッパの鞍における四方手の存否	180
第 66 図	イギリスのリットルコートハウス武器・武具コレクションに含まれる〈鞍〉	181
第 67 図	ローマ市公民権証書	187
第 68 図	油彩肖像画	188
第 69 図	ロザリオの聖母像	189
第 70 図	祭服（カズラ）	189
第 71 図	十字架及びメダイ	190
第 72 図	マント及びズボン	191
第 73 図	壁掛	192

第 74 図	スペイン・ハプスブルク朝国王肖像画に見る襞衿の変遷	192
第 75 図	《パウロ5世像》	200
第 76 図	ジャワ島バンタムの大市場	202
第 77 図	《アレキサンダー・ポパム大佐騎馬像》	203
第 78 図	フェリペ3世から義母マリアに贈られたクリス	204
第 79 図	慶長の役における明軍軍器に見られる双獅戯球文	211
第 80 図	文禄の役における明軍の前輪が凹む鞍	211

[第 3 部]

第 81 図	銀製品の出土位置	221
第 82 図	伊達政宗墓出土の銀製品	221
第 83 図	イギリス・オランダの提鐶付バックル	223
第 84 図	剣帯の部分名称	225
第 85 図	腰剣帯固定型の剣吊袋	226
第 86 図	着脱用鉤付の剣吊袋	226
第 87 図	銃兵の剣帯	226
第 88 図	腰剣帯中央部取付け型の吊帯	226
第 89 図	腰剣帯右脇取付け型の吊帯	227
第 90 図	肩剣帯	227
第 91 図	南蛮屏風に描かれた剣帯（1）	228
第 92 図	南蛮屏風に描かれた剣帯（2）	228
第 93 図	革袋（欧州系金製品）の出土状況	233
第 94 図	欧州系金製品	233
第 95 図	ティムールに扮したエドワード・アレン	234
第 96 図	リングブローチの部分名称	236
第 97 図	フレームに穿孔した例	236
第 98 図	リングブローチの着用法（1）	237
第 99 図	リングブローチの着用法（2）	237
第 100 図	ベレンガリアのリングブローチ	238
第 101 図	貴石受座をもつリングブローチ	238
第 102 図	ドン・ベレンゲール・デ・プイグベルトの柩像	239
第 103 図	欧州系金製品に類似するロンドン出土のバックル	239
第 104 図	バックルの石製鋳型	239
第 105 図	本体・留針一体型のブローチ	240
第 106 図	西風にある享保の墓碑銘	249
第 107 図	西風五輪塔の位置（A）と下の原の範囲（B）	249
第 108 図	西風五輪塔の現状	250
第 109 図	西風五輪塔の実測図	250
第 110 図	西風五輪塔の組合せ例	251
第 111 図	天皇寺五輪塔の実測図（1）	253
第 112 図	天皇寺五輪塔の実測図（2）	254

第113図　輪王寺五輪塔の実測図･･255
第114図　信楽寺跡五輪塔各輪の実測図とその組合せ例･････････････････････256
第115図　報恩寺・橋本・沢口の五輪塔の実測図･･･････････････････････････257
第116図　保福寺五輪塔の実測図･･･259

挿　表

[第1部]
第 1 表　仙台藩および江戸幕府の諸記録に見える慶長遣欧使節の基本事項に関する記述･･････････････32
第 2 表　水沢県管下の大区･･･40
第 3 表　『日本使節』掲載の天正遣欧使節関係史料目次および所蔵機関または典拠･････････48
第 4 表　『日本使節』掲載の慶長遣欧使節関係史料目次および所蔵機関または典拠･････････49
第 5 表　『米欧回覧実（日）記』明治6年5月29日条文書実見箇所の原稿段階の記述比較･･････････51
第 6 表　博覧会記事字数（A）に占める支倉関連記事字数（B）の割合･････････55
第 7 表　宮城博覧会における支倉関係品観覧記事の集成･････････････････････56
第 8 表　村上直次郎採訪の慶長遣欧使節関係史料所蔵機関･･･････････････････78

[第2部]
第 9 表　慶長遣欧使節関係資料の名称・員数の対照･････････････････････････92
第10表　慶長遣欧使節関係資料の藩政期記録への比定･････････････････････97
第11表　慶長遣欧使節関係資料の大勒馬銜の計測値･･･････････････････････161
第12表　大勒馬銜の馬銜枝長の年代的変化･････････････････････････････165
第13表　馬銜身幅と馬体高の関係･････････････････････････････････････165
第14表　大勒馬銜の飾り鋲の有無･････････････････････････････････････166
第15表　絵画資料による野沓の形態変遷･･･････････････････････････････169
第16表　慶長遣欧使節関係資料における刀剣・馬具の製作地と製作年代･････190
第17表　慶長遣欧使節関係資料の製（制）作地域･････････････････････････194
第18表　中国からマニラにもたらされた舶載商品･････････････････････････195
第19表　1650年以前にヨーロッパにもたらされ現存するクリス･･････････････203

[第3部]
第20表　伊達政宗墓副葬品の類別一覧･････････････････････････････････242
第21表　類例と西風の五輪塔からの方向および直線距離･･･････････････････252

慶長遣欧使節の考古学的研究

Archaeological Study on the Keicho-era Mission to Europe (1613-1620)

佐々木和博
Kazuhiro Sasaki

序　章

第1節　1600年前後の日本を取り巻く国際環境

1. 倭寇・明・ポルトガル

(1) 倭　寇

16世紀後半以降の日本を取り巻く国際関係を考えるとき，倭寇の存在は欠かせない。15世紀初頭から始まった日明勘合貿易により14世紀中頃に頂点に達した倭寇（前期倭寇）の活動は収束に向かう。しかし1523年の寧波の乱に勝利して日明勘合貿易を独占した大内氏が天文20(1551)年に陶氏に滅ぼされ，通交が途絶した。その直後，石見銀山が再開発され，新たな精錬技術の導入で生産量が飛躍的に増大した。このような状況下で日本銀と中国生糸の民間交易が盛んになり，再び倭寇の母胎が形成された。寧波の乱以降，明朝は1533年までの10年間に4回の海禁令を出した。しかし，逆から見ればこれは密貿易が活発であったことの証左となる。その中心となったのが倭寇（後期倭寇）である。倭寇による密貿易は無法・不法行為であり，したがって相互の信用度も低いと考えがちであるが，実は倭寇の頭領によって一定の秩序・規律・安全などが保たれた密貿易ネットワークが形成されていたのである。

(2) ポルトガルのアジア進出と明の海禁緩和

ポルトガルは16世紀初頭にインド，マラッカへ進出した直後に中国南部の屯門島（香港ランタオ島）を占拠した。1517年にはトメ・ピレスを派遣して通商貿易の公認を求めたが，中国の藩属国とされていたマラッカを占領したこと，伝統的な華夷秩序とは無縁の国であることなどにより拒絶され，1522年には明軍によってポルトガル船が屯門島から駆逐された。これ以降ポルトガルは倭寇と同様の扱いを受けることになり，拠点を寧波東方沖の双嶼島に移し倭寇と連携して密貿易に加わった。1548年，浙江巡撫・朱紈によって双嶼島を追われたポルトガルは拠点をマカオの西南西約120kmにある上川島に移した。1554年に上川島に来航したポルトガル艦隊司令官レオネル・デ・ソウザは広州の海道副使・王柏と交渉し，ポルトガル船のマカオ停泊とポルトガル人の広東での交易を認めさせた。1557年，広東官憲の依頼により沿岸の海賊討伐をした功によりポルトガル人はマカオ居留を認められ，中国における貿易拠点を確保した。

洪武帝（在位1368～1398）は倭寇禁圧を目的に1371年に海禁を導入したが，むしろ倭寇の活動は活発化し，上記のような状況を招いた。16世紀中頃になると開洋論（海禁廃止派）と海禁論（海禁継続派）との論争が繰り広げられ，前者が優勢となり1567年に明朝は海禁を緩和し漳州海澄県

からの東南アジア方面への商人の渡航と貿易を認めた。しかし日本への渡航は明の滅亡まで公認されなかった。

(3) ポルトガルと日本

ポルトガルと日本との関わりはこのような中で生まれた。1542（1543）年に倭寇の頭領・王直所有の中国船が激しい暴風雨に襲われて種子島に漂着し，同乗していたポルトガル人が鉄砲を伝えたとされる。この船はアユタヤを出港し双嶼島に向っていた。ポルトガル人は倭寇との関わりの中で日本に至ったということができる。同様に1549年，イエズス会のフランシスコ・ザヴィエル（1506～1552）もマラッカ在住の中国海賊アヴァンを強要して日本直航を実現した。ポルトガル船は1545年以降，豊後・薩摩・大隅などに来航していたが，1557年のマカオ居留公認後は日中間の仲介貿易で多大な利益を上げ，さらに1570年に大村純忠によってポルトガル船のために長崎が開港されたことにより，マカオ・長崎間の交易ルートは比較的安定したものとなった。

倭寇（後期倭寇）は1567年に明が海禁政策を緩めたこと，また豊臣秀吉が天正15（1587）年と翌年に海賊禁止令を発布して国内の海上勢力を掌握したことにより，終息に向かった。

2. マニラ

(1) スペインと日本

天正12（1584）年，マカオ商人のジャンクが平戸に入港した。船にはマニラからの托鉢修道会（フランシスコ会・アウグスティノ会）宣教師4名が乗っていた。マニラからの初来日であった。1570年，スペイン人はマニラを占領してここを首都と定め，フィリピン全諸島をスペイン領と宣言した。全諸島はフィリピン総督領とされ，ヌエバ・エスパーニャ副王領の一部とされた。したがってマニラからの宣教師の来日はスペインと日本の関係の始まりを意味することになる。

(2) フィリピン・メキシコ航路の発見

スペインがフィリピンをアジアの拠点とするためには安定した航路の発見が必須であったが，それに約40年を要した。マゼランが1521年にセブ島（フィリピン諸島）に到達し，その後フィリピン・メキシコ航路発見のための遠征隊が派遣された。サアベドラ艦隊がメキシコから出帆して1527年にミンダナオ島に，ビリャロボス艦隊もメキシコから出帆し1543年にフィリピン諸島に到着したが，両艦隊ともメキシコに戻ることができずに喜望峰経由で本国に帰還した。このようにメキシコから出帆してフィリピンに到達できてもメキシコに戻ることができなかったため，遠征隊の派遣は約20年間行われなかった。

ヌエバ・エスパーニャ第2代副王ルイス・デ・ベラスコ（在位1550～1564）は忘れかけられていたフィリピン・メキシコ航路発見のための遠征隊派遣を計画し，ミゲル・ロペス・デ・レガスピとアンドレス・デ・ウルダネタの艦隊を派遣した。ウルダネタはアジアへの遠征経験がある優れた航海者であったが，1552年に44歳で信仰に目覚めアウグスティノ会修道士となった。ウルダネタは東洋への布教実現を目指しての遠征参加であった。この艦隊は1564年11月21日にメキシコを出帆し1565年2月13日にフィリピン諸島サマール島に上陸した。その後レガスピはセ

ブ島に拠点を移し，フィリピン初代総督（1569～1572）としてフィリピン諸島の征服・植民地化を進めたが，最終的には1570年にマニラ占領を宣言し，翌年ここにアジアにおけるスペインの植民都市の建設を決定した。一方，ウルダネタはメキシコに戻る航路を発見するために1565年6月1日にセブ島を出帆した。黒潮（日本海流）と南西の風に乗り北緯40度を越えるところまで北上し，そこで北西の風を受けカリフォルニアのメンドシーノ岬に到達した。そこから北アメリカ大陸西岸に沿って南下し，1565年10月にアカプルコに入港した。

(3) ガレオン船の航路と貿易

ウルダネダの艦隊の帰還を受けて，1566年5月にアカプルコからフィリピンに向けて大型帆船のガレオン船が出帆した。これがマニラ・アカプルコ間のガレオン貿易の始まりであり，1815年までの約250年間続く。マニラ・アカプルコ間の航路について見ると，アカプルコからマニラに向かうガレオン船はまず南西方向に進み北緯12度前後で北東貿易風を受けて東に進み，グアム島に停泊後，マニラに向かうというもので，到達まで2ヵ月ほどを要した。マニラからアカプルコへの航路は黒潮と南西の風に乗って北緯35度前後まで北上し，その海域で北西の偏西風を受けて東に進み，メンドシーノ岬に達すると進路を南東に変え，大陸西岸に沿ってアカプルコを目指すというもので，5ヵ月前後を要する困難な航海であった。

ガレオン貿易に従事できたのはマニラ在住のスペイン商人だけであった。彼らはアジア諸地域からマニラにもたらされる産品や製品を仕入れ，アカプルコに輸出した。その主なものは中国の絹製品であることから，アカプルコに向かうガレオン船は「絹船」と別称されることもあった。この他に中国の陶磁器・調度品・香木・貴石，モルッカ諸島の香辛料，インドの綿製品，ペルシャの絨毯，日本の漆器なども輸出された。しかしフィリピン産品は極めて少なかった。一方，アカプルコからマニラに向かうガレオン船は銀と修道士を運んだ。南米産出の銀を商品買い付け費用や役人などの給料・生活費などに充てるためである。そのためマニラに向かうガレオン船は「銀船」といわれた。このほか本国スペインの勅令や政令，スペイン人が必要とする生活用品などが積み込まれた。また，この船には東洋での布教活動を実現するためにフランシスコ会・ドミニコ会・アウグスティノ会・イエズス会などの修道士が続々と乗り込んだ。

3. 布教保護権と日本

(1) 布教保護権

日本へのキリスト教布教はマラッカから1549年に来航したイエズス会宣教師フランシスコ・ザヴィエルを嚆矢とし，その35年後にはマニラから托鉢修道会の宣教師が来日した。前者はポルトガル王室の，後者はスペイン王室の支援を受けていた。日本はイベリアの両カトリック教国の布教活動が交錯する場所であった。

ポルトガル・スペインは15世紀に始まる海外発展の過程で異教世界への独占的な布教をローマ教皇から認可されていたと同時に同世界に航海し，征服・領有・統治・貿易などの独占的な実施も認められていた。両国はカトリック保護者の権利として①司教区の設置と教皇に対するその

司教の指名推薦，②司教区内聖職関係者の司教指名推薦，義務として①司教区とその聖職者の経済的支援，②カトリック布教への尽力が課せられていた。これが布教保護権である。

(2) トルデシーリャス条約・サラゴサ条約と日本

両国の海外進出が活発化すると勢力争いの発生が懸念され，境界線設定の必要性が生じた。両国の境界線設定は1479年のアルカソヴァス条約，1493年の教皇アレキサンデル6世大勅書を経て，1494年のトルデシーリャス条約で確定する。すなわち同条約では大西洋上のヴェルデ岬諸島の西370レーグワ（西経46度30分付近）の子午線を境界線とし，その東をポルトガル，西をスペインの潜在的領有域と定めたため，自力で征服すれば自国の植民地とすることができた。教皇ユリウス2世が1506年の大勅書でこの条約を承認したことにより，カトリック教国間で国際的な拘束力を持つことになった。

ところでトルデシーリャス条約の境界線の裏側，すなわち東半球と西半球の境界は東経133度30分付近で鳥取県西部—岡山県西部—愛媛県東部—高知県中央部を通過し，その東がスペイン，西がポルトガルの潜在的領有域となるはずであるが，これは現代的解釈であり，同条約は裏側の境界には触れていない。また緯度の計測法が創案されるのが16世紀初頭で，航海での使用が普及するのが18世紀後半であることから，裏側の境界確定は当時としては不可能であった。

マゼランの艦隊による世界周航が遂げられた1522年を機にモルッカ諸島の帰属をめぐりポルトガル・スペイン両国間で交渉が行われ，1529年にサラゴサ条約が締結された。同条約にはスペインがモルッカ諸島のすべての権利をポルトガルに黄金35万ドゥカドで売り渡すこと，モルッカ諸島の東297.5レーグワを通る子午線（東経144度30分付近）を境界線としたことなどが記されている。ポルトガルはこの子午線がトルデシーリャス条約の境界線の裏側に当たるものと解釈したのに対して，スペインは売却した地域・海域を明確にするための境界線に過ぎず，同条約の境界線の裏側はマラッカを通ると主張したことから両国間で紛糾した。結局，トルデシーリャス条約の裏側の境界域の帰属は，サラゴサ条約締結後も両国の実績と力関係が反映される形で現実的に処理された。

(3) 日本の布教保護者

日本に対する潜在的領有権を有するのはポルトガルか，それともスペインか，換言すれば布教保護権はどちらにあるのかということを教皇の勅書によって見てみたい。1576年の教皇グレゴリオ13世の大勅書にはポルトガル国王布教保護権下にマカオ司教区を創設し，その司教区に日本が含まれることが記されている。これによって日本が潜在的なポルトガル領とされたことになる。日本における貿易や布教活動で優位にたったポルトガルではあるが，1580年のスペインによるポルトガル併合で両国の航海領域での対立は一層激しいものとなった。1585年のグレゴリオ13世の小勅書には日本への布教はポルトガル船によってイエズス会だけが行え，スペイン系の修道士の日本渡航を禁じるとある。これはイエズス会の教皇に対する強い働きかけによるものであった。しかし翌1586年，フランシスコ会出身のシクストゥス5世は小勅書を発布し，フランシスコ会の日本での布教活動を認めた。さらに1600年，教皇クレメンス8世はリスボンとゴ

ア経由による日本布教をすべての修道会に認め，すでにフィリピンから日本に入国している者の退去を求める勅書を発布した。ところが1608年のパウロ5世の小勅書ではイエズス会以外の托鉢修道会修道士の渡日を認めるに至った。これは日本にはポルトガルの布教保護権のみが及ぶという従来の方針の転換を意味するものであった。

このようにしてポルトガル・スペイン両国王の布教保護権にもとづく対立が日本国内に持ち込まれた。その結果，日本でのカトリック布教に混乱を生じさせ，豊臣秀吉や徳川家康などの為政者の不信を招き，非カトリック国のオランダやイギリスの参画を許すことになった。

4. 江戸幕府の成立とオランダ・イギリスの参画

(1) 豊臣秀吉のキリスト教政策

江戸幕府成立当初のキリスト教政策は豊臣秀吉のそれを継承したもので，禁教と貿易のバランスの上に成り立っていた。秀吉は九州平定直後の天正15（1587）年6月，突然バテレン追放令を出した。これは外国人宣教師に20日以内の国外退去を命じる一方，布教に関わらない外国貿易は奨励するというものであった。バテレン追放令と同時に長崎をイエズス会から没収して直轄地とした。宣教師を追放し長崎を押さえポルトガル船による貿易を手中に収めるという秀吉の狙いが窺える。イエズス会は日本での布教経費を布教保護者としてのポルトガル国王から充分に支給されていなかったために，マカオ・日本間の貿易に深く関わり，その収入源を主に充てていた。したがってイエズス会修道士の仲介・協力を得ずにポルトガル船による貿易を行うことは事実上困難であり，秀吉は人数制限をした上で宣教師の滞在を認めるという妥協をせざるを得なかった。このような中でマニラからメキシコに向うスペイン船サン・フェリペ号が土佐・浦戸に漂着するという事態が生じた。文禄5（1596）年のことである。秀吉はこの船を日本を武力制圧するためのスペインの情報収集船だとして積荷や船員の所持品を没収し，マニラに戻した。同年，秀吉は再び禁教令を発して京都で挑発的な宣教活動をしていたフランシスコ会士など26名を捕縛し，長崎に移送して慶長元（1597）年12月に処刑した。いわゆる「二十六聖人の殉教」である。フィリピン（スペイン）との緊張関係の中，秀吉は慶長3年8月18日に死去した。

(2) 徳川家康の対外政策

徳川家康もポルトガル船によるマカオ・日本間の貿易を円滑に進めるため，イエズス会修道士の仲介・協力が必要であった。江戸時代初期におけるマカオ・日本間貿易の年総額は日本銀60万両ほどであったが，1630年代には200万両ほどとなり，この間3倍以上に増加した。一方，徳川政権は豊臣政権の正当な後継として東南アジア諸国との安定した国際関係を構築し，地域間の和平の実現を目指して17世紀前半を中心とする時期に当該国の首長やそれに準ずる者に国書を送った。特に慶長期（1596～1615）の国書数は全体の60数％を占め，徳川家康の積極的な外交姿勢が窺える。ただ明との講和交渉は慶長末年には断念せざるをえない状況にあった。このような外交関係に基づき創設されたのが朱印状携行船の安全と貿易の保護を制定した朱印船制度である。朱印船の主な渡航先は東南アジア諸国の交易センターに位置づけられる港であった。これら

の港での中国船との出会貿易は日明直接貿易が実現できない中での現実的対応であった。朱印状は日本人を中心とするものの，華人やヨーロッパ人にも発給された。

(3) 徳川家康とスペイン

　家康は西国大名の影響が強いポルトガル船による貿易を行いつつ，自領における貿易実現のためにフィリピン（スペイン）との関係改善に強い関心を寄せた。秀吉死去から2ヵ月余り過ぎた慶長3（1598）年11月，家康はフランシスコ会修道士ジェロニモ・デ・ジェズースを伏見で引見した。ジェズースは秀吉の命によってマカオに追放されマニラに戻ったが，同年5月に日本に再潜入していた。家康に召喚されたジェズースは家康がフィリピン・メキシコとの貿易を関東の港で実現すること，銀の採掘・精錬や造船のための技師の招致を望んでいることを知った。

　しかし，フィリピン総督は家康の申し出に対して期待を持たせつつ確答を避け，一方で交渉使節として托鉢修道会の修道士を派遣してキリスト教の布教を求めた。そのため交渉は遅々として進まず，浦賀にマニラからのスペイン船が初めて入港したのは慶長11（1606）年のことであった。慶長13（1608）年には着任したばかりのフィリピン臨時総督ドン・ロドゥリゴ・デ・ビベーロ・イ・ベラスコの徳川家康・秀忠宛の書状を携えたスペイン船が浦賀に入港した。ロドゥリゴはヌエバ・エスパーニャ第2代副王ドン・ルイス・デ・ベラスコの甥で，同地で行政長・総督職・総司令官職などを歴任した人物であった。書状にはマニラからの船は関東に赴くように指示すること，托鉢修道会修道士やイエズス会修道士の保護を願うことなどが記されていた。これに対して家康は総督就任を祝い，交流促進を願い，この度の浦賀入港を歓迎する意を伝えた。しかしここで留意しておかなければならないことは，家康のキリスト教に対する姿勢は当初から日本における布教禁止であったことである。慶長7（1602）年9月付フィリピン総督ペドロ・ブラボ・デ・アクーニャ宛徳川家康朱印状には外国人の居住は許すがキリスト教の布教は厳禁する旨の一項があり，1605年のアクーニャ宛家康書状にもキリスト教の布教禁止が明記されている。

(4) リーフデ号の漂着とオランダ・イギリスとの通商

　家康がスペインとの貿易実現に向けて動き始めたころ，オランダ船リーフデ号が豊後国臼杵に漂着した。慶長5（1600）年3月16日のことである。家康の指示でウィリアム・アダムスやヤン・ヨーステンらを大坂に護送し，船も大坂に回航した。そして3月30日に彼らを大坂城で引見した。このとき航海の目的や経路，オランダ・イギリスの新教国とポルトガル・スペインの旧教国との紛争を知った。イエズス会宣教師らは彼らを処刑するよう要求したが，家康はこれを黙殺して釈放し，江戸に招いた。アダムスは外交顧問となり，船大工の経験を買われて西洋式帆船の建造も行った。相模国逸見（現，横須賀市）に領地を与えられ，浦賀に屋敷をあてがわれたのはスペイン船の来航に備えるためであった。

　慶長10（1605）年，オランダ連合東インド会社の船がマレー半島中央部東岸のパタニに来航し，商館を設立したことが伝えられた。平戸藩主松浦隆信（1592～1637）と祖父鎮信（1549～1614）はオランダ貿易の拠点になることを望み，朱印状を得てリーフデ号元乗組員2名（船長クワーケルナークとサントフォールト）をパタニに送り出した。彼らは同半島南端のジョホールで艦隊と出会い，

日本との貿易が有望であることがオランダ本国に伝えられた。当時，オランダはスペインからの独立戦争（1568〜1648）の最中であった。スペインはオランダの統治は困難とみて休戦協定の締結を画策し，1609年4月に1621年までの12年休戦協定を結んだ。東インド会社は休戦協定締結前にできるだけ多くの国主・君主と通商条約を締結するよう指令し，既得権化を図った。こうした中，2隻の船が日本に向けて出帆した。2隻は慶長14（1609）年5月に平戸に入港した。松浦隆信と鎮信は歓迎し，通商許可を家康に斡旋した。一行は参府しオランダ国主マウリッツの通商を求める国書を家康に奉呈し，家康からは通商許可の朱印状が交付された。これによりオランダ連合東インド会社は平戸に商館を置き，二国間の正式交流が開始した。

イギリスとの通商関係は慶長18（1613）年から始まった。その契機の一つが1605年にイギリス東インド会社気付で出されたウィリアム・アダムス（三浦按針）の手紙であった。同社総裁トマス・スミスは1611年1月3日にイギリスを出帆した第7回東洋航海船隊のグローブ号に託したアダムスへの返事の中で商館設立のための船を日本に派遣することを伝えていた。1611年4月，同社はジョン・セーリス指揮下の第8回東洋航海船隊を派遣した。司令官セーリスはジェームズ1世（在位1603〜1625）からの国書4通を携えていた。その1通に日本の皇帝および平戸の王宛のものがあった。慶長18（1613）年5月，平戸に入港したセーリスはアダムスの紹介で家康に謁見し，ジェームズ1世の国書を奉呈し，さらに江戸城で将軍秀忠も拝謁した。アダムスの尽力によりセーリスは同年8月28日に家康から渡航朱印状を得た。

なお，セーリスは家康に謁見した翌々日の8月6日に家康に対する請願書を提出した。その中に「何方ニ而も望のみなとニ」商館を建てたいとの一項があったが，上記8月28日付朱印状では「於江戸」と局限された。これは家康がイギリス商館を江戸およびその付近に開設することを望んだためであった。しかしセーリスは商環境を考慮して商館を平戸に置くことにし，家康はそれを黙許した。

第2節　慶長遣欧使節

1. 江戸幕府とスペインの通商交渉

(1) 前フィリピン臨時総督の漂着と日本・スペイン協定案

慶長11年と13年にマニラからのスペイン船が浦賀に入港し，スペインとの通商交渉に具体的な動きが見られるようになった。そのような中の慶長14（1609）年9月3日，ガレオン船サン・フランシスコ号が上総国岩和田（現，千葉県夷隅郡御宿町岩和田）に漂着した。この船は前フィリピン臨時総督ドン・ロドゥリゴ・デ・ビベーロ・イ・ベラスコを乗せてマニラからメキシコに向けて航海していたが，暴風雨のため難破し，上総に漂着したのであった。僚船サンタ・アナ号も暴風雨のために8月14日に豊後国臼杵に避難寄港していた。ロドゥリゴは既述したように前年，家康・秀忠宛の書状を携えたスペイン船を浦賀に入港させていた。幕府はサン・フランシスコ号

の漂着を好機と捉えてロドゥリゴを歓待し，スペインとの通商交渉を行った。

ロドゥリゴは江戸城で秀忠に謁見し，さらに駿府に向かい10月2日に家康に謁見した。その翌日，ロドゥリゴは宣教師の保護，友好関係の樹立，オランダ人の放逐の3項からなる請願書を提出した。家康は前2項を認め，新な所有船によるロドゥリゴのメキシコへの送還，鉱山技師の日本派遣を提案した。ロドゥリゴは回答を保留し，帰国のために乗船を考えていたサンタ・アナ号が寄港している臼杵に向かった。その途次，京都で作成した1609年12月20日（慶長14年11月24日）付日本・スペイン協定案はフランシスコ会修道士ルイス・ソテロ（1574〜1624）によって駿府の家康のもとにもたらされた。ソテロは1610年1月21日に家康に謁見し，2月2日に家康から協定文を受領した。それは7項目からなる。すなわち①スペイン船入港地・スペイン人居住地の提供，②托鉢修道会修道士の日本居留許可，③ルソンからメキシコへの諸船の一時寄港の許可，④スペイン船の難破・損傷・修理艤装・新造船の際の一般価格での取引の許可，⑤スペイン国王・副王大使来日時の厚遇，⑥日本船舶・日本人商人のメキシコでの厚遇，⑦スペイン船舶来商品の日本人・スペイン人による代価の協定である。

(2) スペインへの使節派遣と答礼使節の来日

ソテロが家康のヌエバ・エスパーニャ副王およびスペイン国王への使節として幕府所有船でメキシコに渡航することを知ったロドゥリゴは僚船サンタ・アナ号での帰国を取り止め，新に使節としてフランシスコ会日本管区長アロンソ・ムニョスを推挙し，家康の同意を得た。慶長15（1610）年6月13日，アダムスが建造した120トンの小型帆船サン・ブエナベントゥーラ号が浦賀を解纜した。同船にはロドゥリゴおよび協定書と将軍秀忠のスペイン国王宛（レルマ公披露）朱印状を携えたムニョス，それに田中勝介らの日本人商人22名が乗船していた。同船は慶長15年9月8日（1610年11月13日）にアカプルコに安着した。

ムニョスはさらにスペインに渡った。1611年12月12日，フェリペ3世の重臣レルマ公フランシスコ・ゴメス・デ・サンドバル・イ・ロハスはインド顧問会議に日本との外交・通商について検討を依頼した。しかしイエズス会の反発，フィリピン総督フアン・デ・シルバの進言，日本におけるキリスト教の弾圧などのためフェリペ3世が返書に署名したのは2年後の1613年11月22日であった。しかも返書は贈物に対する謝辞を述べるに留まる簡略なもので，通商に関係する内容はその後もたらされたビスカイノやヌエバ・エスパーニャ副王からの日本情報を受けて削除された。この返書が同副王に送られたのは1年以上過ぎた1614年12月23日であった。

ロドゥリゴ送還の答礼遣日大使に任命されたセバスティアン・ビスカイノ（1548〜1615）はフィリピンへの航海経験があり，スペイン艦隊司令官の経歴を持っていた。ビスカイノには日本沿岸の測量図作成と金銀諸島の探検の任務も課せられていた。1611年3月22日，ガレオン船サン・フランシスコ号は6名のフランシスコ会修道士を含む50数名のスペイン人と田中勝介らの日本人商人を乗せ，アカプルコを解纜し，6月10日（慶長16年5月1日）に浦賀に着いた。ビスカイノは6月22日（同5月12日）に江戸で将軍秀忠に謁見した。その際，ルイス・ソテロが通訳を務めた。7月5日（同5月25日）には駿府で家康に謁見し，ヌエバ・エスパーニャ副王の書翰と

贈物を奉呈した。またこの時，日本の港湾測量・幕府による新船の建造・舶載品販売を許可する朱印状を得た。11月中旬から12月初旬までは三陸，1612年5月中旬から6月中旬までは浦賀から堺までの海岸線および港湾の測量を行った。

(3) メキシコ渡航の相次ぐ失敗

ビスカイノは幕府の新造船サン・セバスティアン号の進水を待たずに，1612年9月16日（慶長17年8月17日），北緯35度付近にあるとされる金銀諸島の探検をした後メキシコに向かうという計画で浦賀を出帆した。この時，ビスカイノは慶長17年6月付ヌエバ・エスパーニャ副王宛家康書翰と同年7月10日付同副王宛秀忠書翰を携えていた。両書翰には通商許可とその促進が記されていたが，家康書翰にはキリスト教の布教禁止が明記されていた。しかしビスカイノのサン・フランシスコ号は金銀諸島の探検中に嵐に遭遇して破船してしまったためにメキシコへの航海を断念し，11月7日（同10月15日）に浦賀に再入港した。

一方，幕府のサン・セバスティアン号は1612年10月3日（慶長17年9月9日）にメキシコに向けて浦賀を解纜したが，沖合1レグーア（約5.6km）で座礁してしまった。同船にはメキシコとフィリピンの通商促進のための家康・秀忠の使者としてソテロが乗船したほか，伊達政宗の家臣2名も随行していた。

サン・セバスティアン号の座礁は幕府のメキシコとの通商貿易の「座礁」をも誘発した。オランダとの貿易，ポルトガル船ノサ・セニョーラ・ダ・グラサ号襲撃沈没事件で停止していたポルトガルとの貿易再開（慶長17年9月），フィリピンや中国からの貿易船の増加によって日本の通商環境におけるメキシコの魅力は低くなりつつあった。

2. 伊達政宗による遣欧使節の派遣

(1) メキシコへの関心

伊達政宗がヨーロッパ人と初めて会ったのは慶長15（1610）年4月，江戸においてであった。その人物はスペイン人ドミニコ会宣教師ホセ・デ・サン・ハシント・サルバネス神父で，前フィリピン臨時総督ロドゥリゴが豊後に避難寄港した僚船サンタ・アナ号を訪問して江戸に戻る際に京都から同行した。同神父は宣教に資するために駿府で家康，そして江戸で秀忠に謁見することを望んでいた。政宗は同神父に会った際に自領において教会建築用地を提供する旨の約束をした。これはロドゥリゴが幕府建造船サン・ブエナベントゥーラ号で浦賀からメキシコに出帆する2ヵ月ほど前のことであった。浦賀に入港し始めたマニラからの船や上総国に漂着したガレオン船などを通して，同じ東国の太平洋側を領国とする政宗がメキシコへの関心を示したことが同神父を引見した背景にあったと思われる。

政宗をメキシコとの通商・交流実現に駆り立てたもう一つの要因として領国の地理的位置が考えられる。ガレオン船のマニラからアカプルコへの航路は黒潮（日本海流）に乗って北上し，北緯30度から40度を東流する北太平洋海流でカリフォルニアのメンドシーノ岬を目指し，その沖から沿岸を南下するというものである。黒潮は常磐沖でその流れを東に変え，北太平洋海流とな

る。政宗の遣メキシコ船サン・フアン・バウティスタ号（洗礼者ヨハネ号）が解纜した仙台領牡鹿郡月浦（現，石巻市月浦）は黒潮と親潮（千島海流）の潮目に近く，メンドシーノ岬とは 8,200km 以上もの距離はあるが，緯度差はわずか 2 度しかない。月浦は地理的に見て太平洋横断の最適地であったといえる。

(2) 対メキシコ通商構想の具体化

政宗の対メキシコ通商構想がより具体化するのは翌慶長 16（1611）年からである。ビスカイノは三陸沿岸測量のため通訳を務めるルイス・ソテロと共に仙台に赴いた。同年 10 月 6 日，政宗は仙台城で両者を引見した。11 月 5 日，三陸沿岸の港湾測量を終えて仙台城に戻ってきたビスカイノは政宗が遣メキシコへ船を建造し，スペイン国王とヌエバ・エスパーニャ副王に贈物を送り，自領内へ宣教師を受け入れる用意がある旨を家臣に伝えて参府したことを知った。これより先，ビスカイノは三陸沿岸の測量中に遣船建造のための用材伐採がすでに始められているのを見ていた。この遣船建造のその後の進捗について史料は黙して語らないが，政宗のメキシコとの通商実現を目指す意志は不変であった。それは慶長 17（1612）年 9 月 9 日に浦賀を解纜した幕府の遣メキシコ船サン・セバスティアン号に幕府の使者ルイス・ソテロに随行する形で政宗が家臣 2 名を乗船させたことからも窺える。

ビスカイノは金銀諸島探検の後にメキシコを目指すべく慶長 17 年 8 月 17 日に，また幕府の遣メキシコ船も 9 月 9 日に，それぞれ浦賀を解纜した。しかしビスカイノは嵐に遭い船が大破したためメキシコ渡航を断念して浦賀に戻ってきた。一方，幕府の遣メキシコ船も出帆直後に沖合で座礁してしまった。

(3) 遣メキシコ船の建造と派遣先の追加

ビスカイノは大破した船の修繕費と帰国費用の算段がつかずに苦慮していた。またソテロも幕府の使節としてメキシコ・スペインに渡航することに再び失敗してしまった。政宗は慶長 17 年 12 月 10 日に出府のため仙台を発駕し，21 日に江戸屋敷に到着した。政宗は出府前にサン・セバスティアン号乗船の家臣から同船座礁の報告を受け，またビスカイノの船が大破したという情報も得ていたであろう。江戸でソテロおよびビスカイノと会談し，それに基づき幕府にメキシコへの使節派遣と遣船建造の許可と協力を求めたものと思われる。慶長 18（1613）年 3 月 10 日付幕府御船奉行向井忠勝宛政宗書状は船大工の仙台派遣に対する礼状である。したがってこれ以前に幕府の許可と協力の下で遣船建造は始まっていたと見られる。

遣船の建造が進捗しつつあった頃，計画に大きな変更が生じた。使節の派遣先が当初のメキシコにスペイン・ローマが新たに加わったのである。この変更はソテロの意向を色濃く反映したものであった。その結果，メキシコまでの遣使 2 名に加え，スペイン・ローマまでの遣使の人選が急遽行われ，支倉常長（1571～1621／1622）に白羽の矢が立ったのである。支倉常長は伯父時正の養子となったが，その後時正に嫡子が誕生したため知行高を二分して 60 貫文で分家した。文禄の役では養父時正とともに政宗に従軍して朝鮮に渡海した。使節に選任された当時，常長は実父常成の罪に連座して追放・闕所の処分を受け，知行地を没収されていた。慶長 17 年頃，常成は「不

届義」により政宗に切腹を命じられ，それに連座して実子の常長も処分を受けていたのである。このことは使節選任の大きな契機となった。使節に選任されたことにより常長の知行高は60貫文に復し，知行地も遠隔の下胆沢から仙台城に近い場所に移された。

(4) サン・フアン・バウティスタ号の建造と月浦からの出帆

政宗の遣メキシコ船の建造は公儀大工与十郎が指揮する向井忠勝配下の船大工が中心となり，それにビスカイノ配下のスペイン人も加わって進められた。その船は横5間半（約10.8m）・長さ18間（約35.5m）・高さ14間1尺5寸（約28m）・帆柱16間3尺（約32.4m）・弥帆柱9間1尺5寸（約18.2m）の500トン級の船で，サン・フアン・バウティスタ号と名づけられた。造船・艤装の作業は出帆直前まで続けられた。

慶長18年9月13日（1613年10月28日），サン・フアン・バウティスタ号は仙台領牡鹿郡月浦を解纜した。乗船者は約180名であった。このうち外国人は40名でフランシスコ会神父やビスカイノ配下の船員・水夫・船大工であった。日本人は150名ほどで伊達家関係者が130名弱，向井忠勝の家人と伊丹宗味らの商人・キリシタンが各10名ほどであった。ソテロは政宗と将軍秀忠・家康の使者を兼ねるとともに同船の長官兼船長でもあった。政宗の使者は3名であった。メキシコ遣使の今泉令史と松木忠作，そしてスペイン・ローマ遣使の支倉常長である。答礼遣日大使として来日したビスカイノは一般客として乗船した。船積みされた荷は1000梱を超え，この船が通商船の性格を有していたことがわかる。

(5) 歓迎と疑念の中での旅

1614年1月25日，サン・フアン・バウティスタ号はアカプルコに入港した。3月初旬，船と積荷管理のため20数名を同地に残し，100名ほどの支倉一行はメキシコ市に向かい，3月24日に到着した。常長からヌエバ・エスパーニャ副王に慶長18年9月4日（1613年10月17日）付政宗親書が，また幕府と政宗の使節から日本との通商貿易が成立すればキリスト教に対する迫害や宣教師の追放は起こらないであろうとの主旨の覚書が副王に奉呈された。しかしビスカイノはアカプルコ入港以降，ヌエバ・エスパーニャ副王やスペイン国王に，家康や秀忠のキリスト教に対する態度に鑑み，この使節の真の目的は貿易である旨の書翰を送っていた。こうして使節一行は歓迎と疑念が混淆する中，スペイン・ローマへの旅を続けることになる。

支倉一行30名は5月8日にメキシコ市を発ちメキシコ湾のサン・フアン・デ・ウルーワ港を目指した。そして6月10日，一行はスペイン艦隊に乗ってスペインに向かった。途中，嵐を避けるためにハバナに寄港し，10月5日にスペインのサン・ルーカル・デ・バラメーダ港に着いた。10月21日にはソテロの故郷セビリアに着き，歓迎を受けた。11月25日にセビリアを発ち，1614年12月5日頃にマドリードに着いた。

(6) フェリペ3世への謁見と協定案の奉呈

国王フェリペ3世に謁見したのは1615年1月30日であった。支倉は政宗の名で派遣理由などを演述して政宗書翰と協定案（申合条々）を自ら直接国王に奉呈した。協定案は①フランシスコ会宣教師の派遣要請，②宣教師のためのノビスパンへの毎年遣船，交換用・自家用商品の積載，

③渡航するための水先案内人と船員の派遣要請，④ルソンからメキシコへの渡航船の領国来着時の厚遇と船舶の破損修理や造船に対する便宜と特典の供与，⑤領国内で新船建造用材の時価での提供，⑥貴国来航船の歓迎と自由販売の許可，⑦スペイン人領内居住時の土地と便宜の供与ならびに不和発生時のスペイン人指導者による判断の尊重，⑧対イギリス・オランダ非崇敬姿勢というものであった。この協定案ではメキシコへの遣船は宣教師を領国に招くためであり，その際積み込む商品は交換用・自家用であるとし，貿易を付随的なものとして位置づけている。

つづいてソテロが家康の名で5年前に通商条約締結を望みムニョスを使節として派遣したが，再度，多年の希望を実現するため当地に至ったと演述した。しかしこの時，国王の決定はすでに下されていた。国王は1614年12月23日付でヌエバ・エスパーニャ副王に書翰を送り，ムニョスが持参した通商条約案に対する国王返書から年1隻を日本に派遣するという内容を削除する旨を伝えていた。その結果，返書は礼状の域を出ないものとなった。この返書と贈物を携えたフランシスコ会の国王使節フライ・ディエゴ・デ・サンタ・カタリーナ神父は日本に帰帆するサン・フアン・バウティスタ号に乗り，同船は1615年4月28日にアカプルコを解纜していた。支倉一行がマドリードに到着した直後の12月23日に国王は幕府提案の日本・メキシコ間の通商を謝絶する決定をしていたのである。

(7) ソテロの国王に対する7項目の要求とその回答

ソテロは国王フェリペ3世に7項目の要求をした。すなわち①日本でのキリスト教の維持と福音の宣教のためにローマに赴く許可，②日本でのポルトガル国王任命司教以外の新司教の任命，③できるだけ多数のフランシスコ会跣足派修道士をソテロに与え，メキシコから日本に赴くための船が用意されるべきこと，④ミサ用葡萄酒・宣教用祈祷書等の書物・修道服・教会堂の装飾品などの提供，⑤同宿用宿舎と神学校に必要なものの給与，⑥奥州王との通商貿易の実現と航海士・船員等の派遣，⑦ローマへの旅費および日本への帰国旅費の支給である。これに対する国王の回答はつぎのとおりであった。①は許可する，②については日本の信者数などを見極め適切な処置をする，③についてはスペインからフィリピン諸島に20名以内の同行を認め，同諸島総督と大司教には同諸島の同派修道士を含めできるだけ多くを日本に派遣するよう書き認める，④に関して200ドゥカードを支給する，⑤に関する費用は支払わない，⑥については日本で協定どおり履行すれば認める方向で考えるが，オランダ人の日本国内からの排除が前提となる。

スペイン国王から仙台・メキシコ間貿易は日本国内からオランダ人を排除することが前提であるとの条件を示されたことにより，その実現は極めて困難なものとなった。

(8) 支倉常長の受洗

1615年2月17日，支倉は王立フランシスコ会跣足派女子修道院付属教会で受洗した。メキシコ市滞在中に随員70名ほどが受洗した際に支倉もキリスト教徒になる決心をしたが，大司教と総管区長の説得によりスペインに着くまで延期していたのである。洗礼式にはフランス国王ルイ13世王妃（フェリペ3世長女）をはじめ多くの貴顕大官が列席し，代父はレルマ公が務めた。洗礼名はフェリペ・フランシスコで，国王名フェリペとアッシジのフランシスコを組み合わせたも

のである。

(9) ローマ滞在と教皇への請願

　支倉一行のローマ行きはインド顧問会議の反対にもかかわらず国王が許可した。マドリードには8ヵ月半ほどの滞在となった。1615年8月22日にマドリードを出発し，サラゴサを経由して9月5日頃にバルセロナに着いた。9月下旬，そこから海路ジェノヴァ経由でチヴィタ・ヴェッキアに至り，目的地ローマには10月25日に到着した。支倉一行のローマ滞在は1616年1月7日までの約2ヵ月半であった。10月29日にはローマ入市式が挙行され，11月3日には教皇パウロ5世に謁見した。そこで慶長18年9月4日付の政宗書翰が朗読された。同書翰には教皇に敬意と恭順を示し，スペインとの友好を熱望していることを伝えるために家臣の支倉とソテロを派遣する旨が記されていた。11月15日，ソテロは日本人3名を伴って教皇に謁見し，畿内のキリシタン40名連署の書状を奉呈した。その書状には司教の増員・学院の増設・26殉教者の聖人化と祝日化・日本におけるソテロの重要性が記され，ソテロのローマ行きの目的が凝縮されている。11月20日には支倉を含む8名にローマ市の公民権が与えられた。

　使節は教皇に①派遣される修道士の権限・人数・人物，②司教の任命，③スペイン国王統治下の諸領国との交易などについて請願したが，スペイン国王との協議が必要という回答であった。これは教皇が同国王に布教保護権を付与しているために独自で決定をできないことを示している。なお，ここで注目しておきたいことは支倉が自身のことについても教皇に請願していることである。これに対して教皇は①支倉と家族ならびに子孫がパラティーノ伯爵および騎士に任じられることを認める，②特別に私的な礼拝所を設けることを認めると回答している。

(10) 使命達成への努力

　支倉一行は1616年1月7日，ローマを発ち，リヴォルノ（フィレンツェ）・ジェノヴァに寄港し，4月中旬にマドリードに入った。しかしスペインには日本におけるキリスト教禁教・迫害の情報がもたらされ，ソテロの評価は堕ちていった。支倉一行は早期退去を勧告され，5月初旬以前にマドリードからセビリアに向かった。6月22日，支倉の随員15名はセビリアを発ちメキシコに向かった。しかし支倉は政宗へのスペイン国王返書が直接交付されていないことを理由に乗船を拒否した。返書は7月12日に作成された。そこにはキリスト教の厚遇を切望する旨が認められていたが，メキシコとの通商貿易に関する文言はなかった。支倉とソテロは使節としての所期の目的を達するためにスペイン政府に嘆願書を提出し，マドリードのレルマ公やローマのボルゲーゼ卿に書翰を送り，セビリア市会に国王への願書を奉呈するよう嘆願書を出すなど，さまざまな努力をしたが，結実はしなかった。1617年7月4日，支倉とソテロそして随員5名はメキシコ渡航艦隊に乗船し，スペインを離れた。

(11) キリスト教禁圧下での帰国

　元和2年8月20日（1616年6月30日），サン・フアン・バウティスタ号が支倉一行を迎えるために浦賀を出帆した。同船には政宗の家臣横沢将監吉久，幕府船手奉行派遣の船頭，スペイン国王使節ディエゴ・デ・サンタ・カタリーナ神父など約200名が乗っていた。カタリーナ神父は家

康には国王書翰と贈物の奉呈はできたが，秀忠には贈物を拒否され，しかも虐待を受けて帰国した。このことを報じた1617年3月13日付のヌエバ・エスパーニャ副王書翰は同年6月20日以前に国王にもたらされた。国王は支倉一行がセビリアを発つ前に，日本における国王使節への対応やキリスト教の迫害の状況を把握していたのである。

サン・フアン・バウティスタ号の帰航はスペイン人船員抜きでは不可能であるため，迫害が激しい日本に直航することは避けマニラに向かうことになった。支倉とソテロらを乗せた同船は1618年4月2日にアカプルコを解纜し，8月10日にマニラ湾口に達した。2年後の1620年8月頃，支倉一行は日本の朱印船で長崎に向けて出帆したようである。元和6年8月20日（1620年9月22日），支倉は国王返書を持参することなく仙台に帰着した。支倉の帰着直後，政宗は領内にキリスト教禁止の高札を立てさせ，幕府にその姿勢を示した。支倉は元和7（1621）年かその翌年に死去した。

一方，ソテロは1622年9月中旬にルソン島北端のカガヤンから中国船で日本へ密航した。しかし薩摩で捕らえられ，長崎の大村牢に送られた。1624年8月25日，ソテロは処刑された。ついにスペイン国王からの返書は政宗のもとに届かなかった。

第3節　慶長遣欧使節の研究

1.　特　質

(1) 明治に蘇った慶長遣欧使節

慶長遣欧使節が周知されるようになったのは明治に入ってからである。明治9（1876）年，明治天皇が東北地方を巡幸した際に仙台で開催されていた宮城博覧会で慶長遣欧使節の関連資料を観覧したことが大きな契機となった。このことは随行した『東京日日新聞』記者・岸田吟香の「東北御巡幸記」で詳しく報じられ，広く知られることとなった。

これより先，福地源一郎は岩倉使節団の一員として米欧に渡り明治6（1873）年3月5日に浄土真宗僧の島地黙雷と共にヴェネツィアの古文書館を訪ね，天正遣欧使節関係文書と支倉六右衛門書翰を実見し，支倉書翰を写し取って帰国した。帰国後，福地は伊達政宗の海外使節派遣について尋ねてみたが誰一人これを知る者がいなかったと記している。同年5月6日，岩倉使節団から離団して帰国の途にあった木戸孝允が同館を訪問し同文書・書翰を実見した。木戸は支倉書翰を天正遣欧使節との関係で捉えていた。同年5月30日，岩倉具視・久米邦武らが同館を訪問し，支倉書翰と天正遣欧使節関係文書を実見した。岩倉・久米らの同館訪問は福地・島地，木戸に次ぐ三番目のことであった。久米は支倉書翰が天正遣欧使節の30年後のものであることから，同使節との関係はないとしたが，伊達政宗の遣使であるとの認識には至らなかった。

江戸時代，慶長遣欧使節の歴史的事跡を知る人は限られていた。仙台藩士等が記した書物や幕府が編纂した記録に散見する程度であり，仙台藩内で俗言として語られることはあっても史実を

知る人は少なかった。これは天正遣欧使節が広く知られていたこととは対照的である。慶長遣欧使節がメキシコへ向けて出帆した直後から厳しさを増した幕府のキリスト教禁圧政策，そしてそれに続くいわゆる鎖国がこの事跡を250年間，歴史の表舞台から遠ざけ，封印したのである。

(2) 慶長遣欧使節関係資料

　江戸時代における慶長遣欧使節の歴史的封印はその反面で「成果」をもたらした。仙台藩がキリシタンの嫌疑で没収したとされる同使節関係資料を同藩の切支丹所で虫干しなどをしながら厳重に保管していたのである。これらが廃藩置県によって宮城県に移管され，上記の宮城博覧会に出展されて衆目を集めたのである。現在，油彩支倉常長像・支倉宛ローマ市公民権証書・聖具・馬具等からなる旧切支丹所保管資料と旧伊達家保管の油彩パウロ五世像・刀剣は慶長遣欧使節関係資料として一括され，仙台市博物館が所蔵している。同資料は昭和41 (1966) 年に重要文化財，そして平成13 (2001) 年には国宝に指定された。同資料は慶長遣欧使節の学際的研究を可能にするものとして貴重である。

(3) 諸外国に所在する関係史（資）料

　慶長遣欧使節が訪れた地はメキシコ・キューバ・スペイン・フランス・イタリア・フィリピンに及ぶ。日本国内はもとよりこれらを含む諸外国に関連史（資）料が所蔵・保管されているのである。外国に所在する史（資）料は所在確認や邦訳など，研究資料とするまでに多くの時間と労力を費やさなければならない。しかし幸いなことに同使節に関する史料は明治42 (1909) 年3月に『大日本史料』第12編之12として東京帝国大学文科大学史料編纂掛から発行されている。西欧に所在する関係史料の原文と邦訳を多数掲載している同書は同使節研究の基本史料集として不動の地位を保ち現在に至っている。西欧に所在する関係史料の収集と邦訳は村上直次郎の超人的努力と熱意によって成し遂げられ，同書の刊行が実現した。それから1世紀を経た平成22 (2010) 年3月，『仙台市史』特別編8慶長遣欧使節が刊行された。同書には新邦訳と新史料が収められており，同使節に関する第二の基本史（資）料集の刊行といえる。

2. 課　題

(1) 慶長遣欧使節の認識過程

　慶長遣欧使節は明治に入ってから明らかになった歴史的事跡である。同使節が17世紀初めに派遣されたことから，その研究は江戸時代を中心に進められてきたといえる。したがって同使節が歴史の表舞台にどのように登場してきたかを明らかにした研究はそれほど多くはない。すなわち明治時代における同使節に関する研究過程が必ずしも詳細に明らかにされていないということである。同使節それ自体の研究ばかりではなく，周知されるようになるまでの過程を丹念に解き明かせば新たな歴史的評価を与えられる可能性が生まれる。

(2) 慶長遣欧使節関係資料の研究における問題点

　慶長遣欧使節の研究に特徴的で不可欠な資料として国宝指定の慶長遣欧使節関係資料47点がある。国内外の史料の他にこの資料群が存在することにより，複眼的・多元的研究の可能性が期

待できる。この資料群のうち旧切支丹所保管の資料がまず周知・注目され、特に油彩《支倉常長像》とローマ市公民権証書についての調査・研究が進められた。その後、服飾や銅板絵画の年代と系譜、聖具の特定などの研究が行われてきたが、刀剣や馬具はその対象とされることはほとんどなかった。したがって慶長遣欧使節関係資料は刀剣や馬具の基礎的な調査・研究がなされないまま重要文化財そして国宝に指定されたことになる。

(3) 考古学的研究の欠落

刀剣や馬具の研究が全く行われなかったのは何故だろうか。その要因の一つとして文献史学・服飾史学・美術史学からのアプローチはあったが、考古学からはなかったことが考えられる。刀剣・馬具は上記3分野の対象とはなりにくい資料であるからである。しかし刀剣は《ローマ教皇パウロ五世像》とともに旧伊達家保管資料であり、没収品とされる旧切支丹所保管資料とは保管主体・保管経緯が異なる。また馬具は旧切支丹所保管資料の中では聖具・聖画とともにまとまった一群を形成しており、同資料の歴史的評価には欠かせない資料群と考えられる。これらのことを踏まえるならば刀剣・馬具の考古学的研究は慶長遣欧使節関係資料を歴史研究の資料とするために不可欠なことであるといえる。

3. 本書の構成

(1) 第1部

支倉六右衛門書翰の「発見」を機に右大臣岩倉具視は関係史（資）料の収集と保管を指示した。イタリア人グリエルモ・ベルシェーに同国における関係史料の調査を要請し、宮城博覧会では観覧後に関係資料の東京移送を指示し、保管と研究を太政官少史の平井希昌に命じた。その成果は明治10（1877）年に刊行された2冊に見ることができる。それは平井の『伊達政宗欧南遣使考』とベルシェーの『往時イタリアに来たりし日本使節』 *La antiche ambasciate giapponesi in Italia* である。さらに明治32～35（1899～1902）年、ヨーロッパ留学中の村上直次郎にスペイン・イタリア・イギリス等での関係史料の収集をさせ、既述の『大日本史料』第12編之12を明治42（1909）年に刊行するに至った。

このように岩倉具視を中心とする明治新政府は慶長遣欧使節の史的解明に積極的に取り組んだ。この理由の解明を試みたのが第1部である。

(2) 第2部

慶長遣欧使節関係資料、その中でも特にほとんど研究が行われていない刀剣と馬具を中心に考古学的視点および方法で分析・検討し、各資料の時間的・空間的な位置を絞り込むことがまず必要である。刀剣は2口からなり、馬具は鞍2背・鐙1双1隻（3点）・轡2口・四方手1具・野沓1具からなる。具体的には各資料の特徴を型式学的視点で捉え、年代と地域を特定し、それを踏まえて各資料の組合せを明らかにするということになる。これが第一段階の基礎的作業である。つぎにそれらを同使節の動向の中に置き、歴史的な位置を定め、その意義を明らかにする。これが第二段階の作業内容となる。

これに加えて保管主体にも留意したい。これは発掘調査時の「出土状態」に該当すると考えるからである。例えば同形態・同年代の出土品であっても住居跡出土のものと墳墓出土のものとでは，出土遺構の性格を踏まえてそれぞれの解釈をしなければならないのである。このように考えると慶長遣欧使節関係資料を保管主体に視点を据えて分析・検討する意味は充分にあるといえる。

　第一段階そして第二段階の作業を経て最後に慶長遣欧関係資料の歴史的意義の把握を試みる。これが第2部である。

(3) 第3部

　第2部の視点と方法を敷衍したのが第3部である。ここでは伊達政宗墓の副葬品のうちヨーロッパ的要素をもつ2点について考古学的な視点で検討し，その副葬意図を探ることで慶長遣欧使節との関連を考える。また支倉常長の墓に関する問題については考古学的な分析を踏まえて新たな提唱を試みる。

参考文献

荒野泰典編　2003　『江戸幕府と東アジア』吉川弘文館

岩崎均史　1998　「オランダ連合東インド会社と日本」『航路アジアへ―鎖国前夜の東西交流―』 29～37頁　たばこと塩の博物館

五野井隆史　2003　『支倉常長』吉川弘文館

五野井隆史　2011　「慶長遣欧使節とルイス・ソテロ」『キリスト教文化研究所紀要』第26巻第1号　22～39頁　聖トマス大学キリスト教文化研究所

榊玲子　1998　「ガレオン貿易―東西を結んだ海上の道の軌跡―」『航路アジアへ―鎖国前夜の東西交流―』 17～28頁　たばこと塩の博物館

セーリス，ジョン（村川堅固訳）　1970　「日本渡航記」『新異国叢書』6　雄松堂書店

仙台市史編さん委員会編　2010　『仙台市史』特別編8慶長遣欧使節　仙台市

高瀬弘一郎　1977　『キリシタン時代の研究』岩波書店

高瀬弘一郎　1994　『キリシタン時代対外関係の研究』吉川弘文館

高瀬弘一郎　2002　『キリシタン時代の貿易と外交』八木書店

田中丸栄子編　2010　『三浦按針11通の手紙』長崎新聞社

ヒル，ファン　2000　『イダルゴとサムライ―16・17世紀のイスパニアと日本―』法政大学出版局

ペレス，ロレンソ（野間一正訳）　1968　『ベアト・ルイス・ソテーロ伝―慶長遣欧使節のいきさつ―』東海大学出版会

松田毅一　1969　『慶長使節―日本人最初の太平洋横断―』新人物往来社

松田毅一　1992　『慶長遣欧使節―徳川家康と南蛮人―』朝文社

第1部　慶長遣欧使節に対する認識過程の研究

第1章　江戸時代における慶長遣欧使節の認識

第1節　日本における慶長遣欧使節の認識

1. 慶長遣欧使節帰国後の情勢

　慶長遣欧使節が月浦を出帆した直後から幕府のキリスト教に対する姿勢は鮮明になった。慶長18（1613）年12月，幕府は伴天連追放之文を公布し，それを上方で実行した。その後，幕府によるキリスト教弾圧は対象地域を拡大し，その方法も強化された。元和8（1622）年には長崎で55名のキリスト教徒が火刑と斬首によって処刑されている（元和の大殉教）。翌年7月，第3代将軍となった家光は10月に江戸で50名のキリシタンを処刑した。キリシタン弾圧政策を続ける幕府はそれまで幕府直轄領に留まっていた寺請制度を寛永12（1635）年頃から全国に拡大した。こうした中で寛永14（1637）年10月，島原の乱が勃発した。この乱は藩主の過重な年貢徴収に対する百姓一揆とキリシタン弾圧を含む苛政に対する反乱が結びついた内乱で，鎮圧するまでに4ヵ月を要し，死傷した幕藩の武士は8,000人余にも達した。

　島原の乱は幕府にキリシタンが加わった一揆・内乱の怖さを認識させることとなり，キリシタン弾圧政策の画期となった。寛永17（1640）年，幕府は宗門改役を設置し，寛文4（1664）年には諸藩に宗門改役の設置を命じ，宗門改帳が作成されるようになった。

　一方，幕府はキリシタン弾圧政策に連動して宣教師の潜入などを防ぐために寛永元（1624）年にスペイン船の来航を禁止した。寛永11年からはポルトガル人の管理を目的に長崎に出島を構築し，完成後に収容した。しかし寛永16年にポルトガル船の来航を禁止するに及んで，出島は無人状態となり，寛永18年にオランダ商館を平戸から出島に移転させた。

　こうして慶長遣欧使節が帰国してから20年後，キリスト教禁止に基づく江戸幕府の海禁策（いわゆる鎖国）が完成した。そしてこの政策は200余年にわたって続けられた。

2. 仙台藩における慶長遣欧使節の認識

(1)『伊達譜』下（史料番号[1] 387）

　寛文4（1664）年，幕府は『本朝通鑑』編纂にあたり諸大名・朝廷・寺社などが所蔵する諸記録の提出を命じた。このとき仙台藩が提出したのが『伊達譜』とされる[2]。そこには慶長11（1606）年のこととして慶長遣欧使節派遣の記事が見られ，使節派遣の目的・経過・結果が記されている。目的は「政宗深悪其邪法，以為蟲賊，欲得台命以征南蛮」すなわち邪法＝キリスト教を憎み，将

軍の命を受けて南蛮を征することであったとある。そのためまず向井忠勝の水夫の協力を得て支倉常長らを国情視察のために南蛮に派遣し，支倉らは大王に謁見した。帰国後，その報告を聞いた政宗は「益願征伐焉」という気持ちになったが，幕府のキリスト教禁制により信徒がいなくなったので「竟無征蛮之挙也」となった。そして政宗作とする七言絶句を載せる。

　　　　　　嘗欲征南蛮時作此詩
　　邪法迷邦唱不終　欲征蛮国未成功　図南鵬翼何時奮　久待扶揺万里風

このように見てくると『伊達譜』には慶長遣欧使節の基本事項に関する記述が欠けていることに気が付く。例えば出帆の年月日・出帆地・目的地・乗船人数などがそれである。目的地は「南蛮」とあるが，具体性に欠ける。『伊達譜』は寺請制度が定着しつつある時期に提出されたものである。このことが記述内容に影響を与えたのであろうか。

(2)『侍衆御知行被下置御牒』巻47（史料番号1）

延宝4（1676）年から7年にかけて仙台藩が1貫文（12石）以上の武士達に知行する土地の由緒を書き出させた『御知行被下置御牒』[3] うちの侍衆の牒である。支倉常長については，孫に当たる常信が延宝5年2月3日付で提出している。寛永17（1640）年，常長の長子で当主であった常頼が家中にキリシタンがいたことの責任を問われて処刑され，改易となった。しかし四半世紀を経た寛文7（1667）年，5貫文（60石）余で再興を許された。これは再興して10年後に提出されたものである。常長については，つぎのように記している。

　　従貞山様，慶長十八年南蛮へ御使者ニ被仰付候，喜理志丹宗門ニ不罷成候得ハ，帝王江
　　御目見仕，御返事請取申儀，不罷成候付而，無是非於彼地右宗門罷成，御使者首尾能勤，
　　八ヶ年ニ而，元和六年ニ罷帰，同八年七月朔日病死仕候

常長は遣使としての職責を果たすために南蛮の地でキリスト教徒になったと記されていることが目を引く。

(3)『貞山公治家記録』巻23（史料番号47，48，49，51，53，56，58，60，62，326，328，334）

『貞山公治家記録』は仙台藩第4代藩主伊達綱村が儒臣田辺希賢（1653～1738）を編集責任者として伊達政宗の事績を編纂させたもので，元禄16（1703）年に完成した。慶長遣欧使節の基本史料の一つといえる。ここでは慶長遣欧使節に関わる7つの基本事項について，記述内容を確認することにしたい。なお基本事項のほとんどは巻23慶長18年9月15日条に記されているので，特に断りのない限り，引用は同条からのものである。

a. 出帆年月日および出帆地

「此日南蛮国ヘ渡サル黒船，牡鹿郡月浦ヨリ発ス」とあるから，出帆したのは慶長18年9月15日（1613年10月28日）で，出帆地は牡鹿郡月浦である[4]。

b. 目的地および渡航地

「南蛮国ヘ渡サル黒船」とあるから，目的地は南蛮国ということになる。この国がどこであるのかは判然としないが，「去年彼国ヨリ書信」が届き，それに対して徳川家康が「御返書ヲ以テ，商舶ノ来往ヲ許」した国であったいえる。さらに巻28元和6年8月26日条（史料番号334）には

「南蛮ノ都へ到リ，国王波阿波に謁シテ，数年逗留ス，今度呂宋ヨリノ便船ニ帰朝ス」とあるから，ルソンよりは遠くにある国で，国王は「波阿波」という名であったことがわかる。

c. 目 的

政宗の派遣目的は「其地ノ様子ヲ検察セシメ，上意ヲ経テ攻取リ玉フヘキ御内存ナリト云々」とある。つまり目的は南蛮国の事情調査であったとする。その結果を踏まえ，将軍の命令を得て南蛮に攻め入って奪い取る考えであるというものである。

d. 黒 船

政宗は「向井将監殿ト相議セラレ，去ル比ヨリ黒船ヲ造ラ」せた。用材は仙台領の気仙・東山・磐井・江刺・片浜通り（気仙沼地方）から伐り出し，向井将監が派遣した「公儀御大工」1名と同「水手頭」2名が建造にあたった。黒船の大きさは「横五間半・長十八間・高十四間一尺五寸」で「帆柱十六間三尺」，「弥帆柱」「九間一尺五寸」であった。

e. 乗船者

乗船者についてはつぎのように記している。

　支倉六右衛門并ニ今泉令史・松木忠作・西九助・田中太郎右衛門・内藤半十郎，其外九
　右衛門・内蔵丞・主殿・吉内・久次・金蔵（以上六名）ト云者差遣サル，向井将監家人十人許リ，
　南蛮人四十人許リ，都合百八十余人，其外商売人等共ニ同船ニ乗ル

乗船者は仙台藩関係者12名，向井将監家人約10人，南蛮人約40人，商売人等で合計180人余りであった。「数年　本朝ニ逗留セシ楚天呂モ帰国ス」とあることから，南蛮人約40人にルイス・ソテロも含まれていることがわかる。上記の乗船者数およびその構成から，仙台藩関係者と商売人等との合計は約130人となる。しかし「其外商売人等」とあるから約130人の大半は仙台藩関係者とみられる。

f. 船 荷

徳川秀忠から「御進物トシテ彼国へ遣サル」「御具足・御屏風等」や「商売荷物数百箇積」んだ。しかし実際はこの数を大幅に上回っていたようである。巻23慶長18年4月1日条（史料番号49）にはソテロ宛政宗書状が掲載されており，「船ニツミ候荷物之事」について記されている。それによれば政宗の荷物，「カヒタン」の荷物のほかに，向井将監の荷物が「三百コホリ」，「其外世上ヨリツミ度ト申来分，四五百コホリ」があった。このことから船荷は1,000梱を超えたことは確実である。

g. 帰 国

巻28元和6年8月26日条（史料番号334）に「今日，支倉六右衛門常長等南蛮国ヨリ帰朝ス」「今度呂宋ヨリノ便船ニ帰朝ス」とあるから，南蛮国からルソンを経由して帰国したことがわかる。同条には「南蛮国王ノ画像并其身ノ像等持参ス」とあり，画像等の将来品の存在を記している。

(4)『高祖父輝宗曾祖父政宗祖父忠宗記録抜書』（史料番号388）

第5代将軍徳川綱吉は家康の祖松平親氏から家康の天下統一までの歴史書の編纂を林信篤（1645～1732）や木下順庵（1621～1699）らに命じ，貞享3（1686）年に成稿した。これが『武徳大成記』

である。この編纂の史料とするために幕府は天和3(1683)年に諸家に家譜の書上を命じた。これを受けて仙台伊達家から貞享2(1685)年に提出されたのが『高祖父輝宗曾祖父政宗祖父忠宗記録抜書』である。

慶長遣欧使節に関してはつぎのように記されている。①南蛮へ船を遣わすことは，向井将監と相談し，船は仙台藩で用意した，②慶長18年8月15日，牡鹿郡月浦から出帆した，③乗船者は支倉六右衛門など侍約10人，向井将監関係者約10人，南蛮人約40人，総人数180余人であった，④同年8月21日に南蛮人ソテロは仙台城で政宗と面談したが，遣船に関連して仙台に来たのであろう，⑤遣船は南蛮国の様子を知るためで，それによって攻め取るつもりであると伝えられているが確かではない，⑥幕府への帰国報告として元和6年9月23日付土井利勝宛政宗書状（史料番号335）を転載する。そこには幕府の使者ソテロと一緒に行った政宗の家臣がルソンから帰国したこと，ソテロはキリシタン御法度を知りルソンに留まっていること，ソテロは南蛮からの返書を携え帰国を申し出ているが，いかに対応すべきか返事を願うことが記されている。

②の出帆月日は9月15日が正しいが，これは「真山記」によったためであろう。そのため④のように出帆後，政宗がソテロを引見したことになる。派遣目的は『伊達譜』『貞山公治家記録』巻23と同様である。⑥は幕府のキリシタン禁圧政策の強化という状況を踏まえ，幕府の南蛮遣使に添えて家臣を派遣したとして仙台藩の主体性を弱めている。

(5) 『古談筆乗』上（史料番号389）

仙台藩士の蜂屋可敬（1661～1727）が藩内外の名将偉人について記述したもので，成立は享保9(1724)年である。本書で最初に取り上げているのが慶長遣欧使節である。それによれば①遣使の目的は南蛮国への計略をめぐらせるための情報収集である，②将軍秀忠は南蛮国に種々の土産を贈り，船頭を派遣した，③支倉六右衛門と横沢将監が牡鹿郡月浦から出帆し，6年後に帰った，④横沢将監と将軍派遣の船頭が船中で死去した，⑤支倉は「南蛮王答書」とさまざまな贈物を政宗に差し出した，⑥国王の肖像画を贈ったが，国王を知らない人を信用させるために支倉の肖像画を副えた，⑦現在，肖像画2点と贈物は「官府」にあるとある。

使節出帆の時期は明記していないが，②で第2代将軍徳川秀忠に言及しているから，在任した慶長10(1605)年から元和9(1623)年の間と認識していたことがわかる。横沢将監が支倉とともに月浦を出帆したことや船中で死去したことは事実誤認であるが，ここでは将来品とその保管に関する記述が注目される。具体的に記載されている将来品は「南蛮王答書」と国王・支倉の肖像画2点であり，その保管場所は「官府」であるとする。「南蛮王答書」は「ローマ市公民権証書」，肖像画2点は《ローマ教皇パウロ五世像》と《支倉常長像》のことである。「官府」は切支丹所以前の保管場所のことなのだろうか。

(6) 『高野家記録』安永3(1774)年7月23日条（資料番号391）

高野倫兼（1701～1782）が切支丹所保管の慶長遣欧使節関係品を実見した記録である。倫兼は仙台藩の少老（若年寄）や評定役を務めた重臣で，しかも宝暦2(1752)年から同4年まで『礼儀類典』の書写事業の統括を命じられた学識豊かな人物であった。明和3(1766)年に致仕していた。

保管品実見の契機をつぎのように記している。

  南蛮江被遣候支倉六右衛門持参之品，今日風入有之，戸田典膳殿為知ニ付，統兼・武輔
  相誘，四鼓出宿相赴，典膳殿・橋本左内殿出席也，

 保管品の実見は倫兼が戸田典膳（1743〜1808）の知人であったことで実現した。典膳は同年から脇番頭と切支丹奉行鉄砲改奉行を兼任していた。倫兼と典膳の年齢差は42歳もあるが，倫兼は典膳の父隆晨との関係で幼い頃から知っていた（佐々木2006）。この記述から切支丹所保管品は支倉常長の南蛮からの持参品と認識していたことがわかる。なお実見は保存のための「風入」すなわち虫干しの際に行われた。各保管品にはそれぞれの名称と簡単な説明が付されているが，ここではその名称に括弧で国宝指定名称を併記し，対応関係を示すことにする。

  天帝像（ロザリオの聖母像），六右衛門像画（支倉常長像），紅毛横文字（ローマ市公民権証書），
  磔ハ釈迦也（十字架像），数珠二連（ロザリオ），御影と云物アリ（メダイ），小厨子（レリ
  カリオ），流黄（壁掛），上衣（祭服），敷筵にも可有之歟（縞模様布），羅紗合羽（マント及
  びズボン），馬鞍（鞍），鐙二通（鐙）

この他に「通用之金」と「墨入真鍮」があるが，国宝指定資料とは対応しない。これとは逆に国宝指定資料で記載されていないものに十字架，ディスチプリナ，テカ及び袋，メダイ残欠，轡，四方手，野沓，印章，留金具がある。

(7) 『仙台武鑑』巻12（史料番号390）

 仙台藩士の佐藤信直（1747〜1802）が著し，天明2（1782）年に成立したものである。慶長遣欧使節に関する記述内容は『仙台黄門譜』によっている。そのため出帆は慶長11（1606）年としている。ただ『仙台黄門譜』の「先従向井将監忠勝，倩得篙師十人」は「向井将監忠勝ヲシテ，彼邪法ノ師十人ヲ倩得テ，其国ノ案内者ニ可為御計策ヲ以テ」と改変されている。前者では雇ったのは「篙師」＝船頭（水夫）とあるが，後者では「彼邪法ノ師」＝宣教師となっている。その結果，その理由を説明するために「其国ノ案内者ニ可為御計策ヲ以テ」が付加されたのであろう。

 『仙台武鑑』の注目すべき記事はつぎのとおりである。

  支倉・松木・西等所持ノ具，今庁所ニアリ，怪異霊物恰如小児之戯書，記等有トイヘト
  モ暁シ難ク不可読

この記事によれば，①所持具は支倉常長ばかりではなく松木忠作や西九助等のものも含んでいる，②その所持具は現在「庁所」にある，③あやしく神秘的なものは子どもが戯れで書いたもののようであり，記録などもあるが理解し難く読めないということである。

 ①は慶長遣欧使節関係品の所有者は支倉に限らないということである。②はこの時点では切支丹所で保管されていた。それは『高野家記録』安永3（1774）年7月23日条（資料番号391）で明らかである。したがって「庁所」は切支丹所ということになろう。③は絵や記録は理解し難いものであったことがわかる。

(8) 『剣鎗秘録』巻2（史料番号392）

 佐藤信直が寛政元（1789）年に編纂した仙台伊達家の蔵刀目録である。支倉常長が伊達政宗に

献上した南蛮剣3口が記載されているが，そのうちの「石柄剣」は別項目掲載のため省略されている。3口についてはつぎのように記されている。

　　永々御由緒牒云，支倉六右衛門南蛮国江渡リ候節，持参仕，差上申候と及承候由，日野
　　鉄船・富沢快休申上候云々

『永々御由緒牒』には支倉が南蛮国から持参して政宗に献上したものであると日野鉄船・富沢快休が申していると記し，その根拠を示している。このうちの1口は「御柄木地人形天帝南蛮細工」で「御鞘黄漆塗南蛮色蒔絵」のものであり，もう1口は「御柄象牙」で「御鞘」がつく。この記述から前者は仙台クリス（クリス形剣）であり，後者は仙台カスターネ（護拳付剣）と特定できる[5]。

　この記述の信憑性を確認するために日野鉄船・富沢快休の人物像を把握する必要がある。両者共に仙台藩士で鉄船は承応元（1652）年頃から万治3（1660）年頃まで腰物奉行を務め，快休は明暦3（1657）年から延宝5（1677）年頃まで腰物役，その後元禄5（1692）年まで刀奉行を務めた。両者は17世紀中頃に刀剣関係の任にあり，それに基づく情報は信用に値する（佐々木2006）。ただ南蛮剣は支倉が将来して政宗に献上したものという記述は，行為の現象的な側面の記述としては正しいであろうが，単純に支倉から政宗への贈物と解することは，《ローマ教皇パウロ五世像》と共に数少ない伊達家所蔵の使節将来品であることから躊躇される。

(9)「支倉常長南蛮渡海始末愚考」（『金城秘韞』上）

　a. 概　　要

　仙台藩の蘭医・侍医大槻玄沢（1757〜1827）は文化9（1812）年秋，第10代藩主伊達斉宗に願い出て仙台藩切支丹所保管の支倉常長将来とされる品々を実見した。その後，この遣使の経緯を尋ねると藩からそれに関する抜書き「貞山公御治世御記録抄書」が提供された[6]。玄沢は提供された史料と保管品の実見に基づき同年に一書を著した。これが『金城秘韞』で上・下からなる[7]。

　「支倉常長南蛮渡海始末愚考」は「貞山公御治世御記録抄書」つまり『貞山公治家記録』から抜書きした原文各条に玄沢の考察を加えたものである。『貞山公治家記録』の遣使関係記事については項目ごとに既述したので，ここでは遣使に関わる基本事項を取り上げて玄沢の考察・見解を見ることにしたい。

　b. ソテロ

　「このソテロといふ者南蛮は何国の人なるにや」と自問し，数年日本滞在していることとその間の幕府の対キリスト教政策を勘案して「邪宗の南蛮にはあるまじき」とする。さらに政宗に「南蛮人阿牟自ヨリ猩々緋合羽一領献上ス」という記事から，これはイギリス人のアンジのことで，ソテロも「伊祇利須人かと」いう考えを強くする。出帆の際に将軍秀忠から「御進物トシテ彼国へ遣」わされたことと家康が「御返書ヲ以テ商舶ノ往来ヲ許」したとあることから，これらは同年に来航したイギリスへの対応を記したものと解し，最終的には「愈々伊祇利須人に相違あるまじ」とソテロ＝イギリス人説に至る。

　c. 黒船とその出帆地

　月浦は「新造船を発帆せしむべき所」として選ばれた地ではない。月浦は「蛮船漂着」「著岸

の所」であった。「漂着の船は破却し別に御船手向井殿と謀られ大船の」「新造を西洋法」で行った。その際，向井忠勝は「彼船形の造法乗廻し等のことも」ソテロから世話になった。これが玄沢の「愚考推量」である。

   d. 遣使の目的

「斥候の為に家臣を彼地方に渡海なさせ給ふ御事と知るゝなり」と記し，「耶蘇の逆賊」の偵察のための遣使であるとする。ただ「南蛮を征し攻め取り給んと志し給ふは呂宋阿媽港辺の事なるべし」とする。

   e. 南蛮の都と国王波亜波

南蛮とは「天文以来天正慶長の頃まで商舶を通じ且其国の教法を推し弘めし国々の総名」で，具体的にはゴア・マカオ・ルソンなどであるが，これらはイスパニアやポルトガルの「所領」である。さらにこれら二国の「祖国は意太里亜の邏馬」である。したがって「南蛮の都」は「イスパニア，ポルトガルの都の事か又はローマの都の事」となるが，どの都かはわからない。また「国王波亜波」はこれらの三都の王か「呂宋酋長の事」かを確認しなければ，遣使が訪れた国はわからない。ただ土井利勝宛の政宗書状に「奥南蛮へ参候」とあるので「欧羅巴州の本国まで至」ったように思われる。これが文化9年時点の玄沢の結論であった。

6年後の文政元 (1818) 年春，このことに関して玄沢は再考した。すなわち『金城秘韞』上の欄外に「戊寅春追録」とあるのがそれである。そこには「白石進呈ノ秘冊ヲ一覧」して「当時奥南蛮ト称セルハ邏馬ノ事ナリト又ローマン教化之主ヲ『パアパ』トイフ」ことを知り，「支倉ハ邏馬都マデ到」ったと記されている。

(10) 帰朝常長道具考略（『金城秘韞』下）（史料番号393）

   a. 概　要

切支丹所から提供された入記目録の順に玄沢の見解を記している。ここでは特筆すべき見解をとりあげる。なお入記目録による名称の後ろに括弧で国宝指定名称を付加することにする。

   b. 天帝御影（ロザリオの聖母像）

「マリア」が「其児契利斯督（天主教主の祖神）を抱き」「上辺にはエンゲル」「五ツを画」いているとし，聖母子像で天使が描かれていることを的確に把握している。ただ銅板油彩を「なめし皮に画きたる油絵」としている。

   c. 羊皮書翰（ローマ市公民権証書）

「羅甸といへる語」で書かれており，「ハクセクユラ，ロクヱヱモン」は読めたが，内容は不詳であるとする。末行には「千六百十五年（我元和元年乙卯）にあたるデセムビリス（彼十二月我十月十一月ノ間ナリ）十二日と記」してあることを指摘している。これは出帆3年後のことなので，支倉は「遠く羅馬といふ都府まて」来て，この書を授かったのだろうとする。1615年にローマで作成されたもので，支倉に授けた文書という基本事項を把握していることが特筆される。

   d. 鞍（木製皮張り）

類例を図示していることが注目される。鞍は「西洋鞍」で「官庫御蔵阿蘭陀献上の鞍，これと

似たり」とし，その図を掲載している。

e. 麻に而組候糸（ディスチプリナ）

「麻に而組候糸」は「宝永年中大隅国野久島へ来たりしローマ人持来たりしという」「テシヒリイナと名るものに」に似ているとし，その図を併載する。さらに「悪念の起りたる時，此縄を以て其身を打ちいたむる物之由」と記し，その用途を明らかにしている。

f. 礫杭（十字架，十字架像あるいは十字架及びメダイ）

「くろくすとか呼ひて尊重するものゝよし，唐土ニて十字聖架と訳せしハこれなるへし」とし，クロス（十字架）であることを把握している。

g. 現存しないもの

「書物 大小拾九冊」「かけ絵 四ツ」「色々板金 二拾六」など，現存しないものも記されている。「書物 大小拾九冊」は「日本紙へ認た」もので「六右衛門等覚書聞書」と思われる本である。「かけ絵 四ツ」は「日本表具」で，「其中一ツハマリアの像」である。「色々板金」は貼付されている7点の拓影からメダイと判断できる。「これ皆契利斯督の像を鋳付たる物ニ見ゆるなり，常々佩ひて崇めものにや」とする。

3. 幕府における慶長遣欧使節の認識

(1) 『寛政重修諸家譜』第12

寛政11 (1799) 年，幕府は諸大名に家譜等の提出を命じ，幕府儒官の林述斎 (1768～1841) を中心に編纂させ，文化9 (1812) 年に完成した[8]。この編纂に当たりかつて幕府が諸家に命じて提出させた家譜（貞享書上）を集録したのが『譜牒余録』で，寛政11 (1799) 年に成立した。伊達政宗関係では『高祖父輝宗曽祖父政宗祖父忠宗記録抜書之五』を載せている[9]。

慶長遣欧使節に関する記述は政宗の事跡のなかにある。その要点はつぎのとおりである。①慶長18年8月15日に将軍の命で向井忠勝と相談して造船し，ソテロを送還することになり，将軍からは「御具足御屏風をかの国にたまは」った，②同年9月15日，忠勝配下の者・支倉常長等・南蛮人総勢180余人が月浦から出帆した，③元和6年，ソテロに添えた政宗家臣の南蛮遣使がルソンから帰国した，④南蛮からの返書を持ったソテロはキリスト教禁制を知りルソンに滞留しているが，来年来日したいといっていると政宗が忠勝に言上した。

①は『高祖父輝宗曽祖父政宗祖父忠宗記録抜書之五』では出帆月日としているが，それを②で9月15日に修正している。そのため8月15日のこととして出帆までの事項がまとめられたものと考えられる。①～④に共通することは，政宗の遣使は幕府の遣使に添えたものという位置づけをしていることである。

(2) 『通航一覧』巻之185 南蛮 新伊斯把伽 部

幕府の命で大学頭林復斎らが編集した対外外交史料集で，嘉永6 (1853) 年頃に完成した[10]。永禄9 (1566) 年から文政8 (1825) 頃までを扱う。

『貞享松平陸奥守書上』すなわち『高祖父輝宗曽祖父政宗祖父忠宗記録抜書之五』の慶長18年

と元和2年8月20日を史料としている。そのため『寛政重修諸家譜』で9月15日と訂正された出帆日が再び8月15日とされている。注目されるのは渡航先を「新伊斯把儞に渡海」と明記していることである。その理由について割注でつぎのように記している。

　　貞享書上には，南蛮とのみありて，其国名をさゝされども，国師日記元和二年六月十四
　　日條に，向井将監に賜はるへき，濃毘数般渡海の御書印を書せし事見えたれは，今推考
　　してこの国の事と定む

この割注によって，金地院崇伝の『本光国師日記』に「濃毘数般渡海の御書印」とあることを根拠に渡航先を「新伊斯把儞」としたことがわかる。

ただ『通航一覧』には出帆記事はあるが，帰帆記事は見られない。

4. 小　結

慶長遣欧使節に関する記録を仙台藩と幕府とに分けて見てきたが，その基本事項についてまとめたのが第1表である。派遣目的については，仙台藩の記録は南蛮攻略の事前調査とするが，幕府側はソテロの送還としたり，目的を記載しなかったりしている。このことと関連する乗船者を見てみると商売人の乗船を記しているのは『貞山公治家記録』とそれに依拠した『金城秘韞』だけであることがわかる。つまり貿易船という側面が認識からほとんど欠落しているということである。またキリスト教宣教師や日本人のキリシタンが乗船した事実もほとんど記されていない。ソテロは単に「南蛮人」とされ，「商売人」の中に伊丹宗味などのキリシタンが含まれていることも記されていない。ただ『仙台武鑑』は「彼邪法ノ師十人ヲ倩得」とし，宣教師の存在を指摘しているが，それは典拠とした『仙台黄門譜』の「倩得篙師十人」を改変したものであるから，信憑性は低くなる。

派遣地についてみると『通航一覧』巻之185だけがノビスパニアとし，他は南蛮あるいは南蛮国とする。『通航一覧』巻之191には南蛮国はポルトガル・ゴア・マカオ・イタリア・イスパニア・ノビスパニア・ルソンなどの数国の総称とある。したがって派遣地の認識は漠然としたものであったことがわかる。ただ大槻玄沢は「国王波亜波」がローマ教皇であること，さらにローマ市公民権証書に「1615年」と「ハクセクユラ・ロクヱヱモン」が記されていることから，遣使はローマまで行ったと考えた。これは卓見といえるが，最も重要な派遣地であるスペインが認識されていないことはキリスト教禁止および海禁政策の下での限界を示しているといえる。

出帆時期は慶長18年とするものが多いが，月日については8月15日と9月15日とがあり，一定しない。また慶長11年とするものや誤った引用で寛永11年とするものなどもある。帰国時期は元和6年とするものが多い。しかしその時期を明記しないものや，6年後に帰国とするものもある。歴史記述で最も重要なことの一つは年月日の特定である。しかもこの場合は出帆時期と帰国時期という時間的な枠組みの特定であり，歴史事象を認識するための根幹に係わる事項である。それが特定できていないことは，すなわち慶長遣欧使節の時間的枠組みの認識ができていないということを意味する。

第1部　慶長遣欧使節に対する認識過程の研究

第1表　仙台藩および江戸幕府の諸記録に見える慶長遣欧使節の基本事項に関する記述

	派遣目的	派遣地	出帆時期	帰国時期	乗船者	将来品
伊達譜	南蛮攻略の事前調査	南蛮	慶長11年	年を経て帰国	向井忠勝の水夫10人，支倉・松木・西・田中及び雑類若干	―
侍衆御知行被下置御牒	―	南蛮	慶長18年	元和6年	―	―
貞山公治家記録	南蛮攻略の事前調査	南蛮国	慶長18年9月15日	元和6年8月26日	仙台藩関係者12人，向井家人約10人，南蛮人約40人，商売人，合計180余人	南蛮国王と支倉常長の画像など
高祖父輝宗曽祖父政宗祖父忠宗記録抜書＊1	南蛮攻略の事前調査とするが不確か	南蛮	慶長18年8月15日	元和6年	支倉等侍約10人，向井忠の者10人，南蛮人約40人，合計180余人	―
古談筆乗	南蛮攻略の事前調査	南蛮国	将軍徳川秀忠在任中	6年後帰国	使者は支倉六右衛門と横沢将監	南蛮王答書，諸品贈物，南蛮王と支倉の油絵
高野家記録	―	南蛮	―	―	―	切支丹所保管品
仙台武鑑＊2	南蛮攻略の調査	南蛮国	寛永11年	年を経て帰国	邪法の師10人，支倉・松木・西・田中	支倉・松木・西等の所持具
剣鎗秘録	―	南蛮国	―	―	―	南蛮剣2口
金城秘韞＊3	南蛮攻略のための偵察	南蛮国	慶長18年9月15日	元和6年8月26日	支倉等侍約10人，向井内の者10人，南蛮人約40人，商売人，合計180余人	切支丹所保管品
寛政重修諸家譜	南蛮人ソテロの送還	南蛮国	慶長18年9月15日	元和6年	向井配下の者・政宗家臣・南蛮人180余人	―
通航一覧＊4	―	ノビスパニア	慶長18年8月15日	―	政宗・向井の家人と南蛮人180余人	―

＊1　出帆月日は『真山記』に拠る
＊2　『伊達譜』に拠る。出帆時期は慶長11年を寛永11年と誤る
＊3　『貞山公治家記録』に拠る。攻略地はルソンかマカオではないかとする
＊4　『高祖父輝宗曽祖父政宗祖父忠宗記録抜書』の記事を併載する

　将来品については仙台藩の記録にのみ見られ，幕府の記録には見られない。『高野家記録』『金城秘韞』によって切支丹所保管品の全容が知られ，『貞山公治家記録』『古談筆乗』『剣鎗秘録』によって伊達家管理の《ローマ教皇パウロ五世像》と南蛮剣（仙台カスターネと仙台クリス）2口の存在が知られる。

　使節帰国から幕末までの仙台藩および江戸幕府における慶長遣欧使節に認識はキリスト教禁止・海禁政策による大きな制約を受け，基本事項─派遣目的や派遣地など─の把握が不充分なまま形成されたものであった。したがってその認識は漠然としたものにならざるをえなかったのである。将来品に関する認識も『金城秘韞』を除けば，漠然とした認識を反映して南蛮からの将来品という位置づけに留まっているといえる。

第2節　欧米における慶長遣欧使節の認識

1. 同時代の記録と史料群の保管

アマーティの『伊達政宗遣欧使節記』がイタリア語で1615年に出版された[11]。全31章で構成され，第1～15章には日本，第16・17章にはメキシコ，第18～24章にはスペイン，第25～31章にはイタリアに関する記述が見られる。キリスト教布教に関わる日本からの使節としてイタリアで関心が寄せられ，1617年には再版が出された。ドイツでは三十年戦争（1618～1648）の直前と最中の1617年と1637年に訳書が刊行されている（平田 2010）。

この他に慶長遣欧使節に関する著作はヨーロッパ各地で出版されていたことが，フランス人東洋学者のアンリ・コルディエ（1849～1925）が編纂した『日本書誌』 *Bibliotheca japonica*（1912）によってわかる[12]。このなかに「第二の日本使節」Deuxième Ambassade Japonaise の項目があり，そこには17世紀前半に出版された17タイトルが掲載されている。それを国別にみるとスペインは3（1614年2，1616年1），イタリアは5（1615年），フランスは7（1615年1，1616年4，1618年2），ドイツは2（1617年）となる。この他にメキシコの1タイトル（1626年）がある。

このように慶長遣欧使節の訪欧時およびその直後にヨーロッパ各地で集中的に出版されたことは，同使節に対する関心の高さを反映したものと考えられる。

明治42（1909）年刊行の『大日本史料』第12之12には村上直次郎がイタリア・オランダ・スペイン・イギリスの17機関で収集した200余点の史料が掲載されている。このことはヨーロッパで保管されている慶長遣欧使節関係の史料点数が日本で保管されているそれを遥かに凌駕していることを示している。

ヨーロッパ各地では慶長遣欧使節に関する出版が1614年から1618年の間に集中していることから同使節は同時期に周知されていたと考えられる。一方，最も基本となる関係史料が各機関で保存・管理されていることも注目される。

2. 欧米における慶長遣欧使節の認識

ヨーロッパにおける慶長遣欧使節に対する基本的な認識は滞欧時あるいはその直後に使節に関する著作が各地で出版されたために，その初期の段階で広く形成されていたと見ることができる。17世紀の終わりごろになると，基本認識からさらに掘り下げ使節の目的を問う著作も見られるようになる。1687年にパリで刊行されたミシェル・ル・テリエ（1643～1719）の『中国，日本，インドの新キリスト教徒と宣教師団の擁護』 *Defense des nouveaux chrestiens et des missionnaires de la Chine, du Japon, et des Indes* には「政宗がこの使節団を送ろうとした目的は，疑いもなく，ノエヴァ・エスパーニャとの交易でもたらされる利益と結びついた名声だった」「政宗がローマに使節を派遣した真の目的は，その領民を改宗させることではなくて，利害の見地か

らだったことは火を見るよりも明らかである」とし，使節は宗教的というよりは経済的な目的で派遣されたことを見抜いている（山内 1998）。

フランスの東洋学者レオン・パジェス（1814～1886）は1859年に『日本図書目録』 *Bibliographie japonaise* をパリで刊行した。ここには15世紀から1859年までに刊行された欧文著作658件の翻訳や異版など1,347タイトルと補遺・写本67タイトル，計1,414タイトルが掲載されており，ヨーロッパにおける日本史研究の基礎的情報集成の嚆矢と位置づけられている。

目録刊行から10年後の1869年から1870年にかけて『日本切支丹宗門史』*Histoire de la Religion Chrétienne au Japon depuis 1598 jusqu'a 1651, comprenant les faits relatifs aux deux cent cinq martyrs beatifies le 7 juillet 1867* が附録史料編と共に刊行された[13]。慶長遣欧使節に関する記述は第1編第15章～17章，第2編第1章・3章・5章に見られる。アカプルコ到着からマドリードまでを月日とともに要点を簡潔に記し，マドリードでのフェリペ3世への謁見や受洗については詳述している。マドリードまでと同様にマドリードからローマまでは簡潔な記述であるが，ローマ滞在中のこと―たとえば入市式やパウロ5世への謁見―はページを割いて記されている。これらの記述から慶長遣欧使節のメキシコ・スペイン・ローマでの動静を掴むことができる。ただいくつかの明らかな誤りも認められる。1613年10月28日に使節船が新イスパニアへ到着した，1616年8月に支倉常長を乗せた船が浦賀に着いた，1618年マニラに帰ったソテロは新イスパニアに遣られたなどがそれである。

アメリカでも慶長遣欧使節は知られていた。法律家・弁護士で文筆家でもあったリチャード・ヒルドレス（1807～1865）は1855年に『中世近世日欧交渉史』*Japan as it was and is* をボストンで出版した[14]。1850年頃，アメリカにおける関心は西部から太平洋・極東・日本に向けられるようになっていた。このような状況の中で啓蒙書・教養書として出版されたのが本書である。第1章の元寇から始まり第46章の安政五ヵ国条約で終わっているが，慶長遣欧使節については第21章の最後の部分で取り上げている。そこには①ソテロが日本・メキシコ間貿易の実現に取り組んでいたこと，②その計画を伊達政宗に提議し，賛意を得てローマ教皇とスペイン王に使節を派遣することになったこと，③使節は1613年末にメキシコに向けて出帆したこと，④使節は大西洋を横断してセビリア・マドリードに進み，1615年にローマ教皇に謁見したこと，⑤マニラに到着したソテロはニューメキシコ州の修道院に送り返されたことが簡潔に記されている。⑤は史実と異なるが，慶長遣欧使節の骨格を捉えた記述といえる。

3. 小　結

1614年から1618年にかけて慶長遣欧使節に関する著作がヨーロッパ各地で出版されたことにより，その存在が早くから広く知られることとなった。17世紀末頃になると使節の真の目的を掴もうとする動きも見られた。18世紀後半には東アジア・日本への関心が高まり，歴史書の刊行が多く見られるようになり，さらに日本研究の基礎となる欧文文献目録の編纂・刊行もされた。

欧米の文献に見られる慶長遣欧使節に関する記述の特徴はメキシコからローマまでの旅程や動

静を詳しく記述していることである。同時期の日本の文献が単に南蛮（国）を訪れたと記し，その訪問地を具体的に記述していないことを思い起こせば，その内容の差は歴然である。ただ欧米の文献には出帆や帰国に関する記述が不明確あるいは誤りであることが認められる。この点は注意を要する。

　欧米では慶長遣欧使節に対する認識が早くから形成されていたということを踏まえるならば，幕末から明治初年に来日・滞日した欧米人のなかにはその歴史的存在を知っていた者もいたと思われる。事実，明治3（1870）年に来日したアメリカ人の新聞記者エドワード・ハワード・ハウス（1836〜1901）は，1860年3月に日米修好通商条約の批准書交換のためにニューヨーク入りした幕府遣米使節団についての記事をヒルドレスの『中世近世日欧交渉史』を引用しながら『アトランティック・マンスリー』*The Atlantic Monthly* 誌に寄せていた（佐々木2011）。このことからハウスは慶長遣欧使節を来日前から知っていたと考えられる。

　明治6（1873）年に岩倉使節団員がヴェネツィアで支倉常長文書を実見する以前に欧米では慶長遣欧使節の存在がメキシコ・スペイン・ローマにおける動静を中心に知られていたのである。

註
1) 史料番号は『仙台市史』特別編8慶長遣欧使節（仙台市史編さん委員会編2010）の史料番号である。
2) 同様の内容は『仙台黄門譜』（『磐水存響』乾所収）にも見られる。
3) 『仙台藩家臣録』（佐々1978，1979）と題して出版されている。
4) 『政宗君記録引証記』巻23の「南蛮へ黒船被遣候事」では「真山記」の記事を載せ，出帆は慶長18年8月15日としている（史料番号61）。『貞山公治家記録』巻23はこれを検証して誤りであることを明らかにし，9月15日とした。なお『政宗君記録引証記』は『貞山公治家記録』編纂のために収集した古文書や記録類を編年形式でまとめたもので，『貞山公治家記録』の稿本というべき史料である。
5) 仙台カスターネの鞘は本来のものではなく，日本製の白鞘である。
6) 大槻文彦はこの御記録抄書について「本文ハ藩ノ世世ノ日記記録文ノ此ノ事ニ係レル所ノミノ抄録ナリ仙台藩ニハ治家記録ト題シテ世世ノ記録合千有餘巻整備現存セリ此ナルハ御四代治家記録ト題シ全篇六十餘巻アリテ伊達氏輝宗政宗忠宗綱宗卿等四世間ノ記録ニテ藩ノ第四世綱村卿編輯局ヲ立テ儒臣田辺希文ヲ総裁トシテ編成アリシ者ナリ」とし，『貞山公治家記録』からの抜書きであることを指摘している（大槻1890）。
7) 原本は早稲田大学図書館で所蔵し，インターネットで公開している。活字本は『磐水存響』に所収されているが，下巻に部分的な欠落がある。
8) 続群書類従完成会発行の刊本がある。
9) 国立公文書館から1973年に影印本が発行されている。
10) 国書刊行会から1912年・1913年に刊本（全8巻）が発行されている。
11) 2010年，石鍋真澄・石鍋真理子・平田隆一によって全文が翻訳され，それが『仙台市史』特別編8に所収されている。
12) 『日本研究欧文書誌集成』第9巻（ゆまに書房）に復刻所収されている。
13) 吉田小五郎による邦訳が1938年に岩波書店から出版されている。ただし附録史料編の邦訳は未刊である。

14）北村勇による邦訳が現代思潮社から出版されている（北村1981）。

引用文献

大槻茂雄　1991　『磐水存響』乾　373～374頁　思文閣出版
大槻文彦　1890　「金城秘韞（仙台黄門遣羅馬使記事）」『復軒雑纂』308～369頁　廣文堂書店
リチャード・ヒルドレス（北村勇訳）　1981　『中世近世日欧交渉史』上・下　現代思潮社
佐々久監修　1978，1979　『仙台藩家臣録』第1～5巻　歴史図書社
佐々木和博　2006　「仙台藩における『慶長遣欧使節関係資料』保管の二系統」『國學院大學考古学資料館紀要』第22輯　139～153頁　國學院大學考古学資料館
佐々木和博　2011　「慶長遣欧使節と明治新政府の広報外交―『東京タイムス』第1号掲載記事を手掛かりに―」『文明研究・九州』第5号　50～64頁　比較文明学会九州支部
仙台市史編さん委員会編　2010　『仙台市史』特別編8慶長遣欧使節　仙台市
平田隆一　2010　「アマーティ著『伊達政宗遣欧使節記』の成立と展開」『仙台市史』特別編8　541～546頁　仙台市
山内昶　1998　『青い目に映った日本人―戦国・江戸期の日仏文化情報史―』134～134頁　人文書院
レオン・パジェス（吉田小五郎訳）　1938・1940　『日本切支丹宗門史』上・中・下　岩波書店

第2章　明治時代前期・中期における慶長遣欧使節の認識

第1節　廃藩置県と慶長遣欧使節関係品

1．明治5年の太政官諜者報告第57号

　明治政府の慶長遣欧使節に関する最初の記録は明治5（1872）年の「太政官諜者報告第57号」（早稲田大学図書館所蔵大隈文書A4154, 以下文書名は大隈と略記）である。この文書についてはすでに文園章光が全文翻刻して紹介し（文園1977），大泉光一も省略したものを示している（大泉2005）。両者とも明治政府による慶長遣欧使節に関する最初の文書という評価を与えているが，文書の紹介に主眼が置かれているために，その基本的な属性・内容・関係人物等に関する言及は少ない。そこでここではこれらの事項に主眼をおいて検討と考察を行うことにしたい。

（1）太政官諜者報告

　太政官諜者報告について，まずその要点をまとめておきたい。太政官諜者については「太政官が極秘に諜報を収集するために適時必要に応じて各方面・各分野に派遣した者。キリスト教の情報・動静探索のための諜者は特に耶蘇教諜者または異宗探索諜者と呼ばれ，弾正台に属した。明治4年8月弾正台が廃止されるにともない太政官に直属したが，明治6年10月に諜者から免職願書が出され，組織的な活動は止められた」と説明されている（杉井1988）。明治6年の諜者からの免職願書の提出は，同年2月24日付太政官布告68号の切支丹禁制の高札撤去に対応するものであった。この布告はキリスト教禁制を維持していた明治政府が国際的な世論の高まりの前にその方針を転換し，信教の自由を黙認したことを意味する。

（2）太政官諜者報告第57号の慶長遣欧使節関係記事

　太政官諜者報告第57号は6件の報告[1]を登載しているが，ここでは慶長遣欧使節に直接言及している第4件目の報告を中心に，つぎに示すことにする（句読点は筆者加筆）。

　　　　　　　　　　　　　　　　　　　　　　　　　　　　東郷厳（朱書）

壬申九月十八日到来（朱書）
第五十七号（朱書）　　　　　　　　　　　　　　　　　　　小池（朱書）
　　　　　　　　　　　　　　　口　上
　　　　　　　　　　　　　　〈中　略〉
　一　同十三日，宮城県窪田敬助曰ク，故主伊達正宗，洋教ヲ信シ，家士長谷倉某ヲシテ
　　羅馬ニ到ラシメ，教理ヲ学ハセ，後，長谷倉，教師二人ヲ携ヒ帰国ノ処，正宗死後，

且旧幕三代将軍時，邪宗厳禁，教法弘通ハ申ニ及ハス，二教師タモ交タル処ナク，終ニ二教師囚レテ刑セラル。其時ノ由来記，十字架ノ画像等，庫中ニ秘メ代々相伝ル。又，長谷倉大和田等ノ同志六家，従前ヨリ切支丹ヲ相伝候也。御新政，廃藩ノ砌リ，右由来記等桐函ニ蔵シメ県庁ニ渡ス。窪田敬助父，是ヲ勤ムト，敬助自ラ談話仕候。二教師ノ墳営現存，依石摺シテ送リ候ヤフ申遣候。

〈中　略〉

申九月　　　　　　　　　　　　　　　　　　　　　　　諜者

　　　　　　　　　　　　　　　　　　　　　　　　　　　　某

　本文は大きく2項にまとめることができる。
①以下のことは，明治5年9月13日に宮城県の窪田敬助自らが話したことである。
ア．伊達政宗はキリスト教を信じ，支倉某をローマに派遣し，その教理を学ばせた。
イ．支倉はキリスト教の教師2名を携えて帰国したが，第3代将軍家光によるキリスト教禁制強化により，この2名は布教活動もできないまま捕らえられ処刑された。
ウ．支倉のローマ派遣時の由来記や十字架の画像等は，庫中に秘めて代々伝えてきた。
エ．廃藩置県の際に，上記由来記等を桐箱に収納して，宮城県庁に渡した。
オ．廃藩置県に伴う上記資料の移管業務を担当したのが，私の父である。
②キリスト教師2名の墓は現存しているとのことなので，拓本を採り送るように言っておいた。
　この文書のなかで，慶長遣欧使節の研究という観点から特に重要だと思われるのは①ア・ウ～オであり，これらに関わる事実関係や人物について考究しなければならない。しかしその前に，この文書がどのような状況のもとで作成されたものなのか，具体的にはどこで誰が窪田の話を聞いたのか，またその人物と窪田とはどのような関わりをもっていたのかという基本的な事項について検討しておく必要があろう。

（3）小池と諜者某

　諜者報告第57号の第1丁表に記された「東郷巌」と「壬申九月十八日到来　第五十七号」は朱書きであり，本文と明らかに筆致が異なり，またその内容から，後に書き加えられたものと判断できる。後者は諜報収集を主管していた太政官正院監部（大日方1991）が報告書整理のために到来年月日と整理番号を記したものと考えられる。また，「小池」の朱印は「監部として実際の密偵活動に従事していた太政官正院の正規の構成員」で，明治7年6月18日以前に「解官」した「大主記の小池詳敬」（大日方1991）のものと考えられる。
　本文では「諜者」は「某」とのみ記され，それが誰であるか特定できない。しかし，朱書き異筆で「東郷巌」とあることから，この報告が諜者の東郷巌によってなされたことがわかる。

（4）情報収集の場所

　諜者報告第57号の第3件目の報告に，9月10日に横浜の主教ベルナルドが長崎に旅立ち，来春までそこに滞在するということをマリンが聞いたことが，また第6件目の報告では，9月15日にニコライ門下生が教舎に来て，マリンに添書を願い横浜に行ったことが，それぞれ記されて

いる。このことから，マリンという人物と教舎の場所を明らかにすることが，この文書に記された情報を入手した場所を特定することになる。

マリンはフランス人カトリック宣教師のジーン・マリエ・マラン Jean-Marie Marin（1842〜1921）のことである。パリ外国宣教会司祭で，慶応2（1866）年に来日した。翌年に横浜聖心聖堂（山手教会）の主任司祭となり，明治元年に東京の築地に外国語教授の塾を創設した（海老沢1988）。しかし，マリンはカトリックの宣教師であるから，布教活動の一環として外国語を教授したのであり，したがって「教舎」は築地のカトリック教舎ということになる。太政官諜者の東郷巌は，この教舎に信者を装い潜入していたのである。

2. 窪田敬輔と父・窪田潔

(1) 窪田敬輔と築地のカトリック教舎

つぎに慶長遣欧使節について語った窪田敬助（または敬輔）の人物像と築地のカトリック教舎との関係についてみてみたい。窪田敬助（1848〜1904）については，すでに菊田定郷（菊田1933a）や佐藤憲一（佐藤1982）が紹介しているが，明治初年の記述は少ない。

明治2年4月の扶助米支給規則に関わる『貫属禄高拾六俵』（宮城県公文書館所蔵）に

　　　　　　二月二十二日　　同日開届　　　　第一大区小三区長丁六百十壱番地久米之進南
　　　　　　　　　　　　　　　　　　　　　　　雄衛潔
　　帰農　一同（家禄米：筆者註）七石弐斗　　窪　田　敬　輔

とみえ，また『自明治七年至同八年家禄奉還始末録』（宮城県公文書館所蔵）には「窪田南雄衛　南雄衛跡目　敬輔」とあり，居所は「第一大区小三区長丁」とある。このことから窪田敬助の居所は現在の仙台市青葉区錦町で，南雄衛（久米之進・潔）の跡目となったことが判明する。

築地のカトリック教舎との関わりでは，諜者報告第51号（明治5年9月3日到来）に「一　同廿四宮城県窪田敬助何等田剛吉南館喜十郎三名入堂」とみえ，窪田敬輔が明治5年8月24日に宮城県出身の2名と共に入堂したことが確認できる（文園1977）。さらに翌年の「酉一月十六日差出　第八十九号」には

　　一　本月六日エピパニア耶蘇降生十三日目ニ東方ヨリ三皇来朝ノ日也　大祝日ニ付宮城
　　　　県南館義十郎岩手県仙石記古青木秀俊ト改名宮城県窪田敬止授洗仕候

とあり，明治6年1月6日に受洗したことがわかる。なお明治6年4月17日に提出した「第一百十号」には4月12日に受洗した14名を記しているが，この中に原敬の名がみえ，その仮父が「宮城県　窪　敬止」すなわち窪田敬輔であったことが記されている（文園1978）。

諜者報告によって，築地のカトリック教舎で教理と外国語を学んだ宮城県の青年は窪田敬輔の外にも数多くいたことが確認できるが，彼らは明治6年に仙台に帰り，仙台北一番町に仮教会を開設して伝道活動を始めたとされる（渡辺1988）。明治10年，窪田敬輔は宮城県の代言人（弁護士）検査に合格したが，代言人としての活動ばかりでなく政治活動も積極的に行った（仙台弁護士会史編纂委員会1982）。

(2) 窪田潔

仙台藩切支丹所に保管されていた慶長遣欧使節関係品の仙台藩から宮城県への移管実務を担当した窪田敬輔の父とはどのような人物だったのだろうか。既述した『貫属禄高拾六俵』には「久米之進南雄衛潔」とみえ、窪田久米之進（南雄衛・潔）という氏名であったことが確認できる。明治3・4年頃に作成されたとされる『仙台藩士族籍』（宮城県公文書館所蔵）には

　　一同（旧禄：筆者註）九拾五石弐斗六升　　　　　　窪田南雄衛
　　　　　　　　家族六人　　　家来壱人

とあり、この項の最後には「右三百三拾人七番大番組と相唱居候」とある。窪田南雄衛は家族6人・家来1人で禄高95石余の七番大番組に属する大番士であったのである。これは100石未満の大番士に一律16俵を支給するという扶助米支給規則と矛盾しない。

明治9年10月刊行の『宮城県官員録』（国立国会図書館所蔵）に窪田南雄衛は窪田潔の名で、北第一大区小三区戸長として登載されている。ここで、第一に確認しておかなければならないのは「北第一大区小三区」の所在地であろう。

(3) 宮城県北第一大区小三区の位置

明治9年10月4日付県甲第132号（宮城県公文書館所蔵）は、宮城県権令宮城時亮が「北各大区々長」に布達したものである。この文書によって、これ以前に宮城県に複数の北大区が置かれていたことが確認できる。また、その地域は名称に「北」を付していることから、宮城県北部と考えられる。明治9年10月直前の宮城県北部における行政区域に関わる大きな動きとして、磐井県の廃県にともない明治9年5月17日付で玉造郡・栗原郡・登米郡・本吉郡・気仙郡を宮城県に編入したことが挙げられる（県甲第74号、宮城県公文書館所蔵）。この直後の5月25日、太政官布告第78号により気仙郡は岩手県に移管された（世渡谷1877）。

明治8年11月22日の太政官布告第172号で水沢県を磐井県と改称した（世渡谷1877）。明治7年6月以降の水沢県管下の大区および小区数は第2表のようであった。一方、前掲の『宮城県官員録』では北第一大区、北第四〜七大区が確認できるが、北第二大区と北第三大区は「ノド」（綴じ込み部分）にあたり確認できない。しかし、この部分に大区二つ分の名簿は入らないから、どちらかの大区が含まれていないと考えられ、北第八以降の大区と北第二大区あるいは北第三大区がなかったことになる。

明治8年11月、水沢県を磐井県と改称したが、大小区は旧来のままであった。これらを総合すると磐井県から玉造・栗原・登米・本吉の4郡が宮城県に編入される際に、磐井県で使用していた大小区制をそのまま引継ぎ、それまで宮城県で使用していた大小区制の番号との混同を避けるために「北」を付して区別したものと考えられる。したがっ

第2表　水沢県管下の大区

大　区	該当郡	小区数
第一大区	陸前国登米郡	5
第二大区	陸前国本吉郡	6
第三大区	陸前国気仙郡	5
第四大区	陸前国栗原郡	5
第五大区	陸前国栗原郡	5
第六大区	陸前国栗原郡	5
第七大区	陸前国玉造郡	4
第八大区	陸中国磐井郡	6
第九大区	陸中国磐井郡	9
第十大区	陸中国胆沢郡	8
第十一大区	陸中国江刺郡	6

て，第八大区は磐井郡に，また第三大区は気仙郡に該当するため，北第八大区と北第三大区は宮城県に存在しなかったのである。以上のことから，北第一大区は登米郡に該当し，『明治九年分各区達留』（宮城県公文書館所蔵）によれば，その小三区は新田（新井田）村・森村・加賀野村・黒沼村・水越村の5村から成っていたことがわかる。

窪田潔が戸長として任じられた北第一大区小三区は明治9年11月に実施された区画の更正によって，第四大区小十五区となった。これ以降，この地域で窪田潔の名は見出せないから，戸長としては半年ほど勤めただけであったと考えられる。この短期間の勤務は『宮城県国史』の明治9年8月31日付「当管内大小区画及区吏更正之義ニ付再伺」にみえる「先般登米郡へ仮ニ出張申付置候官員」（宮城県史編纂委員会1964）であったためなのであろう。

(4) 由来記の行方

諜者報告第57号の9月13日の項に「由来記」の記載が二度みられる。このことは「由来記」への注目と重要性の認識を反映したものと理解できる。大槻玄沢は文化9（1812）年に著した『帰朝常長道具考略』（早稲田大学図書館所蔵）のなかで「六右衛門等覚書聞書」と推測した「一書物　大小　拾九冊」の存在を指摘している。「由来記」はこれに該当し，仙台藩から宮城県に移管された慶長遣欧使節関係品のなかに含まれていたと考えられる。

ところで，廃藩置県にともなう慶長遣欧使節関係品の仙台藩から宮城県への移管については作並清亮『鶴城公記』（仙台市博物館所蔵）の明治22（1889）年7月29日条に

○明治四年廃藩置県ノ際，藩庁引継ノ書類物品中ニ，伊達家ノ私有品混淆引継カレタルモノ数点アリ，之レガ還付ヲ求メント，本年四月末宮城県へ請求出願中ノ所，本日附ヲ以テ，左ノ通り指令セラル，

　農第一五五七号

従五位伯爵伊達宗基

　其家所有品下渡願之趣聞届別紙ノ通下附ス

明治二十二年七月二十九日

宮城県知事　　　　　　　　　　　　　松平正直（印）

別紙調書

一支倉六右衛門肖像油絵　　　　　　　一箱

一羊皮紙羅甸文　　　　　　　　　　　一箱

一マリヤノ肖像　　　　　　　　　　　一箱

一耶蘇教法衣　　　　　　　　　　　　四箱一組

一十字架　　　　　　　　　　　　　　三箱一組

一馬具　　　　　　　　　　　　　　　三箱一組

右六点

〈以下略〉

と記され，太政官諜者報告第57号の内容と合致する[2]。

しかし，太政官諜者報告第57号は『鶴城公記』には記されていない移管実務担当者と「由来記」の存在を明記していることで，その史料的な価値を高めている。担当者の窪田潔については上述したとおりであるが，「由来記」については『鶴城公記』に記載がないから，宮城県移管後の明治4〜22年の間に不明になってしまったと考えられる。さらに，第4節で言及するように明治9年の宮城博覧会終了後，東京に郵送された慶長遣欧使節関係品の中には書物類に関する記載がないことから，この段階ですでに不明となっていたとも考えられる。

3. 小　結

窪田敬輔が語ったことは，当時の政治中枢であった太政官に報告書という形で送られたが，それが機密性の高い諜者報告であったため，監部を中心とする限られた範囲でしか知られることがなかったと考えられる。

この情報の信憑性は窪田敬輔・窪田潔の人物像を描きだすことによって，裏打ちされる。窪田敬輔は築地のカトリック教会で受洗し，原敬の仮父ともなり，その後，仙台に帰り代言人（弁護士）や政治活動をした人物であった。父の潔は大番士で，維新後，短期間ながら小区戸長に任じられたこともあった。このようにみてくると，カトリック信者であると信じて疑わなかった諜者の東郷巌に窪田敬輔が語ったことがらは事実と判断できる。

第2節　岩倉使節団とヴェネツィアの支倉常長文書

1. イタリアにおける岩倉使節団

岩倉使節団すなわち岩倉具視（1825〜1883）を大使とする欧米への明治新政府の使節団が明治4（1871）年11月，横浜港からサンフランシスコに向けて出航した。団員46名，その随従者18名，留学生43名，合計107名が乗船した。岩倉使節団の主要な目的は三点あった。第一は儀礼的な目的で条約締盟国を歴訪し，元首に国書を奉呈すること，第二は欧米先進諸国の制度・文物を見聞して日本の近代化に資すること，第三は明治5年が条約の協議改定期限に当たるので，条約改正の予備交渉をすることである（田中彰1977）。しかし，第三の目的は国際法の知識に乏しかったことや外交経験が浅かったことなどにより見るべき成果はなかった。

使節団がアメリカを離れ，イギリス・フランスなどの西欧諸国，ロシア，北欧諸国を歴訪してイタリアに入ったのは明治6年5月9日であった。5月7日にミュンヘン駅を発った使節団のイタリアでの行程は，インスブルック・ヴェローナを経て，8日午前11時に国境の駅アラに到着し，さらに南進して9日午前3時にフィレンツェ駅に到着というものであった。その後，ローマ・ナポリ・フィレンツェを訪れ，ヴェネツィアには，5月27日午後5時に着いた。同地に6月2日まで滞在し，午後10時の列車でウィーンに向かった（岩倉1997a）。ヴェネツィア滞在中の5月29日，岩倉具視・久米邦武らは文書館を訪問し「日本使臣ノ書翰」を実見した（久米1878b）。

ところで，イタリア訪問時の使節団の構成員は，日本出発時と大きく異なっていた。当初46名であったが，イタリア訪問時には18名（岩倉1997c）になっていた。実に日本出発時の4割にも満たない団員数であった。主要団員に限っても，副使の大久保利通と木戸孝允は帰国命令により，それぞれ明治6年3月28日，4月16日に帰国の途につき，一等書記官の何礼之[3]も木戸に随って帰国した。また，一等書記官の福地源一郎[4]も同年2月，パリで離団していた。

2. 岩倉具視以前に文書館を訪問した使節団員

(1) 福地源一郎

明治6年3月5日，福地源一郎は浄土真宗僧の島地黙雷（1838～1911）らとともにヴェネツィアの文書館を訪れた。黙雷は明治5年1月27日に海外教状視察のため本願寺門主代理・梅上沢融の随行として横浜を出航し，岩倉使節団とは同年7月19日にロンドンで合流した。翌明治6年2月17日，使節団はパリからブリュッセルに向けて発った。このとき『木戸孝允日記』二には「福地と黙雷はトルコより印度地方に至」るため，離団した（日本史籍協会1933a）とある。福地はトルコ・エジプトに赴き，立会（陪臣）裁判を視察するために離団したのである（柳田1965）。福地と黙雷は2月24日にパリから帰国の途につくが，その途次，スイス・イタリア・ギリシャ・トルコ・エジプトを経てエルサレムに至り，さらにインドに立ち寄った。帰国したのは7月15日であった。

福地と黙雷らは3月4日，午後5時にヴェネツィアに着き，翌5日に文書館等を訪れ，6日夜8時15分発の列車でフィレンツェに向かった（島地1873）。黙雷は『航西日策』3月5日条で，文書館で往昔の日本使節の書翰を実見したようすを，つぎのように記している。

> 大書庫に至り，曽て日本諸侯の羅馬に来りし歴史を見る，即ち千五百八十五年なりと云ふ。又長谷倉六左衛門長経の羅馬に来る書翰の真筆あり，文は伊太利文なり。姓名は邦字を并べ用ゆ。実に千六百十六年の筆なり。「どん・ひりっふ」とあるは教法に入りし名なるべし。

「長谷倉六左衛門長経」は「支倉六右衛門長経」の，また「文は伊太利文」は羅甸文の誤りであるが，天正遣欧使節に関する記録と1616年の支倉常長書翰を実見したことを確認できる内容である。

一方，福地の文書館訪問のようすは，福地が執筆した『東京日日新聞』明治9年7月3日付の社説（以下，福地社説と略記）で知ることができる（句読点は筆者加筆）。

> 明治六年四月，福地ガ勿（勿搦祭亜―ヴェネツィア―のこと：筆者註）ニ官遊セシニ当リ，其ノ書庫中ニ昔時日本使節ノ書翰ヲ蔵スルト聞キ，他日ノ考証ニ供センガ為，写シ取リテ齎帰セシ所ノモノニ係ル。右ノ書翰ハ，羅甸文ヲ以テ記シ，吾曹ガ読了シ能ハザル所ナリト雖ドモ，文中ニイダテマザムニ（伊達政宗ノ音訛）ノ名ヲ明記シ，千六百十五年二月廿四日熱泥亜ニ於テス。「ドン，フィリップ，フランシスコ，ファシクラ，ロクイエモンドノ」ト記シ，傍ニ邦文ヲ以テ，支倉六右衛門ト書セリ。

福地社説には文書館に「昔時日本使節ノ書翰ヲ蔵スルト聞キ」、「明治六年四月」に訪ねたとあるが，それは誤りで『航西日策』の記事の3月が正しい。福地が誰から聞いたのかは詳らかではないが，3月4日付でイタリア総領事に着任した中山譲治[5]・同書記官三輪甫一（石井1997）およびその周辺からの可能性が高い。その理由の第一は，福地・黙雷は中山・三浦と5日前の2月28日にミラノで同宿していること（島地1873），その第二は，3月4日，福地・黙雷らと中山・三浦らはミラノから同じ列車でヴェネツィアに向かい，同地では同じホテルに宿泊していることである。これらのことは，3月5日付『ラ・ガゼッタ・ディ・ヴェネツイア』[6] *La Gazzetta di Venezia*（以下『ガゼッタ』と略記）の記事と『航西日策』明治6年3月4日条の記事を照合することによって確認できる。3月5日付『ガゼッタ』の記事はつぎのとおりである（石井1997）。

　　日本人。昨夜，在イタリア日本帝国総領事中山氏がヴェネツィアに到着した。彼には，
　　領事館書記官三浦甫一氏，および Tukutchi, Simage 氏の二人の日本人旅行客が随行した。
　　彼らは全くヨーロッパ風な衣裳を纏っており，ホテル・ルーナに投宿した。

一方，『航西日策』明治6年3月4日条には，つぎのように記されている（島地1873）。

　　四日　晴　火曜　十時十七分発車，同行五人なり。浅野・上沢至・〈租税寮七等〉・渋沢等なり。
　　（中略）五時ベニスに着。レュナホテルに泊まる。

この二つの記事を照合すると，福地・黙雷らと中山・三浦らのヴェネツィア到着日が同日であり，到着時刻も「昨夜」と「五時」で近似していることがわかる。しかも投宿したホテル名が「ルーナ」と「レュナ」で同一と考えられる。さらに『ガゼッタ』の記事には，随行した二人の日本人旅行客として Tukutchi と Simage がみえる。石井元章はこの日本人の特定を保留し，アルファベットのままにしているが，上記した状況から，Tukutchi は福地，Simage は島地であると特定できる。このことから，福地・黙雷らは2月28日から文書館訪問の当日まで，中山・三輪らと列車・ホテルとも一緒だったことが判明する。

(2) 木戸孝允

岩倉使節団は明治6年3月19日，山積している内治・外交の重要問題処理のために木戸と大久保利通の帰国を命じる勅旨をベルリンで受け取った。大久保は3月28日に帰国の途につき，5月26日に横浜に着く。一方，大久保とたびたび意見衝突をしていた木戸は，それを避けるために帰国を遅らせ，ロシア訪問後の4月16日に帰国の途につき，ベルリンに向かった。その後，ウィーン万国博覧会開会式・イタリア各地・スイス・ドイツ・パリを訪れ，マルセーユから地中海・スエズ運河を経て，7月23日に横浜に着いた。このように木戸は帰国の途次，ヨーロッパ各地を歴訪したのである[7]。

木戸は4月29日にウィーンに着き，5月1日にウィーン万国博覧会開会式に臨んだ。前日の4月30日には駐日イタリア特命全権公使アレッサンドロ・フェ・ドスティアーニ Alessandro Fe D'Ostiani 伯爵と夕食を共にした（日本史籍協会1933a）。同伯爵はウィーン万国博覧会日本展示委員代表―澳太利国博覧会掛―として当地に赴き，その後，岩倉使節団のイタリア側の「接伴掛」として一時帰国した。5月5日午前7時，木戸らがウィーンから乗ったヴェネツィアに向かう列

車には，「伊太利公使も一行の蒸車にて帰国せり」（日本史籍協会1933a）とあり，同伯爵も同一列車で帰国したことがわかる。

ヴェネツィアには5月6日午前6時に到着し，7日午前7時30分まで滞在した（日本史籍協会1933a）。

『ガッゼッタ』は5月6日付でつぎのように報じている（岩倉1997b）。

　　昨日と今朝，日本帝国の多数の高官と他の役人らがヴェネツィアに到着した。かれらは
　　ローマに赴き，イタリア国王のもとに派遣される日本使節団を同地で迎える。

この記事の「今朝」ヴェネツィアに到着した「日本帝国の多数の高官」のなかに木戸孝允・何礼之が含まれていることは，『木戸孝允日記』二の記事から疑う余地がない。なお，この時点で「日本帝国の多数の高官と他の役人ら」が岩倉使節団をローマで迎えるために，同地に赴くという情報を『ガゼッタ』がすでに掴んでいることは留意しておく必要がある。

滞在わずか24時間余にもかかわらず，木戸は文書館を訪れ，往古の日本使節の文書を実見した。このとき，何礼之とパーソンが同行したと考えられる。文書館を訪問するに至った経緯は詳らかではないが，木戸を迎える駐イタリア総領事中山譲治・書記官三輪甫一とヴェネツィア側との事前協議があったことを窺わせる。おそらく，福地・島地の文書館訪問が参考にされたのであろう。

5月7日午前7時30分，木戸孝允・何礼之・パーソンは中山譲治・三輪甫一らとともに列車でヴェネツィアを発ちローマに向かった。山中・三輪は5月11日朝にローマに到着する岩倉使節団を出迎えるために同乗したのである。

3．岩倉具視・久米邦武の文書館訪問

岩倉使節団がヴェネツィアのサンタ・ルチア駅に着いたのは5月27日午後5時で，一行を出迎えたのは中山譲治・三輪甫一，知事および市長の代理として市議会議員グリエルモ・ベルシェー Guglielmo Berchet[8]，王立警察署長であった（石井1997）。

中山は5月11日朝に使節団をローマで出迎え，ローマ市内の視察に同行し，14日の王宮晩餐会や18日のイタリア外務省主催晩餐会にも出席した（石井1997）。『ガゼッタ』5月25日付記事に「日本総領事は昨夕到着した」とあるから，中山がヴェネツィアに戻ったのは，5月24日であった（岩倉1997b）。

5月30日付『ガゼッタ』は「今朝午前7時発の国際列車で，日本大使二名は書記官および担当官らを伴い，全権公使ドスティアーニ伯爵が随伴しミラノに向けて出発した」「首席大使岩倉閣下は書記官三名，通訳官二名と担当医師らとともにヴェネツィアに留まった」ことを，またこの前々日の28日付記事は「首席大使T・岩倉氏は体調をやや崩しているため，二－三日ヴェネツィアに留まることになろう」と報じている（岩倉1997b）。事実，伊藤博文は「岩倉は羅馬到着前後に，風土飲食の変化により多少健康を害し，気分も勝れざる様子」であったと記している（春畝公追頌会1943）。

岩倉らがヴェネツィアに留まり，伊藤らがミラノを訪問することは，急遽のことではなく事前

に決められていたとみるのが妥当である。使節団をヴェネツィアに迎える日本側の総責任者である中山は，ローマで8日間，使節団と行動を共にしていたから，岩倉具視の体調については充分に把握していたはずである。同様に，イタリア側でも接伴掛を務めたドスティアーニ伯爵をとおして把握していたであろう。体調が勝れない岩倉のために，3月に福地・黙雷が，そして20余日前に木戸らが訪問した日本遣使の書翰を所蔵する文書館を視察先に組み入れることは，無理のない計画であった。

　一方，文書館訪問は岩倉らのヴェネツィア滞在を前提に計画されたものと考えられる。5月30日付『ガゼッタ』は天正・慶長の「両使節の関係文書はすでに部分的に刊行されている」ことを報じている。これはベルシェーが『往時イタリヤニ来リシ日本使節』*Le Antiche Ambasciate Giapponesi In Italia*（以下『日本使節』と略記。ベルシェー1877）で言及している「古文書館長が岩倉大使閣下に示したる書類中には，ムチネルリの公にしたるものあり」に対応するものである[9]。この件については，ベルシェーは「原より之を知」っていた。また，明治10年10月26日付のベルシェーから岩倉具視に宛てた手紙には「往古日本帝国ヨリ当伊太利亜国ニ派遣セラレタル所ノ使節ニ関スル書籍ヲ出シテ閣下ノ尊覧ニ備フ」（外務省1950）とあり，来館を想定し準備していたことを示唆している。

　このようにしてヴェネツィアに留まった岩倉らは「九時半ヨリ艇ニ上リテ，府中ナル"アルチーフ"ノ書庫ニ」行った。「"アルチーフ"ノ書庫」は現在のヴェネツィア国立古文書館のことで，ここで「日本使臣ノ書翰」を実見することになる（久米1878b）。

　文書館を訪問したのは岩倉具視・書記官3名・通訳官2名・担当医師らであった。当然のことながら，書記官3名のうちの1名は久米邦武であるが，他の2名は不明である。文書館を案内したのはベルシェーであった。明治10年10月26日付の岩倉具視宛ベルシェー書翰に「臣ベルセー幸ニシテ閣下（岩倉具視のこと：筆者註）ニベニース府ノ旧文書館ニ陪従スルノ栄誉ヲ得タリ」（外務省1950）とあることから，このことが裏付けられる。

4. 実見した文書

　岩倉らが実見した文書の特定を試みたい。久米は文書館で実見した往古の日本遣欧使節の書翰は7葉であるとする（久米1878a）。そのうち2葉については支倉六右衛門の署名と花押の模写（第1図）があり，しかも「一千六百十五年二月廿四日トアリ」「一千六百十六年トアリ」とあるから，これらの書翰は『大日本史料』第12之12（東京帝国大学1909）に掲載されている欧文材料第170号と第166号とすることができる。「外ニ日本使臣書翰五葉」があり，それらは「皆横文字」で書かれ，年代は「一千五百八十五年乃至七年」で，内容・形態は「羅馬，及ヒ

第1図　久米邦武の支倉六右衛門署名模写

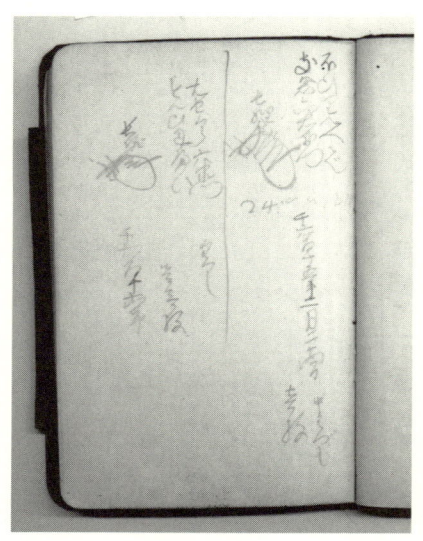

威尼斯ニ至リシトキノ往復文」であった。この条件にあてはまる書翰として注目されるのが，福地が見た古文書の目録で，それは福地社説に，つぎのように記載されている（読点は筆者加筆）。

（第一）一千五百八十五年 ^(天正十三年) 三月廿三日，羅馬在留ノ公使ヨリ日本使節ガ羅馬へ到着セシコトノ報告書，（第二）同年六月八日，同公使ヨリ日本使節ガ羅馬ヲ発程シテ勿二赴クベキノ報告書，（第三）同六月二十八日日本使節四名引接ノ書類，（第四）同七月七日ノ礼典及ビ日本使節ヨリ差出タル書面ノ訳文，（第五）千五百八十七年十二月十日ゴアヨリイトー，ドン，マンショーノ到着ヲ報ジ来リタル是班牙文ノ書面

なお，福地は文書館で実見した文書は6葉とし，福地社説で「（第六）千六百十五年二月廿四日熱納亜ニ於テ，ロドリコソテロー及ビ，ドンフィリップフランシスコ支倉六右衛門ドノ，ヨリ勿搦祭亜上院ニ贈リタル羅甸文ノ書類」と記しているが，1616年の支倉書翰には言及していない。ただし，黙雷は『航西日策』明治6年3月5日条に「千六百十六年の」「長谷倉六左衛門長経の羅馬に来る書翰の真筆」を見たと記しているから，このとき2葉の支倉書翰が文書館側から提示されたことがわかる。しかし，福地と黙雷が何故に2葉のうちの各1葉だけに，それぞれ言及しているかは不詳である。

岩倉は「日本使臣書翰五葉」を「筆者ニ写取ラシメ，贈与アランコトヲ嘱請シテ帰」った（久米1878a）。久米の記述は簡素であるが，このとき案内を担当したベルシェーの前掲明治10年10月26日付岩倉具視宛書翰（外務省1950）は，その場の状況をより詳しく記し，往昔の日本遣使に対する岩倉の姿勢を伝えてくれる（句読点は筆者加筆）。

閣下（岩倉具視のこと：筆者註），此等ノ書籍ヲ珍奇トシテ数葉ヲ写取ラセ，且臣ベルセーニ命シテ，猶他所ニ沈収アランカヲ調査セシム。謹テ台命ヲ拝シ爾来伊太利亜全国ニ在ル旧文書館ヲ披索シ遂ニ五十三葉ノ書籍ヲ得タリ。

岩倉はヴェネツィアの文書館所蔵の日本遣使関係文書を「筆者ニ写取ラシメ」た。それは天正遣欧使節関係文書5葉で，これらはベルシェーが岩倉の台命を拝して実施した調査・収集・研究活動の成果をまとめた1877年刊行の『日本使節』に掲載されている55葉の書翰等に，「（第三）」を除き，含まれている[10]（第3・4表）。

ベルシェーの書翰によって，岩倉は単にヴェネツィアの文書館に所蔵されている日本遣使関係文書だけを「写取ラシメ，贈与アランコトヲ嘱請」したのではなく，「猶他所ニ沈収アランカ」の調査をも求めたことが明らかになった。このことは寺島宗則が明治11（1878）年5月11日付で三條実美に提出した「伊太利国人『ベルセー』氏へ賞与ノ儀伺」（外務省1950）によっても確認できる（読点は筆者加筆）。

岩倉全権大使，先年，伊太利国滞留ノ砌，同国人グルエルモベルセー ^(即今我貿易事務官) 氏へ，支倉六右衛門等滞欧中ノ履歴，取調ノ儀御内達相成候

ここには，岩倉がベルシェーに「支倉六右衛門等滞欧中ノ履歴」調査を「内達」したとある。『回覧実記』には「嘱請」とあるが，ベルシェーは「台命」，寺島は「内達」と記し，岩倉の意志は「嘱請」より強いものであったことが窺える。このことは，岩倉の日本遣使に対する関心の深さと史

第3表　『日本使節』掲載の天正遣欧使節関係史料目次および所蔵機関または典拠

	目次	所蔵機関または典拠
1	天正遣欧使節のフィレンツェ滞在に関する Francesco Settimani の覚書	Firenze, Archivio Mediceo
2	在ローマ，ヴェネツィア共和国大使 Lorenzo Priuli のヴェネツィア総督あて，1585年3月23日付報告	Venezia, Archivio di Stato
3	天正遣欧使節らの容貌、服装などに関する Alessandro Benacci の記事	Venezia, Biblioteca Marciana
4	豊後王大友宗麟のローマ教皇グリゴリオ13世宛1582年1月11日付書簡	
5	有馬王有馬晴信のローマ教皇グリゴリオ13世宛1582年1月8日付書簡	
6	大村王大村純忠のローマ教皇グリゴリオ13世宛1585年1月8日付書簡	
7	在ローマ，ヴェネツィア共和国大使 Lorenzo Priuli のヴェネツィア総督あて，1585年4月6日付報告	Senato
8	ローマ教皇シスト5世の豊後王大友宗麟あて1585年5月26日付返簡	Gualtieri 著『天正遣欧使節記』1586年
9	ローマ教皇シスト5世の有馬王有馬晴信に対する返簡	
10	ローマ教皇シスト5世の大村王大村純忠に対する返簡	
11	ローマ元老院の中浦ドン・ジュリアンに授与したローマ公民権証書	Firenze, Archivio Mediceo
12	ローマ元老院の千々岩ドン・ミケーレに授与したローマ公民権証書	
13	在ローマ，ヴェネツィア共和国大使 Lorenzo Priuli のヴェネツィア総督宛，1585年6月1日付報告	Venezia, Archivio di Stato
14	在ローマ，ヴェネツィア共和国大使 Lorenzo Priuli のヴェネツィア総督宛，1585年6月8日付報告	
15	伊東マンショ発フェルラーラ公あて1585年7月3日付書簡	Modena, Archivio di Stato
16	伊東マンショ発フェルラーラ公あて1585年8月16日付書簡	
17	使節らの宿泊するイエズス会修院の設営などに関するヴェネツィア共和国元老院の1585年6月18日の決議	Venezia, Archivio di Stato
18	天正遣欧使節のヴェネツィア総督への贈物（日本服，日本刀，短刀）を，十人会議の会議室に陳列すべき旨の1585年6月28日の元老院の決議	
19	1773年作成の十人会議会議室所蔵品調書	Venezia, Roccolta Stefani
20	ヴェネツィア，聖マリア・デラ・カリタ教会の天正遣欧使節記念碑銘	
21	天正遣欧使節のために開催すべき競艇の費用として，3,000ヅカートの支出に関する1585年6月28日のヴェネツィア共和国元老院の決議	Venezia, Archivio di Stato
22	画家ヤコポ・チントレットに，天正遣欧使節の肖像画を描かしめるため，2,000ヅカートを支出すべき旨の1585年10月17日の共和国元老院決議	
23	天正遣欧使節らのヴェネツィア共和国総督宛1585年6月2日付書簡	
24	天正遣欧使節のヴェネツィア到着に関する1585年7月7日付文書	
25	Padova, Verona, Vicenza の三市における天正遣欧使節の滞在費について，これら三市への通達事項に関する1585年7月4日の元老院決議	
26	マントバ市近郊 S. Benedetto di Polirone 僧院の天正使節記念碑銘	
27	伊東マンショ発マントバ公宛1585年8月2日付書簡	Mantova, Archivio Gonzaga
28	天正遣欧使節及び慶長遣欧使節関係文書について，著者 Berchet が，ロンバルヂア地区古文書館監督 Cesare Cantu に照会に対する Cantu の返簡	
29	Manuale del Senato ad annum の1585年7月17日の記事	Archivio di Genova
30	同上文献。1585年7月26日の記事	
31	同上文献。1585年7月31日の記事	
32	同上文献。1585年8月2日の記事	
33	同上文献。1585年9月4日の記事	
34	伊東マンショ発ヴェネツィア共和国総督宛1586年4月2日付書簡	Venezia, Archivio Generale
35	伊東マンショ発ヴェネツィア共和国総督宛1587年12月10日付書簡	Venezia, Archivio di Stato
36	有馬晴信発ローマ教皇シスト5世宛1590年9月22日付書簡	Venezia, Biblioteca Marciana
37	大村喜前発ローマ教皇シスト5世宛1590年9月22日付書簡	Venezia, Biblioteca Stato

第2章　明治時代前期・中期における慶長遣欧使節の認識　49

第4表　『日本使節』掲載の慶長遣欧使節関係史料目次および所蔵機関または典拠

	目　録	所蔵機関または典拠
38	在日本司教のイエズス会総長宛 1613 年 10 月 5 日書簡	Venezia, Archivio di Stato
39	伊達政宗発セビーア市宛慶長 18 年 9 月 4 日付書簡	Tokio Times, 1877 年 1 月 6 日
40	1615 年 10 月 12 日慶長遣欧使節のヂェノバ到着に関する記事	Genova, Archivio di Stato
41	伊達政宗発ローマ教皇パオロ 5 世宛慶長 18 年 9 月 4 日付書簡	Tokio Times, 1877 年 1 月 6 日
42	慶長遣欧使節のローマ到着に関する在ローマ，ヴェネツィア共和国大使 Simon Contarini の 1615 年 10 月 31 日付報告	Venezia, Archivio di Stato
43	慶長遣欧使節のローマ教皇謁見に関する在ヴェネツィア共和国大使 Simon Contarini の 1615 年 11 月 7 日付報告	
44	支倉常長とルイス・ソテロ神父の在ローマ，ヴェネツィア共和国大使 Simon Contarini 訪問に関する 1615 年 11 月 21 日付同大使の報告	
45	在ローマ，ヴェネツィア共和国大使 Simon Contarini の支倉ら訪問に関する同大使の 1615 年 12 月 26 日付報告	
46	慶長遣欧使節のローマ出発と教皇庁に対する要請事項などに関する在ローマ，ヴェネツィア大使 Simon Contarini の 1616 年 1 月 9 日付報告	
47	支倉常長のローマ公民権証書	Tokio Times, 1877 年 1 月 6 日
48	ルイス・ソテロ神父のヴェネツィア共和国総督あて 1616 年 1 月 6 日付書簡	Venezia, Archivio Generale
49	支倉常長およびルイス・ソテロ神父のヴェネツィア共和国総督宛 1616 年 1 月 6 日付書簡	Venezia, Archivio di Stato
50	ヴェネツィア訪問不可能となった慶長遣欧使節は，共和国に対する表敬のため，グレゴリオ神父を派して書簡と一小テーブルを贈り，元老院は，1615 年 1 月 23 日，同神父に聖マルコの像のメダルのついた金鎖を贈呈することを決議した	
51	日本の教会に銀製十字架またはその他の品物を贈呈することを決めたヴェネツィア共和国元老院の 1616 年 1 月 29 日の決議	
52	支倉常長およびルイス・ソテロ神父のヴェネツィア共和国元老院宛 1616 年 2 月 24 日付書簡	
53	ヂェノバに帰着した支倉常長らに対する市民代表の訪問に関する文書	Archivio di Genova

実の解明を望む姿勢を示すものとして注目される。

5. 実見した文書に対する認識

(1) 福地源一郎

　実見した文書をどのように認識していたのであろうか。最初に実見した福地源一郎の認識は福地社説から窺える。福地は 1615 年 2 月 24 日付支倉書翰を「他日ノ考証ニ供センガ為，写シ取リテ齎帰」した。これは外交史・国際関係史の史料として重要だという福地の認識を反映した行為である。福地は明治 6 年 7 月に帰国してから，この書翰に関する歴史的事実および背景についての調査をしたが，成果は得られなかった。福地社説には，つぎのように記されている（読点は筆者加筆）。

　　伊達政宗ガ，当時ニ於テ，使臣ヲ海外ニ派出セシコト，アリヤ否ヲ捜索シタレドモ，誰アリテ之ヲ知ラザルニ付キ，更ニ其事ヲ確知スルニ，由ナク甚シキハ当時外教ノ禁ニ罹リ欧州ニ遁走セシ徒ガ，名ヲ伊達氏ニ仮リテ，外人ヲ欺瞞セシナラント臆断スルノ論者アリシガ為ニ，空ク之ニ疑団ニ措キタル

これは明治 6〜7 年頃の識者一般の慶長遣欧使節に対する認識を知る上で興味深い内容を含んで

50　第 1 部　慶長遣欧使節に対する認識過程の研究

いる。支倉六右衛門については「誰アリテ之ヲ知ラザル」という状況にあり，キリスト教禁制のため外国へ逃亡した支倉六右衛門が，伊達氏との関係を語り外国人をだましたのではないかという臆説もあった。そのため福地は「疑団ニ措」いたままにしたのである。

(2) 木戸孝允

『木戸孝允日記』二の明治 6 年 5 月 6 日条（日本史籍協会 1933a）に，つぎのように記されている（句読点は筆者加筆）。

　　此市府に属する書庫に至る此間小舟にて，海湾を往来す。風光甚佳。数十萬の書冊あり。
　　古きものは，千余年のものあると云。此中に，曽て日本より来りし使節の書と云うもの
　　あり_{曽て大友使節をローマに}伊斯巴爾亜の文字にして姓名国字を用ゆ。
　　　　　_{送ると云。必此者歟。}

木戸が実見した文書は「伊斯巴爾亜の文字にして姓名国字を用」いたものであった。つまり本文等は「伊斯巴爾亜の文字」で書かれているが，署名は「国字を用」いている文書である。この場合の「国字」は平仮名・片仮名を含む日本の文字のことである[11]。福地や岩倉が実見した文書は 7 葉で，この中で日本の文字で署名しているのは支倉書翰 2 葉だけである。したがって木戸が実見したのは，天正遣欧使節関係文書ではなく支倉書翰であった。なお，支倉書翰 2 葉はラテン文で書かれており，木戸が記しているように「伊斯巴爾亜の文字」ではない。しかし，木戸にこの書翰がラテン文であるかスペイン文であるかの正しい判断を求めるのは難しいから，この場合の「伊斯巴爾亜の文字」はアルファベットという程度の意味に理解するのが適切であろう。

支倉書翰を見た木戸は「曽て大友使節をローマに送ると云。必此者歟。」と割注に記し，天正遣欧使節に関わる書翰であろうと考えた。この割注から天正遣欧使節ついての知識・情報に基づき支倉を「必此者歟」とし，強く結びつけていることがわかる。

(3) 久米邦武

久米の認識はどうであろうか。それを知る手掛かりとなるのが『特命全権大使米欧回覧実記』（以下，『回覧実記』と略記）である。しかし，ここで注意しなければならないのは，刊行された『回覧実記』は改稿・推敲を何度も重ねた最終のものであるということである。田中彰は久米美術館所蔵の『回覧実記』の未定稿やその断片を中心に整理し，成稿過程順に（A）～（J）に分類し，5 段階に大別した。すなわち第一段階は（A）（B）（C），第二段階は（D）（E）（F），第三段階は（G），第四段階は（H）（I），第五段階は（J）である（田中 1991）。このうち，ヴェネツィアでの文書実見の記事（明治 6 年 5 月 29 日条）があるのは第二段階（D）・第三段階（G）・第四段階（H）であり，それをまとめたのが第 5 表である[12]。

（D）では「此庫ニ一千六百十五年ニ本朝ノ大友氏ヨリ遣ハセル使臣走倉六右衛門ヨリ送リタル書翰二ヲ蔵ス」と記し，支倉は大友氏の使臣と久米自身が見ているように解せるが，厳密に読むと，そのような断定は適切ではないといえる。それは久米以外の人が判断したことを久米がそのまま書いたとも解せるからである。この疑問を解くのが（H）の「此書庫ニ本朝ノ大友氏ヨリ遣ハセシ使臣ヨリ送リタル書翰二枚ヲ蔵スト聞キ」という記述である。これによると，久米は支倉が大友氏の使臣であるということは聞いて知ったということになり，久米独自の理解ではなくな

第2章　明治時代前期・中期における慶長遣欧使節の認識　51

第5表　『米欧回覧実（日）記』明治6年5月29日条文書実見箇所の原稿段階の記述比較

	日本使臣関係文書実見箇所の記述
原稿D	此庫ニ一千六百十五年ニ本朝ノ大友氏ヨリ遣ハセル使臣走倉六右衛門ヨリ送リタル書翰二ヲ蔵ス，此走倉ハ羅馬ニ来リ，此地ニモ来リ，逗留スル三年「カトレイキ」教ニ服シ其教ヲ学ヒテ去レリト云，書翰ハ羅甸ノ文ニテ末ニ本人ノ署名アリ左ノ如シ 　　其一ハ一千六百十五年二月十四日　　　　其一ハ翌十六年ニ贈リ 　　ニ贈リタル文ナリ　　　　　　　　　　　タル文ナリ 　　　　不ひ里つへどん　　　　　　　　　　　　はせくら六右衛門 　　　　支倉六右衛門　　　　　　　　　　　　　とんひ里遍ひ 　　　　　長経（花押）　　　　　　　　　　　　　長経（花押）
原稿G	此庫ニ一千六百十五年ニ本朝ノ大友氏ヨリ遣ハセル使臣支倉右六衛門ヨリ送リタル書翰二ヲ蔵ス，此走倉ハ羅馬ニ来リ，此地ニモ来リ，逗留スルコト三年「カトレイキ」教ニ服シ其教ヲ学ヒテ去レリト云，書翰ハ羅甸ノ文ニテ末ニ本人ノ署名アリ左ノ如シ 　　其一ハ一千六百十五年二月十四日　　　　其一ハ翌十六年ニ贈リ 　　ニ贈リタル文ナリ其署名ハ　　　　　　　タル文ナリ其署名ハ 　　　　不ひ里つへどん　　　　　　　　　　　　はせくら六右衛門 　　　　支倉六右衛門　　　　　　　　　　　　　とんひ里遍ひ 　　　　　長経（花押）　　　　　　　　　　　　　長経（花押）
原稿H	此書庫ニ本朝ノ大友氏ヨリ遣ハセシ使臣ヨリ送リタル書翰二枚ヲ蔵スト聞キ，其遺紙ヲ一見センコトヲ望シニ，挾紙ヨリ取出シテ示シタリ，皆西洋紙ニ文面ヲシタヽメタル書翰ニテ，全文ハ羅甸文ナレトモ末ニ本人直筆ノ署名アリ，「ペン」ニテ書セルモノナリ，其模写ハ左ノ如シ 　　　　不ひ里つへどん 　　　　支倉六右衛門 　　　　　長経（花押） 書翰ハ行体字ニテ年月ハ一千六百十五年二月二十四日ト記ス 　　　　はせくら六右衛門 　　　　とんひ里遍ひ 　　　　　長経（花押） 書翰ハ草体字ニテ年月ハ千六百十六年 外ニ五葉ノ日本使臣書翰アリ，皆横文字ナルユエ筆者ニ写取ラシメ贈与アランコトヲ嘱請シテ帰レリ，其五葉ノ書ハ，一千五百八十五乃至七年我天正ノ季マテ，大友家ノ使臣カ羅馬及ヒ「フェニシヤ」ニ至リシトキノ往復文ナリ，此ハ支倉六右衛門ハ是ヨリ三十年モ後レテ至リシハ，大友家ノ使臣ニハ非ヘシ
刊本	此書庫ニ，本朝ノ大友氏ヨリ遣ハセシ，使臣ヨリ送リタル書翰二枚ヲ蔵ス，其遺紙ヲ一見センコトヲ望シニ，挾紙ヨリ取出シテ示シタリ，皆西洋紙ニ羅甸文ニテ書セル書翰ニテ，末ニ本人直筆ノ署名アリ，鋼筆ニテ書セルモノナリ，岩倉大使，余ヲシテ模写セシム，左ノ如シ 　　不ひ里つへどん　　　　　　　　　　　　はせくら六右衛門 　　支倉六右衛門　　　　　　　　　　　　　とんひ里遍ひ 　　　長経（花押）　　　　　　　　　　　　　長経（花押） 　　一千六百十五年二月廿四日トアリ　　　　一千六百十六年トアリ 外ニ日本使臣書翰五葉アリ，皆横文字ナルユエ，筆者ニ写取ラシメ，贈与アランコトヲ嘱請シテ帰レリ，其五葉ノ書ハ，一千五百八十五乃至七年我天正ノ季マテ，大友家ノ使臣，羅馬，及ヒ威尼斯ニ至リシトキノ往復文ナリ，此支倉六右衛門ハ，是ヨリ三十年モ後レテ至リタレハ，大友家ノ使臣ニハ非ルベシ

る。したがって，支倉が大友氏の使臣というのはヴェネツィア側すなわち案内する側の理解とみることができる。

　これに関連することをベルシェーが『日本使節』で，つぎのように記している。

　　千五百八十五年の使節に関する数通の文書の外，従来当地の文書館に於て，殆んど知ら
　　れざりし，千六百十六年，イタリヤに来りし使節に関する文書を発見したり

ヴェネツィアでは1585年の日本使節については，すでに知っていたが，1616年の使節についてはほとんど知らなかったのである。これは日本側も同様だったようで，ベルシェーは同書でつぎのように記している。

> 日本の大使等は，三世紀前，即ち千五百八十五年，ベニスに来りし，他の日本使節の認
> めたる数通の書類を発見して，大いに歓喜せり，右使節の長の姓名，及びその目的は，
> 国史并に伝説によりて，彼等の知るところなりしが，之に関する確実なる書類は，曾て
> 見たることなきが故に，特に之を喜びたり

岩倉らは，1585年の日本使節については，その長の氏名や目的を歴史的・伝説的に知っていたのである。

このように考えると（H）の後段で「此支倉六右衛門ハ是ヨリ三十年モ後レテ至リシハ，大友家ノ使臣ニハ非ルヘシ」と記していることも矛盾なく理解できる。つまり，現地ヴェネツィアで支倉は大友氏の使臣であるとの説明を受けたが，「五葉ノ日本使臣書翰」を見ると，そこには支倉と30年の差があることから，久米は「大友家ノ使臣ニハ非ルベシ」と考えたと理解できるのである。

このように久米は7葉の日本遣使関係書翰のうち5葉は天正遣欧使節関係のもの，2葉は天正遣欧使節に属さない日本人のものと認識していたことがわかる。特に後者は，成稿過程の第二段階から一貫して記されていることから，高い関心をもたれていたことが窺われる。一方，前者は第四段階で初めて認められる記述で，しかも「外ニ」という語で始まる。このことから久米の主な関心が前者，すなわち未知の日本遣使―支倉六右衛門―にあったことがわかる。

6. 小 結

岩倉具視らによる明治6年5月29日の文書館での日本遣使関係文書の実見は，使節団員としては福地源一郎の同年3月5日，木戸孝允の同年5月6日に続く3度目のことであった。

福地はこれらの古文書に対して一般的な重要性を感じ，支倉書翰1葉を写取り，その他の5葉は目録にして，帰国後の調査の備えとした。木戸は支倉書翰2葉を実見し，ヴェネツィア側の説明と自身の知識とによって，支倉と天正遣欧使節との深い関わりを考えた。久米は支倉書翰2葉の年代と天正遣欧使節に係る5葉の書翰に30年の差があることに注目し，支倉は大友家の使臣ではないことを指摘しているが，伊達家との関係にまでは考えが及ばなかった。なお，福地によれば帰国後，伊達政宗の海外使節派遣について尋ねてみたが，誰一人これを知る者がいなかったという。

このようにヴェネツィアで支倉書翰を実見した直後は，支倉六右衛門に関する基本事項についての認識は皆無に等しかったといえる。しかし，支倉書翰の実見が，ベルシェー著『日本使節』の刊行にみられるように，慶長遣欧使節研究に大きな契機を与えたことは否めない。この点で岩倉具視によるイタリア国内における日本遣使関係文書等の調査指示の意義は大きい。

第3節　明治9年の宮城博覧会と明治天皇の東北巡幸

1. 宮城博覧会と宮城県

　明治9年，宮城博覧会に慶長遣欧使節関係品が出品され，衆目を集めた。宮城博覧会の概要は『活版御布告文集・明治九年四月分』（宮城県公文書館所蔵）所収の「宮城博覧会規則」で知ることができる。会主は仙台在住の鎌田三郎右衛門・佐藤三之助・針生庄之助の3名で[13]，会期は明治9年4月15日から6月3日までの50日間とし，「当県ノ如キハ僻陬ノ地ニシテ此ノ会タルヤ容易ニ設クルカタシト雖トモ今ヤ有志ヲ募集シ試ニ一会ヲ設ケ各自開明ニス、ムノ趣意」で開催された。会場は「宮城県第一大区小五区宮城郡仙台五百六拾七番地」「則公園ノ隣地」であった（第2図）。「陳列品略目次」（西村 1987）によると宮城県からは「切支丹教法物品」の出品があり，これは「旧仙台ノ臣支倉六右衛門南蛮ヨリ帰朝ノ節齎シ来ル所ノ耶蘇ノ真影及ヒ諸品数種」であった。これらは明治4年に仙台藩から宮城県に移管した資料であったことが，観覧記録等で確認できる（金井1876・1878，岸田1876，近藤1876，平井1876）。

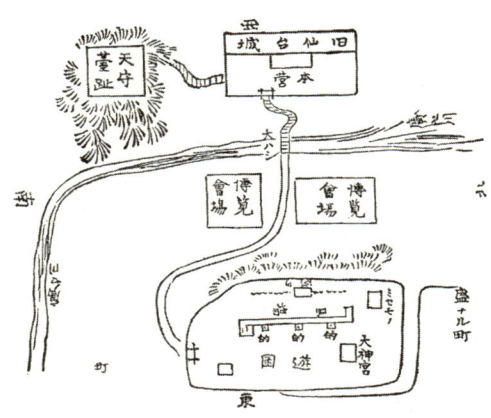

第2図　宮城博覧会の会場位置図

　民間主催の博覧会ではあったが，宮城県は積極的に関わった。まず，会主から宮城県に「博覧会取開度旨願出」があり，それを「聞届」けて開催を許可し，さらに博覧会は「人民をして開明に進ましむるの趣意」であるので「就いては戸長村扱等，得其意男女老幼を不論，成丈け来観候様懇切通諭可致」との布達を出した（仙台市役所1908）。ここでいう「戸長」「村扱」は大小区制下の地方吏員のことで，戸長は平均すると数村からなる小区内の一切の事務を司り，村扱は村内事務を担当した。宮城県は戸長・村扱等の地方吏員を通じて博覧会観覧を推奨したのである。また，宮城県の積極的な姿勢は，明治4年に仙台藩から宮城県に移管された慶長遣欧使節関係品等の出品によっても知ることができる。

　宮城県がこのように宮城博覧会に積極的に関わったのは，その意義を認め，将来，県主催で開催したいという意向をもっていたためであった。それは明治9年6月に宮城県権令の宮城時亮が大久保利通に提出した「宮城県赴任以来県治着手順序之概要」（宮城県公文書館所蔵）のつぎ記事から明らかである（読点は筆者加筆）。

　　公園或ハ博覧会ノ如キ，亦人智ヲ開キ，勉力ヲ進ムルノ一端ニ付キ，公園ハ前年之ヲ開キ，本年，始メテ博覧会ノ挙ニ及ト雖トモ，未タ其躰ヲ得ス，年ヲ待テ其実ニ進マントス

なお,「年ヲ待テ其実ニ進マントス」とした宮城県主催の博覧会は4年後の明治13 (1880) 年に開催された。

2. 明治天皇の東北巡幸と宮城博覧会

明治9年4月24日に明治天皇の東北巡幸が布告され,5月6日には巡幸発輦日が6月2日であるとの布告が出された。巡幸発輦日に先立ち先発員が派遣された。先発員は内務省内務権大丞の北代正臣を中心とする先遣組と太政官正院参議兼内務卿の大久保利通を中心とする後発組とに分かれた[14]。先遣組は5月12日に,後発組は5月23日に,それぞれ東京を発った。先遣組が巡幸経路や視察箇所を内定して,後発組の大久保利通に上申し,それを大久保が決定するというものであった。先遣組は,さらにその前に派遣されていた官員からの事前調査報告や各県から収集した地誌・地図等の参考資料をもとに内定し,上申していたのである(岩壁・広瀬 2001)。

巡幸供奉員は先発員を含め230名程であった。供奉員は太政官正院(25名)・宮内省(153名)・大蔵省(4名)・内務省(11名)・陸軍省(39名)・海軍省(1名)で構成されていた。先発員を除く主要な供奉員を挙げればつぎのとおりである。正院では岩倉具視(右大臣)・木戸孝允(内閣顧問)・土方久元(大史・御巡幸御用掛)・金井之恭(権少史・御巡幸御用掛)・山本復一(大主記)など,宮内省では徳大寺実則(宮内卿)・東久世通禧(侍従長)・杉孫七郎(宮内少輔・御巡幸御用掛)・香川敬三(宮内大丞・御巡幸御用掛兼庶務出納内廷)・児玉愛二郎(宮内権大丞)・近藤芳樹(皇学御用掛)などである(岩壁・広瀬 2001)。

宮城県への巡幸に係る調査要請は布告後4日目の4月28日に宮内省少丞から宮城県参事に出されていることが『明治九年御巡幸御用書類』(宮城県公文書館所蔵)で確認できる。この文書に続いて準備・提出すべき一覧表・図・書類などを箇条書にした文書がある。年月日は記されていないが,最後の行に「右二十九日」とある。宮城県への巡幸は6月24日~29日であるので,「右二十九日」は4月29日か5月29日いうことになる。この文書の中に「一同(罹水災者のこと:筆者註)賑恤明細表元磐井県」という一項がある。これは磐井県の廃県後,すなわち明治9年5月17日(県甲第74号,宮城県公文書館所蔵)以降を示すものと解せるから,「右二十九日」は5月29日のこととなる。ところが,この文書には実際に行幸した場所の図等が数多く列挙されているので,この時点で宮城県における行幸・視察先がほぼ内定していたことがわかる。このなかには「一博覧会場略図」という一項もある。したがって,遅くとも5月29日までには宮城博覧会への行幸も予定に組み込まれていたといえる。これにともない6月3日までの会期は7月3日まで延長されることになった[15]。

明治天皇の宮城博覧会への行幸(第2図)は,『明治九年奥羽地方御巡幸』によれば6月26日午後2時20分で,騎射を見るために隣接する公園へ移動したのが午後3時6分であった(我部・広瀬・岩壁・小坂 1997)。このことから,博覧会会場への行幸時間は,公園への移動時間を差し引けば40分程とみることができよう。

第2章　明治時代前期・中期における慶長遣欧使節の認識

3. 宮城博覧会で注目された陳列品

　5月に出版された「陳列品略目次」によれば，陳列品は346件を数えるが，これは「荒マシヲ記載シテ聊カ弁覧ニ供」したもので，「追々陳列ノ品種及ヒ欠漏ノ部ハ付録ヲ以テ詳細ヲ補ワン」とするものであった（西村1987）。したがって，最終的な陳列品件数は346件を越えたと考えられる。陳列品は，明治9年4月14日付の宮城県布達に見られるように「天造人作新古」を問わない「珍器奇品等」と「該地物産」であった（西村1987）。

　このような多種多様な陳列品で，特に注目されたのが，宮城県が出品した慶長遣欧使節関係品―旧仙台藩切支丹所保管品―であった。このことについて博覧会観覧記録を集成し分析することによって確認したい。まず博覧会関係記事における支倉常長関係記事の割合を字数によって示すと第6表のようになる。支倉関係記事が平均75％を占め，各人の支倉に対する注目度・関心度の高さが知られる。つぎに第7表によって記事の内容を具体的にみると，共通して記述されているのが《支倉常長像》で，それに続くのが「ローマ市公民権証書」であることがわかる。油絵で写実的に描かれた支倉常長肖像画（縦80.8cm，横64.5cm）と羊皮紙を用い周囲を紋章やトロフィー（戦勝記念品）で彩り，本文をラテン語で書いたローマ市公民権証書（縦68.5cm，横88.5cm）が，その大きさと表現・内容の特異さによって，観覧者に強い印象を与えたのであろう。同様の強い印象は明治天皇にも与えたようで「支倉六右衛門ノ画像ハ恐レ多クモ御手附ノ栄ヲ蒙」ったのである（宮城県1925）。

第6表　博覧会記事字数（A）に占める支倉関連記事字数（B）の割合

	A	B	B/A × 100
『木戸孝允日記・三』	124字	107字	86.3%
金井之恭『東巡録』	331字	148字	44.7%
近藤芳樹『十符の菅薦』	628字	452字	72.0%
岸田吟香『東北御巡幸記』	1,006字	822字	81.7%
金井之恭『扈従日誌』	215字	200字	93.0%
計（平均）	2,304字	1,729字	(75.0%)

4. 博覧会の観覧記録者等の支倉常長およびその関係品に対する認識

　宮城博覧会の観覧記録を残している供奉員の木戸孝允・金井之恭・近藤芳樹，『東京日日新聞』巡幸随行記者の岸田吟香および岸田の報を得て書かれた同紙の福地社説の支倉常長およびその関係品についての認識についてみてみたい（第7表）。

(1) 木戸孝允

　『木戸孝允日記』三の明治9年6月26日条で，支倉は南蛮に赴いたが，それが「いずれの国歟不詳」とする（日本史籍協会1933b）。このことから，3年前の明治6年5月6日にヴェネツィアで実見した「伊斯巴爾亜の文字にして姓名国字を用」いた書翰を書いた人物と油絵に描かれた人物が同一であるとの認識に至っていないことがわかる。

(2) 金井之恭

　太政官正院権少史の金井は東北巡幸の公的日記『東巡録』と私的日記『扈従日誌』を著した。『東

第7表　宮城博覧会における支倉関係品観覧記事の集成

	支倉関連記事の内容	記載品（現資料名）
木戸孝允 『日記』三 1933	古器及物産此中にて，珍らしきものは，支倉と申もの，南蛮に至りいづれの国輿不詳，取帰りしものとて，邪广の十字形，其外支倉の油絵あり，これは西洋服へ日本刀を帯び十字形を拝するものなり，又別に，其節持帰りしものと見へ書あり，いづれの文字輿未詳（読点は筆者加筆）	支倉常長像 ローマ市公民権証書
金井之恭 『東巡録』 1876	博覧会場ニ陳列セル物品凡八百余，〈中略〉中ニ就テ尤珍玩スベキハ，支倉六右衛門油絵画像ナリ．衣，黒色洋製，本邦ノ古製ヲ交フルモノノ如シ．小刀ヲ帯シ，耶蘇十字架ノ像ヲ拝セリ．六右衛門ハ慶長十八年，其主政宗ノ命ヲ奉ジ，南蛮国ニ使シ，元和六年帰国スト云フ．像ハ蓋シ羅馬総政院ノ公書及ビト共ニ齎帯シテ帰ル者，当時未ダ西洋各国ノ情状ヲ詳ニセズ，概シテ之ヲ南蛮ト称セシナリ．	支倉常長像 ローマ市公民権証書 ＊「贈品」は特定不可
近藤芳樹 『十符の菅薦』 1876	殊に支倉六右衛門といふ者の像の油絵こそ，あやしくめづらしき物なりけれ，ゑのやう，またく西洋の人のさましたるに，鮫柄の短刀おびたるなん，なほ皇国をわすれぬ所みたる，手を合せて，いはゆる耶蘇の十字架を拝みたるは，かなたにありしほど，その教をうけたりし成べし	支倉常長像
岸田吟香 『東北御巡幸記』 1876	其中でも尤も奇とすへきは，支倉六右衛門の画像なり．余ほど摺れたれども，誠によく出来たる油絵にて，襟飾りの袖口などは，全く千五百年前の西洋の風俗にて，黒の衣服と思はれ，其製は，西洋の僧服と，日本服とを折衷したるが如し，鮫柄の短刀に，真紅の下緒を長く垂れたるを佩ひ，眼を見張りて両手を合せ，耶蘇の十字架の像を礼拝する図なり，外に天主教の数珠も三ツ四ツと，十字架の銅像もあり，また皮にて製したる，ペルカメントと云ふ紙が，何か横字にて書きたる物あり，羅甸文字なるべし，中ニDATE MASAMVNE（伊達政宗）といふ文字ありて，其紙の四辺は，花鳥人物などの彩色絵ありて，今の西洋陶器の絵に似たり，外にさらさの風呂敷の様なる物ありて，天竺のジクザクに似たり，古雅にて，今製の如くに器用ならず，珍らしき物なり．	支倉常長像 ロザリオ 十字架像 ローマ市公民権証書 縞模様布
金井之恭 『扈従日誌』 1878	宝器異物累々陳列枚挙ニ遑アラス，特ニ宝玩スヘキハ支倉六右衛門ノ油絵像ナリ，衣黒色ニシテ洋装和製ヲ和用スルモノニ似タリ，小刀ヲ帯シ耶蘇十字架ノ像ヲ拝セリ，真ニ生ルカ如シ，支倉ハ伊達政宗ノ命ヲ奉シ南蛮国ニ航セシモノ，政宗征蛮ノ志アリ，支倉ヲ使セシメテ其国俗ヲ探偵セシメタリト云，皮革ニ書シタルモノアリ，南蛮王ノ答書トナス，当時南蛮ト称セシ蓋シ羅馬国ナラン，其他筵席衣物鎧鞍轡笠耶蘇ノ像悉ク当年携帰ノモノナリ，支倉ハ慶長十八年纜ヲ解キ元和六年帰国セリト云フ	支倉常長像 縞模様布 祭服（マント及びズボン） ローマ市公民権証書 馬具（鐙・鞍・轡） 十字架像（ロザリオの聖母像） ＊「笠」は特定不可

巡録』で「六右衛門ハ慶長十八年，其主政宗ノ命ヲ奉ジ，南蛮国ニ使シ，元和六年帰国スト云フ」と記し，支倉は政宗が派遣したもので，出帆は慶長18年，帰国は元和6年であったとする。一方『扈従日誌』では「支倉ハ伊達政宗ノ命ヲ奉シ，南蛮国ニ航セシモノ，政宗征蛮ノ志アリ，支倉ヲ使セシメテ其国俗ヲ探偵セシメタリト云」「支倉ハ慶長十八年纜ヲ解キ元和六年帰国セリト云フ」と記し，『東巡録』では言及していない支倉派遣の目的を「政宗征蛮ノ志」に基づき「其国俗ヲ探偵」することにあったとしている。ただ，ここで注意しなければならないのは，このような認識は「ト云フ」という表現から明らかなように，金井独自のものではなく伝聞によるものであったことである。

(3) 近藤芳樹

宮内省文学御用掛の近藤は官版の東北巡幸日記『十符の菅薦』を著した。そのなかで「慶長十

八年に，伊達政宗のよざしゝまにまに，横沢監物という者とふたり，南蛮にわたりける」「元和六年に，この国にかへ」ると記し，『扈従日誌』と同様に政宗征蛮に係る支倉派遣とみている。

(4) 岸田吟香

『東北御巡行記』は東北巡幸に随行した東京日日新聞記者の岸田が同紙に書き送り掲載されたものである。そのなかで「伊達家記録，并古談筆乗俚諺」によって，支倉派遣の時期・目的等を詳しく記している。その要点は①伊達政宗が南蛮国の事情を探らせるために支倉六右衛門と横沢監物を派遣した，②この派遣は将軍秀忠も嘉し，本朝の産物を賜った，③牡鹿郡月浦から出航した，④元和6年，支倉だけが恙なく月浦に帰国した，⑤国王からの返書や贈物を携えて帰国したが，そのなかに南蛮王と支倉の肖像画があった，⑥支倉帰国後，政宗は征蛮を断念した，である。

(5) 福地源一郎

福地は岸田からの報を得て福地社説を掲載した。福地が明治6年3月5日にヴェネツィアの文書館で写し取ってきた1615年2月24日付の支倉書翰と5点の天正遣欧使節関係文書の目録が社説独自の史料となった。その結果，政宗征蛮説を容認しながらも，①支倉が1615年にローマに到着したことは顕然であること，②支倉はローマではフィリップ・フランシスコの名を冠していたこと，③岸田が仙台で見た書翰は「当時ノ法王ポール五世ノ返翰カ或ハ南欧君主ノ書翰ニ相違」ないことなどの新たな指摘をすることとなった。福地社説は，支倉常長を在欧史料と国内史料とを結びつけて理解しようとした最初の論文ということができる。

5. 小　結

宮城博覧会は民間人が会主となり，明治9年4月15日から開催されたが，宮城県の積極的な関わりが認められる。同県が出品した「切支丹教法物品」は，その反映の一つである。博覧会開催の10日目には明治天皇の東北巡幸が，22日目の6月2日には巡幸発輦日が布告された。博覧会を行幸地とすることにともない6月3日までの会期は7月3日まで延長された。

博覧会観覧記録には，もっとも注目すべき陳列品として例外なく支倉常長像が取り上げられている。また支倉関係記事は博覧会記事の平均75%を占める。これらのことから，この博覧会でもっとも注目されたのが慶長使節関係の陳列品であったということができる。これによって支倉常長は旧仙台藩内の一部で知られていた人物から，全国的な人物となったのである[16]。

観覧記録者のうち金井・近藤・岸田は支倉派遣の目的を伊達政宗による南蛮国征服のための情報収集とする点で共通している。岸田は依拠した書冊の一つとして蜂屋可敬の『古談筆乗』を挙げていることから，同様の見方をしている金井・近藤も同書に拠っていると考えられる。同書には仙台藩内外の名将偉人についての記述があり，「修史家の好伴侶」との評価がある（菊田1933b）から，入手が容易であったものと思われる。この結果，支倉遣使の目的＝政宗征蛮とする説が流布することになった。一方，福地社説によって岩倉使節団による成果の端緒が開かれた。この社説は，福地がヴェネツィアで収集した史料を提示しながら論を展開しており，慶長遣欧使節の研究は国内ばかりではなく海外にも目を向ける必要性を説くこととなった。

第4節　明治新政府による慶長遣欧使節の主導的研究

1. 慶長遣欧使節関係品の東京への郵送

(1) 郵送の目的と時期

　宮城博覧会で注目を浴びた慶長遣欧使節関係品は，東北巡幸に供奉した岩倉具視の指示によって，東京に郵送された。平井希昌は『伊達政宗欧南遣使考』（以下，『遣使考』と略記，平井1877）の緒言のなかで，岩倉が平井に，つぎのように語ったと記している。

　　是等ノ品既ニ二百有余年ノ星霜ヲ経。伝ヘテ今ニ至ル。実ニ稀世ノ珍ト云フヘシ且ツ古
　　ヲ考フルノ一大要具也。而シテ古物毀損シ易シ。為メニ丁寧装補シテ。以テ永久保存ノ
　　計ヲ為シ。且ツ為メニ事蹟ヲ考索シ之ヲ略述セサルヘカラス

このことから明らかなように，東京への郵送は保存措置を施し調査研究を行うためであった[17]。
　では東京への郵送の時期はいつであろうか。これに関する文書が『明治九年官省往復』（宮城県公文書館所蔵）に綴じられている（句読点は筆者追加）。

　　先般御巡廻之砌，天覧ニ備ヘ候支倉六左衛門俏像羅馬油絵并ニ羅甸語之書籍及ヒ右ニ属
　　スル書類一切御用候ニ付，至急御差回シ可有之，尤御用済ノ上ハ御下戻シ可相成筈，且
　　右往復費用之儀ハ悉皆正院ヨリ相下渡可相成候条，右御心得，至急差回シ方，御執計可
　　有之，此段申遣候也。
　　　九年八月十五日　　　　　　　　　　　　　　　　　　　　　　　　土方大史
　　　　　　宮城県令殿

これは太政官正院大史の土方元久が明治9年8月15日付で宮城県令に慶長遣欧使節関係品を太政官に送るよう指示したもので，文中に「至急」が二回も見られるから，迅速な対応を県令に求めていることがわかる[18]。
　宮城県令（権令）による慶長遣欧使節関係品の東京への移送は「至急」行われ，8月28日に太政官に到着した。このことは明治10年3月14日付の宮城県令宛土方久元文書（『明治十年官省使文章』宮城県公文書館所蔵）の追伸に「尚以昨年八月廿八日御申越有之候羅甸語公書〈以下略〉」とあることから判明する。

2. 平井希昌による慶長遣欧使節の調査研究と『伊達政宗欧南遣使考』の出版

(1) 平井希昌による慶長遣欧使節の調査研究

　平井希昌（1839〜1896）は中国語・英語・仏語に秀で，外交交渉の実務や外交文書の作成・翻訳で活躍した。明治5年のマリア・ルーズ号事件では外務省の一員として裁判に立ち会い，明治6年には外務卿副島種臣の清国派遣に二等書記官として外交顧問の米国人リセンドル Charles William Jeseph Émile Le Gendre（李仙得）らと共に随行した。この目的は前年11月締結の日清

第 2 章　明治時代前期・中期における慶長遣欧使節の認識　　59

修好条規の批准であったが，これは名目であり，本旨は明治 4 年 11 月に台湾で起きた漂着琉球島民暴殺に対する清国の責任を問うことにあった。しかし清国側はその責任を認めず，事態の進展はなかった。このような中で翌 7 年 4 月，台湾出兵が行われた。このとき『ニューヨーク・ヘラルド』 The New York Herald 紙通信員のエドワード・ハワード・ハウス Edward Howard House（1836～1901）が従軍記者として乗船した[19]。これに先立ち平井は 3 月に台湾生蕃処置取調のために陸軍省へ出仕した[20]。4 月に明治新政府は台湾蕃地事務局を設置し，大隈重信を長官に，西郷従道を都督に任じて体制を整えた。平井は台湾蕃地事務局御用掛として引き続き台湾出兵に関わった。同事務局は明治 8 年 2 月に廃閉されたが，同年 7 月，平井らはハウスの『征台紀事』を英文で 100 部印刷製本して各国に頒布する仕事を担った[21]。

平井は明治 8 年 11 月 4 日付で外務省少丞から太政官正院少史に転じ，明治 9 年 4 月 25 日に賞牌取調掛を命じられ，10 月 16 日からは賞勲事務局一等秘書官を兼務した（平井 1997）。賞牌取調掛を命じられた翌日，明治天皇の東北巡幸が布告された。明治天皇は明治 9 年 6 月 2 日に東京を発輦し，26 日に宮城博覧会で慶長遣欧使節関係品を天覧した。供奉した岩倉具視はそれらを東京に移送して保存・調査・研究することを指示した。既述したように慶長遣欧使節関係品は 8 月 28 日に太政官正院に届けられ，その調査研究は主に平井が担当した[22]。

(2)『遣使考』の内容と出版

平井を中心とする慶長遣欧使節関係品の保存・調査研究の成果は『遣使考』としてまとめられた（平井 1877）。慶長遣欧使節の調査研究としては「事蹟ヲ考索シ之ヲ略述」することと，関係史料等の邦訳が行われた。

慶長遣欧使節の事績については「伊達氏旧記等ノ書ニ徴シ。外国ノ書ニ質シ。参互商量シテ」まとめた。「伊達氏旧記等ノ書」で引用が明らかなものは『政宗軍記』，「外国ノ書」ではケンペル『日本誌』，レオン・パジェス『日本耶穌教記（日本切支丹宗門史）』，ジャン・クラセ『日本教会史（日本西教史）』である。『政宗軍記』は特定できないが，「伊達氏旧記等ノ書」に大槻玄沢『金城秘韞』（1812）が含まれることは，同書の原本に朱書きされた明治 10 年 5 月の大槻文彦識に「太政官別ニ伊達政宗欧南遣使考ノ編アリ依テ考証ノ為メニ此書ヲ差出シタリ故ニ写本一部太政官ニアリ又外務省ヘモ差出シタレバ二部写取リタリトイフ」とあることから明らかである[23]。

『日本誌』の原文はドイツ語であるが，1727 年に英訳が，1729 年に仏訳・蘭訳が出版されている。蘭訳本は弘化年間（1844～1848）に邦訳された（斎藤 1985）。『日本耶穌教記』は 1869・1870年に，『日本教会史』は 1689 年に初版が，1715 年に再版がパリで出版された。この二書は明治 9 年の時点では邦訳されていなかったから，平井らは原文で読んだものと思われる[24]。

この他に引用したと思われるものに幕府が編纂した『寛政重修諸家譜』がある。その巻第 762 に仙台伊達氏を載せており，本文中の「家譜ニ曰ク」がこれを指している可能性がある。

慶長遣欧使節関係史料では「政宗ノ名ヲ以テ。彼ノ国ニ贈リシ書翰」と同使節関係品の「羊皮紙公書」の和訳等を行った。このうち後者については，岩倉具視が駐日英国公使のハリー・スミス・パークス Harry Smith Parkes（1828～1885）にその英訳を依頼した。その実務を担当したの

が同公使館のウィリアム・ジョージ・アストン William George Aston（1841〜1911）である。アストンの 1876 年 11 月 2 日付平井宛書翰（『翻訳集成原稿』第 3 号，外交史料館所蔵）にはつぎのように記されている（句読点は筆者加筆）。

　　貴下，数日前パークス君方へ，御持参相成候羊皮紙書翰及御返却候条御落手有之度，右
　　ハ拙者英文ニ翻訳致，則チ訳文ハ，パークス君ヨリ岩倉閣下へ御回シ申候間，何レ日本
　　文ニ翻訳ノ為メ，貴下へ御渡可相成儀ト存候該書ハ，法王ノ返書ニハ無之，全ク，支倉
　　六右衛門へ羅馬市民ノ自由ヲ特許シ，且同人ヲ議事官ニ撰任致候。書面ニ有之候段ハ，
　　一覧ノ上，御了解相成可申，尤モ，法王ノ諱ハ，本書ニ記載有之候。謹言。
　　　　千八百七十六年英公使館ニ於テ
　　　　　十一月二日　ダブルユ，ジー，アストン
　　　　　　　平井希昌君
　　　　　　　　　貴下

　この書翰から英国公使館へ「羊皮紙公書」を持参したのが 10 月下旬であること，同公書は「法王ノ返書」ではなく，支倉に授与されたものであることがわかる。

　アストンの訳と同公使館トマス・ラッセル・ヒラー・マクラチー Thomas Russell Hillier mcClatchie（1852〜1886）による紋章学的考察の和訳が明治 9 年 11 月上旬に完成した。太政官正院の土方元久は同年 11 月 10 日付で，「羊皮紙公書」の和訳と考察の和訳を三條実美太政大臣および大久保利通以下 7 名の参議に順達した[25]（『官符原案・明治九年』第 11，国立公文書館所蔵）。

　このようにしてまとめられた『遣使考』が刊行されたのはいつなのだろうか。同書には奥付がなく，正確な発行年月日は不詳である。その緒言に「明治九年十二月平井希昌史官本局ニ於テ誌ス」とあることから，これを発行年月と解することも多い[26]。しかし，これは緒言を記した年月であり，発行した年月ではない。

　つぎに示す文書は『遣使考』出版に関わるもので国立公文書館が所蔵している（読点は筆者加筆）。

　　　　　　　　　　　　出版々権届
　　一　欧南遣使考
　　　　　　明治十年一月出版　　　　　　　　　一冊
　　右ハ正院史官本局ニ於テ編輯，慶長元和年間，伊達政宗支倉六兵衛門ヲ以テ伊太利国エ
　　使ハセシ事跡ヲ集録シ出版版権ヲ有シ候條，此段及御届候也
　　　　明治十年一月十五日　　大史土方久元
　　　　　　内務卿大久保利通殿

この文書は明治 8 年 9 月 3 日に布告された太政官布告第 135 号の出版條例に基づいて提出された出版届・版権届とみることができる（『太政官布告全書』第 9 冊）。出版條例第一條には「出版ノ前ニ内務省へ届出ヘシ」とあるから，「明治十年一月出版」は同年 1 月 16 日以降の出版予定と解することができる[27]。しかし実際の出版は若干遅れたようで，一般の人々へ出版告知は同年 3 月に入ってからであった。3 月 8 日付の『東京日日新聞』に「太政官翻訳係編纂　〇欧南遣使

考　定価弐拾銭」という出版広告が初めて掲載された。

3．小　結

　宮城博覧会における慶長遣欧使節関係品の天覧を機に，慶長遣欧使節は広く周知されることになった。これらの関係品は東京に郵送され保存と調査研究が行われることになった。それを主導したのが右大臣岩倉具視であった。岩倉はヴェネツィアの文書館で支倉常長書翰を初めて実見した明治6年にもベルシェーにイタリア国内でのさらなる調査を依頼した。このことから岩倉が慶長遣欧使節に強い関心をもっていたことがわかる。帰国後の明治9年，今度は仙台で慶長遣欧使節に関わる品々を実見する機会を得た。岩倉の慶長遣欧使節への関心はますます深くなり，それが関係品を東京へ郵送して保存と調査研究をするという指示となった。

　保存・調査研究の実務を命じられたのは仏語等の外国語に通じた平井希昌であった。平井は国内の関係史料やヨーロッパの出版資料，さらには駐日英国公使館の協力を得て『遣使考』を上梓した。それは明治10年2月か3月上旬のことであった。ここに至り慶長遣欧使節の国内外における動静がはじめて明らかにされたのである。

第5節　明治新政府の広報外交と慶長遣欧使節

1．『東京タイムス』 *The Tokio Times* 第1号掲載の慶長遣欧使節記事

（1）発行者と紙面構成

　明治10年1月6日付の『東京日日新聞』と『朝野新聞』に『東京タイムス』創刊の広告が掲載された。前者には「持主兼記者　イー，エッチハウス」，後者には「社主兼編輯　ジー，エッチ，ハウス」とある。これらのことから，『東京タイムス』は米国人のE. H. ハウスが「持主兼記者」「社主兼編輯」として発行した週刊英字新聞であることがわかる。

　『東京タイムス』第1号は二段組で，表題・目次1頁，記事12頁，広告1頁からなる。紙面は「編輯短評」「社説」「歴史素描」「要人消息」「他紙記事抜粋」「来日離日船客」からなる。「歴史素描」には二本の記事が掲載されており，その一本が「17世紀における日本とローマ」Japan and Rome in the 17th Century である。3頁を割き，本文は2,000語で，そのほかに英訳した関係史料など4点を載せており，第1号では最長の記事（以下，「記事」）である。

　平井希昌が中心となってまとめた『遣使考』の発行は明治10年2月か3月上旬である。「記事」はその出版直前に掲載された。ここでは明治新政府による慶長遣欧使節の調査研究の成果公表に先駆けて「記事」が掲載された理由と目的を探る中から，新政府が慶長遣欧使節にどのような意義を認めていたかを解き明かすことにしたい。

（2）「記事」の要旨と英訳関係史料

　「記事」は慶長遣欧使節関係品の天覧による同使節の周知に始まり，使節の性格と今後の解明

への期待を述べ，つぎに天正遣欧使節から始まる日欧交流を瞥見し，使節の目的や特徴を経路とともに記す。最後に《支倉常長像》を中心とする慶長遣欧使節関係品について言及する。「記事」の要旨は次のとおりである。

　　東北巡幸で慶長遣欧使節関係品が天覧に供された。それまで慶長遣欧使節については関係大名以外に知られていなかったが，徳川幕府から公認されたものであった。同使節は宗教的性格を有し，征服計画も背後にあったとされるが，さらなる解明が期待される。
　　日欧の支配者間交流は豊後の大名がローマ教皇に書状を送ったことから始る。その後，秀吉がゴアのインド副王へ，さらに家康がオランダ国王とイングランド国王に書状を送っているが，その内容は政治的・商業的なもので，宗教には触れていない。しかし慶長遣欧使節は宗教的な性格を復活させたものであった。その中心となったのがフランシスコ会修道士のルイス・ソテロである。ソテロは日本とメキシコ（スペイン）との交流創出のために家康と交渉したが，成果は得られなかった。そこで遠隔地の大名・伊達政宗との関係を深めた。ソテロは日本・メキシコ間貿易の創出を計画した。
　　政宗は家臣・支倉六右衛門を中心とする慶長遣欧使節を1613年にアカプルコに向けて出帆させた。使節は1614年にスペインに到着し，ソテロの出身地のセビリアではセビリア市宛伊達政宗書状が手渡された。ローマ教皇パウロ5世宛の伊達政宗書状が送られ，使節の謁見が叶った。また支倉にはローマ市議員に列する証書が授けられた。この証書は慶長遣欧使節関係品の中にあるもので，英国公使館のマクラーチが調査し，アストンが英訳した。支倉はアカプルコからマニラに渡り，帰国した。その後，棄教したかどうかは詳らかではない。また政宗が隠れキリシタンであったという証拠もない。ソテロは北日本・東日本の司教と日本遣外使節に任命されたが，イエズス会は反対した。ソテロはマニラから長崎に密航したが，逮捕され1624年に処刑された。
　　慶長遣欧使節関係品が東京に移送され，太政官の平井希昌に預けられ，修復のための調査が行われている。証書以外の記念品で第一に取り上げるべきものは支倉の半身肖像画である。その絵には折り目をつけて折重ねた結果，ひび割れと褪色が認められる[28]。第二は中央に聖母子像を描いた銅板である。また，青銅製十字架2点，ロザリオ，メダル，祭服などの衣類，馬具類があり，すべてヨーロッパ製である。

「記事」には訂正すべき点も認められるが，大要は正しく把握されていると評価できよう。また「記事」には英訳された4点の関係史料が併載されている。すなわち①慶長18年9月14日付セビリア市宛伊達政宗書状，②慶長18年9月4日付ローマ教皇パウロ5世宛伊達政宗書状，③ローマ市公民権証書，④ローマ市公民権証書の紋章学的考察である。①はレオン・パジェス『日本切支丹宗門史』附録第30号に拠る。この書状は正しくは慶長18年9月4日付であるが，同書では誤って「一四日」としている。②も『日本切支丹宗門史』附録第38号に拠る。③は英国公使館員アストンの英訳，④は同館員マクラーチーの分析・考察である。

　なお，『遣使考』には①〜④の和訳が掲載されており，「記事」との関連が窺える。

2. E. H. ハウスと平井希昌の接点

E. H. ハウスと平井の接点はどこに求められるであろうか。この問いに答えるためには，まずハウスの略歴を知る必要があろう。ハウスについては土田美枝子・玉井美枝子 (1957)，大谷正 (1988)，J. L. ハッフマン James L. Huffman (2003) などの研究がある。ここでは主にこれらの研究成果に拠りつつ，国立公文書館所蔵史料を加えながら平井との関わりに視点を据えてハウスの略歴を見ておきたい。

(1) E. H. ハウス

ハウスは 1836 年，ボストンに生まれた。父ティモシーは紙幣彫版師でその職を継がせようとした。母エレン・マリアはピアニストであった。ハウスは音楽に関心を寄せ，15 歳のころに「オーケストラのための作品」を作曲し，ボストンで演奏された。18 歳のときに母が結核で亡くなった。そのとき『ボストン・クリエール』 The Boston Courier 紙に音楽評論を送ったことが契機となり，ジャーナリストの道を歩むことになった。『クリエール』は発行部数 1,600 部の地方紙であった。1858 年，22 歳のハウスはボストンを離れニューヨークに赴き，発行部数 4 万部の『ニューヨーク・トリビューン』 The New York Tribune 紙の記者となった。1860 年 3 月，日米修好通商条約の批准書交換のためにニューヨーク入りした幕府遣米使節団についての記事を『アトランティック・マンスリー』 The Atlantic Monthly 誌に寄稿した。この記事は友人リチャード・ヒルドレスの『中世近世日欧交渉史』[29]を引用しながら日欧関係を 16・17 世紀からの説き起こしたもので，12 頁に及ぶものであった。南北戦争 (1861～1865) の際，ハウスは北軍従軍通信員として健筆を振るった。その後，ロンドンとニューヨークで劇場管理をしたが，1870 年，関心を寄せていた日本に『トリビューン』紙の通信員として派遣された。

1870 年 8 月 26 日，ハウスは横浜に着いた。以後，通信員として日本・アジアに関する記事を『トリビューン』紙に頻繁に送った。同年 11 月までに大隈重信との交友関係を持ち始めていた。翌年 1 月，デビット・タムソン David Thompson (1835～1915) に代わって大学南校の英語・英文学の教師として雇入れられた[30]。このような通信員・教師生活は明治 6 (1873) 年 1 月の病気による満期解傭まで続いた。翌月，ハウスは帰米したが，11 月に『ニューヨーク・ヘラルド』 The New York Herald の通信員として再来日した[31]。明治 7 年 4 月，ハウスは台湾遠征の従軍記者として第一船に乗り，同紙に記事を送った[32]。ハウスが東京に戻ったのは同年 7 月であった。

(2) ハウスと平井の接点

ハウスと平井の接点は台湾遠征に求めることができる。既述したように平井は台湾遠征に最初から関わっていた。すなわち明治 7 年 3 月に台湾生蕃処置取調を命じられ陸軍省へ出仕し，同年 4 月には台湾蕃地事務局（長官・大隈重信）の御用掛を命じられている。一方，ハウスは『ヘラルド』紙の従軍記者として台湾遠征軍の第一船に乗り込んでいるから御用掛の平井との接触は遅くとも同年 4 月にはあったと考えられる。明治 8 年 2 月，同事務局は廃閉されたが，平井らは，同年 7 月，台湾遠征の正当性を宣伝するためにハウスの英文『征台紀事』を 100 部，印刷製本し各国に頒布

する仕事を担った[33]。なお英文『征台紀事』の印刷製本はハウスからの申し出によるものであった[34]。

　慶長遣欧使節関係品が仙台から東京に移送されたのは明治9年8月下旬であるが，ハウスと平井は明治7年4月の台湾遠征ですでに関わりを持っていたのである。

3.『東京タイムス』の創刊とその目的

(1) 新政府と欧字新聞―『東京タイムス』創刊前の状況―

　幕末に締結されたいわゆる「安政の五ヵ国条約」等によって函館・神奈川（横浜）・長崎・新潟・兵庫（神戸）が開港し，また江戸と大坂が開市した。そして函館・新潟を除く開港・開市地に居留地が置かれた。居留地が置かれた開港地では居留民を対象にした英語を主とする欧字新聞の発行が相次いだ。これらの新聞は貿易情報の提供を主とするものではあるが，新政府の政策や日本の生活・習慣も取り上げて報じた。しかし，その論調は基本的に居留民の立場を擁護・支持するものであったから，新政府の政策や日本文化を批判的に取り上げることも珍しいことではなかった。しかもこれらの新聞は欧字新聞ということもあり，欧米においては最新の日本情報源としての役割を担っていたから，新政府はこれに対抗するために新政府に好意的な論調の欧字新聞との関係を深くしていった。

　首都東京に最も近い横浜港は，明治初年，貿易額・貿易量ともに他港をはるかに凌ぐ港となった。そこでは横浜三大英字新聞と称された『ジャパン・ヘラルド』 *The Japan Herald*,『ジャパン・ガゼット』 *The Japan Gazette*,『ジャパン・ウィークリー・メイル』 *The Japan Weekly Mail* が発行されていた。『ジャパン・ヘラルド』は文久元（1861）年に横浜で最初に発行された英字新聞で，条約改正等で対日批判に終始した。『ジャパン・ガゼット』は居留地商人の資金的援助を得て慶応3（1867）年に創刊し，自由貿易擁護・新政府財攻撃等を展開した。『ジャパン・メイル』は明治2年に創刊された海外向け隔週英字新聞で，日本に関する論調は終始公正で好意的であった（遠藤・下村1965）。

　『ジャパン・ウィークリー・メイル』社主のウィリアム・ガストン・ハウエルは明治6年2月，「新聞功能書」を新政府に提出した。そこには①諸外国に日本の実情や日本政府の方針・施策を広報するために新聞を用いることが最良である，②この点で『ジャパン・ウィークリー・メイル』を日本政府が支援することは極めて有効であると記されている（『明治政府翻訳草稿類纂』第2巻）。この提言が契機となり，太政官正院は同年10月13日付で，大蔵省への達「ジャッパンメール新聞紙出版ノ毎次五百部宛買上欧米各国ヘ頒布為致候ニ付右代価一ヶ年金五千円外ニ郵便料トシテ一ヶ年金四百六拾八円同社ヘ可払渡筈ニ候條此旨相達候事」と大隈重信への達「右ジャッパンメール新聞社長ハウエルヘ付与致シ候約束書ニ記名可致事」を出した。この約束書には「日本帝国ノ形勢事情ヲ広ク流布セシメ欧米各国ノ首府ニアル諸人ヲシテ之レヲ知ラシムルコトノ緊要ナルヲ以テ」両者が約定を取り結んだとある。また同書には，ハウエルは日本「政府ノ政務施行上ヨリ起ル條件ニ付キ自己ノ処見ヲ以テ正実不偏ノ評論ヲナスノ権ヲ有スル恰我政府ノ命ヲ受ケザルモ

ノ、如クナルベシ」としているが、日本政府は「事務上妨害トナルコトハ」「断然之ヲ差留ルノ権」を有するともある。

　ハウエルは日本政府と購読・配布契約を結んだが、日本「政府ノ命ヲ受ケ」ず、「正実不偏ノ評論ヲナスノ権」を有していた。ハウエルはこの権利を行使し、日本政府の台湾出兵を批判する投書を英国の『タイムズ』に送り、同年8月11日に掲載された（国際ニュース事典出版委員会 1990）。この前月、『ジャパン・ヘラルド』は新政府とメイル社が特別の契約を結んでいる事実をつかみ、その批判記事を掲載した。

　このような状況を受けて新政府は明治7年9月24日で解約する旨の書翰をハウエルに送ったが、解約には至らず、延長や更新を重ね、最終的に解約したのは明治8年12月25日であった（1875年10月15日付大隈重信宛ハウエル書翰、『官符原案・自明治八年一月至同年十二月』国立公文書館所蔵）。

　台湾出兵を機に『ジャパン・ウィークリー・メイル』と新政府の関係に陰りが出てきた。リゼンドルは明治7年7月8日付で建白（覚書）第34号を大隈重信に提出し、政府新聞発刊の意義と必要性を主張した（『明治政府翻訳草稿類纂』第6巻）。それはつぎの7項目にまとめることができる。①日本政府が新聞局を設け、機密に属さない事項は新聞に掲載して説明すれば政府に対する批判も消散する、②日本は新国であるからその国情を知る者は極めて少ない、③横浜の欧字新聞は日本政府に無益であるが、世人は信じているので政府に損害を与えている、④日本政府が扶助している『ジャパン・メイル』は一方で政府を支持し、他方で罵倒している、⑤このような状況であるので、日本政府は自己の新聞を東京で発行すべきである、⑥新聞発行にあたっては、英米で新聞編集経験をした者を選ぶべきである、⑦佐賀の乱（1874年）・台湾出兵に対する横浜の欧字新聞の誤解によって、日本政府は大害を蒙る可能性がある。

　一方、台湾出兵に従軍し、7月中旬に日本に戻ったハウスは8月15日付で新政府との約定書案の略文を外務少輔の上野景範に送った。それによれば①ハウスは1875年1月1日以前に週刊新聞を横浜で発行できるように勉励する、②新政府は前金を払いこの新聞を買取る、③その代価は年間18,000ドルで、分割払いにするというものであった（『明治政府翻訳草稿類纂』第8巻）。

　リゼンドルは大隈重信に翌8年4月5日付で覚書第45号を提示した（大隈イ14A4441）。そこにはハウスと福地源一郎とで週刊新聞発行について商議し、ハウスは英文12面、福地は日本文12面の編集を担当し、政府が監督するとある。しかし、リゼンドルとハウスが提案・計画した政府（系）新聞発行は実現を見ることなく明治9年を迎えることとなった。

　リゼンドルは明治9年3月5日付けの覚書52号を大隈に送った。そこにはハウエルは帰国を機に15,000円で譲渡したいとしているが、この適不適は査問の結果によるものの、適となれば編集適任者はハウスであろうと記されている。これに対して大隈は実地調査を経てから判断し、編集者をハウスにすることに異存ないと3月9日付けで回答した（大隈イ14A4455）。9月にはリゼンドルとハウスが実地調査を行い、メイル社買取りは不利益であるとの結論を得、平井経由で大隈に伝え、「ハウス氏及予両人ノ思考スル所ニテハ別ニ一種ノ新聞紙ヲ営業相始メ候方上策ト存候若シ政府ニテ一年六千五百弗ノ高ヲ給与下サレ候ヘハハウス氏新タニ営業イタス」意向も添

えた（大隈イ14A4456）。

　このように明治7年以来，度々新政府（系）新聞の発行に関する動きが見られたが，実現には至らなかった。しかしここで確認しておきたいことは，新政府（系）新聞発行の際には編集者をハウスにするということでリゼンドルと大隈の意見が一致していたこと，またハウス自身もその意欲をもっていたということである。

(2) 『東京タイムス』と新政府

　リゼンドルとハウスによるメイル社譲渡に関わる調査の結果，買取りは不利益であるとの結論に至ったが，「上策」として「一種ノ新聞紙ヲ営業相始メ」「ハウス氏新タニ営業イタス」という提言をした（大隈イ14A4456）。この提言の翌月，新政府（系）新聞発行に関する新たな動きがあった。太政官正院少史の平井希昌は明治9年10月11日付内密議案「米人ハウス刊行之毎週新聞へ助成金資給之儀ニ付命令書案別紙一通仰高裁候也」を起案した（大隈イ14A1115）。この議案には平井の直属上司である大史「土方」（土方久元）の押印のほかに大臣「岩倉」（岩倉具視），参議「大久保」「大隈」（大久保利通・大隈重信）の押印が認められるから，案のとおり決裁されたことがわかる。「命令書案別紙一通」は「毎週新聞発刊之儀ニ付命令書案」と題するもので，前文と9款からなり，最終行には「明治九年十月　日　少史平井希昌　印」とある。この命令書は同年10月15日に調印された（大隈イ14A1116）。

　ここで「毎週新聞発刊之儀ニ付命令書案」の要点をみておこう。「前文」には①日本政府の代理者である大久保利通と大隈重信の命を受けて平井希昌が命令書を発行する，②日本政府はハウスが発行する週刊新聞に15,000円を助成する，③助成金は契約書調印直後に1,500円，その3ヵ月後から毎月500円を27ヵ月間支給するとある。「第一款」には毎週新聞は契約書調印後45日以内に創刊すること，「第二款」には①ハウスは500部を毎号無料で政府指名の人に送付すること，②500部のうち海外諸国の要人への郵送はできるだけ多くし，その郵送料は年500円とすること，③送付先とその住所は「史官本局指名之人」に提出することとある。「第四款」には大久保利通・大隈重信の特に公布・通知すべき「諸説」は遅滞なく新聞掲載することが記されている。「第五款」には新聞掲載する日本関係の「諸説諸意見」は「常に政府の裨益を考え真実公正ニし偏頗な」いようにするとある。

　「前文」の記載から新政府側の実務担当者は平井であること，契約期間は明治12年3月までであること，助成金として総額15,000円を支給したことがわかる。「第一款」は創刊期限を明治9年11月末日としているが，第1号が発刊されたのは，既述したように明治10年1月6日であった。「第二款」は政府指定の人物に新聞を送付することが記されており，これは前述の『ジャパン・メイル』と同様である。「第四款」「第五款」は日本政府の見解や主張そして日本政府側に立った記事を掲載するというもので，『ジャパン・メイル』よりさらに日本政府との関係を濃くした内容となっている。

　この「毎週新聞発刊之儀ニ付命令書案」は既述したように内密議案として取り扱われた。これは明治7年7月，『ジャパン・ヘラルド』によって『ジャパン・メイル』と新政府の特別な契約

関係を報道・批判されたことを踏まえた措置であった。さらに明治 11 年 4 月 26 日付平井希昌起案の「東京タイムス新聞御助成之儀」についての起案文（大隈イ 14A1116）には，内密処理をさらに強化する旨が，つぎのように記されている（読点は筆者加筆）。

　　　契約書調印之儀，是迄の如ク各官員の姓名等記載有之候而は，一旦，不慮之事故ニ遇ひ，
　　　萬一人目に触れ候節，政府の関係を発露シ，不穏之場合も可有之と懸念不少候付，今回
　　　改約ニ及ひ三井銀行取締役三野村某を以て，仮ニ約主ニ相立て記名捺印為致

明治 9 年 10 月の契約書には官員名の記載（大久保利通・大隈重信・平井希昌）があったが，これでは「萬一人目に触れ」た場合，「政府の関係を発露」させてしまい問題を起こすことが懸念されるので，改約にあたっては民間の「三井銀行取締役三野村某」[35]を仮の契約主とするというものである。このように『東京タイムス』と新政府の関係は発露しないように内密のうちに結ばれ強化されていった。

　『東京タイムス』は民間人であるハウスが発行する新聞として広報・宣伝された。明治 9 年 11 月 22 日付『東京日日新聞』は，つぎのように報じている。

　　　〇米人イー，エッチ，ハウス氏ハ来る一月五日より「東京タイムス」と云ふ新聞紙を土
　　　曜日毎に発兌いたしますが，同氏ハ米国にても名高き操觚者ゆえ定めて奇抜な論説があ
　　　りませう

その後，ハウス自身が同年 12 月 12 日付『東京日日新聞』，13 日付『朝野新聞』につぎのような広告を掲載している。

　　　私儀来る一月五日より毎土曜日に「東京タイムス」と題する毎週西字新聞を発兌仕候
　　　　　　　　　　　　　　亜米利加人　　イー，エッチ，ハウス

なお明治 10 年 1 月 5 日は金曜日であり，土曜日ではない。実際，第 1 号は 6 日発行されているから，これはハウスの単純な勘違いであろう。

　このように『東京タイムス』は表向き民間発行の形態をとりながら，一方で新政府からの助成金を得て，新政府側に軸足を置いた新聞としてスタートした。しかし，助成金の打ち切りによって明治 13 年 6 月 26 日付を最終刊として廃刊した。発刊回数は 182 回であった。

4．「記事」掲載の契機とねらい

（1）「記事」掲載の契機

　明治 9 年 9 月の「李仙得ヨリ平井希昌エ来翰翻訳」（大隈イ 14A4456）には，つぎのような内容が記されている。すなわち①リゼンドルとハウスはメイル社の経営・経理を実地調査した結果，買取りは不利益であり，むしろ新に新聞を刊行したほうが上策である，②ハウスは新政府から年6,000 円の資金を給与されるならば，新新聞を刊行する，③これらのことを平井から大隈に伝えてほしいというものであった。ハウスと新政府との『東京タイムス』刊行に関する契約が同年 10 月 15 日に締結されたのは，この書翰の提言を新政府が受け容れた結果であると理解できる。このことから同年 9 月以降，平井は新政府（系）英字新聞の刊行にむけてハウスとその契約内容

等について折衝を重ねていたと考えられる。契約締結から38日後の11月22日には『東京日日新聞』に明年1月5日からハウスが週刊西字新聞を毎土曜日に発行するという記事が掲載され,『東京タイムス』の創刊が告知された。

　一方,仙台から郵送された慶長遣欧使節関係品が同年8月28日に太政官に到着した。平井は岩倉からそれらの保存と調査研究を命じられ,その結果,慶長遣欧使節関係品の業務と新政府（系）英字新聞刊行の業務を同時に遂行しなければならないことになった。

　平井は慶長遣欧使節関係品の調査研究をいつ頃から始めたのだろうか。それを知る手掛かりとなるのが,ラテン語で書かれた「羊皮紙公書」の英訳依頼時期と『金城秘韞』写本作成時期である。前者は英国公使館員アストンの1876年11月2日付平井宛書翰から10月下旬とわかる。後者については『金城秘韞 藝水先生日筆二巻合冊』（早稲田大学図書館蔵）の巻末にある大槻文彦の明治10年5月付朱書きが注目される。そこには「富田鉄之助二部ヲ写サシメ」たとある。富田は命令によりニューヨーク領事館から明治9年10月27日に帰国した（日本史籍協会1927）。このことから富田の指示による『金城秘韞』の書写は恐らく11月上旬頃に行われたと考えられる。前者は10月下旬,後者は11月上旬とすればその時期は近接しており,慶長遣欧使節関係品が東京に到着してから2ヵ月ほどを経て,調査・研究が開始されたと考えることができる。

　8月28日に東京に到着した慶長遣欧使節関係品は調査研究が始まるまでの約2ヵ月間,どのような取扱いをされていたのだろうか。前掲した土方久元の明治9年8月15日付宮城県令宛文書にはこれらを太政官正院に「至急差回」すようにとあることから,2ヵ月間何もしないで放置状態にしておくことはありえない。そこで考えられるのが保存措置である。岩倉は平井にこれらの保存措置を命じており,これに応えて平井は「匠氏ニ命シ,各桐匣ヲ製シテ,之ヲ盛リ,玻璃ヲ嵌シテ,以テ毀損ヲ防キ,傍ラ観覧ニ便ニ」した（平井1977）。保存措置を講じた時期を9～10月とすると,新政府（系）英字新聞刊行業務との関連が無理なく理解できる。つまり慶長遣欧使節関係品にまず保存措置を講じ,つぎに調査研究を行うという計画が組まれたと考えられ,こうすることによって保存措置を講じる期間を新政府（系）英字新聞刊行のための業務に充てることが可能となった。

　平井の慶長遣欧使節関係品の調査研究は,ハウスと新政府の週刊英字新聞刊行に関わる契約が結ばれた後の10月下旬から11月上旬の間に本格的に始動した。11月22日付『東京日日新聞』で明年1月5日に週刊英字新聞を発行と報じられていることから,ハウスもそれ以前から創刊の準備・取材に余念がなく,平井との接触も頻繁であったことが窺える。このような中で平井が慶長遣欧使節関係品の調査研究をしていることを知ることは自然かつ容易なことであった。

　ハウスは慶長遣欧使節について来日前から知っていた。ハウスは1860年の幕府遣米使節団を友人ヒルドレスの著書『中世近世日欧交渉史』を引用しながら,16世紀・17世紀まで遡って記事にしたことがある。同書の第21章には慶長遣欧使節についての簡潔な記述があるから,ハウスが同使節を知っていたことは疑いない。また,それゆえにハウスが同時代資料であるこれらの品々に大きな関心を寄せたであろうことは容易に想像できる。ハウスは『東京タイムス』第1号

に慶長遣欧使節に関する記事を掲載することにし，その情報・資（史）料を平井から入手し，実見する機会を得たと考えられる。「記事」に掲載された4点の関係資料は『遣使考』付録第1・4・6・7号と同一のものであることが，それを裏付けており，また資料に関する記述は実見に基づくものと判断できるからである。

このようなことを実現できる背景には，ハウスと平井の信頼関係があった。明治7年の台湾出兵でハウスは従軍記者として遠征第一船に乗り込み，また平井は台湾生蕃処置取調・台湾蕃地事務局に出向し，終始その事務処理の中枢にいた。こうして台湾出兵を機に両者の関係が形成され，翌年にはハウスの『征台紀事』が平井の担当によって英文で出版・頒布された。また新政府（系）英字新聞の刊行にあたっても，両者はその初期から関わりを持ち続け，ついに創刊目前まで漕ぎつけたという状況にあった。

慶長遣欧使節関連品の東京移送と新政府（系）英字新聞刊行の準備業務の同時性，そしてこれらに関わった平井希昌とE. H. ハウスの人間関係を契機にして，「記事」が『東京タイムス』第1号に掲載されることになったと考えられるのである。

(2)「記事」掲載のねらいと『遣使考』との関係

新政府（系）英字新聞刊行の目的は新政府の対外広報にあった。このことはハウエルの「新聞功能書」（明治6年2月）やリゼンドルの建白（覚書）第34号（明治7年7月8日），そして平井希昌が起案した「毎週新聞発刊之儀ニ付命令書案」（明治9年10月11日）から明らかである。それは直面する政治・経済問題等に対する新政府の見解・対応や方針ばかりでなく，歴史・文化・伝統・習慣をも含む日本総体を対外的に発信することによって日本理解を促進・深化させ，それによって国益に資することを期待するというものであった。このように理解するならば，リゼンドルが覚書第52号（1876年3月5日）の中で「一ノ広告具^{新聞紙}_{サニフ}」（大隈イ14A4455）と記したことは，新政府（系）英字新聞の性格と目的を端的に表現したものとすることができる。

慶長遣欧使節関係品は新政府が欧米各国と交渉をもつはるか以前の17世紀初頭に，スペイン（メキシコ）とローマと本格的な外交交渉を行っていたことを示す同時代資料である。これを対外的に広報・周知させることは新政府にとって歴史的な後ろ盾となり，また国内的にも時宜を得た歴史的新事実として有益なものであった。

新政府はまず各国駐日公使を招いて慶長遣欧使節関係品を観覧する機会を設けた。明治9年11月27日付『東京日日新聞』には慶長遣欧使節関係品を「特ニ仙台ヨリ正院ニ取寄セ為ニ装釘ヲ補飾シテ之ヲ各国公使ヘモ示サレタルニ皆其ノ有益ノ物品タルヲ称賛セシ」との記事がある。ただこの記事には時期・場所・各国公使の具体的な記載がないから，それらを絞り込む必要がある。時期については，新政府が「羊皮紙公書」の内容を理解しないまま観覧を実施することは考えられないから，土方久元がアストンの英訳とマクラチーの英文による考察を復訳して太政大臣と参議に順達した11月10日を上限とすることができる。下限は後述するように英国公使パークスに「羊皮紙公書」と《支倉常長像》を貸し出した11月22日とすることができる。

場所については大槻文彦が東京博物館に陳列した（大槻1912）と記していることが注目され

る[36]）。「東京博物館年報」には明治8年3月13日「府下第四大区五小区神田宮本町八番地旧昌平校内大成殿ヲ以テ仮ニ博物書籍両館トナス」，同年「〇四月八日当館ヲ改称シテ東京博物館トナス」とある（『日本帝国文部省年報3（明治8）第1冊』）。また『日本帝国文部省年報5（明治10）第1冊』32頁には「文部省所轄教育博物館ハ明治四年ノ創立ニシテ原ト東京博物館ト称セリ明治十年一月其体面ヲ変シ新ニ館ヲ上野ニ築キ教育博物館ト改称セリ」とある。このことから東京博物館は文部省所管で明治8年4月から9年12月まで現在の湯島聖堂（文京区湯島一丁目）に置かれていたことがわかる。同館は「本年中ハ未夕縦覧ヲ許サス」（『日本帝国文部省年報4（明治9）第1冊』）とあるから，明治9年は一般公開をしていなかった。

明治9年11月時点で駐日公使館を置いていたのは14ヵ国で，そのうち公使が駐日していたのが8ヵ国（アメリカ，オランダ，イギリス，ドイツ，ロシア，オーストリア・ハンガリー，スペイン，ベルギー）であった（外務省記録局1889）。したがって慶長遣欧使節関係品を観覧できたのは，最多でこの8ヵ国の公使とすることができる。また公使以外の外国人でも観覧する機会があったようである。「記事」の内容からハウスは実見したと判断でき，さらに「記事」には大蔵省印刷局のお雇外国人エドアルド・キヨッソーネ Edoardo Chiossone（1833〜1898）が《支倉常長像》を見たとある[37]）。東京博物館は一般公開していなかったから，観覧できたのは限られた人々だけであった。観覧した公使等は「皆其ノ有益ノ物品タルヲ称賛」した。

つぎに駐日英国公使パークスが明治9年11月22日に神田錦町の東京開成学校で開かれた日本アジア協会の例会で「1615年における仙台公派遣のローマ使節について」On the mission to Rome in 1615 of an Envoy from the Prince of Sendai と題する研究発表を行ったことが注目される（佐々木2009）。日本アジア協会は日本研究のためにパークスが中心となって明治5年7月に組織したもので，会員の90％を英米人で占めるが，少数ながらドイツ・ロシア・ベルギー・日本の会員もいた。明治9年の会員数は200余名で，職業は外交官・お雇外国人・商人・宣教師などであった。ハウスも会員の一人であるが，この例会に出席したかどうかを確認できる資料を入手していない。

パークスは岩倉具視の厚意により羊皮紙の「ローマ市公民権証書」と《支倉常長像》を借り受けて研究発表を行い，会員に大きな関心を抱かせた。この資料2点のインパクトは相当に強かったようで，資料返却を記した11月24日付平井希昌宛パークス書翰の追伸には「両件拝借ノ儀ニ付，岩倉閣下へ厚謝申述呉様，昨日，集会ノ社中一同ヨリ拙者マテ申出候」（『翻訳集成原稿』第3号，外交史料館所蔵，読点は筆者加筆）とある。

駐日公使を主対象にした慶長遣欧使節関係品の観覧やパークスの研究発表における「ローマ市公民権証書」と《支倉常長像》の提示によって，欧米を中心とする駐日・在日外国人に慶長遣欧使節に対する関心が高まった。これらによって彼らをとおして日本の歴史，とりわけ日欧（米）外交史を対外的に発信して日本理解を促進・深化させるという新政府の目的は一応達成できたと考えられる。

しかしながら駐日・在日の欧米人をとおしての慶長遣欧使節に関する新日本情報の発信には限

界があった。『東京タイムス』への掲載はこの限界を乗り越え，打破することを意味する。既述した命令書には海外諸国の要人にできるだけ多く郵送することや記事は常に新政府の裨益を考えて掲載することが記されていた。「記事」は内容においてこの命令書に適合し，新鮮さとインパクトにおいて第１号にふさわしいものであった。リゼンドルは明治７年に新政府による新聞発行の必要性を建言した中で，その理由の一つとして「日本国ノ事情ハ明カニ外国ニ知ラレザルヲ以テ外国ノ衆庶ハ日本ノ事ニ付キテハ最モ瞞著サレ易」いことを挙げている[38]（「日本富強策」第七章，大隈イ 14A4434 − 7）。確実な史料と資料の実見によってまとめられた「記事」は初期日欧（米）外交史の様相を具体的に報じたものであり，「日本国ノ事情」を「明カニ外国ニ知ラ」せるという役割を充分に果たすものであった。『東京タイムス』発刊後の新政府内での評価を平井の起案文によってみてみると，明治 11 年 4 月 26 日付では「追々条約改正之時に際してハ必要之器具」（大隈イ 14A1116）とされ，明治 12 年 7 月 18 日付では「我国情を彼ニ通し間接ニ裨益を生するの要具」（大隈イ 14A1117）とあり，当初の目的に沿って発刊されていたことがわかる。「記事」はまさに「我国情を彼ニ通し間接ニ裨益を生する」内容であり，それが『東京タイムス』への掲載のねらいであったといえる。

　では『遣使考』と「記事」との関係はどうであろうか。『遣使考』の発刊は 2 月から 3 月上旬と考えられる。その根拠となるのが明治 10 年 1 月 15 日付の出版版権届と 3 月 8 日付新聞に掲載された出版広告である。「記事」と『遣使考』はほぼ同時期に執筆されていたが，前者が一足早く刊行されたことになる。『遣使考』は平井希昌の著作とされるが，上記の出版版権届には「正院史官本局ニ於テ編輯」とあり，『東京日日新聞』の出版広告には「太政官翻訳係編纂」とあるから，太政官で編集したものであり，版権は太政官正院が有していた。厳密にいえば『遣使考』は平井個人の著作ではなく，平井が公務として執筆・編集の中心を担ったもので，新政府の出版物であった。

　新政府の出版物である『遣使考』が「記事」に遅れて刊行されたことをどのように理解すればよいのだろうか。ここで再確認しておきたいことは「記事」が掲載された『東京タイムス』は新政府から内密に助成金を支給されて創刊・刊行された週刊英字新聞で，外見的には民間の新聞の形態をとりながら，内実は新政府（系）新聞であったということである。つまり「記事」の掲載も『遣使考』と同様に新政府が深く関わっていたということであり，その点で刊行時期の違いに大きな問題は生じない。

　つぎに検討すべきことは，同内容の「記事」と『遣使考』をほぼ同時期に刊行した理由である。「記事」は初期日欧（米）外交史に関する新史（資）料の紹介とその意義を対外的に広報し，日本理解の促進と深化を図るものであった。一方『遣使考』は日本語で書かれていることから，国内向け・日本人向けに刊行されたもので，これまでほとんど知られていなかった 17 世紀初頭の日欧（米）外交を明らかにしたものであった。つまり対象とする読者を「記事」は欧米人，『遣使考』は日本人としたために，ほぼ同時に刊行されたと考えられるのである。

5. 小　結

　新政府が慶長遣欧使節をどのように捉えていたのかについて,「記事」掲載を手掛かりにして検討・考察を加え, 縷々述べてきたが, それはつぎの①～⑥にまとめることができる。

　①新政府は正確な日本情報を海外に発信し, 日本への理解を深化させることで, その国際的な立場や地位を安定的に確保するために政府(系)英字新聞の刊行を計画した。それは新政府が内密に助成金を支給して親日的アメリカ人ジャーナリストのE. H. ハウスが編集・発行する『東京タイムス』として実現した。

　②助成金支給に関わる契約は明治9年10月15日にハウスと新政府の間で結ばれ, その際, 新政府側の実務を担当したのが平井希昌であった。平井は明治7年の台湾出兵の際には台湾生蕃処置取調・台湾蕃地事務局に出向し, 一方ハウスは『ニューヨーク・ヘラルド』紙の従軍記者として台湾遠征軍の第一船に乗り込んだ。帰国後, ハウスの英文『征台紀事』を平井が担当して出版し, 諸外国に頒布した。ハウスと平井は明治7年以来の知己であり, この間その信頼関係を醸成してきたのである。

　③太政官正院の指示で仙台から送られた慶長遣欧使節関係品が明治9年8月28日に到着した。岩倉具視はその保存・調査研究を平井に命じた。その結果, 平井は新政府(系)英字新聞刊行の業務とこれらの品々に関する業務を同時並行的に担うことになった。

　④明治9年11月10日, 羊皮紙公書の和訳が完成するなど, 慶長遣欧使節関係品に関する事業は着実に進捗した。そこで新政府は各国の駐日公使を招いて東京博物館でこれらを展覧した。また駐日英国公使パークスは岩倉具視の協力を得て「ローマ市公民権証書」と《支倉常長像》を借り受け, 日本アジア協会例会で研究発表を行った。これらは新政府による慶長遣欧使節の周知・広報活動の一環と理解できる。

　⑤ハウスによる『東京タイムス』と平井を中心とする『遣使考』の刊行準備はほぼ並行して進められた。このような中で慶長遣欧使節およびその関係品の内容が『東京タイムス』刊行の目的に合致することから, その第1号(明治10年1月6日発行)に「記事」として掲載された。一方,『遣使考』は「記事」にわずかに遅れて刊行されたが, 新政府は両者に深く関わっていたから, 刊行時期の違いはさほど大きな問題ではなかった。むしろ新政府にとっては慶長遣欧使節の歴史的事跡を欧米各国と国内各地に広報・周知させることのほうが重要なことであった。そこでその役割を欧米各国向けには「記事」, 国内各地向けには『遣使考』を刊行することによって分担させたと考えられる。

　⑥「記事」掲載は新政府の広報外交の一環であった。新政府にとって直面する欧米各国との諸交渉において, 慶長遣欧使節はその歴史的な先蹤として重要であったのである。

第6節　国内における慶長遣欧使節関係品の全容周知

1. 伊達家所蔵「ローマ剣」の公開

　明治9年の宮城博覧会に出品された慶長遣欧使節関係品は，仙台藩切支丹所に保管されていたもので，廃藩置県の際に仙台藩から宮城県に移管されたものであった。しかし慶長遣欧使節関係品の藩政期における保管には二系統—仙台藩切支丹所保管と伊達家保管—があった（佐々木2006）。このため藩政期に伊達家で保管していたものは未公開であったのである。

　明治9年6月，宮城県権令の宮城時亮が大久保利通内務卿に提出した「宮城県赴任以来県治着手順序之概要」（宮城県公文書館所蔵）には「本年，始メテ博覧会ノ挙ニ及ヒ雖トモ，未タ全ク其躰ヲ得ス。年ヲ待テ，其実ニ進マントス」（読点は筆者加筆）とあり，将来，本格的な博覧会開催を意図していたことが窺える。これを実現したのが同県主催の宮城県博覧会であった。会期は明治13年8月10日から10月8日までの60日間で，会場は仙台区片平町博物館構内であった。陳列区分は明治10年開催の第1回内国勧業博覧会を踏襲し，第1区：礦業冶金術・第2区：製造品・第3区：美術・第4区：機械・第5区：農業・第6区：園芸で，総出品数は9,564種30,708点であった。入場者は94,597人を数え，盛会であった（佐々木1989）。

　明治13年8月に宮城県勧業課が発行した『明治十三年宮城県博覧会出品目録』の第3区に「ローマ剣　二振　本県宮城郡小泉村　伊達宗基」とある。この「ローマ剣　二振」は，寛政元（1789）年に仙台藩刀奉行であった佐藤信直が編録した伊達家の蔵刀目録『剱槍秘録』に登載されている「南蛮剣」2口に該当し，「支倉六右衛門南蛮国江渡リ候節持参」して，伊達政宗に「差上」たものである（佐々木1998）。出品者の伊達宗基（1866〜1917）は仙台藩第14代藩主で，第13代藩主慶邦（1825〜1874）の四男である。明治2年の版籍奉還により仙台藩知事となるが，幼少のためその座を宗敦（1852〜1907）に譲った。

　なお，このとき宮城県勧業課は「支倉常長油絵」を出品している。明治9年に東京に郵送された慶長遣欧使節関係品が宮城県に返還されたことを示すものではあるが，それが全部なのか一部なのかは判然としない。

2. 伊達家所蔵「南蛮皇帝ノ図」の公開

　明治9年に続く2回目の東北・北海道巡幸が明治14年7月30日から10月11日までの70日間行われた。巡幸地は北海道・秋田・山形であり，明治9年に巡幸した地域は通過のみとなった。特筆すべきことは，北海道への本格的な巡幸であったことである。開拓長官の黒田清隆が明治14年3月9日に北海道への巡幸を奏上し，それが実現したのである。黒田は先発官・随行参議としてこの巡幸に関わると同時に，開拓長官として巡幸を受け入れた。これは開拓事業の一定の成果を天皇に見せるために北海道に招いたといっても過言ではない（岩壁・広瀬2001）。

さて，宮城県は明治9年の巡幸地であったので通過地扱いであったが，仙台には8月12日から14日までの2泊3日の滞在であった。このように2泊したのは通過地では盛岡・青森で，宇都宮は陸軍大演習の天覧のため3泊であった。巡幸の列が仙台に入ったのは8月12日正午ごろで，仙台国分町の金須松三郎別宅を行在所とした。午後2時ごろ，行在所から南西約1.3kmにある花壇家畜場に行幸し，駿馬・宮城県産馬等200頭を見た。13日は宮城県令松平正直から行在所で賀表と奏上があり，参議の大隈重信等が完成間近の野蒜築港現場を代巡し，侍従が松島での漁猟を代覧した。

仙台滞在中に宮城県の物産と書画や古器が天覧に供された。物産の天覧場所は，それに関する記録が判然としないため不明であるが，書画・古器については，『東北毎日新聞』明治14年8月13日付記事によって「行在所に陳列」したことが確認できる。この中に伊達宗基出品の「南蛮剣」2口と「石柄剣」1口，山崎平五郎出品の「南蛮皇帝ノ図」があることが注目される（宮城県1925）。この「南蛮剣」2口とは前年の宮城県博覧会に出品した「ローマ剣2振」のことである。ただこのときは，「石柄剣」1口は出品されていない。したがって3口一括出品は明治14年が最初となる。

「南蛮皇帝ノ図」は『宮城日報』明治14年8月5日付記事に「此度ノ聖上当地ヘ御駐輦ノ折リ天覧ニ供スル物品ハ」「（羅馬法王の像）山崎平五郎氏蔵」とあることから，《ローマ教皇パウロ五世像》が出品されたことがわかる。出品者の山崎平五郎は藩政期から明治にかけての仙台・国分町の有力者であった[39]。「南蛮剣」と「南蛮皇帝ノ図」は藩政期に伊達家が直接管理していた。後者が民間に流出した理由として，それぞれ所管が異なっていたことを指摘できる。前者は『劔槍秘録』に登載されていることから明らかなように刀奉行の管理下にあった。一方，後者は当初，貴重品として御物置で管理していたが，後年，雑品とされ御勝手方の管理となったため「維新ノ後藩ノ書画幅器具等若干品ヲ入札ニセシ時法王ノ油絵肖像モ其中ニ紛レ込ミテ民間ニ出デタ」のである[40]（大槻1890b）。

3. 小　結

廃藩置県で仙台藩から宮城県に移管されなかった慶長遣欧使節関係品に「南蛮剣」と《ローマ教皇パウロ五世像》がある。これらは藩政期に伊達家所蔵品として，伊達家が直接管理していたためである。前者は刀奉行が，また後者は初め御物置方が，後に御勝手方が管理していた。このため，明治維新後，前者は伊達家所蔵のままであったが，後者は伊達家を離れたのである。このような中，まず伊達家所蔵の前者が宮城県博覧会に出品され，翌年には後者とともに天覧に供されたのである。

「南蛮剣」と《ローマ教皇パウロ五世像》の公開によって，支倉常長の覚書かとされる「書物大小十九冊」を除く慶長遣欧使節関係品の全容が公開されたことになり，研究を進めるうえでの前提的な条件が整うこととなった。

第7節　国外所在の慶長遣欧使節関連資料の調査と収集

1．ベルシェーの史料収集と研究

(1)『日本使節』の刊行

　1873年5月の岩倉具視の台命により，ベルシェーによって続けられてきたイタリア国内での天正・慶長遣欧使節関係史料の収集と研究は，1877年に『日本使節』として結実し，刊行された。史料は「ローマ，フロレンス，モデナ，マントバ及びゼノアの文書館に於て，捜索」された（東京帝国大学1909）。その結果，53件の記事・書翰を収集することができた（第3・4表）。本文は全6章から成り，各章の記述事項はつぎのとおりである（戦前期外務省記録6.2.1.5－3, 外交史料館所蔵）。

　第1章は岩倉使節団との出会いを契機とする天正・慶長遣欧使節の調査研究の経過である。第2章は1542年のポルトガル人の漂着，1549年のキリスト教伝来，1609年の日蘭通商関係の樹立とその後のイギリス人の来航，将軍家光によるオランダ人以外の外国人の国外退去命令とオランダ人の出島移住等を記す。第3章は天正遣欧使節が1582年に長崎を出帆し，マカオ・マラッカ・ゴア・リスボン・マドリードを経，3年10ヵ月を要してイタリアのリボルノ港に着くまでを記述する。第4章はフィレンツェに85日間滞在後，ローマに向かい，教皇グレゴリオ13世に謁見し国書を奉呈したことなどである。第5章はローマを発ちヴェネツィアで10日間滞在し，その後マントバ・ミラノ・ジェノヴァ・バルセロナに至り，1586年にリスボンから乗船して1590年に帰国し，太閤秀吉に謁見するまでを記す。第6章は支倉六右衛門が1613年に日本を発ち，アカプルコを経てセビリアに到着したこと，伊達政宗が欧州諸国との貿易のために熟練航海士を求めたこと，ジェノヴァからローマに至り法皇に政宗からの書を奉呈したこと，またローマ総政院から公民権証書を授与されたこと，ローマから代理をヴェネツィアに派遣したこと，スペイン・アカプルコを経て1620年12月に帰国したことなどを記す。

　天正遣欧使節が第2～5章，慶長遣欧使節が第6章のみと，前者に圧倒的に頁を割いている。これは，「従来当地の文書館に於て，殆んど知られざりし，千六百十六年，イタリヤに来りし使節」（東京帝国大学1909）であったためである。このことを踏まえるならば，慶長遣欧使節について1章を割いて記述できたことは，ベルシェーの研究成果によるものと評価しなければならない。

　なお，ベルシェーは第1章で1876年末に仙台で慶長遣欧使節に関する文書等が発見されたこと（東京帝国大学1909），第6章では支倉常長像や宗教関係器物を平井が保管していることを記している。この情報は第4表の史料の「所蔵機関または典拠」から明らかなように，1877年1月6日付『東京タイムス』の記事によったものである。なお，ここでいう「1876年末」は慶長遣欧使節関係品の仙台から東京への郵送を「発見」と誤解したものであろう。いずれにしても明治初期における研究情報の国際化という点で興味深い。

(2) 『日本使節』の献本と明治政府の対応

ベルシェーの『日本使節』は天皇とイタリアに縁ある政府首脳に献呈された。明治10年12月2日付イタリア臨時代理公使桜田親義からの公信抜書（外務省1950）には，ビロード表紙2冊は天皇と岩倉具視に，他の8冊は寺島宗則・伊藤博文・佐野常民・山口尚芳・河瀬真孝・中山譲治・佐々木高行・三輪甫一に送ることが記されている。

また同抜書には「右大臣殿ヨリ，前年，御内達有之事ニ候ハヽ，追而，相応ノ御賞与，被遣候様，小官ヨリモ希候義ニ御座候。」（句読点は筆者加筆）とあり，前年の明9年にベルシェーへの賞与について岩倉具視が内達していたことがわかる。これは，ベルシェーが「一応蒐集が終わると，自分はその写しを東京の岩倉右大臣に送付」（吉浦1968）したことに対応するものであろう。結局，ベルシェーへの賞与については「凡弐百円位程ノ物品買上ケ為賞与差贈候」とする伺文書が明治11年6月17日付で外務卿寺島宗則から太政大臣三條実美へ提出され，同年7月5日に決裁されている。

2. 日本人による慶長遣欧使節関連書状および絵画の実見

(1) 井田譲等によるセヴィリア市役所所蔵伊達政宗書状の発見

井田譲（1838～1889）は明治14（1881）年7月20日付でオーストリア特命全権公使からフランス特命全権公使に転任した（外務省記録局1889）。また同年11月7日付でスペイン・ポルトガルの特命全権公使を兼任した（国立公文書館所蔵『明治14年詔勅録』）。明治15年3月，井田は大山綱介書記官等とともにスペインを巡回した際にセビリア市役所で慶長18年9月4日付セビリア市宛伊達政宗書状を発見し，その写真を外務省に贈った（東京帝国大学1909，村上1967）。この書状のスペイン語訳は1869年にパリで刊行されたレオン・パジェス『日本切支丹宗門史』の附録第30号として掲載され，平井希昌はこのスペイン語訳の政宗書状を日本語に抄訳して『遣使考』に附録第1号として掲載した。このようにセビリア市宛伊達政宗書状の内容は井田等の発見以前に知られていたのである。

井田等は日本語で書かれた書状そのものが現存することを確認したのであり，スペイン語訳でしか知られていなかった書状の内容を直接読み理解することが可能となったこと，さらにその書状の用紙についても具体的に知ることができたことなど，この発見の研究史上の意義は大きい。

(2) ローマ所在の日本人肖像画と伊達政宗書状の実見

明治21年7月10日・11日付『東京日日新聞』に「羅馬府に日本人の古事を知る」と題して橘邨居士すなわち関直彦（1857～1934）の記事が掲載された。7月10日付は「大村藩其他使節の事」についてであり，バチカン図書館所蔵の「伊藤マンショ等ヴェニス市宛感謝状」を実見し，書き写してきたものを掲載している。11日付は「支倉六右衛門肖像の事」である。イタリア特命全権公使徳川篤敬（1855～1898）の紹介によりボルゲーゼ公家書籍館（現，ボルゲーゼ美術館）内で実見したその肖像画の観察記録を800余字で詳細に記している。記事は「其像の写真を在羅馬府我公使徳川侯爵よりブルギーセー公家に求められたるに同家にても諾せられしよしなれば異日同公

使閣下より吾曹に贈らるゝを待ちて再び紙上に写し出し以て読者の覧に供すべし」とし記して結んでいる。写真撮影はその後行われ，東京国立博物館には徳川篤敬が贈った「大名肖像画」と題する写真が保管されている（大泉 2005）。

ところで関直彦はどのような経緯でいつ頃ローマを訪れたのであろうか。関は東京日日新聞社に明治 14 年に入社し，「明治 21 年 3 月，社命を受けて欧州に遊び，ロンドン，パリ，ベルリンを経てウィーンナに滞在している途中，急電によって呼び戻され」（相馬 1941），明治 21 年 7 月 10 日付で福地源一郎の後任として同社社長に就任した。関がイタリアを訪問したのは予定外のことであった。それは「或る時，余が巴里に滞在せし頃」三井物産パリ支店長・岩下清周が商用でイタリアに行くので同道してもよいと急遽誘われたことによる。この時，関はローマとミラノを訪れている（関 1993）。関はローマ訪問の時期を明言していないが，上記記事のなかにローマ滞在中の会計検査院長渡辺昇と会ったことが記されている。渡辺らは会計検査院の実務調査のためにヨーロッパ各国を訪れていた。明治 21 年 2 月 9 日付外務大臣大隈重信宛イタリア特命全権公使徳川篤敬の報告には渡辺昇一行は明治 20 年 12 月 16 日にベルリンからローマに着き，翌年 2 月 9 日にローマからパリに発ったとある（国立公文書館所蔵）。渡辺は旧大村藩士であったこともあり，「伊藤マンショ等ヴェニス市宛感謝状」については格別の関心と思いを寄せた。上記の記事には渡辺が天正遣欧使節を詠んだ漢詩が掲載され，「明治二十一年三月一日記於羅馬府」とある。しかし渡辺らのローマ滞在期間を考えれば「三月一日」は「二月一日」とするのが穏当である。このことから関がローマに滞在したのは明治 21 年 1 月から 2 月と考えられる。

工科大学教授の辰野金吾（1854～1919）は明治 21 年 8 月，日本銀行新築に係る欧米銀行建築調査のために横浜から出航した。これは時の日本銀行総裁・富田鉄之助の新進建築家を欧米に派遣し調査して本店の新築をするという方針を受けたものであった。まずアメリカで調査し，その後イギリスに渡り，ロンドンを拠点にしてヨーロッパ各国の調査を行った。ヨーロッパ大陸での調査は翌年 1 月から行い，ベルギー・フランス・オランダ・オーストリア・イタリアの各国を訪れた。同年 8 月，調査を終了してロンドンを発ち，8 月 25 日にマルセーユから乗船して 10 月 4 日に横浜に着いた（白鳥 1926）。

辰野はイタリアを訪れた際に，イタリア特命全権公使の徳川篤敬とともにバチカン図書館で慶長 18 年 9 月 4 日付ローマ教皇宛伊達政宗書状を撮影し，同公使はそれを帝室博物館に寄贈した（東京帝国大学 1903）。一方，辰野は上記書状の和文とラテン文および油絵の日本人肖像画を「石板写真ニテ持帰」えり，この 3 通を 100 枚つくり富田鉄之助をはじめとする関係者に配布した。富田はこの肖像画を重刻した（大槻 1890a）。さらに明治 23 年 2 月 23 日付『毎日新聞』[41] の附録として上記書状の写真が石版摺で発行された。その記事によれば「先頃羅馬に遊びし某紳士が自から羅馬の法庁も就き政宗親書の写真版摺を請ひ得て携へ帰えりしを我社借受けて写真に撮り石版摺に附」したもので，写真による最初の公表であった。ここにいう「某紳士」が辰野金吾であることは疑う余地がない。辰野が将来した上記書状の写真を再撮影した写真が新聞に掲載されたことによりその存在は周知されることとなった。

(3) 村上直次郎によるヨーロッパ所在の慶長遣欧使節関連史料の悉皆的調査

村上直次郎は明治「32年5月26日 文部省より南洋語学及び同地理歴史学研究のため満三年間西・伊・蘭三ヶ国への留学を命」じられ,「同35年12月21日 帰朝」した(キリシタン文化研究会1967)。この間,村上はイタリア・フランス・オランダ・スペイン・ポルトガル・イギリスの文書館・図書館等を訪れ,天正・慶長遣欧使節を中心とする文書類や諸記録を筆写等により持ち帰った。これらをもとに慶長遣欧使節については『大日本史料』第12編之12(東京帝国大学1909),天正遣欧使節については『大日本史料』第11編別巻之1・2(東京大学史料編纂所1959, 1961)が出版され,村上の採訪成果が結実した。

『大日本史料』第12編之12に掲載された慶長遣欧使節に関する史料の所蔵機関は第8表の通りであり,この表からも「正に超人的な努力」(岩生1967)の一端が窺える。村上の国外—特にヨーロッパ—における慶長遣欧使節関連史料の悉皆的調査とその成果のとしての『大日本史料』第12編之12の刊行により,慶長遣欧使節の実証的研究の基盤が形成された[42]。

第8表 村上直次郎採訪の慶長遣欧使節関係史料所蔵機関

国	所在地	機 関	掲載史料点数
イタリア	ローマ	バチカン文書館	45
		バチカン図書館	19
		バルベリ図書館	2
		アンゼロ図書館	1
		サン・ジョバンニ寺	1
		市役所	1
		国立文書館	1
	ゼノア	国立文書館	3
	モデナ	国立文書館	9
	ベニス	国立文書館	11
オランダ	ハーグ	文書館	4
スペイン	シマンカス	文書館	31
	セビリア	インド文書館	72
		市役所	7
	マドリード	史学科学士院	2
イギリス	ロンドン	市記録局	2
		インド事務省	5

3. 小 結

岩倉具視のベルシェーに対する天正・慶長遣欧使節に関するイタリア国内での史料収集の要請に応えて1877(明治10)年に『日本使節』が刊行されたことにより,両使節のイタリア国内での様相がより具体的に明らかになった。一方,訪欧した日本政府関係者等によって新たな文書や絵画資料の存在が確認された。セビリア市役所所蔵の伊達政宗書状は井田譲・大山綱介等によって発見され,その写真が外務省に送られた。またローマのボルゲーゼ美術館所蔵の羽織・袴姿の日本人肖像画(支倉常長像)は関直彦が実見し,その記事は明治21年7月10日・11日付『東京日日新聞』に掲載された。翌年,ローマを訪れた辰野金吾はこの肖像画の石版写真を持ち帰り,それを重刻したものが明治23年1月発行の雑誌『文』第4巻第1号に掲載され,周知されることとなった。またこの時,辰野はイタリア特命全権公使徳川篤敬とともにバチカン図書館所蔵の伊達政宗書状(和文・ラテン文)を写真撮影し,これらも石版写真で持ち帰った。この書状も明治23年2月23月付『毎日新聞』の付録として発行され,その存在が広く知られることとなった。このようにして岩倉使節団によるヴェネツィアでの支倉常長書翰の実見を契機にヨーロッパに所

在する慶長遣欧使節関連資料は着実に蓄積されていった。

　在欧慶長遣欧使節関連史料の調査・収集活動に画期をもたらしたのは村上直次郎である。村上はイタリア・オランダ・スペインに3年半留学し，この間天正・慶長遣欧使節関連史料の悉皆的調査・収集を行い，その成果は『大日本史料』第12編之12および『大日本史料』第11編別巻之1・2として結実した。

　このようにして国外—特にヨーロッパ—所在の慶長遣欧使節関連資料は19世紀末までにそのほとんどの内容ならびに所在場所などが把握され，さらに1909年に『大日本史料』第12編之12が刊行されたことによって研究の前提的条件が整えられた。このことから『大日本史料』第12編之12は本格的な慶長遣欧使節研究の画期をなす史料集であると位置づけることができる。

註

1) 6件の報告のうち，第4件目を除く報告の要点はつぎのとおりである。第1件目：9月1日，府下教舎に住む長崎出身者に長崎天主堂に住んでいる者から手紙が来た。その手紙には日々3〜4人が告解しているとあった。第2件目：9月5日，眼病を患っている人を教師が入院させた。教師は実子のようにその人に接した。それを見ていた書生等は教師を神のように信じた。第3件目：9月10日，横浜主教ベルナルドが長崎に行き，来春まで滞在するということをマリンが言っていた。第5件目：9月14日，教舎移転の官許ありとフランス人シブスケが来て教師に告げた。第6件目：9月15日，ニコライ門下生が教舎に来て，マリンに添え状を請い，横浜に行った。

2) このとき伊達家に返還された慶長遣欧使節関係品の詳細は『鶴城公記』明治28年8月7日条に記されている。

3) 天保11 (1840) 年，長崎生まれ。父の後を継ぎ唐通事となったが，時局を鑑みて英語を修めた。安政五カ国条約で長崎が開港されると，税関勤務を命じられた。文久3 (1863) 年には長崎奉行下の英語稽古所学頭に補され，多くの学生を教授したが，後には自邸までも私塾とするほどであった。慶応3 (1867) 年，幕命により江戸に赴き，開成所教授並となった。明治元 (1868) 年，大坂に上り，外交事務の通訳を担当し，一等訳官に任じられた。明治2年，新設された大阪洋学校督務，翌年，同校校務取扱に任じられた。この間『経済便蒙』『西洋法制』等を翻訳出版した。明治4年，岩倉使節団に一等書記官として加わり，明治6年，木戸孝允に随い帰国した。その後，翻訳課長・図書局長・内務大書記官・元老院議官・高等法院予備裁判官等を歴任し，明治24年に勅選貴族院議員となった。大正8 (1919) 年，79歳で没した（松方・森田他 1991）。

4) 天保12 (1841) 年，長崎生まれ。弘化4 (1847) 年，漢学を修め，安政2 (1855) 年から蘭学を学び，同4年5月に長崎奉行所からオランダ稽古通辞を命じられ，8月には幕府直轄の飽ノ浦製鉄所の伝習掛となり，通訳を担当した。同5年，江戸に出，同6年3月，英語を学び，5月に外国奉行支配通弁御用御雇となった。

　文久元 (1861) 年12月には，文久遣欧使節に通弁方随員として加わり，フランス・イギリス・オランダ・プロシア・ロシア・ポルトガルを歴訪し，同2年11月に帰国した。慶応元 (1865) 年4月，横須賀製鉄所設立に係る使節団の一員としてフランス・イギリスに渡り，翌年1月に帰国した。フランス滞在中，国際法の勉強のためにフランス語を学んだ。

　明治元 (1868) 年，幕府を辞し，売文生活を送るが，この前後の翻訳書に『ナポレオン兵法』（慶応3

年),『外国事務』『外国交際公法』(明治元年),『西史攬要』『英国祝砲条例』(明治2年),『英国商法』(明治3年) などがある。

　明治3年, 大蔵省御用掛となり, 翌年11月には貨幣・金融制度視察のため伊藤博文に随行して渡米した。帰国後の明治4年6月, 前年にまとめた『会社弁』が大蔵省から出版された。同年12月, 岩倉使節団の一員として米欧に赴いた。これは福地にとって4回目の渡米欧ということになる。

　明治7年, 東京日日新聞社に主筆として入社し, 明治9年には社長になり, 社説を執筆した。明治15年, 政府与党を目指し立憲帝政党を組織するが, 翌年解党した。明治21年, 経営不振から東京日日新聞社を辞した。晩年は活動の中心を演劇に移したが, 明治36年の市川団十郎の死を期に手をひいた。最後を政治活動で終わるべく, 明治37年に衆議院に立候補して当選するものの, 健康を損ない明治39年に没した (柳田1965)。

5) 天保10 (1839) 年, 江戸生まれ。安政4 (1871) 年, 長崎で蘭学・英学を修め, 慶応元 (1865), 幕府フランス語学伝習生となった。明治3 (1870) 年, イタリアに渡り, 蚕卵紙の海外販路を広め, 生糸輸出に携わった。明治5年, 大蔵省勤務。同年10月15日, 駐イタリア総領事としてヴェネツィア勤務を命じられ赴任した。同領事館廃館にともない明治9年10月に帰国し, 翌年, 官を辞した。明治18〜28年, ハワイで日本移民の監督総官を務めた。帰国後, 東洋移民合資会社を設立した。明治44 (1911) 年に没した (石井1999)。

6) 1555年創刊のイタリア最古の定期刊行紙である。1709年,『ラ・ガッゼッタ・ヴェネタ・プレヴィレジャータ』La Gazzetta Veneta privilegiata の名称で公的報道紙となった。1815年に『ラ・ガッゼッタ・プレヴィレジャータ・ディ・ヴェネツィア』La Gazzetta privilegiata di Venezia, 1847年に『ラ・ガゼッタ・ディ・ヴェネツィア』La Gazzetta di Venezia と改称し, 1866年には公的報道紙から民間紙に戻った (岩倉1997b)。

7) 離団して帰国の途についた木戸孝允に終始随ったのは, 何礼之とウィリアム・エドウィン・パーソン William Edwin Parson (1845〜1905) である。パーソンについては渡辺正雄が紹介している (渡辺1976)。それによれば, パーソンは1869年から1872年まで, ワシントンにある The Church of the Reformation というルーテル派の教会の初代牧師として働いていた。明治7年9月に来日し, 東京開成学校・東京大学理学部で数学と理学を教えた。明治11年7月に帰国し, 上記教会の牧師に復職した。その後, ルーテル派教会の牧師の中で指導的な立場に立つようになった。しかし,「1872年夏から1874年夏までの2年間をパーソンがどこでどのように過ごしたかは不明である。」とする。

　パーソンのこの2年間の動向は『木戸孝允日記』二が解き明かしてくれる。パーソンは同日記の明治5年3月3日条に初見する。岩倉使節団がワシントンに滞在していたときのことである。この日以降, 同日記に頻出する。同年4月17日条には欧州に同行する旨の記事がある。使節団は同年7月3日にボストンを出航し, リバプールを経由してロンドンに着いたのは7月14日で, 8月27日まで滞在した。同日記の同年8月5日条にパーソンの名が見えるから, 使節団に合流したのはこの時と考えられる。その後, 木戸とは日本まで同行し, 明治6年9月に横浜から帰国した。なお, パーソンは木戸の英語の個人教師である (坂内2003)。

　渡辺はパーソンの来日を明治7年9月とするが,『木戸孝允日記』の記事によって, それは再来日とするのが正しい。

8) ベルシェーについては, 石井元章の詳細な研究がある (石井1997)。ここでは, これによって簡潔に紹介する。1833年, ヴェネツィア生まれ。ヴェネツィア出身の法律家・歴史家。パドヴァ大学で法律を学び, 卒業後に祖国の歴史研究に専心した。ヴェネツィアについては, 15〜18世紀のヴェネツィア共和国

大使に関する調査研究とヴェネツィアの記念碑に関する調査研究がある。ペルシアとシリアに関する研究もあるが，これもヴェネツィア大使の報告書に基づくものであった。日本・中国に関しては，両国からヴェネツィアを訪れた使節団についての研究がある。

　日本との関係でみると，1872年から『ガゼッタ』に日本からの通信と装い「日本からの手紙」Lettere Giapponesi と題して日本の文化や風俗・習慣を連載していた。1973年にヴェネツィアに開設された日本総領事館員となり，移転後は在ヴェネツィア日本名誉領事を1880年から死去する1913年まで務めた。

9) ムチネルリはファビオ・ムチネルリ Fabio Mutinelli のことで，19世紀前半を中心に活動した。ヴェネツィアに関する著作が多いが，本稿と関わるのは *Storia arcane ed aneddotica d'Italia* Vol.I 1855 である（吉浦 1968）。

10) ベルシェーが収集した「古昔書類」53 葉のうち，1515 年 2 月 24 日付支倉書翰は第 4 表 52 が，また 1616 年の支倉書翰は同表 49 が，それぞれ該当する。なお，福地の古文書目録（第三）は「ヴェニス議院に於ける日本使節応接記録」（『大日本史料』第 11 編別巻之 2，欧文材料第 116 号訳文）が該当する。

11) 太政官翻訳係が訳述した『日本西教史』の例言に「一編中西人ノ名一二国字ヲ用ヒ読者ノ観覧ニ易カラシメ外国地名ノ如キ世人慣用ノ者ハ則チ漢字ヲ用ユ」とある。この場合，国字は片仮名を意味しているが，漢字に対する国字であることから，一般的には平仮名も含むと理解できる。

12) (H) の全巻揃は京都府立総合資料館が所蔵している。第5表で引用した (D) の明治6年5月29日条は久米美術館所蔵本による。

13) 鎌田三郎右衛門（1825～1897）は仙台・肴町の魚卸商・慈善家・俳人である。明治 11 年に慈善事業団体・楽善社を設立し機関紙『楽善叢誌』を発行した（佐々 1982，守屋 2008）。佐藤三之助（1839～1913）は仙台・東一番丁で米・生糸販売業を営み，明治 24 年に仙台市議会議員となり，明治 30 年に奥羽日日新聞社長に就任した（村上 1982）。針生庄之助（1815～1900）は仙台・国分町の妓楼経営・興業師で明治 2 年に仙台初の妓楼「中正楼」を建て，その後料亭「竹廼舎」を経営し，明治 10 年には寄席劇場「大新亭」を開設した（半田 1982）。

14) 管見によれば，先発員が宮城博覧会を下見していたことを示す確実な記録はない。

15) 「明治9年6月13日付，宮城県権令宮城時亮宛博物局長町田久成文書」（『明治九年官省往復』宮城県公文書館所蔵）

16) 明治 30 年 1 月に文部省の検定を通った『中学国文一の巻（尋常中学校国語科教科用書）』に近藤芳樹の「支倉六右衛門」が掲載されている（小中村 1897）。これは教育を通じて慶長遣欧使節が全国に周知されたことを意味する。なお同書には『陸路の記』からの引用とあるが，これは誤りである。『陸路の記』の正しい名称は『陸路廼記』でその読みは「くぬかちのき」である。著者は近藤芳樹であるが，『陸路廼記』は明治天皇の北陸巡幸（明治 11 年 8 月 30 日～11 月 9 日）を記したもので，明治 13 年 6 月に刊行された。「支倉六右衛門」は近藤が明治 9 年の東北巡幸に供奉した際に文学的な視点でまとめた『十符之菅薦』（明治 9 年刊）を底本にして，一部を加筆あるいは削除したものである。

17) 保存措置としてガラスを嵌め込んだ桐箱がつくられた。これは「毀損ヲ防キ。観覧ニ便ニス」るためであった（平井 1877）。

18) この時点で宮城県には権令が置かれており，県令は存在しなかった。土方元久の勘違いであろう。宮城県に県令が置かれたのは明治 11 年 6 月 14 日からで，明治 7 年 9 月 18 日から権令として着任していた宮城時亮が昇任し，初代の宮城県令となった。

19) ハウスが乗船したのは台湾出兵の第一船・有功丸で，4月27日に長崎港を出航し，5月2日に厦門に，

6日に台湾・琅𤩍湾に着き陣営を設営した。この船には厦門領事・福島九成や雇使した米国海軍少佐カスセル・前米国機関士ワツソンも同乗していた。一方，東京日日新聞記者の岸田吟香も 5 月 18 日に長崎を出航した高砂丸で台湾に向かった。同船には都督・西郷従道ら 600 余名が乗っていたが，岸田は都督府から従軍記者としての認可を得られず，請負師・大倉喜八郎の部下として乗船した。このようにハウスと岸田に対する従軍記者としての扱いには大きな違いがあった（徳富 1961）。

　なお，ハウスの台湾出兵記事は 1874 年 7 月と 8 月に『ニューヨーク・ヘラルド』紙に掲載された。また，岸田の記事も『東京日日新聞』に「台湾信報」「台湾手槀」と題して，前者が 27 回（明治 7 年 4 月 13 日〜7 月 30 日）・後者が 6 回（明治 7 年 8 月 5 日〜16 日）掲載された。

20)「西郷従道陸軍大輔外二名ヘ蕃地処置取調被仰付達」（明治 7 年 3 月 25 日付，国立公文書館所蔵）
21)「外務省並駅逓寮ヘ征台紀事各国ヘ頒布云々往柬」（明治 8 年 7 月 15 日付，国立公文書館所蔵）
22)『遺使考』の緒言に，岩倉具視が仙台から東京に移送された慶長遣欧使節関係品を平井に示し，これは「古ヲ考フルノ一大要具」であるから，「叮嚀装補シテ」「永久保存」を図り，この「事蹟ヲ考索シ之ヲ略述」しなければならないと述べたとある。また，後述するように『東京タイムス』第 1 号には，慶長遣欧使節関係品は「太政官の平井希昌に預けられ」ていると記されている。
23) この頭書に「後ニ聞ケバ富田鉄之助二部ヲ写サシメ其ノ一ヲ外務省ヘ献ジタルナリトゾ」とある。富田鉄之助（1835〜1916）は仙台藩出身で明治 5 年からニューヨーク領事館に勤務していた。明治 9 年 8 月に帰朝を命じられ，同年 10 月 27 日に東京に着いた（小関 1938）。このことから『金城秘韞』の写本が平井の手元に届いたのは 11 月に入ってからと考えられる。なお，このとき書写した二部に該当すると思われるものが国立公文書館で所蔵している。
24)『日本耶穌教記』が日本にもたらされた時期は判然としない。『日本教会史』（再版）はフランス特命全権公使・鮫島尚信（1845〜1880）がフランスで見つけて日本に持ち帰ったとされる（加古 1887）。鮫島は明治 5 年からフランスに駐在し，明治 6 年 11 月にフランス特命全権公使に任じられた。明治 8 年 4 月に帰国し，明治 11 年 1 月再び同公使として渡仏したが，明治 13 年 12 月に任地で病死した（外務省記録局 1889）。このことから『日本教会史』が日本にもたらされたのは明治 8 年と考えられる。

　なお本書の邦訳は太政官翻訳係が行った。明治 10 年 4 月から始め，明治 11 年 2 月に終了し，明治 13 年 12 月に『日本西教史』として出版された。邦訳に際してはポルトガル人のお雇外国人ヴィセンテ・エミリオ・ブラガ Vicente Emilio Braga（1840〜1911）から原書を借用したが，「反訳ノ都合ニ依リ解装セシヲ以些旧体ヲ損シ」てしまった（明治 13 年 1 月 12 日付内閣書記官宛修史館照会文書，国立公文書館所蔵）。これは邦訳を分担した結果生じたことであろう。
25) このときに和訳されたものが明治 9 年 11 月 27 日付『東京日日新聞』にも掲載された。ただ，字句に若干の違いがあるから，全く同一のものとはいえない。
26) たとえば，古くは大槻文彦「金城秘韞補遺」（1912，『磐水存響』乾 1914），近年では『支倉常長伝』（支倉常長顕彰会 1975），『支倉常長・慶長遣欧使節の真相』（大泉 2005），『仙台市史』特別編 8 慶長遣欧使節（仙台市史編さん委員会 2010）を挙げることができる。筆者も「明治政府における慶長遣欧使節の認識過程」（佐々木 2008）で明治 9 年 12 月を刊行年月と記したことがある。しかし，これは後述するように誤りであったので，ここで撤回・訂正する。
27) 国会図書館近代デジタルライブラリーを用いて明治 10 年出版の書籍が出版版権届から出版までに要する期間を瞥見すると，短い例では 5 日で発行（吉本次郎兵衛編『石川県職員録―明治 10 年 2 月 20 日調―』明治 10 年 3 月 7 日届・同年同月 12 日発行，内藤伝右衛門『甲斐地誌略名称訓』明治 10 年 6 月 15 日届・同年同月 20 日発行）もあるが，1 ヵ月以上の例が多数を占める。

28) 大泉光一は現存の支倉常長像は加筆・改作されたものだと主張している（大泉 2005）。大泉によれば，まず肖像画全体が加筆され，その後，縦の剥落部分が加筆・改作されたという。その直接的な動機は，①明治 34 年 11 月 8 日に明治天皇が支倉常長の業績等を称え伊達政宗に従三位を贈ったこと，②明治 41 年 7 月 11 日に明治天皇が東京帝国大学卒業式に臨んだ折に『大日本史料』第 12 編之 12 に収めた主な史料を天覧に供したこととする。このようにして加筆・改作された支倉常長像が明治 35 年に撮影され，それが『大日本史料』第 12 編之 12 の 6 頁と 7 頁の間に差し込まれている「支倉六右衛門画像」であるという。また加筆・改作の目的は国威発揚のためとする。

　大泉説では支倉常長像の「縦の剥落部分」を「加筆・改作」したのは明治 30 年代ということになり，それ以前には「縦の剥落部分」が存在しなかったということになる。しかし，「記事」は「折り目をつけて折り重ねた」結果を，肖像画の画面上に認めている。この「折り目」は「誰でも判別できる画像中央部の剥落部分」（大泉 2005）を含むもの，すなわち「縦の剥落部分」を含むものと解するのが自然であり妥当であるから，「縦の剥落部分」は明治 10 年 1 月 6 日以前に存在していたとすることができる。このことから「支倉常長像加筆・改作説」は成立しない。

　なお，大泉は江戸時代および明治時代前期における支倉常長像の観察記録者として大槻玄沢・平井希昌・岸田吟香の 3 名を挙げ，いずれも「誰でも判別できる画像中央部の剥落部分」に言及していないことを指摘し，自説の論拠の一つとしている。しかし「折り目をつけて折り重ねた」と指摘している「記事」には言及していない。

29) 原題は *Japan as it was and is* で 1855 年にボストンで発刊された。北村勇の邦訳がある（北村 1981）。

30) タムソンは文久 3（1863）年に米国北長老教会から派遣された米人宣教師で，維新動乱中は横浜で布教活動のかたわら幕臣の語学教師を勤めた。明治 2 年末，大学南校に招聘され英語を教授した。明治 3 年末，任期満了のため解傭となり，その直後の明治 4 年，十三大藩海外視察団の通訳として渡米欧した（犬塚 1979）。

31) 再来日の本来の目的は，日本軍の台湾遠征の正当性を海外諸国に宣伝するためであり，それは台湾蕃地事務局長官大隈重信と同事務局出仕の米人リゼンドルの要請によるものであった（大谷 1988）。

32) 記事は 1874 年 7・8 月に 4 回掲載された。すなわち 'Formosa: Japanese expedition against the island pirates.'（7 月 24 日），'Formosa: The war-making power of the island population.'（8 月 17 日），'Formosa: The dreary march into the interior of the island.'（8 月 19 日），'Formosa: The Japanese forces in a position to bring the pirates to terms.'（8 月 20 日）である。

33) 註 21 に同じ

34) 「征台紀事印刷製本出来ニ付上申並平井少丞往柬」（明治 8 年 7 月 13 日付，国立公文書館所蔵）

35) 三野村某は三野村利助（1843〜1901）のことである。三野村利左衛門（1821〜1877）の養子となり，明治 9 年 7 月に本邦初の私立銀行・三井銀行が設立されると監事に抜擢され，翌年利左衛門が死去すると総長代理副長となり，実質的な経営者となった（西野 1932）。

36) 慶長遣欧使節関係品の移送先を明記しているのは大槻文彦だけであるから，その信憑性を確認しておく必要があろう。大槻文彦（1847〜1928）は旧仙台藩士で明治 8 年 2 月から文部省報告課に勤務し日本辞書の編集を担当した。同年 8 月 28 日に東松下町 29 番地（現，千代田区神田東松下町）から本郷金助町 53 番地（現，文京区本郷三丁目）に転居した（大槻 1980）。後述するように東京博物館は文部省所管で湯島聖堂に置かれていたから，自宅のある本郷金助町からは直線距離で約 600m しかない。慶長遣欧使節関係品については，後年「金城秘韞（仙台黄門遣羅馬使記事）」や『金城秘韞補遺』を著していることから見ても，関心を寄せていたことが窺える。これらのことから，慶長遣欧使節関係品が東京博物

84　第1部　慶長遣欧使節に対する認識過程の研究

館に郵送されたとする大槻の既述は大筋で容認できよう。ただ，厳密にいうならば慶長遣欧使節関係品は仙台から直接東京博物館に郵送されたのではなく，まず正院に送られ，その後東京博物館に移し，正院の責任で保管したというのが実態であろう。

37) キヨッソーネについては，ドナッテラ・ファイッラ（ジェノヴァ市立キヨッソーネ東洋美術館学芸員）の研究がある（ファイッラ2001）。ここではその成果を簡潔にまとめることにしたい。

　キヨッソーネは1833年，ジェノヴァ（イタリア）近郊のアレンツァーノ村で生まれた。1855年，ジェノヴァ市リグーリア美術学校卒業し，同校教授となった。1868年，フィレンツェでイタリア王国国立銀行からフランクフルト（ドイツ）の有価証券製作会社ドンドルフ・ナウマン社に派遣された。その目的は高度な紙幣彫版・印刷技術の習得ならびにイタリア印刷省所属彫版家の育成であった。このとき，同社が日本から受注した日本銀行券（1871年）のデザインと彫版を担当した。1871年，大蔵省紙幣寮（のち印刷局）の創設にともない日本政府同社に指導技術者について助言を求めた。同社はキヨッソーネを推薦した。1874年，キヨッソーネはロンドンで産業紙幣版彫刻の最先端技術を学び，1875年1月に来日した。

　キヨッソーネの日本における基本的な任務は，銀行券の製造と銀行券のデザイン・彫版・印刷に携わる後進の教育と訓練であった。1891年に印刷局を退くまでに銀行券・郵便切手・専売印紙・証券・国債など500余の版を彫った。

　このほかに天皇・政府高官の肖像画—明治天皇・西郷隆盛・大久保利通・木戸孝允・三條実美・町田久成・佐野常民・土方久元等—の制作や中部・関西地方の寺社・記念碑・宝物などの文化遺産を写真とスケッチでまとめた『国華余芳』8巻（1880〜1881）がある。

　1898年，東京で生涯を閉じ，青山墓地の外国人用区画に埋葬された。

38) これはリゼンドル覚書第42号に該当し，明治7年11月11日以降に私宅で執筆されたものである（『明治政府翻訳草稿類纂』第35巻）。第7章はその記述内容から11月25日から12月25日までの間に執筆されたことがわかるが，その分量から判断すると完成は12月に入ってからと考えるのが妥当であろう。

39) 江戸時代後期，仙台城下国分町で開かれた「仙台馬市」に関わる馬喰の指導的立場にあったのが国分町の山崎屋で，仙台藩から士分に取り立てられていた。山崎屋は馬市で大きな財をなし，幕末に当主となった平五郎は弘化2（1845）年に回禄した報恩寺（仙台・東九番丁）の再建に尽力し，明治に入っても郵便局経営や自由民権運動に関わるなど地域を動かす原動力の一翼を担った（菅野2010）。

40) 大槻文彦によれば「其後転売セラレテ其画，現ニ仙台大町ナル商人恵比須屋治右衛門コレヲ蔵」していた（大槻1890b）。この大槻論文は明治23年3月に発行された雑誌に掲載されているから，それ以前に恵比須屋治右衛門の所蔵となったことがわかる。なお「恵比須屋」は正しくは「得可主屋」であり，得可主屋治右衛門は襲名されている。この絵は600円で6代目（得可主屋治右衛門1805〜1877）が購入し，その後再び伊達家に収めた（大石1990）。

41) 明治3年に創刊の『横浜毎日新聞』の後進であり，現在の『毎日新聞』とは全く別の新聞である。『横浜毎日新聞』は日本最初の日刊新聞で，明治12年に本拠地を東京に移したことにともない『東京横浜毎日新聞』と改題し，さらに明治19年に『毎日新聞』と改題した。明治39年には『東京毎日新聞』と題号を改め，昭和15年に廃刊した（北根1992）。

42) 『大日本史料』第12編之12が刊行される5年前の1904年にフランシスコ・ボンコンパニ・ルドヴィッシは『ローマに来た最初二回の日本使節』 *Le prime due Ambasciate dei Giapponesi a Roma* をローマで出版した。本書にはローマに所在する慶長遣欧使節に関する史料が34点掲載されているが，そのうち『大日本史料』第12編之12に未掲載のものが4点ある。このように新たな史料が追加されることは歴史研

究においては珍しいことではなく，これにより『大日本史料』第12編之12の史料集としての価値が左右されるものではない。

引用文献

石井元章　1997　「グリエルモ・ベルシェーと日本」『SPAZIO』第55号　36〜50頁　日本オリベッティ

石井元章　1999　「本書に登場する人々」『ヴェネツィアと日本―美術をめぐる交流―』312〜315頁　ブリュッケ

犬塚孝明　1979　「明治四年海外視察団の性格―明治初期日欧交渉史の一視点―」『武蔵大学人文学会雑誌』第10巻第2・3号　57〜114頁　武蔵大学人文学会

岩生成一　1967　「村上先生とその学風」『キリシタン研究』第12輯　7〜13頁　キリシタン文化研究会

岩壁義光・広瀬順晧編　2001　「明治一四年　山形・秋田・北海道巡幸」『太政官期地方巡幸研究便覧』47〜89，134〜149頁　柏書房

岩倉翔子　1997a　「『岩倉使節団のイタリアにおける行程』再考」『岩倉使節団とイタリア』139〜163頁　京都大学学術出版会

岩倉翔子　1997b　「ヴェネツィア訪問を中心として」『岩倉使節団とイタリア』87〜115頁　京都大学学術出版会

岩倉翔子　1997c　「ガゼルタ王宮訪問」『岩倉使節団とイタリア』67〜85頁　京都大学学術出版会

海老沢有道　1988　「マラン」『日本キリスト教歴史大事典』1338頁　教文館

遠藤元男・下村冨士男編　1965　『国史文献解説・続』432〜436頁　朝倉書店

大石昌編　1990　『藤崎170年のあゆみ』45頁　株式会社藤崎

大泉光一　2005　『支倉常長―慶長遣欧使節の真相―』118〜146，163〜203頁　雄山閣

大泉光一　2005　『支倉常長―慶長遣欧使節の真相―』221頁　雄山閣

太田昭子　1988　「イタリアにおける岩倉使節団―現地新聞報道の分析―」『紀要比較文化研究』第27輯　41〜68頁　東京大学教養学部比較文学比較文化研究室

大谷正　1988　「エドワード・ハワード・ハウス詮考」『専修法学論集』第48号　235〜260頁　専修大学法学会

大槻茂雄編　1980　「復軒先生伝記資料」『図録・日本辞書言海』7頁　大修館書店

大槻文彦　1890a　「金城秘韞（仙台黄門遣羅馬使記事）」『文』第4巻第1号　26〜38頁　金港堂

大槻文彦　1890b　「金城秘韞（仙台黄門遣羅馬使記事）」『文』第4巻第6号　348〜357頁　金港堂

大槻文彦　1912　「金城秘韞補遺」『磐水存響・乾』4〜6頁　大槻茂雄

大日方純夫　1991　「維新政権の密偵機関―監部をめぐって―」『社会科学討究』108号　25〜53頁　早稲田大学社会科学研究所

外務省　1950　『日本外交文書』第11巻　219〜221頁　日本国際連合協会

外務省記録局　1889　『外務省沿革略志』83，93〜109頁　外務省

加古義一　1887　『日本聖人鮮血遺書』1〜10頁　加古義一

金井之恭　1876　『東巡録』（本稿では『明治文化全集』第17巻　日本評論社，1928所収を使用した）418〜419頁

金井之恭　1878　『扈従日誌』（本稿では『太政官期地方巡幸研究便覧』柏書房，2001所収を使用した）218〜219頁

菅野正道　2010　「仙台城下『町人列伝』⑤―全国有数の名馬が集まる仙台馬市のまとめ役『山崎平五郎』―」

『飛翔』第290号　17頁　仙台商工会議所
我部政男・広瀬順晧・岩壁義光・小坂肇　1997　『太政官期地方巡幸史料集成』第8巻　297〜367頁　柏書房
菊田定郷　1933a　「窪田敬輔」『仙台人名大辞書』331頁　仙台人名大辞書刊行会
菊田定郷　1933b　「蜂屋可敬」『仙台人名大辞書』867頁　仙台人名大辞書刊行会
岸田吟香　1876　『東北御巡幸記』(本稿では『明治文化全集』第17巻　日本評論社, 1928所収を使用した) 368〜371頁
北根豊　1992　「毎日新聞」『国史大辞典』第13巻　5頁　吉川弘文館
キリシタン文化研究会　1967　「村上直次郎先生略歴」『キリシタン研究』第12輯　1〜6頁　キリシタン文化研究会
楠家重敏　2005　『W. G. アストン』雄松堂出版
久米邦武　1878a　『特命全権大使米欧回覧実記』(三)　博聞社（本稿では岩波文庫版, 1979を使用した）351〜352頁
久米邦武　1878b　『特命全権大使米欧回覧実記』(四) 博聞社（本稿では岩波文庫版, 1980を使用した）350〜355頁
国際ニュース事典出版委員会編　1990　『国際ニュース事典・外国新聞に見る日本② 1874 - 1895・本編』24〜25頁　毎日コミュニケーションズ
小関三郎　1938　「富田鉄之助」『仙台先哲偉人録』385〜394頁　仙台市教育会
小中村義象編　1897　『中学国文一の巻（尋常中学校国語科教科用書）』121〜125頁　吉川半七
近藤芳樹　1876　『従駕日記・十符の菅薦』(本稿では『明治文化全集・第17巻』日本評論社, 1928所収を使用した) 545〜546頁
斎藤信　1985　「ケンペル日本誌」『国史大辞典』第5巻　219頁　吉川弘文館
佐々木和博　1989　「宮城県博物館史」『國學院大學博物館學紀要』第14輯　28〜39頁　國學院大學博物館學研究室
佐々木和博　1998　「支倉常長将来の刀剣に関する基礎的研究」『仙台市博物館調査研究報告』第18号　1〜35頁　仙台市博物館
佐々木和博　2006　「仙台藩における『慶長遣欧使節関係資料』保管の二系統」『國學院大學考古学資料館紀要』第22輯　139〜153頁　國學院大學考古学資料館
佐々木和博　2008　「明治政府における慶長遣欧使節の認識過程」『蔵王東麓の郷土誌』255〜300頁　中橋彰吾先生追悼論文刊行会
佐々木和博　2009　「駐日英国公使パークスと慶長遣欧使節―1876年11月22日の講演を中心に―」『常総台地』16　225〜232頁　常総台地研究会
佐々久　1982　「鎌田三郎右衛門」『宮城県百科事典』211〜212頁　河北新報社
佐藤憲一　1982　「窪田敬輔」『宮城県百科事典』287頁　河北新報社
島地黙雷　1873　『航西日策』(本稿では『島地黙雷全集・第五巻』本願寺出版部, 1978を使用した) 59〜62頁
白鳥省吾　1926　『工学博士辰野金吾伝』78〜82頁，附録53〜71頁　辰野葛西事務所
春畝公追頌会　1943　『伊藤博文伝・上巻』(本稿では原書房発行復刻本, 1970を使用した) 723〜724頁
杉井六郎　1988　「太政官諜者」『日本キリスト教歴史大事典』840頁　教文館
関直彦　1993　『七十七年の回顧』152〜154頁　大空社

世渡谷文吉編　1877　『明治九年太政官御布告全書』世渡谷文吉
仙台市史編さん委員会編　2010　『仙台市史』特別編 8 慶長遣欧使節　23 頁　仙台市
仙台市役所編　1908　『仙台市史』223～226 頁　仙台市
仙台弁護士会史編纂委員会　1982　『仙台弁護士会史』仙台弁護士会
相馬基編　1941　『東日七十年史』72～73 頁　東京日日新聞社・大阪毎日新聞社
太政官翻訳係　1880　『日本西教史』坂上半七
田中彰　1991　「久米邦武と『米欧回覧実記』の成稿過程」『久米邦武の研究』(『久米邦武歴史著作集　別巻』)　101～137 頁　吉川弘文館
田中彰　1977　『岩倉使節団『米欧回覧実記』』岩波書店 (本稿では岩波文庫版，2002 を使用した) 2～46 頁
土田美枝子・玉井美枝子　1957　「E・H・ハウス」『近代文学研究叢書』第 5 巻　380～418 頁　昭和女子大光葉会
東京大学史料編纂所編　1959　『大日本史料』第 11 編別巻之 1　東京大学
東京大学史料編纂所編　1961　『大日本史料』第 11 編別巻之 2　東京大学
東京帝国大学編　1909　『大日本史料』第 12 編之 12　558～563 頁　東京帝国大学文科大学史料編纂掛
徳富猪一郎　1961　『台湾役始末篇』(近世日本国民史 90)　120～132　近世日本国民史刊行会
西野喜与　1932　『半世紀財界側面誌』87～89 頁　東洋経済出版部
西村勇晴編　1987　「資料による宮城県の美術編年史 (一)」『宮城県美術館研究紀要』第 2 号　55～61 頁　宮城県美術館
日本史籍協会編　1927　『百官履歴』一　379 頁　東京大学出版会
日本史籍協会　1933a『木戸孝允日記』二　東京大学出版会
日本史籍協会　1933b『木戸孝允日記』三　東京大学出版会
支倉常長顕彰会　1975　『支倉常長伝』148 頁　宝文堂出版販売
浜田直嗣　1995　「『支倉六右衛門遺物』と写真―明治時代前期の動向を中心に―」『仙台市博物館調査研究報告』第 15 号　15～24 頁　仙台市博物館
ファイッラ，ドナッテラ　2001　「エドアルド・キヨッソーネ，その生涯と美術館」『キヨッソーネ東洋美術館所蔵浮世絵展』130～137 頁　神戸新聞社
半田英博　1982　「針生正之助」『宮城県百科事典』868 頁　河北新報社
坂内知子　2003　「岩倉使節団とロシア宮廷の謁見儀礼」『異文化コミュニケーション研究』第 15 号　83～103 頁　神田外語大学異文化コミュニケーション研究所
平井洋　1997　『維新への澪標―通詞平井希昌の生涯』新人物往来社
平井希昌　1877　『伊達政宗欧南遣使考』博聞本社
ヒルドレス (北村勇訳)　1981　『中世近世日欧交渉史』上・下　現代思潮社
文園章光　1977　「太政官諜者報告にみる仙台人の動静 (1)」『仙台郷土研究』通巻 215 号　33～36 頁　仙台郷土研究会
文園章光　1978　「太政官諜者報告にみる仙台人の動静 (2)」『仙台郷土研究』通巻 216 号　60～64 頁　仙台郷土研究会
ベルシェー　1877　『往時イタリヤニ来リシ日本使節』(本稿では『大日本史料・第 12 編之 12』東京大学出版会，1996 復刻を使用した) 559～561 頁
松方峰雄・森田右一他　1991　「何礼之事歴」『松方正義関係文書』第 12 巻　364～373 頁　大東文化大学

東洋研究所
宮城県　1925『明治天皇聖蹟誌』50頁，717頁　宮城県
宮城県史編纂委員会　1975　『宮城県史』33（資料篇10）　229～230頁　宮城県史刊行会
村上武　1982　「佐藤三之助」『宮城県百科事典』420頁　河北新報
村上直次郎　1967　「外交史料採訪録」『キリシタン研究』第12輯　45～101頁　吉川弘文館
守屋嘉美　2008　「自由と民権を求めて」『仙台市史』通史編6近代1　114～115頁　仙台市
柳田泉　1965　『福地桜痴』吉川弘文館
吉浦盛純　1968　「グリエルモ・ベルシェー」『日伊文化史考』116～137頁　イタリア書房
吉田小五郎　1938　『日本切支丹宗門史・上巻』5～13頁，427～428頁　岩波書店
渡辺弘道　1988　「みやぎけん」『日本キリスト教歴史大事典』1367頁　教文館
渡辺正雄　1976　「E. W. パーソン」『お雇い米国人科学教師』43～47頁　講談社
Huffman, James L. 2003 *A Yankee in Meiji Japan: the Crusading Journalist Edward H. House.*　Rowman & Littlefield Publishers INC.

第2部　慶長遣欧使節関係資料の考古学的研究

第1章　慶長遣欧使節関係資料の研究史的検討

第1節　慶長遣欧使節関係資料の構成と藩政期における保管

1．構成と名称の変更

　まず慶長遣欧使節関係資料の現状と構成を確認しておきたい。文部科学省告示第114号には，同資料について「次の表の上欄に掲げる重要文化財の名称及び員数を改め，同表下欄のように国宝に指定する」とある（『官報』平成13年6月22日，号外第127号）。その下欄にはつぎのように記されている。

　　慶長遣欧使節関係資料
　　　一，ローマ市公民権証書（羊皮紙）　　一通
　　　　　一六一五年十一月，支倉常長宛
　　　一，肖像画　　　　　　　　　　　　　二面
　　　一，聖画，聖具類　　　　　　　　　　十九点
　　　一，馬具，染織類　　　　　　　　　　二十五点

これによって同資料が47点で構成されていることはわかるが，この記述だけでは「肖像画」「聖画，聖具類」「馬具，染織類」の具体的な内容を知ることはできないし，またどのように「重要文化財の名称及び員数を改め」たのかも判然としない。ただ国宝指定を機に刊行された『国宝「慶長遣欧使節関係資料」』（仙台市博物館2001）にはその内訳が記されているので，それによって改めた名称・員数を確認することはできる（第9表）。

　「聖母及び四聖人像」から「ロザリオの聖母像」への名称変更の理由はより一般的な名称にし，修道会との関係を明瞭にするためであろう。「ロザリオ」は3連から5連に変更された。これは骨製2連と木製1連としていたものを木製3連に変更したためである。木製ロザリオは3連が1つにまとめられていたために，重要文化財指定の折には1連としたものと考えられる。「鐙」は1双1隻で員数表記に変更はないが，重要文化財では3点で，国宝では2点で指定している。「四方手」は4箇から1具に員数と名数を変更した。「四方手」は4箇一組で使用するものであることから，2箇一組の「野沓」と同様に1具としたものであろう。「祭服留金具」は「留金具」に名称を変更した。これは「円形のものはマントの，角形のものは箱などの器物類に付属した金具であろう」とされたためである（仙台市博物館2001）。「祭服帯紐の垂総」は国宝指定のリストにはない。これは重要文化財指定後に「ローマ市公民権証書」の「巻紐」であることが判明したの

で（仙台市博物館 1973），その付属品として扱い，国宝指定にあたり名称・員数を削除したものであろう。「輪金具」2 箇については，国宝指定でどのように扱われたのか不明である。

国宝指定にあたり名称・員数・名数を変更したことは，重要文化財指定後の調査研究の成果を部分的に反映させた結果と考えられる。これは歴史研究のための資料化の姿勢が窺われるという意味で評価できる点ではあるが，あまりにも限定的であることが惜しまれる。

第 9 表　慶長遣欧使節関係資料の名称・員数の対照

重要文化財			国　宝		
ローマ市公民権証書（羊皮紙） 　西暦 1615 年 11 月支倉常長宛	1 通		ローマ市公民権証書（羊皮紙） 1615 年 11 月支倉常長宛	1 通	
支倉常長像（油彩）	1 面		支倉常長像	1 面	肖像画 2 面
ローマ教皇パオロ五世像（油彩）	1 面		ローマ教皇パオロ五世像	1 面	
聖母及び四聖人像（銅板油彩）	1 面		ロザリオの聖母像	1 面	聖画， 聖具類 19 点
祭服	1 領		祭服	1 領	
十字架像，十字架及びメダイ	3 口		十字架像	1 口	
			十字架及びメダイ	1 具	
			十字架	1 口	
ロザリオ	3 連		ロザリオ	5 連	
ディシチプリナ	1 口		ディシチプリナ	1 口	
テカ及び袋	1 具		テカ及び袋	1 具	
レリカリオ	1 口		レリカリオ	1 口	
メダイ残欠	6 片		メダイ残欠	6 片	
鞍	2 背		鞍	2 背	馬具， 染織類 25 点
鐙	1 双 1 隻		鐙	1 双・1 隻	
轡	2 口		轡	2 口	
四方手	4 箇		四方手	1 具	
野沓	1 具		野沓	1 具	
マント	1 具		マント及びズボン	1 具	
壁掛	1 枚		壁掛	1 枚	
祭壇の敷物	1 枚		縞模様布	1 枚	
短剣	2 口		短剣	2 口	
印章	2 顆		印章	2 顆	
祭服留金具	10 点		留金具	10 点	
祭服帯紐の垂総	1 口				
輪金具	2 箇				
	52 点			47 点	

2. 仙台藩切支丹所保管の慶長遣欧使節関係資料

(1)「安永三甲午退隠記・秋」（『高野家記録』のうち）

『高野家記録』[1] は仙台藩の重臣で，代々着座[2] の家格であった高野武兼（1671〜1737）とその嗣子・倫兼（1701〜1782）の日記を中心とした記録である。それは武兼が当主となった元禄 9（1696）年から倫兼が没する直前の天明元（1781）年までの 85 年間にわたるが，倫兼の記録（日記）が約 8 割を占める。「退隠記」は倫兼が隠居後に書いた日記で，この中の「安永三甲午退隠記・秋」安永 3（1774）年 7 月 23 日条に慶長遣欧使節関係資料を実見した記録がある。ここでは実見の契機や関係者を見ておくことにしたい。

　　七月廿三日天晴朝夜涼　昼暑如熱○南蛮江被遣候支倉六衛門持参之品，今日風入有之，
　　戸田典膳殿為知候ニ付，統兼武輔相誘四鼓出宿相赴，典膳殿橋本左内殿出席也，風入之
　　品大概如左

倫兼が統兼と武輔を連れて「支倉六衛門持参之品」を実見できたのは「風入」すなわち虫干しが行われていたこと[3] と戸田典膳が知人であったためである。

　では，日記の筆者である高野倫兼，またこの条に見える統兼・武輔，戸田典膳，橋本左内とは

第1章　慶長遣欧使節関係資料の研究史的検討

どのような人物なのであろうか。「高野家譜」(蔵王町史編さん委員会1989)や『伊達世臣家譜』[4]『世臣家譜続編』[5]によって見てみたい。高野倫兼は享保2(1717)年5月に奥小姓に挙げられ、同10年3月、父武兼の致仕に伴い襲封し当主となった。この時、祭祀奉行兼近習であった。その後、徒小姓頭・小姓組頭・江戸番騎士番頭を歴任し、元文5(1740)年11月に少老(若老・若年寄)となった。寛保元(1741)年5月に曹司(宗村)老臣となり、延享元(1744)年6月から4年5月まで評定役を務めた。寛延3(1750)年8月に旗奉行となり、翌年7月から宝暦2(1752)年10月まで、再び少老(仮少老)を務めた。宝暦2年4月、『礼儀類典』[6]の書写事業統括責任者を命じられ、その書写は同4年7月に完了した。明和3(1766)年6月に致仕を許され、嗣子・博兼(1741～1770)が襲封し当主となった。このような倫兼の

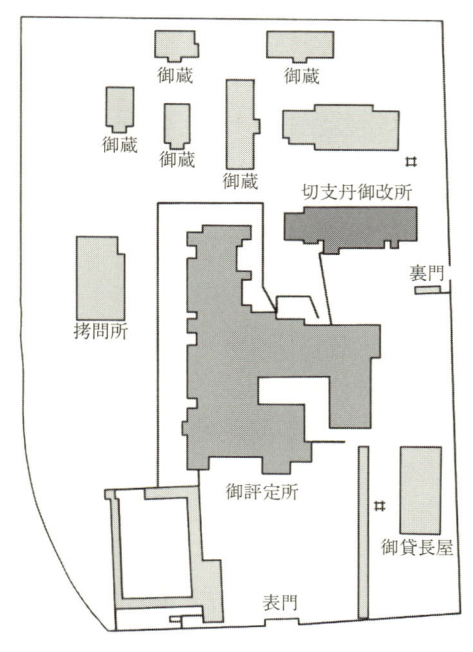

第3図　評定所と切支丹御改所

経歴のなかで慶長遣欧使節関係資料の記録者として注目されるのは、約3年間評定役であったことと、『礼儀類典』書写事業の統括責任者を務めたことである。前者は慶長遣欧使節関係資料のほとんどが切支丹所に保管されており、それは「仙台ノ評定所ノ内ニア」った(大槻1890b、第3図)とされているからであり、後者は学識が豊かであること証明することになるからである。

　統兼・武輔は倫兼の孫で、この時、統兼は13歳、武輔は9歳であった。統兼は明和7年10月に父・博兼の病死に伴い9歳で襲封し当主となったが、児小姓として藩に初めて挙げられるのは、2年後の安永5年10月である。

　戸田典膳は戸田隆芳(1743～1808)のことで、安永2(1773)年9月に脇番頭になり、翌3年に切支丹奉行鉄砲改奉行を兼任し、天明4(1784)年閏正月に小姓頭に遷った。高野倫兼は戸田典膳と知人であったと記しているが、その年齢差が42歳、しかも資料を実見したのは、致仕してから8年も過ぎたときのことであった。では両者はどのようにして知人となったのだろうか。両者とも家格が着座であるということを理由にあげることもできるが、それだけでは不充分であろう。そこで考えられるのが戸田典膳の父・隆晨と高野倫兼の関係である。

　戸田隆晨は『伊達世臣家譜』によれば「元文二年正月為小姓与頭兼切支丹奉行」とあるが「旧仙台藩士戸田氏之家録」(大衡村村誌編纂委員会1981)には元文2(1737)年正月に小姓組番頭、同3年12月に名懸頭、同5年6月に給主頭、寛保3(1743)年正月に脇番頭並びに切支丹鉄砲改役となり、寛延2(1749)年10月に死亡したとある。後者によれば隆晨は寛保3年から寛延2年まで脇番頭兼切支丹鉄砲改役であったことになる。倫兼は隆晨が脇番頭兼切支丹鉄砲改役となった翌年の延享元(1744)年から4年まで評定役を務めている。切支丹所は評定所の中にあったから、

ここで倫兼と隆農が知り合ったと考えられる。しかも，寛保3年には典膳が生まれた。このことから倫兼は幼少の頃から典膳を知っていたということになる。

橋本左内は橋本信昌のことで『伊達世臣家譜』に「後歴遷武頭目付使番名懸組士脇番頭」と見え，『世臣家譜続編』には「嘗為脇番頭」とある。安永3年は脇番頭であったと考えられる。

高野倫兼による慶長遺欧使節関係資料の実見は，幼少の頃から知っていた戸田典膳が切支丹奉行鉄砲改奉行を兼務した安永3年に行われた。それゆえ倫兼は人的に良い環境の下で実見できたと考えられる。実見の環境そして倫兼の学識・経歴を踏まえるならば，慶長遺欧使節関係資料に関する記録は極めて信憑性が高いものと評価できる。

(2)「帰朝常長道具考略」(『金城秘韞』下)

仙台藩の蘭学者・大槻玄沢(1757～1827)が第10代藩主斉宗の許可を得て文化9(1812)年10月に実見し，その所見を記したものである。その経緯はつぎのとおりである(句読点は筆者加筆)。

　元和六年庚申，支倉六右衛門南蛮将来の諸道具，吉利支丹所といふ御役所に納むといふ。
　文化九年壬申秋これを一覧せんことを請ふ。其十月四日これを城門大橋脇なる白石館に
　転送して見ることを許され，同姓清準と共にこれを歴覧す。但其日午後より薄暮に及ひ
　僅に半日怱々の間にして熟視細覧することを得す。遺憾と云へし。然れとも聊か曽て見
　聞せることあれは，臆説愚考を其入記目録の順次に従ひて其後に附記す。これ必す其証
　とするにハ足るものなし。且其法教の諸器に致りてハ亦固より弁せさる所なり。

慶長遺欧使節関係資料の実見は切支丹所から片倉小十郎邸(白石館)に移動して行われた(第4図)。同席したのは大槻清準(平泉)(1773～1850)で，このとき藩校・養賢堂の学頭であった。「同姓清準」は玄沢の父・玄梁と清準の祖父・清慶が兄弟であることを意味する。実見にあたっては切支丹所作成の「入記目録」を利用した。この「入記トハ在中ノ物ノ目録」で「此ノ入記ハ当時其保管ノ吏員」が記したものであった(大槻1890b)。「帰朝常長道具考略」の資料名はそれに拠っている。

「帰朝常長道具考略」で注目されるのは慶長遺欧使節関係資料の保管場所と保管状態に関する記事である。保管場所については「吉利支丹所といふ御役所に納む」と記しているが，「支倉常長南蛮渡海始末愚考」(『金城秘韞』上)では「評定所に納めて今に遺存す」として一致しない。このような不一致は評定所内に切支丹所が置かれたために生じたと考えられる(第3図)。

慶長遺欧使節関係資料の保管状態については，つぎの記事が手掛かりを与えてくれる(句点は筆者加筆)。

　一異国人相与候色品　　　壱箱
　　但員数入記在中
　　　此壱箱ハ支倉六衛門持道具ニあつからさるものなり。同し御長持入ニ成り居る故に
　　此入記に載せたりと見ゆ。此一箱の事末に弁す。

ここで玄沢は「異国人相与候色品」「壱箱」は慶長遺欧使節関係資料とは関係のないものであるが，同じ長持に入っていたので「入記」に載せたのであろうと記している。「異国人相与候色品」は，

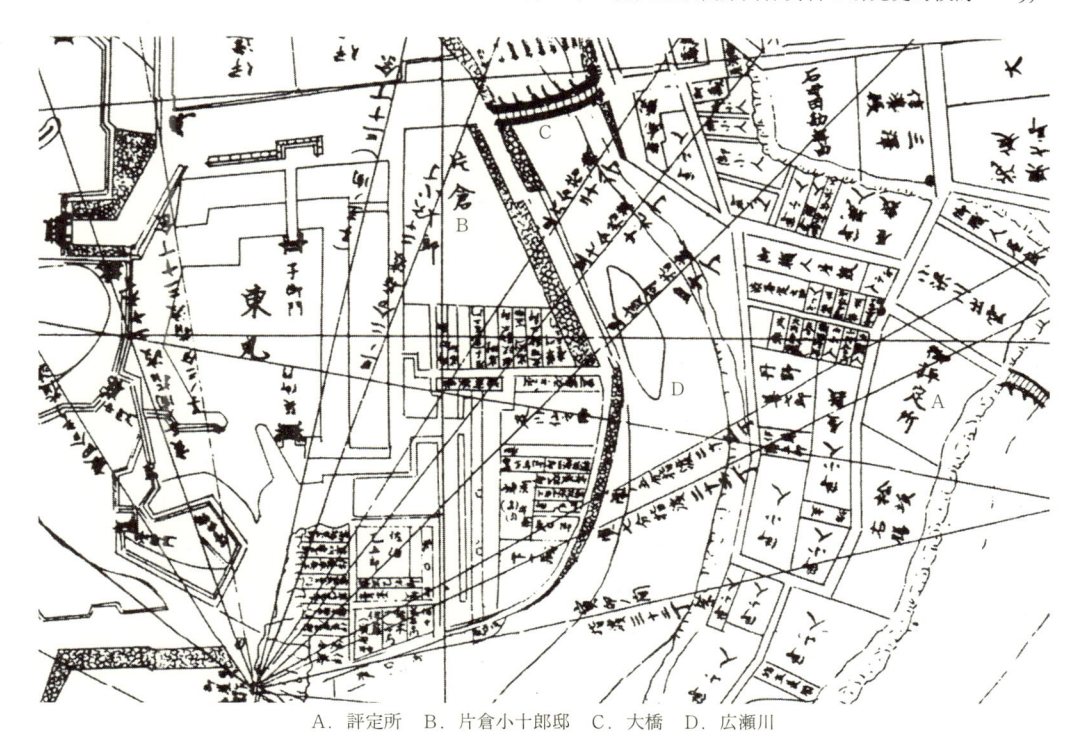

A. 評定所　B. 片倉小十郎邸　C. 大橋　D. 広瀬川

第4図　評定所と片倉小十郎邸の位置

玄沢が指摘しているように元文4 (1739) 年に牡鹿郡網地島・田代島付近に姿を現したロシア艦隊の一行が島民に贈った品々である。この記事には「同じ御長持入ニ成り居る故に」とあるから，慶長遣欧使節関係資料と元文4年の資料が同じ長持に入れられて保管されていたことがわかる。つまり，文化9年の時点で，切支丹所の慶長遣欧使節関係資料は長持に入れられて保管されていたということである。

(3) 切支丹所の成立時期

切支丹所はいつごろ成立したのだろうか。それを探るための資料として仙台藩が諸施設の修理・修復の際に用いた2冊の図面集が注目される。その一つが『仙台封内神社仏閣等作事方役所修繕ニ属スル場所調』(宮城県図書館所蔵)で貞享3 (1686) 年から元禄7 (1694) 年頃まで使用されたと考えられる図面集であり，もう一つは『御修覆帳』(東北大学工学部所蔵)で安永年間 (1772〜1780) 初頭に作成され天保2 (1831) 年頃まで使用された図面集である (阿部1986)。前者には評定所の中に「鉄炮御改所」はあるが，「切支丹御改所」は確認できない。ただ添書に「切支丹改御役人衆居所」が見える。このことから，この時点で「切支丹御改所」という施設はまだ成立していなかったと考えられる。一方，後者には評定所の中に「切支丹御改所」が確認できる (第3図)。この2冊の記載内容から，切支丹所が成立したのは18世紀第1四半期から第3四半期の間と考えられる。ただ，つぎに取り上げる『古談筆乗』の記述内容を加味すれば18世紀第2四半期から第3四半期の間に絞り込むことも可能となる。

では切支丹所成立以前はどこに保管されていたのであろうか。享保9 (1724) 年の『古談筆乗』[7]にはつぎのような記事がある（読点は筆者加筆）。

　　支倉捧南蛮王答書及諸品贈物，図国王之像贈之，王計曰，不知之人安可信之，宜図支倉
　　以副贈也油絵也，如生者，公感其智云，今，二図及聘物，在官府焉，

この記事にある「南蛮王答書」は「ローマ市公民権証書」のことである。アストン（イギリス公使館員）の1876年11月2日付平井希昌宛書簡（『翻訳集成原稿』第3号，外交史料館所蔵）には，明治新政府からの依頼によりラテン語で記された「羊皮紙書簡」を英訳した結果，「法王ノ返書ニハ無之，全ク，支倉六右衛門ヘ羅馬市民ノ自由ヲ特許シ，且同人ヲ議事官ニ撰任」したものであることが明らかになったとある。つまり英訳以前は「法王ノ返書」と見做されていたということであり，このような理解は一般的であったようである[8]。「二図」は文面から《ローマ教皇パウロ五世像》と《支倉常長像》に該当すると考えられる。このほかに「聘物」すなわち贈り物があり，それらは「在官府焉」とする。この場合「官府」は仙台藩の役所と理解できるから，享保9年の時点で慶長遣欧使節関係資料は藩の管理下にあったことがわかる。しかも後述するように同資料は二系統で管理されていた（佐々木2006）。したがって「官府」は複数と解するのが妥当である。

(4) 切支丹所に保管された慶長遣欧使節関係資料の性格

切支丹所保管の慶長遣欧使節関係資料の性格を把握する手掛かりとなる記述が『蔵王町史通史編別冊・高野家記録目次』（蔵王町史編さん委員会1994）にある。この目次では安永3年7月23日の記事を「一御改所御預物風入，統兼召連見物」と記している。この記載内容から，見物に行ったところは「御改所」であり，見物したものは「御預物」であることがわかる。「御改所」とは切支丹改所すなわち切支丹所のことである。しかし，ここで思い起こさなければならないことは，安永3年7月23日の記事には「御改所」「御預物」あるいはこれに類した言葉が見られないということである。つまり目次に見える「御改所」「御預物」は目次を編集した人物が記事の内容から判断して使用したものだということである。

ここで目次の作成者と作成年代が問題となる。まず目次作成者は高野武兼・倫兼の85年間にわたる記録の目次を作成することに意義を認めていた人物と見ることができる。そして，その人物は『高野家記録目次』末尾に「倫兼君翌天明弐年正月十五日御死去依而御自筆御留ハ当年切り也，退隠記　終」と記し，倫兼に「君」の敬称を付し，「死去」「自筆」「留」に「御」を付して敬意をあらわしている。このことから目次作成者はその作成に意義を認め，倫兼に対して敬称と敬意の表現を用いる人物ということになる。このような人物は高野家の家臣の中に求めるのが最もふさわしい。作成年代は特定できないが，その上限は天明2 (1782) 年1月15日で，下限はその書体から判断して明治時代まで下ることはないと思われる。

『高野家記録目次』の記事の検討によって「支倉六衛門持参之品」が「御預物」として「御改所」に保管されていたことが明らかになった。しかし，「御預物」となった理由については依然として不明であるが，時期については『古談筆乗』によって享保9年以前とすることができる[9]。

第10表 慶長遣欧使節関係資料の藩政期記録への比定

	慶長遣欧使節関係資料		安永三年甲午退隠記・秋（1774年）	切支丹道具入記（1812年）
1	ローマ市公民権証書	1通	紅毛横文字	羊皮書翰　壱枚
2	支倉常長像	1面	六右衛門像画	支倉六右衛門画像　壱枚
3	パウロ五世像	1面		
4	ロザリオの聖母像	1面	天帝（デイウス）像	天帝御影　壱枚
5	壁掛	1枚	流黄（ノウレン）	南蛮簾　弐枚
6	縞模様布	1枚	敷延にも可有之歟	
7	十字架像	1口	礫ハ釈迦也	
8	十字架及びメダイ	1具	御影（ミカケ）と云物	礫杭　壱本　御影板金　壱枚**
9	十字架	1口	礫ハ釈迦也	礫杭
10	メダイ残欠	6片		浅黄財布入板金　七ツ
11	レリカリオ	1口	小厨子	真鍮目鏡の様成物　壱ツ*
12	テカ及び袋	1具		印籠巾著　壱ツ　輪金　弐ツ
13	ロザリオ	5連	珠数（シュス）二連	珠数　三通り
14	ディスチプリナ	1口		麻にて組候絲　弐ツ
15	祭服	1領	上衣	金絲縫天鵝絨打掛　壱枚
16	留金具	10点		めつきのかな物　大小六ツ
				真鍮に而革に仕付候板金　壱ツ*
17	マント及びズボン	1具	羅紗合羽	羅紗合羽　壱　同前あて　壱
18	印象	2顆		印判　弐ツ**
19	短剣	2口		
20	鞍	2背	馬鞍	鞍　二具
21	鐙	1双・1隻	鐙　　　　二通	鐙　三ツ　内壱ツ鉄　弐ツ真鍮*
22	轡	2口		轡ノ様成物　弐ツ*
23	四方手	1具		四方手　四ツ*
24	野沓	1具		野沓　弐ツ
			通用之金	切支丹諸道具入箱　壱ツ
			墨入真鍮	かけ絵　四ツ
				書物　大小拾九冊
			*自筆本に図あり	島木綿財布　壱ツ
			**自筆本に拓影あり	色々板金　弐拾六*
				抱柏紋付候銅　壱ツ
				印肉入　壱ツ
				黒柤ニ而目鏡入候細工物　壱ツ*
				虎皮　少し

(5) 両書における慶長遣欧使節関係資料の記録

　国宝に指定された慶長遣欧使節関係資料の指定名称に対応する「安永三甲午退隠記・秋」および「帰朝常長道具考略」における資料名称をまとめたのが第10表である。「帰朝常長道具考略」は切支丹所吏員作成の「入記」を用いて記述をしているために，国宝指定の各資料とほとんど対応し，さらにそれ以外にも数件の資料が記録されている。一方「安永三甲午退隠記・秋」は国宝指定の各資料との対応は半分ほどに留まる。これは私的な立場での実見記録という性格を反映しているものと考えられる。両書を対照することにより切支丹所で保管されていた慶長遣欧使節関係の各資料の特定を確かなものにすることができる。

3. 伊達家所蔵の慶長遣欧使節関係資料

(1)『釼鎗秘録』

　『釼鎗秘録』は刀奉行であった佐藤信直（1747〜1802）が寛政元（1789）年に編録した伊達家の

蔵刀目録である。全4巻からなり，慶長遣欧使節関係資料に関わる記事は巻二に載せられている。この巻には他家・家臣・その他から伊達家に贈られた刀剣と歴代藩主の血縁者間で相続された刀剣の目録を載せる。慶長遣欧使節関係資料に関わる記事はつぎのとおりである。

　一　南蛮剣　　　　　　　　　支倉六右衛門上
　　　　長
　　永々御由来牒云支倉六衛門南蛮国江渡リ候節持参仕差上申候と及承候由日野鉄
　　船富沢快休申上候云々
　　冨塚記同断
　　　　　　貞山公御指石柄御剣ノ条ニ記ス故ニ贅セス
　　一御柄木地人形天帝南蛮細工
　　一御鞘黄溧塗南蛮色蒔絵
　一　南蛮剣
　　　　長
　　永々御由来牒同前冨塚記同前
　　一御柄象牙　　　　　一御鞘

ここに載せられている南蛮剣2口のうち1口は「御柄木地人形天帝南蛮細工」で「御鞘黄溧塗南蛮色蒔絵」であることからクリス（第5図1），他の1口は「御柄象牙」であるのでカスターネ（第5図2）と判断できる（佐々木1998，2000）。

　この南蛮剣の由来については『永々御由来牒』と『冨塚記』に拠っている。この両書については巻二の冒頭に

　　一永々御由来牒一冊　獅山様御代宝永之御牒
　　　　　　　　無年月
　　一御由緒牒一冊　冨塚右門記録之御牒

とある。この記事から『永々御由来牒』は獅山すなわち第5代藩主伊達吉村治世の宝永年間（1704～1710）に編まれたものであり，『冨塚記』は『冨塚右門記録之御牒』の略称であることがわかる。『永々御由来牒』の南蛮剣に関する情報源は日野鉄船と富沢快休であるから，その信憑性を確認するためには，この2名がどのような人物であるかを明らかにする必要がある。また冨塚右門についても同様である。ここでは『仙台藩家臣録』[10]『伊達世臣家譜』『伊達治家記録』[11] によって3名の経歴を見ることにする。

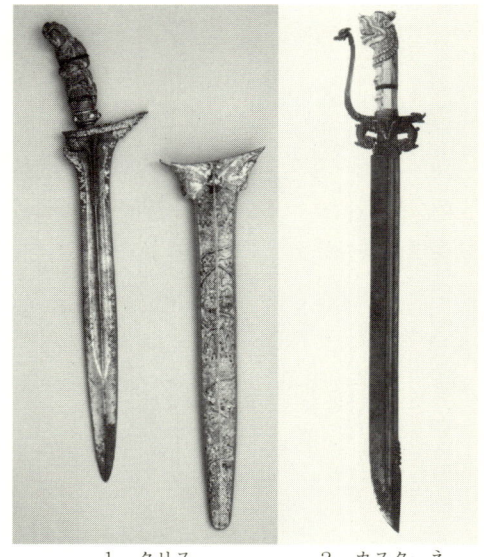

1．クリス　　　2．カスターネ

第5図　南蛮剣

a. 日野鉄船と富沢快休

　日野鉄船の「鉄船」は致仕号である。忠三郎・仲衛門・治（次）衛門・信安・玄蕃と称した。『仙台藩家臣録』によれば出仕は寛永16（1639）年7月、『伊達世臣家譜』では寛永18年で、定御供[12]に挙げられたとある。承応元（1652）年に知行加増の後、御腰物奉行となった。万治3（1660）年頃、2歳で第4代藩主となった綱村の懐守に抜擢された。延宝3（1675）年11月に小姓頭を、延宝5（1677）年4月に旗奉行を命じられた。延宝7（1779）年11月には若老（若年寄）となり、天和元（1681）年6月からは大番頭を併任し、藩の重責を担った。天和2（1682）年正月、隠居を命じられ、綱村から致仕号・鉄船を賜った。日野鉄船の名は隠居後も『伊達治家記録』には頻出し、重用されていたことが窺える。『伊達世臣家譜』には「信安歿時公聞而悼之、遥使徒組菊田権内以贈贈白金五十両」とあり、綱村の信任が篤かったことがわかる。しかし没年は判然としない。ただ『伊達治家記録』宝永元（1704）年6月18日条に第5代藩主吉村に拝謁したという記事があるから、これ以降、綱村が没した享保4（1719）年6月の間に死去したことがわかる。

　富沢快休は『伊達治家記録』元禄8（1695）年6月14日条に「富沢助兵衛隠居剃髪改名快休ニ命セラル」と見える[13]。助兵衛、頼久と称した。『伊達世臣家譜』によれば明暦元（1655）年に世子綱村の定供、同3（1657）年に腰物役兼定供、元禄5（1692）年3月に武頭、同7（1695）年に致仕とある。しかし『伊達治家記録』元禄5年4月2日条に「富沢助兵衛頼久足軽頭且役料百表賜ル」、同元禄7年11月3日条に「富沢助兵衛頼久足軽頭御免」とあり、武頭とは見えない。さらに同天和2年11月19日条には「刀奉行富沢助兵衛数年勤任功アリ。御座間ニ召サレ拾貫文加増二拾貫文ノ高ニ成賜ル」とあり、この記事は『伊達世臣家譜』の「天和二年又加増百石」に対応する。このことから天和2年の数年前から刀奉行であったことがわかる。

　日野鉄船と富沢快休の経歴を刀剣との関わりという観点でまとめるとつぎのようになる。鉄船は承応元年頃から万治3年頃までの約8年間、腰物奉行の任にあった。一方、快休は明暦3年から延宝5年頃までの約20年間、腰物役を務め、その後、元禄5年までの約15年間、刀奉行の任にあった。つまり快休は約35年間にわたり伊達家の刀剣管理を担当してきた人物であったのである。さらに両者の関係で注目されるのは、明暦3（1657）年から万治3（1660）年頃までの約4年間、鉄船は腰物奉行、快休はその配下の腰物役の任にあったということである。

　『永々御由来牒』は宝永年間にまとめられるが、鉄船・快休からの情報は「日野鉄船富沢快休申上候」とあるように、直接得たものである。このことは鉄船の没年が宝永元年6月～享保4年6月に求められ、快休の没年が元禄8年6月以降であることからも首肯されよう。

　『剱槍秘録』の南蛮剣2口に関する記述は、支倉常長等が帰国した元和6年から30余年後に腰物奉行・腰物役を務めた日野鉄船・富沢快休から直接情報を得て記述された『永々御由来牒』に拠っていることが明らかとなり、その信憑性が極めて高いことが確認できた。

b. 冨塚右門

　次郎太夫・軍兵衛・信従・隆義と称した。享保2（1717）年3月、江戸番馬上に挙げられた。『伊達治家記録』享保（1723）8年4月15日条に「富塚次郎太夫隆義武頭」と見えることから、これ

以前に武頭になったことがわかる。『伊達治家記録』享保11 (1726) 年9月5日条には病のため作事奉行・屋敷奉行を免じる記事がある。このことから，この時まで武頭の他に作事奉行・屋敷奉行を兼任していたことになる。病が癒え，享保17 (1732) 年5月に普請奉行を命じられ，江戸中屋敷及び宗村夫人利根姫の「御守殿」の造営を担当した。享保20 (1735) 年11月に曹司すなわち宗村の近習を命じられ，寛保3 (1743) 年7月に第6代藩主として宗村が襲封した後も，引き続き近習として仕え，それは宗村が卒去する宝暦6 (1756) 年まで続いた。ただ『伊達世臣家譜』に「遷世子近習，終物置〆役」とあり，『伊達治家記録』宝暦6年6月8日条に「近習物置締役富塚右門隆義」と見えるから，近習を命じられた後に物置締役を兼任していたことがわかる。宝暦9 (1759) 年9月11日，63歳で死去した。

　『冨塚右門記録之御牒』は21年間にわたって伊達宗村の近習として仕え，その間に物置締役を兼任した人物の記録であることが明らかとなった。ここでは特に物置締役であったことが注目される。物置締役は藩主の衣服・調度・金銀を収蔵する物置の管理責任者であり，このことから慶長遣欧使節関係資料の管理にも直接的・間接的な関わりをもったと考えられる[14]。冨塚右門が永く近習を務め，物置締役を兼務していたという事実に注目するならば，支倉常長の帰国から100余年後の記録とはいえ，その信憑性は高いものといえよう。

(2)「金城秘韞（仙台黄門遣羅馬使記事)」

　明治23年3月，大槻文彦が雑誌『文』第4巻第6号に発表した論文（大槻1890b）には，「南蛮王（法王）ヨリ藩祖公ヘ宛テノ贈物ハ藩侯ガ手許ニ蔵セシナリ即チ前ニモイヘル羅馬剣ト法王ノ画像ニテ，而シテ其画像ハ藩ノ勝手方ト称スル所ニ蔵メテアリシナリ」とある。ここでいう「羅馬剣」は「二口幷小刀一口」（大槻1890a）からなるものであるから，国宝指定名称の「短剣二口」に該当する[15]。「法王ノ画像」は《ローマ教皇パウロ五世像》のことであり，仙台藩の勝手方で管理していたが「維新ノ後藩ノ書画幅器具等若干品ヲ入札払ニセシ時法王ノ油絵肖像モ其中ニ紛レ込ミテ民間ニ出デタ」（大槻1890b）のである。つまり大槻文彦は藩政期においては「短剣二口」と《ローマ教皇パウロ五世像》の管理は伊達家の所蔵品として伊達家が直接行っていたことを指摘したのである[16]。

4. 小　結

　藩政期における慶長遣欧使節関係資料の保管状況の検討を行った結果，二系統あることが確認できた。一つは伊達家の所蔵品として管理されていたもので，「短剣2口」と《ローマ教皇パウロ五世像》がこれに該当する。もう一つは切支丹所保管の支倉常長将来品とされるものである。これらの品々は仙台藩が預物，換言すれば没収品として切支丹所で保管してきたものである。

　慶長遣欧使節関係資料が二系統で保管されていたという事実を踏まえるならば，これらを外交史の資料として扱う場合，すべてを同列に置くことは適切ではないことになる。つまり現在は国宝・慶長遣欧使節関係資料として仙台市博物館が一括保管しているが，藩政期においては伊達家の所蔵品と仙台藩の預物の二系統に分けて保管されていたものであるから，第一に扱うべきは前

者であり，つぎに扱うべきは後者であろうということである。これらを保管系統の違いを考慮せずに外交史の資料として同列に扱うならば，遣欧使節派遣の主体者である伊達政宗とその命を受けて派遣された支倉常長等を同列に扱うことになり，正当に位置づけたとはいい難くなる。換言すれば「短剣2口」《ローマ教皇パウロ五世像》と伊達政宗との関係の究明こそが第一義的に行われるべきことであるということである。

　国宝・慶長遣欧使節関係資料は慶長遣欧使節の研究に不可欠な資料ではあるが，藩政期における保管系統の違いを踏まえて扱わなければ，正当な歴史的評価はできないものなのである。

第2節　慶長遣欧使節関係資料に関する研究史の考古学的検証

1. 考古学的検証の必要性

　文部科学省は慶長遣欧使節関係資料について「国宝・重要文化財（美術工芸品）の指定等について」（平成13年4月20日）の中で，つぎのように記している。
　　仙台城主・伊達政宗（1567～1636）が家臣の支倉常長（1571～1622）ら一行をローマ教
　　皇のもとに派遣した慶長遣欧使節に関する一括資料である。いずれもその折に将来され
　　たもので，ローマ市公民権証書，肖像画，聖画・聖具類，馬具・染織類に大別される。
　　史上に著名な歴史事象を証する資料であり，我が国のキリシタン史研究及び日欧交渉史
　　研究上等にその価値は極めて高い。
慶長遣欧使節関係資料は慶長遣欧使節によって将来された一括資料であり，「我が国のキリシタン史研究及び日欧交渉史研究上等にその価値は極めて高い」という説明と評価がなされている[17]。

　はたしてこのような認識と評価は妥当なものであろうか。慶長遣欧使節関係資料を一括して同使節の将来品とする断定するに足る揺るぎない根拠はあるのだろうか。現在の研究成果や到達点から判断すると，残念ながら「否」といわざるをえない。慶長遣欧使節関係資料47点のうち文字資料は支倉常長に与えられた「ローマ市公民権証書」1点だけであり，他の46点は肖像画，聖画・聖具，馬具，染織品等からなる物質的資料である。物質的資料は文字資料と異なり資料自体が「語る」ことはほとんどなく，研究者がさまざまな調査研究をしたうえで「語らせる」ことによって，はじめて歴史の資料となるものである。慶長遣欧使節関係資料の場合，これまでこれらの物質的資料にどれほど「語らせて」きたであろうか。歴史の資料とするためには，少なくともそれぞれの資料が位置する年代（時間）と場所（空間）を「語らせる」必要があろう。

　ここでは慶長遣欧使節関係資料に関する研究史を考古学的な視点で検証し，これらの資料がどれほど歴史の叙述に利用できる資料となっているのか，またそこにはどのような課題が認められ，それを乗り越えるためにはどのような方法が有効であるのかについて考えてみたい。

2. 考古学的検証の方法

　歴史の資料は，文字によって人間の意図・行為等を記録した文献資料，衣食住・生業・信仰・年中行事に関する風俗・習慣・伝統・技術等に関わる民俗資料，人間の物質的遺存物である考古資料に大別でき，それぞれ文献史学・民俗学・考古学に対応する。しかしこの区分は木簡や絵図の例から明らかなように截然・明確なものではない。したがって実際の歴史研究では研究視点や方法の違いによって，同一資料から全く新たな価値を見出すということは稀ではない。

　慶長遣欧使節関係資料47点のうち「ローマ市公民権証書」1通は羊皮紙にラテン語で書かれた文書であるから文献資料といえるが，他の46点は物質的資料であることから上記の三大別に従えば考古資料の範疇で捉えるのが相応しい。さらに考古資料は動産的性格をもつ遺物と不動産的性格をもつ遺構・遺跡に細分されるが，この46点は遺物に該当する。

　考古学的検証を行う際の方法論として，第一に型式論を挙げることができる。ここでは考古学研究に主導的な役割を果たしたヴェア・ゴードン・チャイルド Vere Gordon Childe（1892～1957）による型式論の枠組みをまず見ておくことにしたい。型式論では物質的遺存物の細かな特徴—例えば素材・寸法・形態・文様など—が合致するものを同一型式と認識する。それは「ある社会に認められ・採用され・具体化された個々人の創造物」（チャイルド1956a）で，「すべて同一の伝統にもとづいた明確な行動の結果」（チャイルド1956b）を示すものと理解できる。その理由は「個々人の試行錯誤という私的経験の産物が，社会の他の成員に伝えられ採用されくりかえされてきたがゆえに，考古学的現象を型式として分類することができる」（チャイルド1956a）からである。この点で人間の物質的遺存物を扱うということでは共通する美術史とは大きく異なる。美術史では資料—例えば絵画・建築・彫刻など—の価値判断は内在的な美によってなされ，資料自体を価値判断の対象とする。「結局のところ，美術品は個性的でユニークである。考古学的データは抽象的な型式である」（チャイルド1956a）ところに両者の大きな違いがある。つまり美的価値の有無にかかわらず社会的産物として人間の物質的遺存物を調査・研究の対象にするのが考古学であり，考古学的検証とは，そこに基点を据えて調査・分析・解明することといえる。

　考古資料は「個々の資料について，『なんのために存在したか』『いつつくられたか』『誰がつくったのか』」（チャイルド1956b）という3つの基準—機能・編年・分布—で分類し，型式論による把握がなされ，さらに諸型式の共存関係つまり「と共に・中に・を含んでという関係でまとまって発見される現象」（チャイルド1956a）の検討が行われて歴史の資料となる。

　このように見てくると慶長遣欧使節関係資料46点に対しても考古学的方法による研究，すなわち機能・編年・分布の3基準で分類し，型式および諸型式の共存関係に注視して分析・検討・考察することが必要であることは明らかである。

　なお，慶長遣欧使節関係資料の共存関係については前節ですでに検討したので，ここでは割愛することにしたい。

3. 慶長遣欧使節関係資料に関する研究史の型式論的検証

(1) 大槻玄沢の研究姿勢

　型式論で同一型式と認識するのは，物質的遺存物の諸特徴が合致した場合である。そのため対象とする物質的遺存物の諸特徴の一部または全部と類似する他の遺存物等をできるだけ多く収集してまとめること，すなわち集成作業が必要となる。この基礎的な作業によってそれぞれの遺存物の型式論的な検討が可能となり，時間的・空間的位置が絞り込まれ，歴史を語る資料となる。集成の段階までは至らなくとも，その第一歩となるものに類例の提示があり，それは型式論的思考の反映と捉えることができる。

　大槻玄沢の「帰朝常長道具考略」（『金城秘韞』下）は慶長遣欧使節関係資料に対して類例を示して考察した嚆矢と位置づけられる。具体的には「鞍」と「麻に而組候糸」である。「鞍」は2背あるが，類例を示したのは木製革張りの鞍に対してで，つぎのように記す（読点は筆者加筆）。

　　蛮製，此方の品と形を異にす，一具ハ悉く蝕ミて損失多し，西洋鞍の製，皆これに似たり，官庫御蔵阿蘭陀献上の鞍，これに似たりと覚れハ，左に其図を出す，

2背の「鞍」はともに「蛮製，此方の品と形を異に」するとし，和鞍との形態的な違いを指摘して外国製とする。そのうちの1背については，オランダから献上された幕府所蔵の鞍（第6図1）との類似を根拠に「西洋の鞍」と判断している。

　「麻に而組候糸」（第6図2）については，つぎのように記している（読点は筆者加筆）。

　　未詳ならす，図下に出す，宝永年中大隅国野久島へ来たりしローマ人持来たりしといふ道具図の中ニ，苧縄にて作り，彼呼んでテシヒリイナと名るものに此組糸相似たり，故に其図をもこゝに模セリ，これハ悪念の起りたる時，此縄を以て其身を打ちいたむる物之由，其口書に見へたり，あるひハこれも其類なるか，

「宝永年中大隅国野久島へ来たりしローマ人」とは宝永5（1708）年に屋久島に潜入し捕えられたイタリア人の司祭ジョヴァンニ・バッティスタ・シドッティ Giovanni Battista Sidotti (1668〜

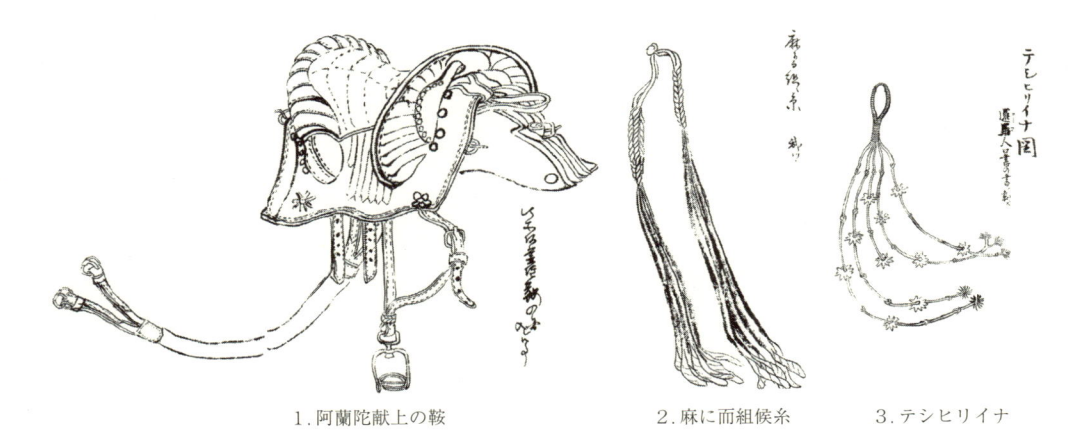

1. 阿蘭陀献上の鞍　　2. 麻に而組候糸　　3. テシヒリイナ

第6図　「帰朝常長道具考略」における類例の提示

1714)のことである。シドッティが持参した品々のなかにテシヒリイナ（第6図3）という類品があり，それは「悪念の起りたる時，此縄を以て其身を打ちいたむる物」である。テシヒリイナはディシプリナ disciplina（苦行鞭）のことである。

キリシタン禁制下で海外情報が乏しい19世紀初頭にあっても類例を示すことによってその資料を客観化し合理的に理解しようとする大槻玄沢の研究姿勢は高く評価できる。

(2)《支倉常長像》と「ローマ市公民権証書」への関心

明治9年の宮城博覧会で衆目を集めたのが慶長遣欧使節関係資料であり，とりわけ《支倉常長像》と「ローマ市公民権証書」には高い関心が寄せられた。これを裏付けるのが明治天皇の東北巡幸に関する記録である。巡幸供奉員の記録として『木戸孝允日記』三，金井之恭『東巡録』『扈従日誌』，近藤芳樹『十符の菅薦』があり，また同行新聞記者の記録として岸田吟香「東北御巡幸記」（『東京日日新聞』に連載）がある。これらの5編は宮城博覧会を124字～1,006字で記録しているが，そのうち慶長遣欧使節関係資料に関する記述は107字～822字で，その割合は平均75％と高率を占め，近藤芳樹『十符の菅薦』を除く4編が《支倉常長像》と「ローマ市公民権証書」を取り上げている（佐々木2008）。

慶長遣欧使節関係資料は岩倉具視の指示で明治9年8月に東京に移送され，保存と調査研究が行われた。岩倉具視はラテン語で書かれた「羊皮紙公書」の調査研究を同年10月下旬にイギリス公使パークスに依頼した。同公使館のアストンが英訳を，マクラーチが紋章学的分析を担当し，同年11月初めに完了した。さらにそれらを日本語に復訳したものを太政官正院の土方元久が同年11月10日付で三條実美太政大臣および大久保利通以下7名の参議に順達した。「羊皮紙公書」の調査研究の結果，それまで考えられていたような「南蛮王答書」（『古談筆乗』『扈従日誌』）あるいは「法王ノ返書」（1876年11月2日付平井希昌宛アストン書翰）ではなく，「羅馬総政院及ヒ其人民ヨリ伊達政宗ノ家臣支倉六右衛門ニ授与シタル公書」（『伊達政宗欧南遣使考』）すなわち支倉常長宛の「ローマ市公民権証書」であることが明らかになった。

慶長遣欧使節に関する調査研究の成果は太政官正院少史の平井希昌を中心にしてまとめられ，『伊達政宗欧南遣使考』として明治10年2月末から3月初め頃に出版された。同書は「伊達氏旧記等ノ書ニ徴シ，外国ノ書ニ質シ，参互商量シ」たもので，附録として「羊皮紙公書及ヒ政宗ノ名ヲ以テ，彼ノ国ニ贈リシ書翰ノ訳文等」と「肖像画等ノ縮図ヲ」巻末に載せている。縮図として掲載しているものは《支倉常長像》「ローマ市公民権証書」「ロザリオの聖母像」の3点である。その他の資料については，その存在を簡潔に記すのみである。

明治10年1月6日付の『東京タイムス』 *The Tokio Times* Vol.I. No.1 の 'JAPAN AND ROME IN THE SEVENTEENTH CENTURY' も『伊達政宗欧南遣使考』と同様に，「ローマ市公民権証書」の英訳と紋章学的分析を資料として載せ，《支倉常長像》と「ロザリオの聖母像」については詳述し，十字架については簡潔に言及してはいるものの，その他の資料については「ロザリオ，メダル，宗教的な伝説と意匠を表現した青銅板片，司祭用衣服とその他の衣服，鞍・轡・鐙などを含む馬具があり，すべては明らかにヨーロッパ製である」とし，各資料の比較検討を経ず

にヨーロッパ製と断じている。

『伊達政宗欧南遣使考』および 'JAPAN AND ROME IN THE SEVENTEENTH CENTURY' では欧米の書籍やそこに所収された書簡類などを史料にして，欧米での慶長遣欧使節の動静を記述していることが特筆される。一方，慶長遣欧使節関係資料については《支倉常長像》「ローマ市公民権証書」「ロザリオの聖母像」に注目し，とりわけ「ローマ市公民権証書」が支倉常長宛のものであることが明らかになったこともあり，旧仙台藩切支丹所保管の資料は一括して支倉常長を中心とする慶長遣欧使節が将来したものであるとの認識をもっていたことがわかる。この認識は高野倫兼の「南蛮江被遣候支倉六右衛門持参之品」（『高野家記録』）や大槻玄沢の「支倉六右衛門南蛮将来の諸道具，吉利支丹所といふ御役所に納むといふ」（「帰朝常長道具考略」『金城秘韞』下）と基本的に同じである。しかし大槻玄沢が示した慶長遣欧使節関係資料の比較研究という研究方法の継承は確認できない。

（3）在外関係資料の増加

慶長遣欧使節への関心は慶長遣欧使節関係資料の周知によって高まり，関係する在外資料の「発見」が相次いだ。「発見」に寄与した中心的人物はグリエルモ・ベルシェー（1833～1913），井田譲（1838～1889），関直彦（1857～1934），辰野金吾（1854～1919），村上直次郎（1868～1966）等である。

ベルシェーは1873年5月29日，岩倉具視等をヴェネツィアのフラーリ古文書館に案内した。そこで天正・慶長遣欧使節の書翰等を実見した岩倉はベルシェーに対してイタリア国内で両使節に関係する文書等の調査を命じた。この成果が『日本使節』*La antiche ambasciate giapponesi in Italia* として1877年に上梓された。ここには天正使節関係史料37点，慶長遣欧使節関係史料16点が所収掲載されている（吉浦1968）。

井田譲はフランス特命全権公使（在任1881年7月～1883年3月）としてパリに駐在し，明治14（1881）年11月からに16年3月まで，スペイン・ポルトガル・スイス三国の特命全権公使を兼任した。井田は明治15（1882）年3月，スペイン特命全権公使として同国を「巡回ノ際，政宗ガ，同市ニ贈リシ書翰ヲ，セビーヤ市役所ニ発見シ，其写真ヲ外務省ニ贈」った（東京帝国大学1909）。

関直彦は東京日日新聞社の社命により，明治20年3月から翌年7月までロンドン・パリ・ローマ・ベルリン・ウィーンに遊学した。明治21年7月11日付『東京日日新聞』には「〇羅馬に日本の古事を知る―支倉六右衛門肖像の事」と題する関直彦の記事がある。それによると支倉六右衛門の肖像画は「ブルギーセー公家の書籍館内に在り」「衆人の目に曝ら」していないため，徳川篤敬（1855～1898）イタリア特命全権公使（在任1867～1892）の紹介により「特に其許しを得て之を一見」したとある。観察は細部にわたり若干の考察も加える。この観察と考察の部分の字数は852字に及ぶ。とりわけ注目されるのは「大刀ハ二尺五六寸もあるべきか鍔ハ鉄にて九曜のすかしあり鞘ハ黒漆にて同じく九曜の紋散らし」とある箇所で，それは後年，この人物に関する論争が起きた際に，九曜紋が伊達家の家紋の一つであることから，支倉常長とする有力な論拠となったからである。

徳川篤敬は明治22（1889）年に日本銀行新築に係る欧米銀行建築の調査のためにイタリアを訪

れていた辰野金吾等とともにバチカン図書館所蔵のローマ教皇宛伊達政宗書状の写真撮影を行い「帝室博物館ニ寄贈シタ」（東京帝国大学 1909）。辰野もその書状（ラテン文と和文）とボルゲーゼ美術館所蔵の上記肖像画の石版摺写真を持ち帰った（大槻 1890a）。

このようにして在外の慶長遣欧使節関係資（史）料は徐々に増えていったが，村上直次郎の調査によってそれは飛躍的に増加した。村上は明治32年から明治35年までスペイン・イタリア・イギリス等で史料収集を行い，その成果は『大日本史料』第12編之12としてまとめられ，明治42年3月に刊行された。『大日本史料』第12編之12は現在においても慶長遣欧使節研究の基礎史料として不動の位置を保っている。

『大日本史料』第12編之12の刊行によって研究資料としての慶長遣欧使節関係資料の位置が相対的に低下したように思われる。慶長遣欧使節に関する研究はこの史料集を基礎史料として活用すれば，それまで以上にその内容を深化させることが可能となった。このようなことから肖像画（《支倉常長像》と《ローマ教皇パウロ五世像》）と「ローマ市公民権証書」を除く慶長遣欧使節関係資料は希少な歴史的資料としての位置は不動ではあったが，慶長遣欧使節に関する歴史的叙述に必須の資料とは見なされなくなった。慶長遣欧使節関係資料に関する基礎的な研究がほとんど見られないのは，このような状況を反映した結果と考えられる。

(4) 重要文化財指定とその問題点

慶長遣欧使節関係資料は昭和41（1966）年6月11日付で重要文化財（絵画の部）に指定された。これは昭和9年12月20日付で重要美術品（絵画之部）に指定された「油画支倉常長像」に「関係品一括」を加えて指定したものである。「関係品一括」の中には「絵画の部」にはそぐわない鞍・轡・鐙などの馬具も含まれていた。

重要文化財指定を機に慶長遣欧使節および慶長遣欧使節関係資料に関する論考をその担当者の財津永次が発表した（財津 1966）。この中で特に注目されるのはカトリック法具についてである。すなわち「今回の重要文化財指定に際しては，神学博士マリオ・マレガ神父のご教示によって初めて正しい名称と用途が判明し」たとあるからである[18]。聖画・聖具についての研究は大槻玄沢以降停滞していたが，重要文化財指定が契機となり，歩を進めたことが確認できる。「ロザリオの聖母像を高彫り」にしたメダイは「ドミニコ会のメダイ」であり，その他にレリカリオ，テカ，ロザリオ，ディスチプリナがあることを指摘している。「レリカリオとはイタリア語で」「由緒あるものを入れる聖なる容器」であり，「テカはラテン語で聖体のパンを入れる容器」のことで，「ロザリオは数珠のイタリア語」，「ディスチプリナは，和名では苦行鞭とも称しイタリア語である」と記す。しかし，短剣についてはその特徴を記すのみで製作地や本来の名称については言及していない[19]。また「鞍」「鐙」「轡」「四方手」「野沓」からなる馬具については「洋式の馬具で，滞欧記念に馬具のみ持ち帰ったものであろう」と推測するが，類例を示すことなく結論だけを記しているという点では前述した *The Tokio Times* Vol. I. No.1 と何ら変わらない。

同年，東京国立博物館の鷲塚泰光が「新指定重要文化財紹介—祇園祭礼図・慶長遣欧使節関係資料」を発表した（鷲塚 1966）。ここで鷲塚が紹介した慶長遣欧使節関係資料はローマ市公民権証書・《支

倉常長像》・《ローマ教皇パウロ五世像》・聖母及び四聖人像・壁掛の5点である。これは「絵画の部」としての指定であること踏まえた資料の選択であった。《ローマ教皇パウロ五世像》については「描写が類型的なところから判断するとオリジナルの肖像をコピーし，謁見者に分ち与えたものの一つではないか」，聖母及び四聖人像については「ドミニコ派が主として礼拝の対象とするもので，サン・フランシスコ派に属する常長の手に入ったことには何かの事情があったのであろう」，壁掛については「全体に東洋的要素の強いもので」「ルソン島あたりで作られたものではなかろうか」とする。描写方法やモティーフに注視して新たな見解を示した点は評価できるものの，慶長遣欧使節関係資料全体の理解・把握という点では「絵画の部」での指定による限界も窺える。すなわち「将来品の中にはこの他に多くのキリスト教の信仰用具，法服，馬具等があり，銀象嵌による模様入の鐙，細密画を描いた剣の鞘など絵画資料として興味深いものがあるが今回はその詳細は省略する」としているからである。

　重要文化財指定を契機に発表された上記の論文では肖像画や聖画・聖具類についての考察はみられるものの馬具・染織類についての論及はほとんどない。このことは慶長遣欧使節関係資料が一括して重要文化財に指定されながらも「絵画資料」の範疇に属さない資料は研究者から等閑視される傾向にあったことを示している。

(5)『仙台市博物館図録Ⅱ―慶長遣欧使節関係資料編―』の刊行とその意義

　昭和48年8月発行の本書は重要文化財指定後に慶長遣欧使節関係資料をまとめた最初の刊行物であるという意義ばかりではなく，a. 研究の現状と指針が述べられていること，b. 類例提示がなされていること，c. 略図添付による資料の客観化がみられることの3点において高く評価できる。そこには型式論的方法による研究姿勢が窺える。

a. 研究の現状と指針

　「慶長遣欧使節関係資料について」と題する横組み2段4頁の論文が掲載されている。ここに慶長遣欧使節関係資料の問題点が列記されている。その第一は「欧州からもたらされたと解釈され易いが」「各資料の制作と入手の場所は一ケ所にとどまらない」ことを指摘している点である。入手場所として特に可能性が強いのはローマとルソン島であるとし，前者での入手は「ローマ市公民権証書」「パオロ五世像」「支倉常長像」「祭服」「マント（及びズボン）」「護拳付短剣」，後者での入手は「クリス形短剣」「壁掛」「敷物（縞模様布）」であろうとする。これらの資料を除く聖具類や馬具の入手については判然とせず，慶長遣欧使節が出発する前から準備されていた可能性もあるとする。慶長遣欧使節関係資料は「パオロ五世像」と「短剣」は伊達家で，その他の資料は仙台藩切支丹改所で保管していたが，後者が支倉家改易の際に同所に没収保管されたということについては「厳密な意味でこれを証拠づけるものは残念ながらみいだせない」とする。明治以降，慶長遣欧使節の歴史的意義が究明されつつあるが，慶長遣欧使節関係「資料自体の究明は，まだその作業が半ばの状態である」ことを指摘する。「近世初頭の所謂南蛮美術の様相，キリシタン信仰と宗教用具の実態，十七世紀ヨーロッパ及びその植民地の美術の特質等の検討を踏まえて，慶長遣欧使節関係資料を群として或いは個として究明することが望まれる」とし，研究領域

や視点を具体的に示し，群または個としての研究が必要であることにも言及している。

この論文では慶長遣欧使節関係資料の来歴等を厳密に見つめなおし，国内外にわたる広範な視点で個々の資料の位置づけ，あるいは資料群としての位置づけをする必要があることを指摘している。この時点での研究指針を示したものとして高く評価できる。

b. 類例の提示

「短剣（クリス形剣）」の類例を示し，それを入手地を推定する根拠の一つにしている。「短剣」の類例提示はこれが初めてであり研究姿勢・方法として評価できる。「短剣」は「フィリピン，ミンダナオ島の蛮刀と刀の裾の形が酷似している」ことを指摘し，さらに「柄の菩薩像が東南アジア的色彩の強いこと」「鞘の文様が稚拙で土俗的」であることなどから「支倉常長が帰途立寄ったフィリピンで入手したもの」とした。

類例提示という方法は評価できるが，ここに提示した蛮刀は，クリス研究においてはモロ型クリスに分類されるもので，ミンダナオ島南西部およびスル諸島に分布するものである。それはクリス分布域の最北部を占めている。クリスが多く見られる地域はインドネシアとマレー半島南半で，この地域には「短剣（クリス形剣）」の「刀の裾の形が酷似している」ばかりではなく，柄や柄基部の装飾等までも類似している例が数多くある（Frey1986）。したがって入手地をフィリピンとする考えは受け容れ難いが，類例を示しそれを考察の基礎に置くという研究方法・研究姿勢は型式論的研究に繋がるものとして受容できよう。一方，フィリピン入手の根拠とした「柄の菩薩像」と「鞘の文様」については，それぞれ「東南アジア的色彩が強い」「稚拙で土俗的」という印象の域を出ない記述に終始し，具体的な類例の提示もなく説得力に欠ける。

c. 略図の添付

「短剣（クリス形）」「鉄製鐙」「護拳付き剣」の各文様が線画による略図で提示されており，資料の客観化・型式論的研究の基礎情報の提供という点で注目される。「短剣（クリス形）」は鞘の文様が図示されており，そこには山・森・動物（蛇・鹿・猪・鳥・トンボ）・X字状に矢が貫通した心臓・人間の目と眉が描かれていることがわかる。「鉄製鐙」の側面外側の銀象嵌文様が「鳳凰に牡丹」「孔雀に牡丹」のモティーフであることが略図によって理解できる。「護拳付き剣」については棟に施された銀象嵌の唐草文様と刃根元に銀象嵌で表した十字架をつけた冠の中にN字を配した紋章様文様の略図が示されている。この3点の資料に施されている文様はいずれも小さく，写真での提示は困難である。略図であるという点で精度に限界はあるが，その提示の意義は研究を進めるうえで大きなものといえる。

(6) 服飾史研究の参入と美術史的研究の深化

昭和49と昭和51に「祭服」に関する論文，昭和53年には「ズボン」に関する論文がそれぞれ発表され，新に服飾史研究者による個別研究が始まった。「支倉六右衛門常長将来品の祭服とカズラ（第1報）」（斎藤・柴崎1974）では，まず祭服は下着・上着・徽標・徽飾なるもので，慶長遣欧使節関係資料の「祭服」は上着の部に属するカズラ chasuble であることを指摘する。13世紀から17世紀までのカズラの型式変遷および現代のカズラの諸型式（4型式）を把握したうえで

第1章　慶長遣欧使節関係資料の研究史的検討

慶長遣欧使節関係資料の「祭服」（カズラ）に対して構成・材料等の視点から検討を加え，「バロック期のローマ型カズラに類似している」との結論に至る。同第2報（斎藤・柴崎1976）では，装飾モティーフと刺繍に注目し「16～17世紀の祭服の装飾方法の特徴を持っている」ことを指摘した。

この論文にみられる型式変遷や意匠の特徴を捉えて，その年代と地域を絞り込み，歴史研究の資料とするという研究方法は型式論的研究そのものである。型式論的研究法を慶長遣欧使節関係資料研究に適用した最初の論文として注目・評価できる。

「ズボン」とされる4片の布については井上和子・豊原繁子（井上・豊原1978）の研究がある。研究の前提として，これは「記録上，着用者，時代，製作地，入手経路などの史的基本事項が殆ど確定されていない」ことを確認し，年代の上限はポルトガル人の日本漂着，すなわち16世紀後半，下限は4片の布の1片に縫合されていたブラゲット braguette 状の小布の存在から17世紀前半とする。また4片の布とマントが共布で縫製・装飾・裁断が全く同一手法を用いていること，2本並列のブレード飾り技法は17世紀に見られるものであることから，マントは4片の布が何であるかを解明する根拠を与えるものとした。マントは止め合わせる3対の組紐があることから旅行用であるとし，一方，4片の布については実測・観察・復原・類例提示を行い「チュニック状の西洋長上衣のスカート部分に由来するものであって，和装の武士向きのデザインが加味されている。それは，主に馬上の姿を整え，雨や塵，泥はねなどを防ぐ機能をもったスカート状の前当てと思われる」という結論を得た。つまり「ズボン」として重要文化財に指定された4片の布は「スカート状の前当て」であったということである[20]。しかも，日本の武士用にデザインを加えたという見解は慶長遣欧使節との関わりが強いことを示すことになった。

この論文も資料そのものを詳細に観察・分析し，その結果を丹念に収集したヨーロッパの服飾資料の形態や技法などと比較することによって結論を導き出している点は型式論的研究の方法と重なる部分が多い。

美術史の分野では「ロザリオの聖母像」に対する神吉敬三の研究が注目される（神吉1989）。神吉は，まず「ロザリオの聖母」図像の成立と展開をつぎのように記す。すなわち，この図像で最も古く完全な一例はドミニコ会修道士フラ・フランセスク・ドメネックの1488年署名の銅版画であることを指摘する。16世紀に入るとバラの花環あるいはロザリオ環のなかに聖母マリアもしくは聖母子が三日月を踏む図像が現れ，16世紀～17世紀のカトリック信仰地域では盛んに描かれたとする。慶長遣欧使節関係資料の「ロザリオの聖母像」もこの形成・展開のなかに位置づけることができるとする。

慶長遣欧使節関係資料の「ロザリオの聖母像」の様式的・図像的特性については，「全く同じ図像の象牙レリーフが，トレド大聖堂聖具室に所蔵されている」ことを指摘し，その発見者であるマルガリータ・エステーリャ・マルコス Margarita Estella Marcos の研究結果として，この象牙レリーフは「17世紀フィリピンの中国系の作品と断定」したことを紹介している。エステーリャが指摘したこの象牙レリーフの様式的・技術的な特徴—非ヨーロッパ的なライオン，鱗状の雲な

どーがそのまま慶長遣欧使節関係資料の「ロザリオの聖母像」にも当てはまる。また「十五世紀には大珠五，小珠五十つまり五十五珠からなる五連の形式が定着している」にもかかわらず，この象牙レリーフにも慶長遣欧使節関係資料の「ロザリオの聖母像」にも不備が認められ，これは制作者が信者ではなかったことを示唆するものであろうとする。さらに地上の四聖人に描き方が曖昧であり，4人の聖人の顔が同一モデルでその角度を変えただけであることを指摘する。結論として慶長遣欧使節関係資料の「ロザリオの聖母像」は17世紀にフィリピンでキリスト教徒ではない華僑によって描かれたものと考えられ，支倉常長が個人の信心用に購入した可能性も否定できないとする。

この論文には図像の成立と展開，類例の提示，絵画様式・技法の比較など型式論的研究に相通じる実証的な研究方法・研究過程が認められる点で慶長遣欧使節関係資料の美術史的研究を深化させたと評価できよう。

(7) 慶長遣欧使節関係資料研究の陥穽

a. 美術・美術史的研究の限界

慶長遣欧使節関係資料で注目されてきた資料は肖像画（《支倉常長像》《ローマ教皇パウロ五世像》）・ローマ市公民権証書ならびに聖具・衣服であったことは，上記の研究史をみれば明らかである。しかし，ほとんど研究の対象とされていない資料群がある。それは刀剣と馬具である。前者は「クリス形剣」と「護拳付き剣」の2口からなり，後者は鞍2背，鐙1双・1隻，轡2口，四方手1具，野沓1具からなる。刀剣については既述した『仙台市博物館図録Ⅱ―慶長遣欧使節関係資料編―』(1973) に類例と略図が掲載されていることから，関心は持たれていたことは確かであろうが研究の段階までは至っていない。馬具については，管見によれば大槻玄沢が『金城秘韞』の中で幕府所蔵のオランダから献上された鞍を類例として図示したこと以外にない。これも研究の前段階に位置づけられるべきものである。

刀剣と馬具が慶長遣欧使節関係資料研究の外縁に置かれたのはなぜだろうか。その主な理由として，①明治初年以来，肖像画—とくに《支倉常長像》—とローマ市公民権証書に関心が集まったこと，②慶長遣欧使節関係資料のうち《支倉常長像》だけが昭和9年に「絵画之部」の重要美術品に認定されたこと，③《支倉常長像》を含む慶長遣欧使節関係資料を一括して昭和41年に重要文化財に指定したが，その際，重要美術品認定時と同様に「絵画の部」に位置づけたことが挙げられる。「絵画の部」に属する慶長遣欧使節関係資料の文化庁等の役所や博物館での担当者は必然的に美術・美術史の担当者ということになり，それゆえ主たる研究領域から外れる刀剣・馬具にはあまり関心を寄せなかったのである。

b. 考古学的方法による研究

刀剣・馬具は考古学では一般的な研究対象であり，古墳時代を中心とする多くの研究成果が論文として発表されている。このことを踏まえるならば慶長遣欧使節関係資料の刀剣・馬具を考古学的方法で分析・考察することは特異なことではないことになる。

慶長遣欧使節関係資料に含まれる刀剣2口（クリス形剣・護拳付き剣）は藩政期においては《ロー

マ教皇パウロ五世像》とともに伊達家の所蔵品として管理されていたものであり，他の44点が仙台藩切支丹所に預物として保管されていたことを思い起こせば，それらがもつ歴史的意味を解明する意義は大きいといえる。また切支丹所保管の44点の中でまとまりを持つ資料群としては聖画・聖具すなわちキリスト教関係資料群と鞍・鐙・轡・四方手・野沓からなる馬具がある。したがって馬具は切支丹所保管資料を特徴づける資料群といえる。このように見てくると刀剣と馬具は慶長遣欧使節関係資料の中に占める位置は決して軽いものではないことがわかる。

慶長遣欧使節関係資料における刀剣と馬具の研究史を検討した結果，本格的な研究がほとんど行われていないことが明らかとなった。同資料を歴史研究の資料とするためには，ここに含まれる刀剣と馬具の型式論に基づいた考古学的方法による研究が不可欠なのである。

4. 小　結

慶長遣欧使節関係資料に関する研究史を考古学の視点から辿った結果はつぎの6項目にまとめることができる。

①慶長遣欧使節関係資料47点のうち，慶長遣欧使節として派遣された支倉常長が将来したものと明確に断定できるのはローマ市公民権証書だけである。

②ローマ市公民権証書以外の46点については，それぞれの製作・使用年代や地域等を明らかにした上で，慶長遣欧使節との関わりの有無を検討しなければならない。つまり慶長遣欧使節関係資料47点は一括して国宝に指定されているが，そのすべてが慶長遣欧使節と直接的な係わりがあるものと短絡的に断じることはできないということである。

③慶長遣欧使節関係資料は「絵画」資料として一括して重要文化財に指定された。このことが影響し，主に美術・美術史の研究対象とされてきたが，その構成と内容は多種多様であることから等閑視される資料も少なくなかった。

④慶長遣欧使節関係資料研究の停滞を打破し深化させるためには，美術・美術史の研究対象域を越える必要がある。それには物質的資料を研究対象にして，それらの歴史的位置づけや価値を明らかにする考古学的研究が有効である。

⑤慶長遣欧使節関係資料の中に刀剣や馬具が一定のまとまりをもって存在しているが，これらに関する本格的な研究は見られない。それはこれらの資料が美術・美術史の研究対象とはなりにくいためと考えられる。

⑥考古学的研究によって，より多くの慶長遣欧使節関係資料に歴史を「語らせる」ことが可能となり，歴史の資料としての価値を高めることが期待できる。

註
1) 宮城県図書館のマイクロフィルムで閲覧できる。
2) 仙台藩の家格は11ある。着座は上から6番目に位置づけられる（斎藤1988）。
3) 「一年一度ノ曝涼ノ外ハ厳ニ封緘シ」て管理していた（大槻1890a）。

4）『伊達世臣家譜』は仙台藩儒・田辺希文・希元・希績が安永元（1772）年から寛政4（1792）年までの20年を要して編纂した藩撰の家譜である。家譜899家（仙台藩士789家，藩医師110家）を漢文体で書き上げ，家格別に分類して掲載する。『伊達治家記録』とならぶ仙台藩研究の根本史料である。

5）『伊達世臣家譜続編』は甲集と乙集がある。甲集は明和元（1764）年から寛政2（1790）年まで，乙集は寛政2年から文政7（1824）年までの記事がそれぞれ収められている。

6）『礼儀類典』は徳川光圀（1628～1700）が，天和2（1682）年に霊元天皇の勅命のもとに，朝儀の実用に役立てることを目的に編纂した総合部類記である。延長8（930）から天文元（1532）年に至る日記類から抽出した記事を234項目に分類・集成する。全515巻。宝永7（1710）年に幕府をとおして朝廷に献上された。仙台藩における書写事業では，「所借于水戸家書」（『伊達世臣家譜』巻之六）を底本とし，「紙数二万三千八百七十枚也，成八千五百六十九人之手」（「高野家譜」）を要したとある。この時に書写した『礼儀類典』（510巻，正誤1巻，図絵3巻）は現在，宮城県図書館の伊達文庫にある。

7）著者は仙台藩の儒学・蜂屋可敬（1661～1727）である。第4代藩主伊達綱村に召し出され，『伊達世次考』の編纂にあたった（平1982）。

8）明治9（1876）年の東北巡幸に供奉した金井之恭は『扈従日誌』（金井1876）のなかで「皮革ニ書シタルモノアリ，南蛮王ノ答書トナス」と記している。

9）大槻文彦は「常頼ノ代ニ，切支丹ノ嫌疑ニテ，改易セラレシトキ，仙台ノ評定所（裁判所）内ノ切支丹所トイフニ没収セラレテ，蔵シ来リシモノナリ」とする（大槻1901）。寛永17（1640）年，家人に切支丹がいたとして常長の長男常頼が処刑され，支倉家は改易となる。大槻の説にしたがえば，このとき支倉家から没収した品々が切支丹所保管の慶長遣欧使節関係資料ということになる。ただ切支丹所の成立は既述したように18世紀第2四半期から第3四半期の間と考えられるから，この説にしたがったとしても没収直後の保管場所は蜂屋可敬が記すように「官府」とするのが穏当であろう。

10）『仙台藩家臣録』は仙台藩が延宝4（1676）年末から同7年の間に10石以上の武士に対して知行地の由緒を書き出させたものである。

11）『伊達治家記録』は仙台藩の正史で藩政史の基本史料の一つである。政宗の父性山（輝宗）に始まり第13代藩主楽山（慶邦）まで，歴代の事跡を編年体で記録したものである。

12）藩主が外出する際に，供をする士分の者。他藩の馬廻り役に相当する。なお，仙台藩の職制図は『藩史大事典』第1巻北海道・東北編（斎藤1988），『仙台市史』通史編4（斎藤2003），『伊達家の茶の湯』（仙台市博物館2003）などに掲載されている。

13）「支倉常長将来の刀剣に関する基礎的研究」（佐々木1998）の中の富沢快休・富沢新六郎某に関する記述（61頁）は適切ではないので，削除する。

14）大槻文彦は《ローマ教皇パウロ五世像》は当初，御物置で管理していたが，後に藩主の雑品を管理する御勝手方に移したとする（大槻1911）。

15）現在は短剣2口であるが，昭和初年までは小刀1口を含め3口であったことが『東北遺物展覧会手帖』（菊田1933）で確認できる。

16）第2表を一瞥すると国宝・慶長遣欧使節関係資料と対応しないものに，《ローマ教皇パウロ五世像》・短剣2口・メダイ残欠6片があることがわかる。このうちメダイは残欠から9cm×12cmほどの方形に復原できるが，全容不詳のために記録されなかったと考えられる。「短剣2口」《ローマ教皇パウロ五世像》は伊達家所蔵品として伊達家の管理下にあったために切支丹所作成の「切支丹道具入記」に記載されなかったのである。

17）慶長遣欧使節関係資料がすべて慶長遣欧使節による将来品であるならば，指定名称にある「関係」の

2文字は不要であり，「慶長遣欧使節資料」あるいは「慶長遣欧使節将来資料」とするのが妥当であろう。
18) マリオ・マレガ Mario Marega（1903〜1978）はイタリア生まれのサレジオ会司祭。昭和4（1929）年に来日し，大分教会主任司祭を17年間務めた。日本の宗教・文化に関心を寄せ，キリシタン研究に力を注いだ。主な著書に『豊後切支丹史料』（1942 サレジオ会），『続豊後切支丹史料』（1946 ドン・ボスコ社）がある。また日本古典のイタリア語訳で日伊文化交流にも功績がある。昭和49（1974）年に帰国した（溝部1988）。
19)「短剣」は2口あり，そのうちの1口は「クリス形」であると記している。このことからクリスと形態的に類似しているとの認識をもっていたこととクリスそのものであるとの断定を回避していたことがわかる。「クリス形」という表現は「クリスに形が似ているもの」の意に解せるから，結局，クリスそのものではないということになる。
20) 同様の見解は大槻玄沢「帰朝常長道具考略」（『金城秘韞』下）にすでに見られる。

引用文献

阿部和彦　1986　「仙台藩における『御修覆』制について」7〜20頁　日本建築学会東北支部発表会
井上和子・豊原繁子　1978　「遺品の研究—慶長遣欧使節関係資料・四片の布について—」『東京家政学院大学紀要』第18号　55〜67頁　東京家政学院大学・東京家政学院短期大学
大槻文彦　1890a　「金城秘韞（仙台黄門遣羅馬使記事）」『文』第4巻第1号　26〜39頁　金港堂
大槻文彦　1890b　「金城秘韞（仙台黄門遣羅馬使記事）」『文』第4巻第6号　348〜357頁　金港堂
大槻文彦　1911　「金城秘韞補遺」『磐水存響』乾　343〜432頁
大衡村村誌編纂委員会　1981　「旧仙台藩士戸田氏之家録」『大衡村史料』第3集　3〜6頁　大衡村村誌編纂委員会
金井之恭　1876　『扈従日誌』（本稿では『太政官期地方巡幸研究便覧』柏書房，2001所収を使用した）
神吉敬三　1989　「イベリア系聖画国内遺品に見る地方様式」『美術史』126号　151〜172頁　美術史学会
菊田定郷編　1933　『東北遺物展覧会手帖』第100図，22頁　東北遺物展覧会
財津永次　1966　「慶長遣欧使節とその関係資料」『月刊文化財』第33号　10〜12頁　第一法規出版
斎藤鋭雄　1988　「仙台藩」『藩史大事典』第1巻北海道・東北編　98〜135頁　雄山閣出版
斎藤鋭雄　2003　「藩政の展開」『仙台市史』通史編4　104頁　仙台市
斎藤輝子・柴崎礼子　1974　「支倉六右衛門将来品の祭服とカズラ（第1報）」『三島学園女子大学・女子短期大学紀要』第10巻　45〜59頁　三島学園女子大学・同女子短期大学
斎藤輝子・柴崎礼子　1976　「支倉六右衛門将来品の祭服とカズラ（第2報）」『三島学園女子大学・女子短期大学紀要』第12巻　27〜41頁　三島学園女子大学・三島学園女子短期大学
蔵王町史編さん委員会編　1989　「高野家譜」『蔵王町史資料編』Ⅱ　263〜278頁　蔵王町
蔵王町史編さん委員会編　1994　『蔵王町史通史編別冊・高野家記録目録』蔵王町
佐々木和博　1998　「支倉常長将来の刀剣に関する基礎的研究」『仙台市博物館調査研究報告』第18号　28〜62頁　仙台市博物館
佐々木和博　2000　「支倉常長将来『南蛮剣』試論」『國學院大學考古学資料館紀要』第16輯　62〜104頁　國學院大學考古学資料館
佐々木和博　2006　「仙台藩における『慶長遣欧使節関係資料』保管の二系統」『國學院大學考古学資料館紀要』第22輯　139〜153頁　國學院大學考古学資料館
佐々木和博　2008　「明治政府における慶長遣欧使節の認識過程—明治15年頃までを中心に—」『蔵王東

麓の郷土誌』255～300頁　中橋彰吾先生追悼論文集刊行会
仙台市博物館　1973　『仙台市博物館図録Ⅱ（慶長遣欧使節関係資料編）』仙台市博物館
仙台市博物館　2001　『国宝「慶長遣欧使節関係資料」』70，75頁　仙台市博物館
仙台市博物館　2003　『伊達家の茶の湯』120頁　仙台市博物館
平重道　1982　「蜂屋可敬」『宮城県百科事典』854～855頁　河北新報社
東京帝国大学　1909　『大日本史料』第12編之12　562～563頁　東京帝国大学文科大学史料編纂掛
溝部脩　1988　「マレガ」『日本キリスト教歴史大事典』1345頁　教文館
吉浦盛純　1968「グリエルモ・ベルシェー　Guglielmo Berchet」『日伊文化史考』116～137頁　イタリア書房出版部
鷲塚泰光　1966　「新指定重要文化財—祇園祭礼図・慶長遣欧使節関係資料」『MUSEUM　東京国立博物館研究誌』第185号　28～31頁　東京国立博物館
Frey, Edward 1986 The Kris: *Mystic Weapon of the Malay World* pp.30～54 Oxford University Press
Childe, V. G. 1956a PIECING TOGETHER THE PAST（近藤義郎訳 1964『考古学の方法』17，20，21，30頁　河出書房）
Childe, V. G. 1956b A SHORT INTRODUCTION TO ARCHAEOLOGY（近藤義郎・木村祀子訳　1969『考古学とは何か』15頁　岩波書店）

第2章　慶長遣欧使節関係資料における刀剣の基礎的理解

第1節　慶長遣欧使節関係資料における刀剣

1. 藩政期における保管

　慶長遣欧使節関係資料に含まれる2口の刀剣は藩政期においては伊達家の所蔵品として管理されていた。仙台藩刀奉行であった佐藤信直が編録した『釼鎗秘録』には，この「南蛮剣」は支倉常長から伊達政宗に「南蛮国江渡リ候節持参仕差上」たものであることが記されている。その1口については「御柄木地人形天帝南蛮細工」で「御鞘黄漆塗南蛮色蒔絵」とあるから「クリス形剣」に，もう1口は「御柄象牙」とあるから「護拳付き剣」にそれぞれ該当する。「クリス形剣」と「護拳付き剣」は，後述するようにその特徴から，前者はインドネシアを中心に分布するクリス kris（keris）そのものであり，後者はスリランカ固有の刀であるカスターネ kastane とすることができる。ここでは他の同類の刀剣と区別するために前者を仙台クリス，後者を仙台カスターネと呼称することにしたい。

　これら2口の「南蛮剣」に関する情報は日野鉄船と富沢快休から得たものであった。鉄船は承応元（1652）年頃から万治3（1660）年頃までの約8年間，腰物奉行を務めた。一方，快休は明暦3（1657）年から延宝5（1677）年頃まで腰物役，その後元禄5（1692）年まで刀奉行の職にあった。両者とも慶長遣欧使節が帰国した30余年後に仙台藩の刀剣類管理を担当していることから，『釼鎗秘録』の「南蛮剣」2口に関する情報は信頼に足るものとすることができる（佐々木2006）。

2. 明治期における保管

　慶長遣欧使節が注目されることとなった大きな契機は明治9年開催の宮城博覧会であった。このとき展示・公開された同使節関係品は旧仙台藩切支丹所で保管されていたものであり，その保管品ではなかった仙台カスターネ・仙台クリスの出品はなかった。この2口がはじめて展示・公開されたのは宮城県が主催して明治13年に開催した宮城県博覧会においてであった。『明治十三年宮城県博覧会出品目録』には「ローマ剣　二振　本県宮城郡小泉村　伊達宗基」とある。「ローマ剣　二振」とは仙台カスターネと仙台クリスとのことである。伊達宗基は第13代藩主伊達慶邦の四男で，慶応4（1868）年に第14代藩主・第30代当主に就いた。明治2年の版籍奉還後，仙台藩知事となるが幼少のため翌年，慶邦の養嗣子・宗敦にその座を譲った。しかし伊達氏第30代当主の座はそのまま保たれた。

116　第2部　慶長遣欧使節関係資料の考古学的研究

　仙台カスターネと仙台クリスが伊達宗基の所蔵品として宮城県博覧会に出品されたということは，藩政期において伊達家所蔵刀剣として管理されていたこの2口の刀剣が明治期に入ると伊達家当主の所蔵品となり管理されていたことを物語っている。

3. 失われた刀剣

　明治14年8月13日付『東北毎日新聞』の「天覧の古器」と題する記事中に「南蛮釼，同石柄釼」が見える。この「南蛮釼」は仙台クリスと仙台カスターネのことと考えられる。一方，「同石柄釼」の「同」は「南蛮」と考えられるから，「同石柄釼」は「南蛮石柄釼」と理解することができ，「南蛮釼」2口のほかに「石柄釼」が存在していたことがわかる。そこで再度『釼鎗秘録』をみると「南蛮剣」の記事中に「貞山公御指石柄御剣ノ条ニ記ス故ニ贅セス」とあり，「石柄釼」との関連が考えられ目を引く。ただ記事にあるように「南蛮剣」の条には記載がなく詳細は不明である。

　明治17年頃に仙台の写真師・遠藤陸郎（1845〜1914）によって撮影された写真には仙台カスターネ・仙台クリスのほかに1口の小刀が写っている（第7図1・2，浜田1995，犬塚・石黒2006）。同様に3口が写っている写真は昭和3年に開催された東北遺物展覧会の『東北遺物展覧会記念帖』でも確認できる（第7図3，菊田1933）。このことから昭和3年以前までは刀剣3口から成っていたことがわかる。

　この小刀の寸法などについての記述はないが，一緒に写っている仙台クリス・仙台カスターネとの比較からおおよその長さはわかる。小刀の鞘に納めた状態での全長は約30cmである。柄頭から鋒までは約25.5cm，鞘の鯉口から鐔までは約26cmである。刀身は約16.4cmである。この

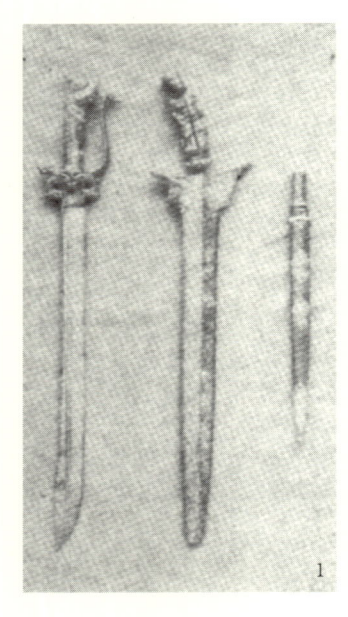

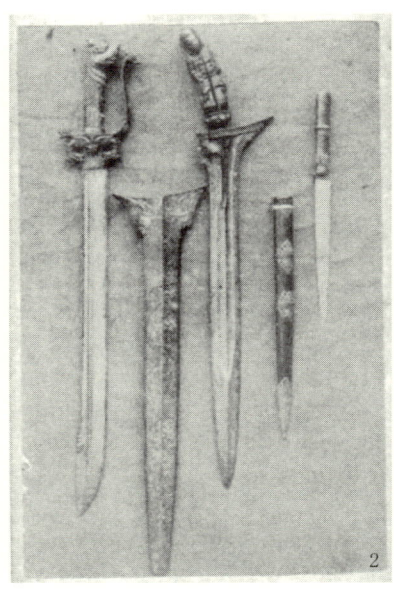

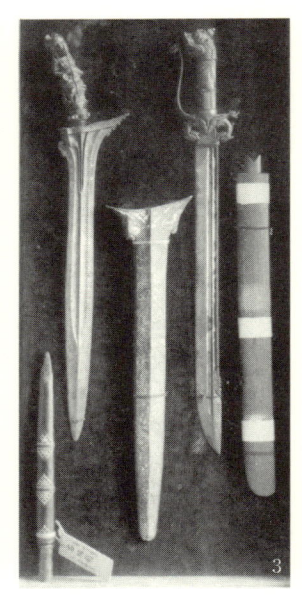

第7図　失われた小刀

第2章　慶長遣欧使節関係資料における刀剣の基礎的理解　117

数値は第7図3に写っている付け札に記された「石柄剣　長五寸四分」とほぼ一致する。刀身と柄の間に長さ約1cmの茎状のものが見える。柄は長さ約8cmで，その中央部にリング状の盛上がり部があり，それは鞘収納時のストッパーの役割を果たしている。つまりこの柄の半分ほどが鞘に収まるということであり，この小刀の特徴の一つといえる。鞘に目を転じると菱形あるいは三角形に作り周縁に透かし模様を配した金具が3ヵ所と鞘下部を覆う同様の金具が見られる[1]。鐺は水滴形に作られ，これもこの小刀の特徴といえる。日本製とは思えないが，実物が現存していないこともあり年代や地域を絞り込むまでには至っていない。

第2節　仙台カスターネの基礎的理解

1. 固有名称の特定

国宝の指定名称は「護拳付き剣」であるが，これは特徴的な形状を説明した便宜的な名称にすぎず，固有の名称ではない。一般に刀剣類は民族特有の形態と名称を有している（ダイヤグラム・グループ1982）。したがって歴史研究の資料とするための

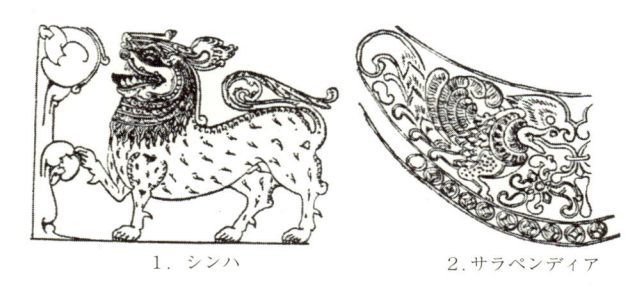

1．シンハ　　　　2．サラペンディア

第8図　カスターネ柄頭の基本モティーフ

第一歩は「護拳付き剣」の固有名称を特定することである。これによって製作地や使用地，さらに年代絞り込みの手掛かりが得られる。

「護拳付き剣」は全長53.2cmで，日本製の白鞘を伴う。鞘を除いた重さは528gである。「護拳付き剣」はスリランカ固有の刀であるカスターネと多くの点で特徴が一致する。そこで，まずカスターネの特徴を概括的に把握しておくことにしたい（de Silva & Wickramasinghe 2006）。

カスターネはシンハ simha（第8図1）—稀にサラペンディア serapendiya（第8図2）—の頭部を柄頭に表現しているスリランカ固有の刀で，その多くはキャンディ時代（1597〜1815）のものである。シンハはライオンを基調とする空想動物でシンハラ人の神話上の祖先であり，尊厳と力を象徴する。サラペンディアは，頭部はライオン，身体は鳥に類した空想動物で，諸像の形態を説明した『ルパーヴァリヤ』

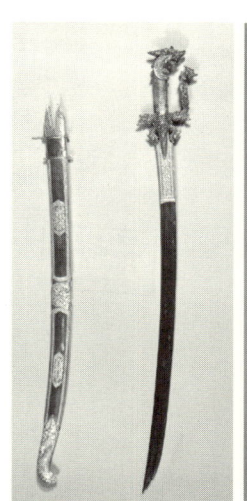

第9図　1765年，オランダ軍押収のカスターネ

Rupavaliya には「十人の大蛇王の権力と栄光を打ち砕く」とあるから，力の象徴と考えられる。カスターネの全長は 50〜100cm でバラエティーに富むが，65cm 前後のものが多い。重量は 1,000g を超えるものもあるが，650g 前後のものが最も多い。刀身は黒味がかった偃月形であるが，反りは浅く，樋のある例は少ない。棟は厚いが鋒に向うにつれて薄くなる。柄の素材は木・角・象牙・真鍮・銀・金で，握り部分に 2〜3 個の抉りが認められる。護拳・棒状鍔・護指環の尖端は空想動物で飾る。ここでは 1765 年にオランダ軍がキャンディ国王から押収したカスターネを例示しておきたい（第 9 図）。

2. 観 察（第 10 図）

(1) 柄

全長 11cm の象牙製で，下端部は真鍮製金具で固定している。柄中央部のやや下に真鍮製の薄板 4 枚を挟み込み，柄を上下に二分している（1・2）。この 4 枚の薄板の間に象の尾毛と思われるものが嵌め込まれている[2]。柄頂部には真鍮製あるいは銅製の方形座金が認められ，茎の先端を丸く打ち潰して固定している（3）。茎の先端と基部の位置関係から，茎の形状は緩やかな曲線を描くと考えられる。柄には空想動物のシンハの精巧な彫刻が施されている[3]（2）。頭部の鬣は円錐形の瘤状に表現されているが，側面および顎下の鬣は細い花弁状で 2 段になっている。背面には葡萄植物文が彫られているが，前述した真鍮薄板を境に摩耗の度合いに著しい差が認められる（5）。側面には平行線の間に列点を配し，縁取りとして多用されるアリムブヴァ *arimbuva* が彫られている（de Silva 1998）。内側には人差し指・中指・薬指に対応する 3 つの抉りがあり，それぞれ二重線で縁取りをしている（2）。

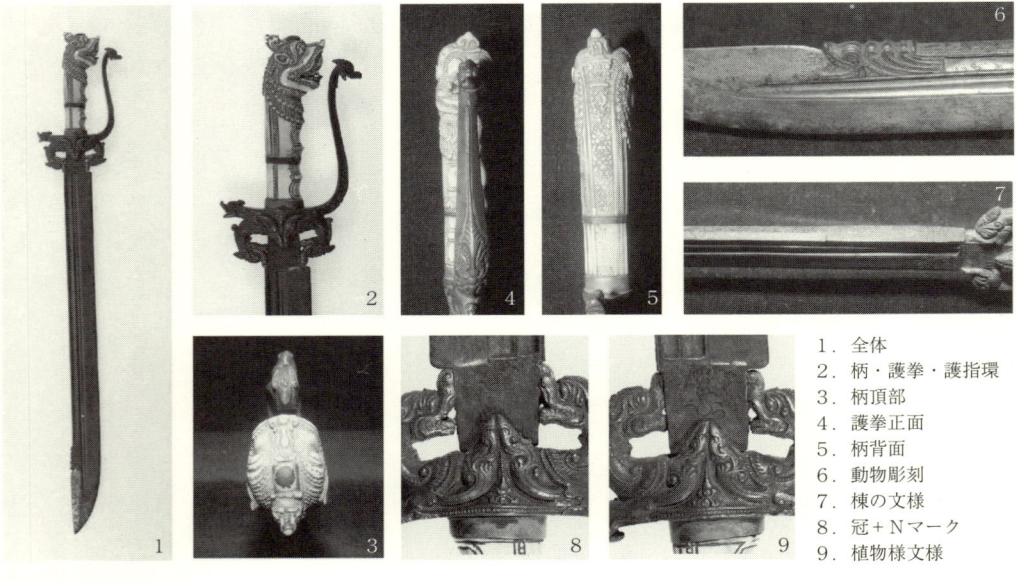

1. 全体
2. 柄・護拳・護指環
3. 柄頂部
4. 護拳正面
5. 柄背面
6. 動物彫刻
7. 棟の文様
8. 冠＋Ｎマーク
9. 植物様文様

第 10 図　仙台カスターネ

(2) 護拳等

護拳・棒状鍔・護指環は真鍮製で一体として作られている（2）。護拳は「し」字状で，カーブして立ち上がる部分が最も広く，幅1.5cmを測る。この部分に仏教で神聖とされるボ *bo* の葉文とリヤ・パタ *liya pata* 文が浮き彫りされている（4, de Silva 1998）。ボの葉文の先端は数珠状に細長く伸び，先端のサラペンディアの鬣に達する[4]。棒状鍔の先端にも動物の彫刻が見られるが，その特定は難しい。向かい合ったC字状の護指環にもサラペンディアが見られる（2・8・9）。護拳と護指環のモティーフとしてサラペンディアを用いることは仙台カスターネに特有なことではなく，カスターネに一般的に認められることである。

しかし特異な形態を有する部分もある。それは一対の護指の間にあり，刃根元に突き出ている三角形の部分である。この部分は斜辺が長い二等辺三角形を呈し，精巧な彫刻を施すのが一般的である（第9図）。しかし仙台カスターネの場合は極めて短く，突起状になっているに過ぎない（8・9）。これは刃根元の長さに対応し，刃根元に施された銀象嵌の文様とマークを見せるためと考えられる（de Silva 1998）。

(3) 刀　身

関から鋒までの長さは40.4cmで，反りはない（1）。刀身幅は関の部分で2.8cm，刃根元長は2.5cmである。刃根元と茎の境には段差があり，幅を減じて茎を作る。平棟の片刃であるが，先端部は疑似刃にしている。棟幅は0.7〜0.8cmで一定しない。棟と擬似刃との境には銀象嵌を施した動物の彫刻が見られる（6）。大きく開けた口に歯が表現され，これをマカラとする見解もある（de Silva 1998）。棟には2種類の文様が銀象嵌で表現されている（7）。2種類の文様は3条一組の平行線で区切られる。この平行線は棟関から約1cmと約5cmのところにある。この区切りの平行線の間に長さ3.5cmの蕾をもつ花樹文様が描かれている。もう一つの文様はリヤ・ヴェラ *liya-vela* 文様で疑似刃との境の動物彫刻まで続く。

刀身の両面には平行する2条の樋が彫られている。棟に近い樋は断面U字状であるが，内側の樋には1条の高まりがあり，樋内を二分している。

刃根元の両面には銀象嵌による文様とマークが認められる（8・9，第11図1・2）。一面には頂部に十字架を付けた冠の中にN字を配したマークが表現され，反対の面には花瓶に入れた植物のような文様が見られる。これを「様式化した花樹文様」とする見解もある（de Silva 1998）。なお，銀象嵌のマークおよび文様には沈線で縁取りするという共通性が認められる。

第11図　刃根元の銀象嵌マーク・文様

3. 基礎的考察

(1) 特徴の背景

仙台カスターネの全長は53.2cm，重さは528gである。これは上記した平均的なカスターネの

全長ならびに重さを下回り，小型・軽量の部類に属する。刀身は偃月形ではなく直刀であり，しかも鋒部が擬似刃で，棟と擬似刃の境界部に空想動物が彫られている。これは仙台カスターネの顕著な特徴といえる。刃根元の銀象嵌による文様とマーク，とりわけマークには「N」字が認められ，このカスターネがアルファベット使用圏，換言すればヨーロッパとの関わりがあることを教えてくれる。柄・護拳・棒状鍔・護指環の素材・モティーフはカスターネの特徴と合致する。仙台カスターネで特に注目すべきことは製作年代とヨーロッパとの関係である。

(2) 製作年代

製作年代については，慶長遣欧使節の将来品であることからその下限を帰国した1620年とすることができる。しかもヨーロッパとの関わりが認められるから，支倉常長が入手するまでの過程でヨーロッパ人が介在していることは明らかである。このことから仙台カスターネが製作され，それを支倉が入手するまでに一定の年月を要したであろうと考えることができ，製作年代を16世紀代に求めても齟齬は生じない。事実，デ・シルヴァとウィクラマシンヘは仙台カスターネをコッテ時代（1414〜1597）に位置づけている（de Silva & Wickramasinghe 2006）。

デ・シルヴァとウィクラマシンヘによれば現存するコッテ時代の刀剣はコロンボ国立博物館所蔵のSW07-04-90とSW08-04-90の2口だけである（de Silva & Wickramasinghe 2006）。2口とも直刀片刃で，全長は前者が92.9cm，後者が101cmである。刀身のシンハラ文字による銘から前者は1374年，後者は1416年の年代が得られる。しかし前者の柄は18世紀のインドのタルワール tulwar かシャムシール shamshir のものである。後者の柄は象牙で護拳は真鍮である。柄の形態はインドのものに似るが，典型的なシンハラのモティーフが施されている。この2口のほかにコッテ時代に位置づけられているのが仙台カスターネである。キャンディ時代のカスターネの刀身は偃月形が基本であるが，仙台カスターネは直身である。この点に注目すると前述の2口はカスターネではないが，直身であり，共通性が見出せる。仙台カスターネの刀身が直身であることの理由の一つとして，年代的に古いこと，すなわちコッテ時代に属することを指摘できよう。

(3) ヨーロッパとの関係

仙台カスターネの特徴を理解する上で不可欠なのがヨーロッパとの関係である。上記SW07-04-90の刃根元部片面には月の旗・太陽の旗・コブラを彫り込んでいる（de Silva & Wickramasinghe 2006）。仙台カスターネも同部分に銀象嵌の文様とマークを施している。マークにはアルファベットの「N」が認められ，ヨーロッパとの関わりは明白である。

では16世紀から17世紀初頭におけるスリランカとヨーロッパとの歴史的関係はどうなのだろうか。この時期に最も関わりをもったヨーロッパの国はポルトガルである。1505年11月，ポルトガルとコッテ王国は海岸防衛とシナモン年間約70トンの交換条約を結んだ。1517年，ポルトガルはコロンボに最初の商館を建設し，シナモン貿易を独占するようになった。さらに西海岸北部のジャフナとマンナールおよび東海岸中央部のバティカロアとトリンコマリーに要塞化した通商地を確保し，象牙や宝石を含むランカ島の貿易を独占するように努めた。このようにしてランカ島におけるポルトガルの貿易上の優位は1658年にオランダに交代するまで続いた（濱屋1992）。

(4) 柄の類例（第12図）

　デ・シルヴァとウィクラマシンへが数少ないコッテ時代の刀の資料として挙げているのがロンドンのヴィクトリア・アルバート博物館所蔵の象牙製の柄である(1)。仙台カスターネの柄と素材・形態の基本は共通するが，仙台カスターネよりも繊細で華麗な彫刻が施されている。仙台カスターネとは目と口の表現が酷似するものの，大きく異なることは後頭部に円錐状の突起が見られないことと握りの抉りが2つであることである。これはコッテ王国の国王パラークラマ・バーフ6世（在位1415～1467）からウィラシンヘ家当主に下賜されたものといわれ，15世紀に位置づけられている（de Silva 1975）。ここで留意しておきたいことは象牙製の柄を有する刀が下賜品とされたことである。象牙は柄の素材として格が高かったのである。この他にコロンボ国立博物館所蔵の象牙製の柄も仙台カスターネの柄と酷似するが，年代は不明である(2)。

第12図　カスターネの象牙柄の類例

4. 小　結

　仙台カスターネは象牙製の柄を有する格の高い刀である。柄・護拳・棒状鍔・護指環の素材・形態・モティーフはスリランカのものであることを示している。仙台カスターネの特徴はカスターネとしては最古に属することとヨーロッパ人との関係が認められることである。刀身が直身であることは，コッテ時代の刀身と共通する。また刃根元に見られる銀象嵌の「N」字は年代的にポルトガルとの関係を示すと考えられる。

　以上のことを総合すると仙台カスターネは高位のポルトガル人あるいはそれと関わる人物・機関の依頼でシンハラの刀工が製作したもので，その顕著な特徴—短い刀身・擬似刃・擬似刃と棟の間の動物の彫刻・二条の樋など—は依頼した人物・機関の要望を反映したものとすることができる。

第3節　仙台クリスの基礎的理解

1. 固有名称の特定

　国宝の指定名称は「クリス形剣」である。この名称の意味を国語的に解釈するならば「クリスの形をした剣」となり，形態はクリスに似ているが，クリスそのものではないということになる。しかしこの剣の外観上の顕著な特徴は，柄に近い剣身基部が対称形にならず，片方だけが長く広がり先端部を鋭利にしていることである。これはクリスの「他のどのような短剣にも見られない

一つの特徴」である（Stone 1934）。したがってこの剣は「クリス形剣」ではなく、クリスそのものとすることができる。この判断が誤りでないことは、後述する柄・鍔・剣身・鞘の諸特徴がクリス固有の部分名称と見事に対応することによって証明される。

クリスはインドネシアを中心にマレー半島やフィリピン南部のスル諸島に分布する。クリスは単に武器というだけではなく、豊かな精神性や神話性を内包することから、神聖な家宝・社会的地位の表示・お守り・勇気の象徴などとして用いられる。

仙台クリスの全長は51.1cmで鞘を伴う（第13図）。剣身長は後述するガンジャganja（鍔）を含め39.2cmである。鞘を除いた重さは354gである。鞘長は中央部で40.8cm，重さは68gである。

2. 観 察

(1) 剣 身
a. 概 要

第13図　仙台クリス

剣身は灰色を呈し、表面は滑らかで光沢があり、先端に錆が見られるものの全体としては保存がよい。剣身は下部（ソルソラン sorsoran）・中央部（テンガー tengah）・先端部（プチュク pucuk）に大別される。剣身の特徴は3つの要素から掴むことができる。それはダポル dapor，プラボト prabot，パモル pamor である[5]。ダポルは剣身全体の形あるいは外形のことであり、プラボトは剣身下部に見られる彫刻類の形状を意味し、パモルは剣身表面に見られる模様で、一般に鋼とニッケルを互層にし、鍛造することによって生じる（Frey 1988）。

b. ダポル

ダポルは直状剣身（ダポル・ベネル dapor bener）と波状剣身（ダポル・ロク dapor lok）に大別でき、ともにナガ naga すなわちヘビを象徴しており、前者は瞑想、後者は活動を意味するとされる[6]。仙台クリスはダポル・ベネルに該当する。ただダポルは100型式以上に細分される[7]。なお剣先端は緩やかに膨らみ、剣端が丸いンガバー・コポン nggabah kopong（第14図2, Jensen 1998）である。

ソルソランの両側部分（グシン）と鍔（ガンジャ）の側面にヤスリ象嵌によると思われる方法で施された金の植物文様が見られる。

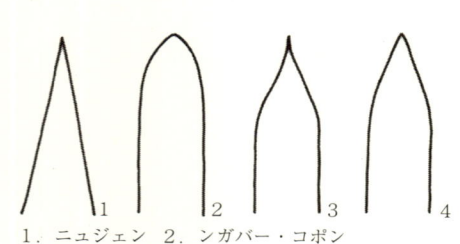

1. ニュジェン　2. ンガバー・コポン
3. ブンツッツ・ツマ　4. ングドーブ・ガンビル

第14図　クリス剣端の形態

第 2 章　慶長遣欧使節関係資料における刀剣の基礎的理解　123

c.　プラボト（第 15 図）

プラボトをやや詳しく見ることにしたい（Hodgson 1956）。右側にゼンマイ状の巻き込みがあるが，これはその形態からテラル・ガジャ telale gaja（原義：象の鼻）またはケンバン・カチャン kembang kacang（原義：ピーナッツあるいはインゲン豆の花）あるいはセカル・カチャン sekar kacang（原義：ピーナッツの花）といわれる。その上にジャングット janggut（原義：顎鬚）といわれる 3 個の突起がある。テラル・ガジャの内側にランベ・ガジャー lanbe gajah（原義：象の唇）といわれる小突起がある。テラル・ガジャの下にある 2 個の突起はジャル・メメト jalu memet（原義：雄鶏の蹴爪）である。テラル・ガジャの後ろにある「し」字状の鎬状高まりがティケル・アリス tikel alis（原義：眉毛）である。ランベ・ガジャーとティケル・メメトの内側の部分がガンディク gandik（原義：乳棒）であり，さらにその内側の凹んだ部分はピジェタン pijetan（原義：押圧）あるいはブルンバンガン blumbangan（原義：池）といわれている。ピジェタンの内側に剣身を二分するような鎬状の高まりがある。これがジャヌル janur（原義：ココナッツの針状葉）で，その両側にはソゴカン sogokan（原義：突き棒）といわれる深く細い溝状の凹みがある。ソゴカンの延長としてジャヌルの外側に延びているのがアダ・アダ ada-ada（原義：主葉脈の肋）で，両側は少し凹みアダ・アダに平行するように剣先に向うが，剣端から約 12cm のところで収束し，アダ・アダと交叉する。この部分がクルウィンガン kruwingan である。クルウィンガンと刃の間の部分がグシン gusin（原義：歯茎）で，植物文様が金象嵌で飾られる。テラル・ガジャの反対側，すなわち左側の縁辺にはガンジャ（鍔）と一体になった鋸歯状突起のグレネン greneng が見られ，大突起 4 個・小突起 4 個を規則的に配している。

　プラボトにはヒンドゥー教の象徴的な意味が内包されている。テラル・ガジャやランベ・ガジャーは障害を除去する象神ガネーシャで，ジャル・メメトは雄鶏を意味し闘志と勇気の象徴であり，ガンディクは男根を意味しシヴァ神を象徴する（Jensen 1998）。

　d.　パモル

剣身全体に認められる。パモルの形状は一定ではないが，おおむねアダ・アダを軸に剣先に向う噴水状を呈し，島状の模様は見られない。また剣身表面は平滑で模様による凹凸はない。これはパモル・サナク sanak に分類される（Wahyono 2007）。パモル・サナクは完成した剣身に真珠光沢の繊細で不定形の模様として現れるもので，それは脆くて不純物の多い低質の鉄と高質の鉄

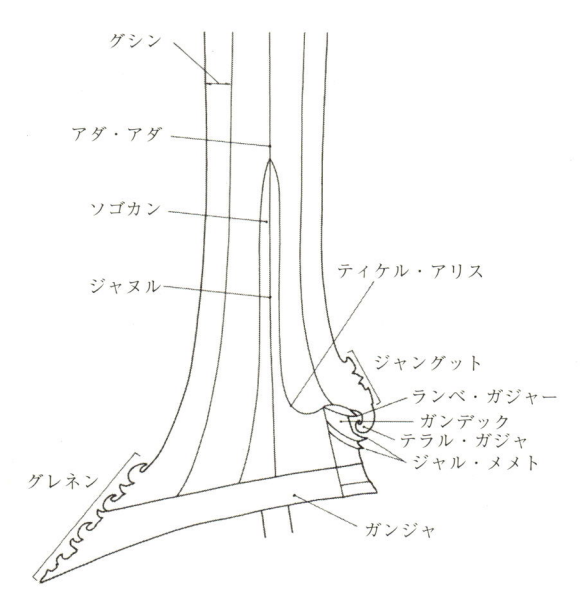

第 15 図　仙台クリスのプラボトの部分名称

の互層による鍛造によって生じるといわれている。したがってこの場合，剣身にはニッケルを含まない (Solyom 1978)。

(2) 柄および基部装着金具（第16図）

a. 柄

柄をウキラン *ukiran*（原義：彫像）という。柄は木・金・銀・象牙・骨・角・石などを素材とし，彫像や花模様などで飾られるが，その形態やモティーフは極めて多様である。彫像ではヒンドゥー教の諸神や有力神の乗り物となる動物（バーハナ）をモティーフにすることが一般的である。花模様は偶像崇拝を否定するイスラム教を受容する中で彫像を抽象化して成立したものである。クラトン様式（Frey 1988）あるいはヌッガク・セミ（Jensen 1998）といわれる柄で主にジャワ島で見られるものは，無地の木製で，内側に鬼面のカラ *kala* を彫り込んでいるだけの極めて簡素なものである。これはイスラム教の受容によって立像が抽象化された結果と理解されている（Woolley 1947）。

1・2．木製人物像　3．鳥頭部と左右3趾　4．基部装飾金具

第16図　仙台クリスの柄および基部装着金具

仙台クリスの柄は木製人物像で，全長は 10.4cm である（1）。縦割れしているために胸部と台座部の2箇所を黒糸で縛っている。茎には縞模様の布ルリク *lurik* が巻かれ，柄にしっかりと差し込まれている（Wahyono 2007）。像全体は右に傾いているが，腰部付近でさらに右に傾いている[8]。頭部はやや大きめに作られている。伏し目勝ちで上唇は厚く髭はない。髪型は前頭部と後頭部を高く結いあげ，頭頂部を低くするという特徴がある。これはジャワの男性の髪型でゲルン・チェンツン *gelung centung* といわれ，12～15世紀の寺院群のレリーフに数多く認められる（Wahyono 2007）。額に巻いた飾り帯の正面と側面に菱形の飾りが，耳朶には花模様の耳飾りが，また胸元には首飾りが見られる。

両手の間には腰帯のバックルがあり，鳥の頭部と趾が表現されている[9]（3）。これを詳しく観察すると両目と嘴，それに嘴の下に縦に棒状のものが6本彫り出されていることが確認できる。嘴はワシやタカなどの猛禽類の形態に類似する。また6本の棒状のものは鳥類の4趾のうちの左右3趾（内趾・中趾・外趾）を表現したものと理解できる。これらのことからこの鳥はヒンドゥー教の神鳥ガルーダと判断できる。

腕には6重で花飾りのある臂釧と腕釧を着ける。両腕ともに臂をL字状に曲げ，右手は小指と薬指を折り曲げて前方に向け，左手は指を伸ばして左腹部に添える。左手首の下方に右足の裏が表現されているが，右側には左足の表現が見られない。このことから左脚の表現は判然としな

いものの半跏すなわちラリタサナ lalitasana の姿勢であると判断できる。

　b．基部装着金具

　基部装着金具にはセルト selut とメンダク mendak がある。セルトは柄基部を包み込む光沢のある装飾金具である。メンダクも柄基部と鍔の間に装着される装飾金具であるが，側面形は逆台形で柄基部を包み込むことはない。セルトよりも小さく繊細な細工が施されており，その形態は変化に富むが，全生命の始原とされる蓮華や基本食物の米を象徴したものとされている（Jensen 1998）。セルトもメンダクも単一で装着される場合と一組で装着される場合がある。

　仙台クリスのセルトとメンダクを見てみよう（第16図4）。セルトは柄基部を十分には包み込んでいないことから，一般的な形態とは異なるといえる。その下端は簡素な滑車状金具と接する。これがメンダクに相当する。セルトの中央部にはルビーと思われる赤色の貴石を嵌め込むための台座が8個作り出されている。現在そこに7個の貴石が嵌められているが，1個は欠落している。台座と台座の間には6個を基本とする魚子が認められる。貴石を含めたセルトの直径は3cmである。

　(3)　鍔

　鍔をガンジャ ganja という。剣身と一体に作るものと別々に作るものとがあるが，後者が圧倒的に多い。ガンジャは「敏捷」を象徴するトカゲ（チェチャ cecak）の形態を模している（第17図，Jensen 1998）。すなわち，やや丸みをもったV字状の部分がエンダス・チェチャク endas cecak（原義：トカゲの頭），その後ろのくびれ部がグル・メレット gulu melet あるいはレヘル leher（原義：首），括れ部からまた緩やかに幅を増し，茎を通す円孔付近で最大となるのがゲンドク gendhok（原義：腹），ここから幅を減じて帯状に延びる部分がセビット・ロン sebit ron，その先端がエコル ekor（原義：尾）である。なお，ガンジャの平面全体をウウン wuwung という。ガンジャの側面形態はガンジャ・セパン ganja sepang，ウィルト wilut，ケラブ・リンター kelab lintah，セビット・ロンタル sebit lontar に分類できる（第18図，Jensen 1998）。このうち最も一般的なのはセビット・ロンタルである。

　仙台クリスの鍔は全長9cmで剣身と別に作られている。その側面形態はセビット・ロンタルで，

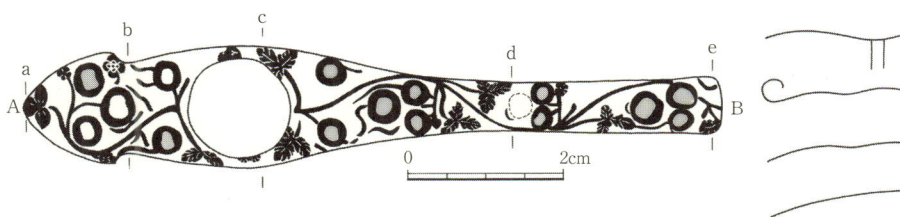

A．ダグ　B．アリン
a．エンダス・チェチャク　b．グル・メレット（レヘル）　c．ゲンドク
d．セビット・ロン　e．エコル

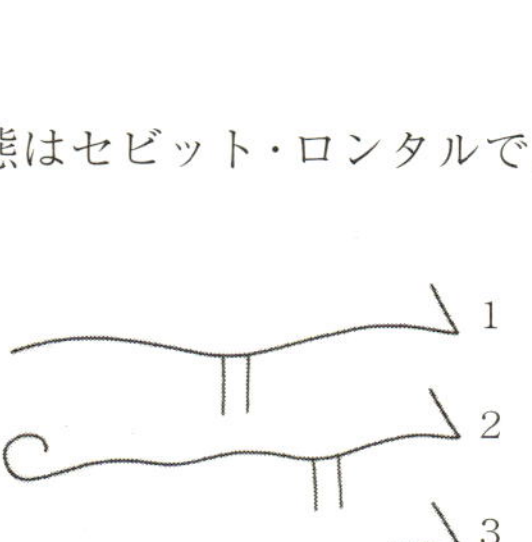

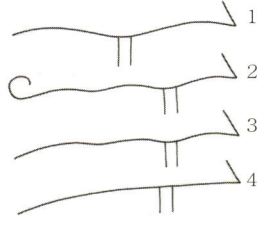

1．ガンジャ・セパン
2．ウィルト
3．ケラブ・リンター
4．セビット・ロンタル

第17図　仙台クリスのウウンの文様および部分名称　　　第18図　鍔の側面形態

厚さは円孔付近で 0.8cm である。ウウン（第17図）をみるとエンダスとヘレルの境界は明瞭であるが，ヘレルは短く，くびれは小さい。ゲンドクには茎を通すための直径 1.3cm の円孔がある。その部分で最大幅 1.6cm を測る。セビット・ロンはほぼ同じ幅で，エコルはわずかに広がりをもって終わる。ウウンには金の植物文様と金の台座に規則的に配した赤色の貴石が認められる。貴石は 12 個現存しているが，その痕跡や台座から本来は 3 個一組が 4 組，2 個一組が 2 組の計 16 個であったことがわかる。

(4) 鞘
a. 構成と形態

クリスの鞘をランカ wrangka という。T字状を呈し，ガンバル gambar, ガンダル gandar, ペンドク pendok で構成されるのが一般的である。ガンバルは上部の横木状のもので，ガンダルは剣身を納める軸状のものである。鞘の素材は木で，木肌や木目が美しいものが選ばれる。ガンバルもガンダルも一本の木を刳り抜いて作られ，前者に後者を差し込み，膠などで接着し固定する。ペンドクはガンダルの金属製カバーで，精巧な彫刻が施されることが多い。

ストーンはクリスの「鞘は普通 2 ないし 3 個の部品から成るもので木製であるが，時には一木製であることがある」（Stone 1934）と記している。しかし，ヤンセンがヨーロッパ各地の博物館に収蔵されている 1800 年以前に製作されたクリスを集成した結果，ほとんどが一木製の鞘—ランカ・イラス wrangka iras—でペンドクを欠き，彩色塗布されることも珍しいことではないということが明らかとなった（Jensen 1998）。すなわちヤンセンはおおむね 1800 年を境にクリスの鞘の構造や装飾に大きな相違があることを指摘したのである。したがってストーンの説明は 19 世紀以降の鞘を中心にしたものということになる。

T字状を呈する鞘はガンダルを軸に左右対称とはならない。これはクリスの剣身と鍔の形態に起因するもので，鍔のエンダス（頭）側が短く，エコル（尾）側が長く作られている。鞘のエンダス側の先端部をアンクプ angkup（原義：笹葉の基部），エコル側の先端部をゴドン godong（原義：葉）という[10]。ガンダルの中軸線をガンバル側に延長した部分は稜を形成し幅を増す。この部分がリチャンクリン ricangkring（原義：エリスリナの棘）である。アンクプの下は丸味をもってガンダルに接する。この丸味をもった部分がジャングト janggut（原義：顎）である。一方，ゴドンの下のやや角張っている部分がガンデク gandek（原義：パンダンの棘）である。

鞘の構成が年代によって異なることは上述したが，形態を中心とする地域的な特徴も指摘されている（Woolley 1947）。しかし，ここでは鞘の地域的特徴を概観することはせずに，仙台クリスと関わりが深いと思われるジャワ様式に限定して見ておくことにしたい。ジャワ様式の鞘にはガヤマン gayaman, ラドラン ladrang, サンダン・ワリカト sandang walikat の 3 形態がある（Solyom 1978）。

ガヤマンはガンバルの側面形が略楕円形を呈するもので，略式用である。ラドランはガンバルの側面形が船形を呈し，アンクプとゴドンが曲線をもって内向きに大きく立ち上がる儀式用の鞘である。サンダン・ワリカトはガンダルが緩やかに逆「ハ」字状に開いてガンバルに移行し，両

者の境界が不明瞭なもので，日常的に使用される鞘である。

　仙台クリスの鞘の特徴は一木製でペンドクを欠き，描画されていることである（第19図）。ガンバルはアンクプをわずかに欠損し，ゴドンとガンデクは大きく折損しているため，その全容の確認はできないが，アンクプは短く，極めて緩やかな曲線を描きながらゴドンに移行するようである。ガンバル上面の現存長は10.7cm である。ジャングトはガンダルから短く突き出て，丸味をもって略直角に立ち上がる。リチャンクリンは表にのみ認められ，そのまま直線的にガンダルまで伸びて鞘尻に達する。ガンバルとガンダルの境目のC字状の切り込みはウィデン・カサトリアン wideng kasatriyan と判断できる。ガンダルはガンバルとの境目で最大幅4.6cmを測り，鞘尻に向かってその幅を漸減する。

b. 描　画
絵　具

　鞘にはガンダルの裏面を除くすべてに絵が描かれている。ガンダルの裏面は材本来の色よりもやや濃い明茶褐色で光沢があることから，透明に近い塗料が塗られていると思われる。同様の様相はガンダルの表面の両側縁にも見られる。絵は白色で下塗りをし，そこに黒・赤・黄・緑・青の各色で描かれている。各色についてはワヨノの指摘がある（Wahyono 1997）。それによれば，下塗り用の白色はジャワ伝統のバカラン・バルン bakaran balung，黒は中国製の墨，赤はサンバ・ケリン samba keling やパチェ pace という木の根を原料としたものである。黄は中国から輸入のアタル・ワツ atal watu という鉱物，青はインジゴの葉から作る。緑は黄と青を混ぜ合わせたものである。

モティーフ

　ガンダルの裏面を除くすべてに共通するモティーフをもつ絵が描かれているが，ガンバルの表面にはこの共通モティーフとは異なる絵が描かれている（第19図）。まず，前者について見てみよう。このモティーフは山岳・蛇行する区画線・区画内の動物および植物の基本要素で構成されている。山岳は3～7の頂部をもち，その前面に池を描くのが基本である。区画線は二重の黒線で輪郭を描き，その間を青色で埋める。動物はヘビ・トンボ・イノシシ・オオカミ・クマ・

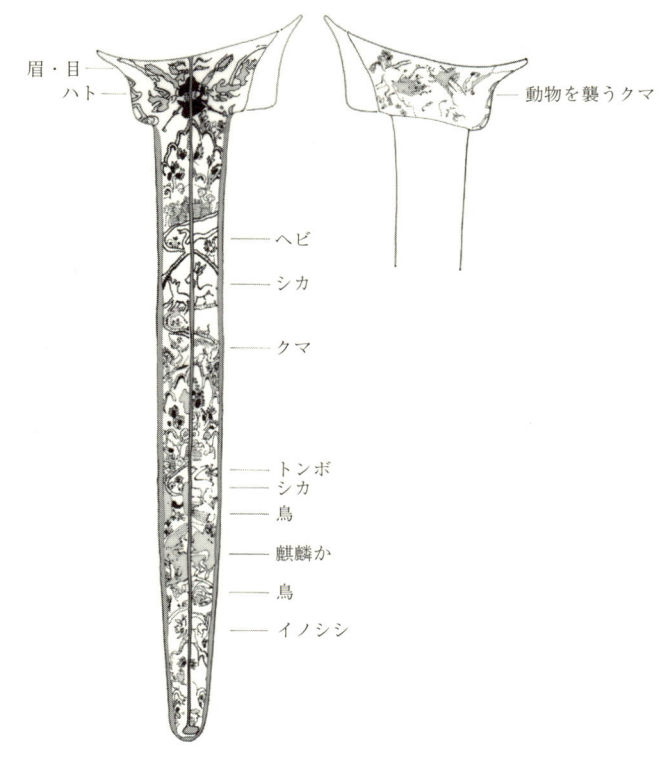

第19図　仙台クリスの鞘

ゾウ・トリなど，植物では多くの花が認められ，それぞれ色鮮やかに描かれている。ガンバルはジャングトに山岳が描かれているが，池を欠く。鞘口，とくにアンクプには区画線とその内側に2頭の動物が描かれている。鞘口の絵は本来全面に描かれていたが，鞘孔を削り出す際にその部分が失われたものである。ガンバ表面のガンデク側は欠損しているが，ゾウの牙と思われる描写がある。ガンバル裏面には区画線とその内側に動物を襲うクマが描かれている。ガンダルの表面にはガンバルに近い部分から鞘尻に向かって山岳・池・ヘビ・シカ・動物（特定できず）・クマ・山岳・池・シカ・鳥（特定できず）・四肢動物（麒麟か）・鳥（特定できず）・イノシシ・山岳・池の順で描かれている。これらの動物はすべて区画線内に描かれている。

　この絵はモティーフの特徴からインドネシアのアラス・アラサン *alas-alasan* 文様と判断できる。アラス・アラサン文様は山と樹林をモティーフにし，時には動物もモティーフとして加える（Jessup 1990）。しかし，その組合せや強調の仕方に多様性があるため，文様の様相に相違が生じることは避けられない（Solyom 1978）。この文様は庶民の使用が禁止されている文様の一つである（Wahyono 2007）。

　つぎにガンバル表面の中央部にもう一つのモティーフで描かれた絵を見てみよう。絵はリチャンクリンを対称軸として眉・目・心臓と手と矢・対向するハトが描かれている。眉は羽根状に，目は眦が長く描かれている。心臓は大きく赤彩されている。その両脇から腕がL字状に伸び，中央部に手が描かれ，あたかも心臓を抱えているようである。この心臓をX字状に突き抜ける2本の矢が鏃を下にして描かれている。

　なお，鞘の絵には3〜4mm四方の金箔が押されている。剥落が著しく確認は難しいが，矢と心臓と手および動物を中心に押されているようである。

3. 基礎的考察

(1) 特徴の背景

　クリスはインドネシアを中心に西はマレー半島，北はフィリピン南部のスル諸島までの広範囲に分布する。クリスにはそれが製作された地域と年代の特徴が反映されている。ここではまず仙台クリスの特徴を製作地域の把握という観点で捉えてみたい。

　仙台クリスの剣身はガンジャ（鍔）を含めて39.2cmである。剣身長だけに注目すれば，30cm未満の小型のものからスマトラ島やスル諸島でよく見られるような50〜60cmの長大なものまで変化に富むが，もっとも多いのが35cm前後のものである。したがって仙台クリスの剣身はやや大きい部類に属するといえる。剣身は幅広でテンガー（中央部）で最大幅となる。剣表面は滑らかで，ソルソラン（剣身下部）には金の花模様がみられ，ガンジャにも同様の装飾をして赤色貴石を嵌め込んでいる。ダポルは細分型式でいえばシノム *sinom* である（Raffles 1817）。これらの諸特徴は仙台クリスの剣身がバリ島製であることを示している。ただバリ島のクリス剣身長は40cm台のものが主流であることから，その中では仙台クリスは小型の部類に属することになる。

　基部装着金具のセルトは丸味を帯びた作りで，中央部には赤色貴石を嵌め込むための台座が8

第2章　慶長遣欧使節関係資料における刀剣の基礎的理解　　129

個作り出され，現在はそこに7個嵌められている。このような形態のセルトはバリ島で顕著にみられる。貴石を嵌め込む型式のセルトはスラウェシ島南部のマッカサルでも見られるが，丸味はなく角張っている点でバリ島とは異なる。

　鞘は古ラドラン型式でアラス・アラサン文様が描かれている。ラドラン型式はガンバルの側面形が船形を呈し，その各端―アンクプとゴドン―が曲線を描きながら内向きに大きく立ち上がるのが特徴であるが，その曲りと立ち上がりの度合が弱いのが古ラドラン型式である。この型式はジャワ島を中心に分布する。鞘にはアラス・アラサン文様が描かれているが，この文様の特徴の一つは同類と判断することが躊躇されるほどバリエーションが豊かなことである。このような中にあって鞘型式とアラス・アラサン文様の両方が酷似するクリスの存在が注目される。それはウィーン国立民族博物館所蔵の Nr. 91. 919 である（第20図, Drescher & Weihrauch 1999）。この鞘のガンバルには頭部が象で体部が獅子の空想有翼動物が描かれている。この動物はシンハバルワン *singhabarwang* と特定でき，西ジャワのチレボンの王権を象徴するものである。チレボンにはシンハバルワンをかたどった16世紀の四輪牛車（Jessup 1990）があり，またこれをモティーフとした更紗（吉本 1993）もある。仙台クリスの鞘の製作地はウィーン国立民族博物館例を踏まえればジャワ島とするのが穏当であろう。

　具象的な神像・人物像が柄に顕著に見られるのはジャワ島東部・スラウェシ島南部・バリ島である。ジャワ島東部では憤怒形シヴァ神像・羅利像・ラーヴァナ像，スラウェシ島南部ではアルジュナ像あるいはビーマ像，バリ島ではバユ神像・ブータナワサリ神像・ドゥルガー女神像などがみられる（Jensen 2007）。これらの像はいずれもヒンドゥー教に関わるものである。仙台クリスの柄には具象的な人物像が彫刻され，その腰部にガルーダを表現したバックルが確認できるか

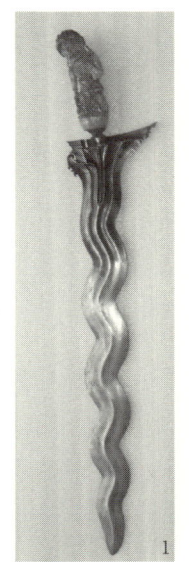

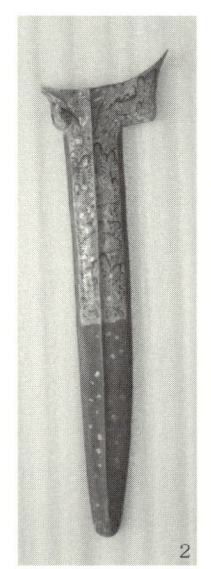

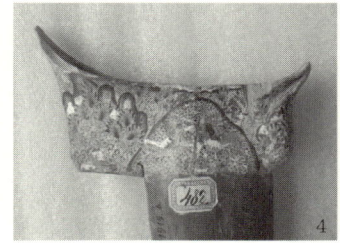

1．柄・剣身　2．鞘　3・4．ガンバル　5．ガンダル
第20図　ウィーン国立民族学博物館所蔵のクリス

らヒンドゥー教との関係は明白で,『マハーバーラタ』の主役5兄弟すなわちパーンダヴァの3番目のアルジュナに比定されている (Jensen 2007, Wahyono 2007)。柄の像がアルジュナであるならばスラウェシ島南部の可能性が高いが,年代がかなり遡ると想定されていることも考慮するならば,ジャワ島東部やバリ島も含めておくのが判断としては適切であろう。

(2) ヨーロッパとの関係

ガンバルには「心臓をX字状に貫通する2本の矢」が描かれている (第19図,第21図)。矢に貫かれた心臓のモティーフはインドネシアでは見られないが,ヨーロッパでその類例を探すことはさほど困難なことではない。キリスト教においては「矢に貫かれた心臓は悔恨,深い改悛,いかなる試練にも耐える献身」を意味し,アウグスティヌスの持物(アトリビュート)でもある(中森 1993)。さらに「矢に貫かれた心臓」は中世騎士の兜を飾った甲冑紋の中に見出すことができる(マール社編集部 1983)。これらのことから仙台クリスの鞘はキリスト教やヨーロッパとの関わりの中で理解しなければならない(佐々木 1998)。ワヨノは仙台クリスの鞘はキリスト教徒であるヨーロッパ人に贈られたものか,あるいは新たな所有者となったヨーロッパ人が同一職人にこのモティーフを描いてもらったのかもしれないと考えている(Wahyono 2007)。

仙台クリスに描かれているのは「矢に貫かれた心臓」ではあるが,厳密には心臓を貫く矢は1本ではなく2本で,しかもその形状はX字状である。したがってこの類例を探すことが,その意味を正しく理解する近道となる。このモティーフと一致するのはアウグスティノ会の紋章である(佐々木 2008)。フランドルの版画家アントン・ヴィーリクス2世(1555〜1604)の《ヒッポの聖アウグスティヌス》(第22図1)にはアトリビュートとして2本の矢に射抜かれた心臓が描かれている。また17世紀のインドあるいは西南アジア製の「彩色紋章入り櫃」(第22図2・3)の蓋頂部中央には赤彩した心臓をX字状に貫通する白色の2本の矢が浅浮彫りで表現されている。同櫃には鍵金具の下にカルメル会の紋章が浅浮彫りされていることから,この心臓と2本の矢のモティーフはアウグスティノ会の紋

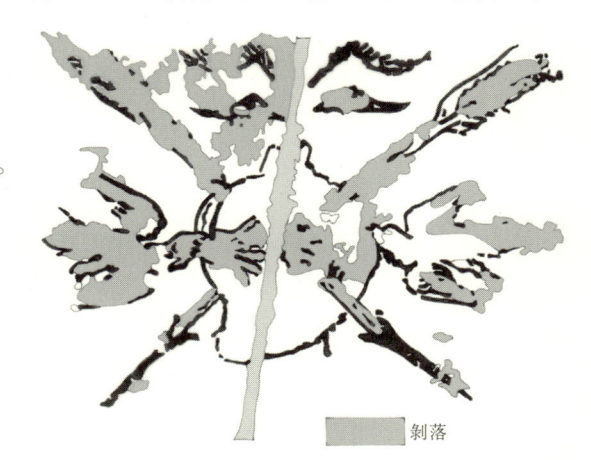

第21図 仙台クリスのガンバルに描かれた「心臓をX字状に貫通する2本の矢」

1. ヴィーリクス2世《ヒッポの聖アウグスティヌス》
2. 彩色紋章入り櫃全体　3. 同櫃の蓋頂部中央

第22図 「心臓をX字状に貫通する2本の矢」の類例

章とみなすことができる。さらに明の万暦期 (1573〜1619) の青花壺に2本の矢に貫かれた心臓の上に双頭の鷲が描かれている例がある[11]。この壺は1589年に創設されたマカオのアウグスティノ会修道院のために注文されたものとされている (ピント1993)。

鞘に描かれたモティーフの検討によって，仙台クリスはヨーロッパやキリスト教との関わりを有するというこれまでの漠然とした理解からさらに一歩踏み込み，アウグスティノ会との結びつきを指摘できた。

(3) 製作年代

仙台クリスは慶長遣欧使節の将来品であることが『剱鎗秘録』によって確認できる。したがって下限年代は同使節が帰国した1620年ということになる。ヤンセンは仙台クリスの柄のアルジュナ像が現存するクリス柄のなかでは古様を示すことから14世紀あるいはそれ以前とする (Jensen2007)。しかし柄の年代だけで仙台クリスの年代を決定することは躊躇される。柄以外に年代把握のために重要な情報を提供してくれるのが鞘に描かれた「心臓をX字状に貫通する2本の矢」のモティーフである。これはアウグスティノ会の紋章と考えられることから，ポルトガルとインドネシアの関係に注目する必要が生じる。

1498年，ポルトガルのバスコ・ダ・ガマは喜望峰を通過してインド南西海岸のカリカットに到達し，ヨーロッパ勢としては初めてアジアへの航路を拓いた。1510年にはアルフォンソ・デ・アルブケルケがゴアを占領し，ここが後にポルトガルのアジアにおける活動の策源地となった。翌年，アルブケルケはマラッカを攻略し中国と香料諸島への道を開いた。マラッカ占領直後，食糧確保のためにシャムとペグーに使節を派遣し，さらに貿易関係確保のために中国・ジャワ島・モルッカ諸島に船隊を派遣した。こうしてポルトガルとインドネシアの関係が生まれた。

ポルトガルは，1522年にモルッカ諸島のテルナテ島にサン・ジョアン要塞を建設するなどして香料諸島における貿易を優位にすすめた。拠点のマラッカと香料諸島の航路はジャワ島北東岸のトゥバンやグルシクに寄港し，スンバワ島とフロレス島の間を通り，ティモール島北側を通り香料諸島に向かうというものである。このほかにカリマンタン島のブルナイを経由する航路もあった (生田1998)。

このように見てくると仙台クリス—特に鞘—の年代は1511年以降とすることができる。しかしその鞘にはアウグスティノ会の紋章が現地人の手によって描かれていることから，年代をさらに絞り込むことができる。1530年，ポルトガルの「インド領の首府」はインド西海岸南部のコーチンから中央部のゴアに移され，インド総督あるいはインド副王が駐在した。宮殿・庁舎・教会・修道院などが続々建築されたゴアは首都リスボンを凌駕するほどの大植民都市であった。

ゴアに最初に足跡を印したカトリック修道会はイエズス会である。1542年5月，フランシスコ・ザビエルを中心とする小集団がゴアに到着し，宣教活動を始めた。その後，フランシスコ会・ドミニコ会・アウグスティノ会・カルメル会・オラトリオ会・テアティノ会などの活動が確認できる。このうちアウグスティノ会はインドでの宣教を開始すべきであるとし，12名の托鉢修道士が1572年3月18日にリスボンを発ち，同年9月3日にゴアに到着して活動を始めた。この修道

会の活動の中心地はゴアであったが，インド北東部に住む下層のポルトガル人や奴隷を対象とした布教活動も行った（Neill 1984）。

仙台クリスの鞘はジャワ島で製作されたと考えられ，そこにアウグスティノ会の紋章が描かれている。この場合，ジャワ島製ということを念頭に置くならばポルトガルやスペインなどのアウグスティノ会との関わりを考えるよりも，むしろアジアに進出した同会，具体的にはその中心となったゴアの同会との関わりを考えるのが妥当である[12]。既述したようにゴアにアウグスティノ会修道士が到着したのは1572年であるから，この年を仙台クリスの鞘の上限年代とすることができよう。

以上の検討結果を踏まえれば，仙台クリスの製作年代は1572年から1620年の間とすることができる。

4. 小　結

仙台クリスの剣身は形態や装飾方法からバリ製，基部装着金具はその特徴からバリ製，鞘はアラス・アラサン文様で飾られる古ラドラン型式であることからジャワ製，柄の人物像はジャワ東部からバリ島のものとそれぞれ考えられる。これらを総合すれば仙台クリスはジャワ東部製あるいはバリ製とすることができる。また剣身下部の金象嵌やアラス・アラサン文様を施し，方形小金箔を散らした鞘などから，このクリスは庶民用のものではなく王族や貴顕層のものと考えられる。さらに鞘のガンブル中央部に描かれた「心臓をX字状に貫く2本の矢」はアウグスティノ会の紋章とみることができる。クリスの製作地域を考えれば，この場合はヨーロッパのアウグスティノ会よりもゴアの同会との関わりの中で理解するのが穏当であろう。

仙台クリスの年代的下限は慶長遣欧使節が帰国した1620年である。一方，上限は柄のアルジュナ像の様相から14世紀あるいはそれ以前とする見解もあるが，ゴアのアウグスティノ会との関係の中で理解するならば，同会士がゴアに到着した1572年以降ということになる。したがって仙台クリスは1572年から1620年の間にその製作年代を求めることができる。

註

1) 昭和3年の写真（第7図3）にはこの金具が見られない。この時点ですでに欠失していたことがわかる。
2) 象の尾毛は邪悪を取り除き，恐怖から解放する力を持つとされることから，その所有者に勇気を与えるものとされている（de Silva 1998）。
3) スリランカの架空動物および文様に関する記述は『中世シンハラ芸術』*Medieval Sinhalese Art*（Coomaraswamy 1908）による。
4) デ・シルヴァはこれをマカラ *makara* とするが，鼻端が内側に巻き込んでいることと鬣があることからサラペンディアとするほうが妥当であろう（Coomaraswamy 1908）。
5) クリスを説明するために使用される部分名称等の用語はジャワ語によることが一般的である。
6) ダポル・ベネルがダポル・ロクよりも型式的には古いと考えられている。本来，ダポルは所有者の職業と密接な関わりがあった。ダポル・ベネルは聖職者や禁欲的な生活をしている人に，ダポル・ロクは

多くの活動を伴う職業に向いているとされている。なお、ダポル・ロクの曲折総数はジャワ数秘学の規則に基づき奇数であることが原則である（Moebirman 1973）。しかし曲折数が多い場合は正確に数えることが難しいことがある（Hill 1956）。ところで、ダポル・ロクが図録等に数多く掲載されていることから、その数はダポル・ベネルよりも多いのではないかという一般的な印象を与えているが、実際はダポル・ベネルのほうが多い（Stone 1934）。

7) ラッフルズはその種類は100以上といい、41の「共通」型式の図版を掲載している。その内訳はダポル・ベネル14型式、ダポル・ロク27型式である（Raffles 1817）。グローネマンは118型式（ダポル・ベネル40型式、ダポル・ロク78型式）を掲げて記述している（Groneman 1910）。ホルスタインは168型式（ダポル・ベネル64型式、ダポル・ロク104型式）に分類した（Holstein 1930）。クリスの型式をジャワに限定しなければ、当然のことながらその型式数は飛躍的に増える。ホジソンはクリスが分布する全域を対象として型式集成を行い、310型式を確認した（Hodgson 1956）。

8) クリスの柄は右側、すなわち鍔のエンダス側に傾くのが一般的である。その理由は茎が剣身の中軸延長上になくやや右側に傾くことと柄の握り方にある。なお、握り方は Hill 1956 の Fig.1 および Draeger 1972 の Fig.67 を参照されたい。

9) デンマークのクリス研究者カルステン・サヤ・ヤンセンの教示による。

10) ガンダルの部分名称を記した文献は少ない。ここでは Hamzuri 1984 によった。

11) 『ポルトガルと南蛮文化』展—めざせ、東方の国々—資料№148, 172頁

12) ゴアには高さ46mの聖アウグスティノ教会の塔が遺存している。この教会は1602年に建立されたものであるが、1835年の宗教弾圧により教会と修道院は放棄され、1842年に倒壊してしまった（Rajagopalan 2004）。アントニオ・ボカロが1635年にインド副王の命で編纂した「東インド領国のすべての要塞・都市・町の地図に関する記録」によれば、アウグスティノ会修道院と同附属コレジオには100人の修道士が居住し、また同会の聖モニカ修道院には通常100人の修道女が居住していた。この記録が編纂されたのは、オランダの進出により1600年代初頭にモルッカ諸島を失い、マラッカ要塞の陥落（1641年）が間近となった時期である。この頃、ポルトガルはゴアから東方の勢力圏を徐々に失いつつあった（高瀬2006）。この状況下でアウグスティノ会修道士100人、同会修道女100人がゴアに居住していたということであるから、それ以前には同数かそれ以上居たものと思われる。教会の規模や修道士・修道女の人数からアウグスティノ会はゴアにおいて枢要な位置を占めていたと考えられる。

一方、フィリピン諸島に最初に達したアウグスティノ会士はアンドレス・デ・ウルダネダ（1498～1568）で、それは1565年のことであった。これを契機にスペインはフィリピン諸島を植民地とするが、1578年まで同諸島において宣教活動を行ったのはアウグスティノ会だけであった。同会は1578年までにルソン島と同諸島中央部のビサヤ諸島で60,000人近いフィリピン人に洗礼を施した。アウグスティノ会に続いてフランシスコ会（1578年）、イエズス会（1581年）、ドミニコ会（1587年）、リコレクト会（1606年）が来島した。これら5修道会がフィリピンにおける布教活動の責務を担った。1595年、フェリペ2世はフィリピン諸島をいくつかの布教区域に分割し、アウグスティノ会・フランシスコ会・ドミニコ会はルソン島を管轄することとした（シトイ二世1985）。このようにフィリピン諸島におけるアウグスティノ会の布教活動を見ると仙台クリスとの関係も考慮・検討しなければならない。ただ、上記したように同会の布教活動域は初期においてはルソン島とその南に位置するビサヤ諸島、1595年以降はルソン島であったことから、仙台クリスの製作地であるジャワ島東部・バリ島との関係はゴアとの関係よりもその蓋然性が低いと見るのが妥当であろう。

引用文献

生田滋　1998　『大航海時代とモルッカ諸島―ポルトガル，スペイン，テルナテ王国と丁字貿易―』34・35頁　中央公論社

犬塚孝明・石黒敬章　2006　『明治の若き群像―森有礼旧蔵アルバム―』190～196頁　平凡社

菊田定郷　1933　『東北遺物展覧会記念帖』100図，22頁　東北遺物展覧会

佐々木和博　1998　「支倉常長将来の刀剣に関する基礎的研究」『仙台市博物館調査研究報告』第18号　28～62頁　仙台市博物館

佐々木和博　2006　「仙台藩における『慶長遣欧使節関係資料』保管の二系統」『國學院大学考古学資料館紀要』第22輯　139～153頁　國學院大学考古学資料館

佐々木和博　2008　「支倉常長将来刀剣に描かれた紋章様文様の二つの意味」『宮城考古学』第10号　159～174頁　宮城県考古学会

シトイ二世，T.バレンティノ　1985　「フィリピンのキリスト教」『アジア・キリスト教史』2　13～27頁　教文館

ダイヤグラム・グループ編 1982 『歴史，形，用法，威力―武器―』　マール社

高瀬弘一郎　2006　『モンスーン文書と日本―十七世紀ポルトガル公文書集―』39～64頁　八木書店

中森義宗　1993　「こころとしんぞう」『キリスト教シンボル図典』25～26頁　東信堂

浜田直嗣　1995　「『支倉六右衛門遺物』と写真―明治時代前期の動向を中心に―」『仙台市博物館調査研究報告』第15号　15～24頁　仙台市博物館

濱屋悦次　1992　「スリランカの歴史と植物資源(5)」『農業技術』47巻8号　375～380頁　農業技術協会

ピント，マリナ・エレナ・メンデス　1993　「彩色紋章入り櫃」『「ポルトガルと南蛮文化」展―めざせ，東方の国々―』113頁　日本放送協会・NHKプロモーション

マール社編集部　1983　『西洋の飾り紋―中世騎士甲冑紋―』166頁　マール社

吉本忍　1993　『ジャワ更紗―その多様な伝統の世界―』22頁　平凡社

Coomaraswamy, Ananda Kentish, 1908 *Medieval Sinhalese Art*, Essex House Press.

de Silva, P.H.D.H., 1975 *A CATALOGUE OF ANTIQUITIES AND OTHER CULTURAL OBJECTS FROM SRI LANKA (Ceylon) ABROAD*, pp.303 A Publication of National Museums of Sri Lanka.

de Silva, P.H.D.H., 1998 Unique Kastane sword in Japan, *The Sunday Observer, 15 and 22 Nov*. The Associated Newspapers of Ceylon Ltd.

De Silva, P.H.D.H.& Wickramasinghe, Senarath 2006 *ANCIENT SWORDS, DAGGERS AND KNIVES IN SRI LANKAN MUSEUMS*, pp.100～110, 145～167 A Publication of National Museums of Sri Lanka.

Draeger, Donn F., 1972 *WEAPONS and FIGHTING ARTS of Indonesia*, pp.97 The Charles E. Tuttle Company, Inc.

Drescher, Dietrich & Weihrauch, Achim, 1999 Ein fürstlicher Kris - ein Kleinod in der Tradition von Majapahit, *INDONESIEN.Kunstwerke - Weltbilder*, pp.40～51 Oberösterreichisches landesmuseum Linz.

Frey, Edward, 1988 *The Kris ; Mystic Weapon of the Malay World*, pp.30～40, 47～50 Oxford University Press.

Groneman, Isaäc, 1910 *Der Kris der javaner*. pp.155～158 Brill.

Hamzuri, 1984 *Keris*, pp.20〜21 Penerbit Djambatan

Hill, A.H., 1956 The Keris and other Malay Weapons, pp.10〜12, 16 *Journal of the Malayan Branch of the Royal Asiatic Society*, Vol.29, Part 4. No.176 The Malayan Branch of the Royal Asiatic Society.

Hodgson, Geoffrey, 1956 Keris and Terms, *Journal of the Malayan Branch of the Royal Asiatic Society*, Vol.29, Part 4. No.176 The Malayan Branch of the Royal Asiatic Society.

Holstein Prosper Paul Henri, 1930 Contribution á l 'Etude des Armes Orientales, Albert Lévy

Jensen, Karsten Sejr, 1998 *Den indonesiske kris - et symbolladet våben -*,pp.14, 216〜217, 229〜230 Våbenhistoriske Aarbøger.

Jensen, Karsten Sejr, 2007 *The Krisdisk-Krisses from Indonesia, Malaysia and the Philippines*,

Jessup, Helen Ibbitson, 1990 *COURT ARTS OF INDONESIA*, pp.209, 247 THE ASIA SOCIETY GALLERIES.

Moebirman, 1973 *Keris and other Weapons of Indonesia*, (Second Edition) pp.14〜15 Yayasan Pelita Wisata.

Neill, Stephen.F.B.A., 1984 *A History of Christianity in India*, 134〜135, 248〜252, Cambridge University Press.

Raffles Thomas Stamford, 1817 *The History of Java*, 図版 Varieties of the Javan Kris, John Murray.

Rajagopalan, S., 2004 *OLD GOA*, pp.62〜71 Archaeological Survey of India, Government of India.

Solyom, Garrett & Bronwen, 1978 *THE WORLD OF THE JAVANESE KERIS*, pp.18, 64 EAST-WEAT CENTER.

Stone, George Cameron, 1934 *A GLOSSARY OF THE CONSTRUCTION, DECORATION AND USE OF ARMS AND ARMOR*, pp.40〜44, 229〜230, 382〜394 DOVER PUBLICATIONS, INC.

Wahyono, Martowikrido, 1997 Report on a keris in the collection of Sendai City Museum, Japan, pp.2 Unpublished manuscript.

Wahyono, Martowikrido, 2007 AN INDONESIAN KERIS IN THE COLLECTION OF SENDAI CITY MUSEUM, SENDAI, JAPAN, http://kundika.multiply.com/journal/item/2

Woolley, George Cathcart, 1947 The Malay Keris: its origin and development, pp.68〜75 *Journal of the Malayan Branch of the Royal Asiantic Society* Vol.XX Part 2 pp.69〜71 The Malayan Branch of the Royal Asiantic Society.

第3章　慶長遣欧使節関係資料における馬具の基礎的理解

第1節　慶長遣欧使節関係資料における馬具

1. 仙台藩切支丹所保管品における馬具

　藩政期における慶長遣欧使節関係資料47点の保管は二系統に分けられる。第一の系統は刀剣2口（仙台カスターネと仙台クリス）と《ローマ教皇パウロ五世像》が該当し，伊達家の所蔵品として保管されていた。第二の系統は第一の系統以外のものであり，仙台藩切支丹所で「御預物」として保管されていた（佐々木2006）。

　仙台藩切支丹所の「御預物」は44点あり，それらはローマ市公民権証書，《支倉常長像》のほかキリスト教関係品，染織品，馬具，その他から成る。キリスト教関係品はロザリオの聖母像，祭服，十字架，ロザリオ，ディスチプリナ，テカ，レリカリオ，メダイなど19点を数え，染織品はマント及びズボン，壁掛，縞模様布の3点である。一方，馬具は鞍2背，鐙1双・1隻，轡2口，四方手1具，野沓1具で構成されている。このように見てくると馬具は一定のまとまりをもった資料群を形成していることがわかる。

　各馬具にはどのような特徴が見られるのであろうか。ここではそれを簡潔に記し，概要を示しておきたい。鞍は前輪と後輪を鉄製居木で繋ぐ木心革張りの鞍と木製の鞍の2背からなる。ここでは前者を鞍A，後者を鞍Bとする。鐙には真鍮製で鐙枝や鐙革通しにレリーフを施す1双の鐙と鉄製で全面に銀象嵌を施す1隻がある。鞍の場合と同様に前者を鐙A，後者を鐙Bとする。轡は大勒馬銜に該当するもので，同類が2口ある。四方手は胸懸と尻懸を鞍に搦めるための環状金具で，4点で1具となる。野沓は切付の下縁に取り付けるもので，先端を屈曲させた棒状金具である。鞍橋から垂下して鐙と繋ぐ力革が切付に当たるのを防ぐためのもので，2点で1具となる。

2. 馬具研究の意義

　慶長遣欧使節関係資料における馬具は最もまとまった非宗教的資料群といえる。キリスト教関係品からなる資料群については，昭和41年の重要文化財指定を前に名称や用途についての基礎的な調査・研究が行われた（財津1966）。しかし馬具については一定のまとまりのある資料群を形成しているにもかかわらず，研究がほとんど行われていないのが現状である。管見によれば馬具に対する研究姿勢が確認できるのは，わずかに大槻玄沢が「帰朝常長道具考略」（『金城秘韞』下）の中で木心革張りの鞍（鞍A）と幕府所蔵のオランダ鞍を比較したことだけである。このように

同資料の馬具はその存在が認められるだけで，常に調査研究の外縁に置き去りにされてきたのである。したがってこれまでその歴史的な位置や評価を与えられることはなかった。

馬具に対する調査研究は，それが一定のまとまりをもった非宗教的資料群を形成していることを念頭に置くならば，慶長遣欧使節関係資料が内包する歴史的事実や背景を新たに解き明かす契機を惹起させる可能性が高いといえる。この点で同資料における馬具は歴史的に重要な位置を占めていると考えられ，調査研究の意義は充分にあるといえよう。

第2節　鞍の基礎的理解

1. 記　録

藩政期の記録として安永3（1774）の高野倫兼「安永三甲午退隠記　秋」（『高野家記録』のうち）と文化9（1812）年の大槻玄沢「帰朝常長道具考略」（『金城秘韞』下）がある。「安永三甲午退隠記　秋」には仙台藩切支丹所保管の鞍についてつぎのように記されている（読点は筆者加筆）。
　　〇馬鞍　鞍木地也，其上ヘ前後之輪ヘから家様に切付迄仕付て鞍ニ覆フ，鞍ハ馬肌ニ直
　　　ニ付ト見ゆ，此覆物ハ紐ヲ組立，金のはりかねも，共に組入れたり，
一方，「帰朝常長道具考略」にはつぎのようにある（読点は筆者加筆）。
　　一，鞍　　　　　　　　二具
　　　　　蛮製，此方の品と形を異にす，一具ハ悉く蝕ミて損失多し，西洋鞍の製，皆これ
　　　　　に似たり，官庫御蔵阿蘭陀献上の鞍，これに似たりと覚たれハ，左に其図を出す，
「安永三甲午退隠記　秋」は一部理解し難い表現もあるが，鞍を覆うものには金の針金も入っているという記述があり，これは金糸のことだと考えられるから鞍Aについて記したものだといえる。「帰朝常長道具考略」では鞍は2具あるとし，共に「蛮製」つまり外国製とする。そのうちの1具は「西洋鞍」でオランダの鞍との類似を指摘しているから，鞍Aとすることができる。もう1具は「蛮製」以上の言及はないが必然的に鞍Bということになる。

ところで「安永三甲午退隠記　秋」には鞍Bの記述がみられない。これは和鞍と形態的・構造的に大きく異なる鞍Aに注目し，素材・形態・構造がより和鞍に近い鞍Bの記述を省略した結果と見ることができる。

大槻玄沢が鞍2背をともに外国製で，そのうちの1背は「西洋鞍」としたことは，キリシタン禁制下で海外情報が限られているという状況を勘案すれば，卓見といえる。

2. 観　察

(1) 鞍A（第23図）

鞍橋 saddle tree である。木心革張りで，前輪と後輪を鉄製居木で繋ぐ。前輪高39.5cm，後輪高35.1cm，前輪頂端から後輪頂端まで41.7cmをそれぞれ測る（1～4）。

前輪 (1・3) は逆V字状で，前輪下端間幅は 40.5cm ある。下端部の幅は 5.8cm で上に行くに従って漸増し，内側頂部付近での幅は 9.0cm となる。前輪頂部には直径 9.1cm の円形突起がある。前面は膨らみ，背面はほぼ平坦である。後輪 (4) はへ字状で前輪よりも開く。頂部に両端間の幅 (弦長) 8.5cm の円弧状の抉りを入れる (7)。抉りの部分から頂部までの高さは 16.4cm である。半円形の背もたれ部は途中からほぼ垂直に立ち上がり，中央部での高さは 14.0cm である。立ち上がり部を真上から見ると弧を描き，その最大幅は 33.8cm である (2)。後輪下端間幅は 49.5cm で，下端部の幅は 8.0cm である。

革は前輪・後輪の外側から張り，内側で縫合する。前輪は内側角で，円形突起では縁辺の半周を縫合する (5)。立ち上がり部中央に収束する4条の縫合 (6) と下端部付近に1条の縫合がある。

居木は幅 4cm，厚さ 6mm の鉄板で，前輪・後輪の上部内側に取り付けている。幅 4cm の居木先端部を楕円形に打ち伸ばして6本の鋲を打ち込む (9)。さらにそこから幅 1.0cm の尾状のものを伸ばし先端を鉤状にして前輪・後輪の外縁に掛ける (3・4)。居木と前輪・後輪が接する内側角は革紐を巻き鋲で留めている (5・6)。居木の前部に鐙革通し用の方形金具 (横幅内寸 3.0cm) がある。この金具は居木に鋲で固定された幅 2.5cm の薄い鉄板で支持されている (8)。

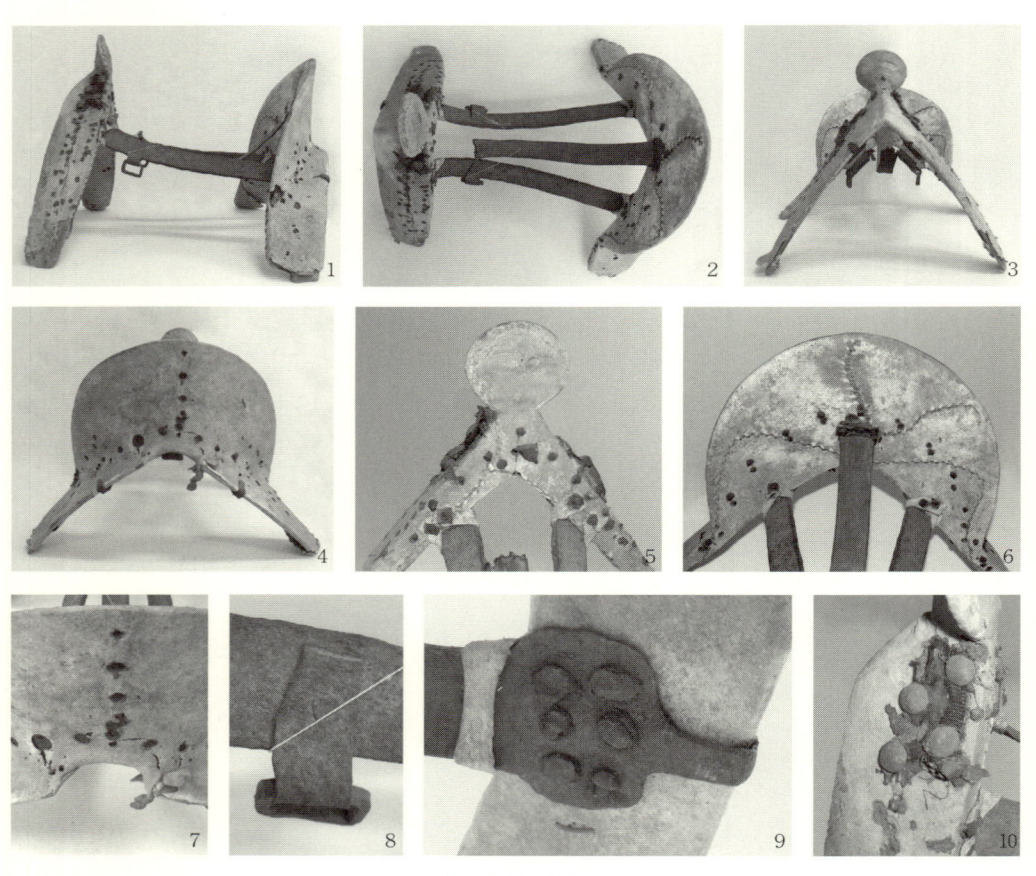

第23図 鞍A

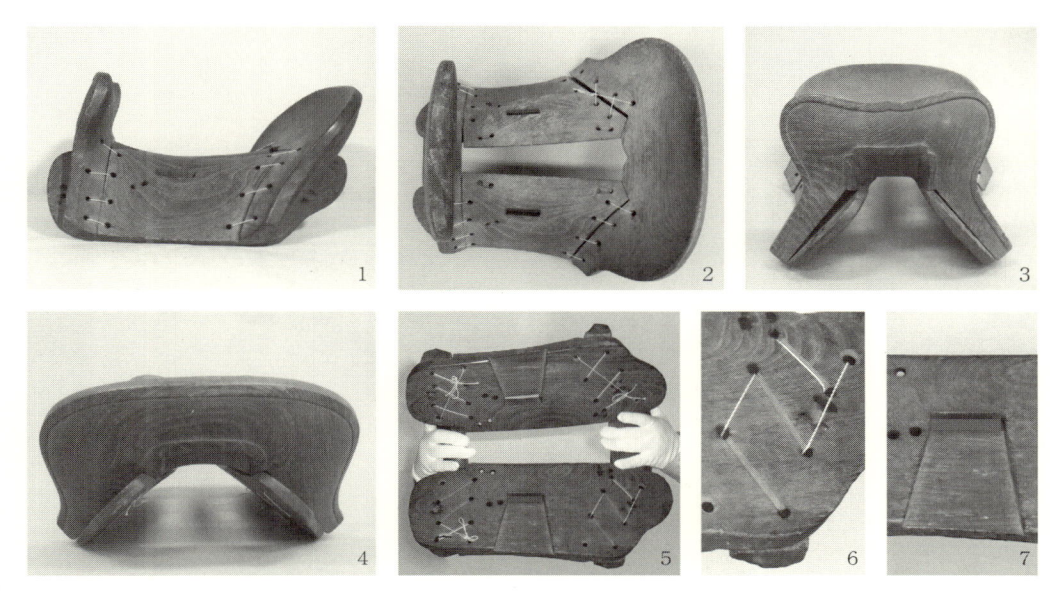

第 3 章　慶長遣欧使節関係資料における馬具の基礎的理解　　139

第 24 図　鞍 B

鋲あるいはその痕跡が多数認められる。鋲には緩やかなドーム状で金鍍金されたもの（鋲 a・b）と不整系で鍍金されていないもの（鋲 c）とがある。鋲 a は直径 1.7cm ほどで、鋲 b はその半分ほどのものである。鋲 a の周囲に革片・布片・繊維片が認められ (10)、後二者は「金糸・銀糸や焦げ茶色のモール地、鮮やかな若草色の耳糸をもつ焦げ茶色の絹地」（内山・高橋 2010）とされている。

(2)　鞍 B（第 24 図）

欅材と思われる木製の鞍橋である。前輪高は 24.7cm、後輪高 23.1cm である。前輪中央部外端から後輪中央部外端まで 39.0cm を測る (1〜4)。

前輪 (3) は正面の上部中央部が 1.3cm ほど凹み、隅を円く作る。前輪下半部はハ字形に開き、馬膚に居木受けの切り込みがある。前輪上半部の最大幅は 26.5cm で、前輪の両爪先間幅 32.0cm より狭い。州浜形は幅 9.2cm、高さ 4.3cm のコ字形で隅に段をつける。前輪外縁と州浜形には帯状の高まりを作り縁取りをする。後輪 (4) は長楕円形で緩やかな弧線を描く。最大幅は 38.1cm で、下部は短くハ字形に開く。内面中央部は W 字形に加工し (2)、また馬膚には居木受けの切り込みがある。

居木 (1・5) は全長 43.0cm で、幅は馬膚と接する部分で 13.5cm である。先前部は弧状に作り、後部は下半分を直線的に斜め開き、上部を弧状に作る。中央部の断面形は内側が平坦で外側が丸味をもつ D 字状である。居木には直径 0.7cm ほどの円孔が 18 個（計 36 個）と 5.6cm × 1.5cm の力革（鐙革）通穴 1 個（計 2 個）が線対称の位置に穿たれている (2・5)。居木は鞍輪接合部分内側で段差をつけて薄くし、その厚みのまま居木先に至る。内側の円孔間には直線的に溝が彫られ (5・6)、また力革通穴から下端まで深さ 1cm ほどのハ字状に開く抉りがある (5・7)。

140　第2部　慶長遣欧使節関係資料の考古学的研究

3．鞍A・Bの基礎的考察

(1) 鞍Aの製作地域

　逆V字状で革張りの鞍輪，垂直に立ち上がる後輪立ち上がり部，幅の狭い鉄製居木などが製作地域を把握するための重要な要素となる。ここでは慶長遣欧使節との関係を考慮して主な対象時期を16世紀・17世紀，補完的な時期を15世紀・18世紀として考察を進めることにする。

　鞍橋の図がディドロとダランベール監修『百科全書』L'ENCYCLOPEDIE 図版編11巻（1762～1772）とラ・ゲリニエール著『騎兵学校』Ecole de Cavalerie（1733）に掲載されている[1]。

　『百科全書』図版編で鞍橋の図は「馬術」図版 XXIV と「馬具屋・四輪馬車製造業者」図版 I にあるが，ここでは前者を図示しよう。第25図1～3は鞍Aと基本形が類似しているが，前輪に翼状立ち上がりがあることと木製居木であることが異なる。同書図版 XXI～XXIII には鞍橋に革・布などを鋲・糸などで留めて仕上げた鞍（以下，〈鞍〉）が8種類掲載されている（第25図4～11）。しかし，この〈鞍〉すべてに第25図1～3の鞍橋が使用されていたとは考えられない。〈鞍〉の形態により第25図5・8・9・11は除外される。ただし翼状立ち上がりを持つすべての〈鞍〉に第25図1の図中bのような芯があったとはいえない。その理由として，まず第25図1の図中bはコルクであり軟らかな材質であること，つぎに『騎兵学校』では「木製板を貼り付ける」

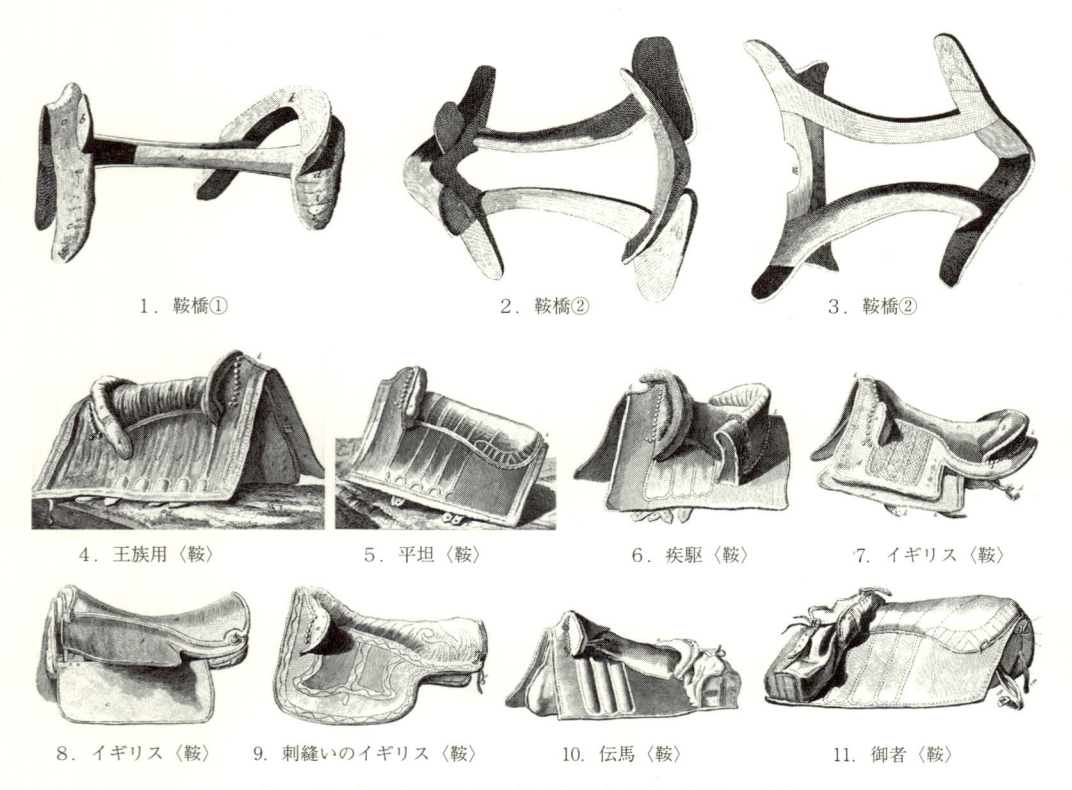

　　1．鞍橋①　　　　　　　2．鞍橋②　　　　　　　3．鞍橋②

　4．王族用〈鞍〉　　5．平坦〈鞍〉　　6．疾駆〈鞍〉　　7．イギリス〈鞍〉

　8．イギリス〈鞍〉　9．刺縫いのイギリス〈鞍〉　10．伝馬〈鞍〉　11．御者〈鞍〉

第25図　『百科全書』図版編「馬術」掲載の鞍橋と〈鞍〉

第3章 慶長遣欧使節関係資料における馬具の基礎的理解　141

とあり，鋲では固定していないこと，第三に後述する17世紀の鞍橋と〈鞍〉の例から，これに代替する方法も考えられることが挙げられる。なお8種類の〈鞍〉をみると，後輪立ち上がり部があるものには必ず翼状立ち上がりがあるという関係が成り立つことが分かる。

『騎兵学校』には鞍橋（第26図1）と〈鞍〉4種類（第26図2～5）の図が掲載されている。鞍橋の基本形態は第25図1と同じであるが，鞍座に布（革）を張っているため，居木は見えない。しかし，居木は幅3in（約7.6cm）の木製で，両端は前輪・後輪の内側に鋲で固定されているとの記述がある（la Guérinière 1733）。鞍座の布（革）は後輪内側から鋲を弧状に打って留められている。方形金具が3個描かれているが，本来は2個一対で腹帯用・鐙革用等が考えられる。4種類の〈鞍〉のうち第26図1の鞍橋に対応する〈鞍〉は第26図2・3と考えられる。

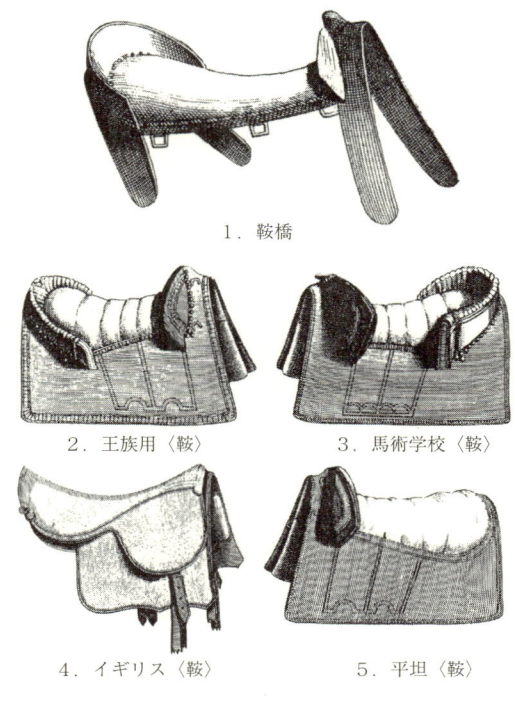

1. 鞍橋
2. 王族用〈鞍〉
3. 馬術学校〈鞍〉
4. イギリス〈鞍〉
5. 平坦〈鞍〉

第26図　『騎兵学校』掲載の鞍橋と〈鞍〉

17世紀の例として，その後半に属するスコットランド連合軍博物館（現，スコットランド国立戦争博物館）所蔵の軍用鞍がある（第27図1～3）。〈鞍〉の全長は1ft8in（約50.8cm）である。まず鞍橋について見ると，全長は1ft6in（約46.3cm）で，前輪・後輪の内側は鉄板で補強され，革で被

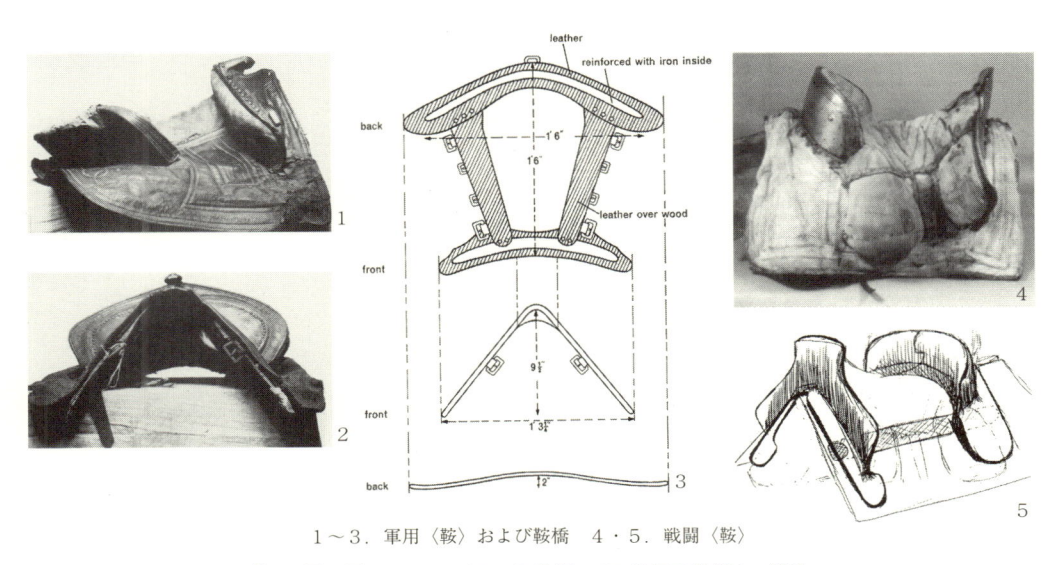

1～3．軍用〈鞍〉および鞍橋　4・5．戦闘〈鞍〉

第27図　西ヨーロッパの16世紀・17世紀の鞍橋と〈鞍〉

覆されている[2]。前輪は逆V字状で内側までの高さが9.5in（約24.1cm）であるのに対して，後輪はヘ字状で2in（約5.1cm）しかない。前輪には一対の胸懸用バックルが装着されている。木製の居木は革で被覆され，両端を前輪・後輪に鋲留めされている。居木には2個一対のバックルが四対あり，鐙革用・腹帯用等に使用されたものであろう（Tylden 1965）。この〈鞍〉は革製で，前輪には翼状立ち上がり，後輪には立ち上がり部が認められるが，鞍橋にはこれらに相当する部分が図示されていないので，詰め物等によって形成されたものと思われる。

　16世紀の例としてロンドンのウォレス・コレクションの戦闘鞍がある（第27図4・5）。前輪翼状立ち上がり部前面に取り付けた補強用金属板には製作年代を示す「1549」が刻されている。製作者はインスブルックのイェルク・ゾイゼンホーファー（1505頃～1580）と推定されている。鞍橋は前輪・後輪ともにブナ材と思われる一木製で，腱を貼り付け補強し，鉄製居木で連結されている。前輪翼状立ち上がり部と後輪立ち上がり部が顕著で，金属板を鞍橋に螺子留めして補強している。鞍橋に11点の鉄製バックルが鋲留めされている。その内訳は居木に鐙革用4個二対，前輪両側に胸懸用2個一対，後輪中央に尻懸用1個，さらに後輪に4個二対である（Blouet & Beaumont 2004）。

　ところで鞍Aには翼状立ち上がりが認められないが，該当部分には鋲が規則的に打たれている。鋲と鋲痕をたどると上下に伸びる長楕円形になり，さらにその前面外側にこれに沿うように鋲が打たれている（第23図1，第28図）。このような鋲列の形と後輪立ち上がり部が明瞭であることから，鞍Aの〈鞍〉には翼状立ち上がりがあったと考えられる。

　鞍Aの鞍橋と形態的に類似する例を求めた結果，フランスやイギリスで16世紀～18世紀に属するものを確認することができた。しかしウォレス・コレクションの戦闘鞍がインスブルック製であることを考えれば，現時点ではその系譜を西ヨーロッパと捉えておくのが穏当であろう。なお鞍Aの〈鞍〉は第25図4・6・7・10—特に第25図6—，および第26図2・3の範疇で想定できよう。

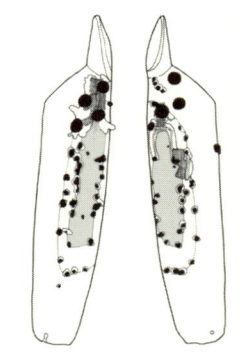

第28図　鞍Aの前輪鋲列

(2) 鞍Aの年代
　a. 鞍橋の形態

　西ヨーロッパに視点を据えて年代を考えてみたい。まずは鞍橋全体の形態的な比較である。ここでは，より遡る15世紀の鞍橋を見てみよう。その好例はロンドン・ウェストミンスター大修道院図書館所蔵のイングランド王ヘンリー5世の鞍橋である（第29図1）。これは1422年のヘンリー5世の葬儀の際に同大修道院に武器・武具とともに運び込まれたものである。前輪・後輪ともに高く，ほぼ直角に立ち上がる。居木は全長約62cmあり，幅広である。後輪の上半部は腰を包み込むように突出している。鞍輪と居木との取り付き部分は鉄板で補強され，また鞍輪間は両端をT字状にした鉄棒（第29図1）で連結されている（Hickling 2004）。

　ヘンリー5世の居木は幅広であるが，16世紀中頃のウォレス・コレクションの戦闘鞍では幅

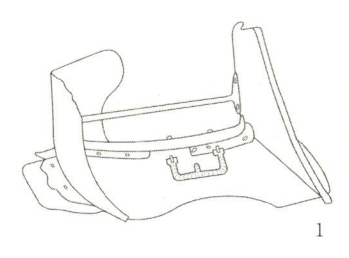

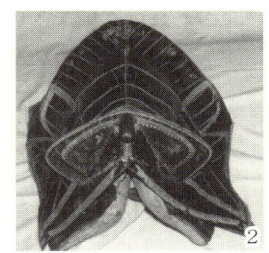

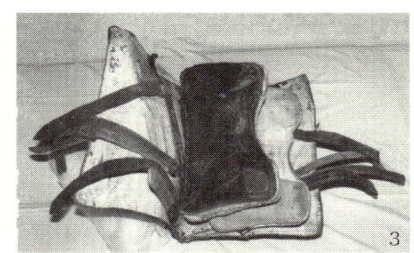

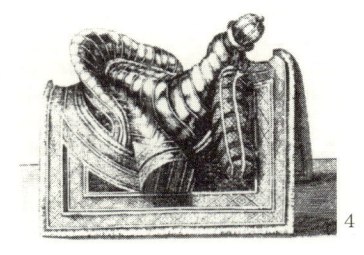

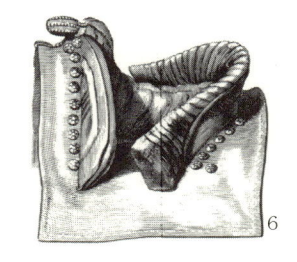

第3章　慶長遣欧使節関係資料における馬具の基礎的理解　143

1．ヘンリー5世の鞍橋　2・3．イギリスの17世紀中頃の〈鞍〉と鞍橋
4．『王室馬術』(1626年)　5．『騎兵軍事教本』(1632年)　6．『馬を調教する新手法』(1658年)

第29図　西ヨーロッパの15世紀・17世紀の鞍橋と〈鞍〉

の狭い鉄板になる（第27図5）。また鞍輪高も前者よりも後者が低くなる。この2例に基づくならば，これらの変化は15世紀中頃〜16世紀前半に起こったとみることができる[3]。

b．居木と鞍輪

　年代を考えるうえで注目すべき記述が1733年刊行の『騎兵学校』に見られる。第一は居木，第二は前輪翼状立ち上がり部と後輪立ち上がり部の高さについてである。まず「居木は〈中略〉過去においては鉄製であったが，騎乗者の重さやその他の要因で曲がってしまい馬を傷つけてしまう。居木が木製ならば，このようなことは壊れないかぎり決して起こらない」と記されている。18世紀初期以前，居木は鉄板だったのである。しかしこれは文化的・歴史的事象であるから，その変化は漸移的で時間幅があると考えられる。したがって17世紀後半〜18世紀初期は新旧並存の時期と想定できる。この観点で改めて居木の素材をみると，既述した17世紀後半のスコットランド国立戦争博物館所蔵軍用鞍（第27図1〜3）の居木は木製であるが，イギリス王立武器武具博物館の17世紀中頃とされている鞍（RA Ⅵ, 447）は鉄製である（第29図2・3）。このことから17世紀は鉄・木並存期であると確認できる。鞍Aは鉄製であるから18世紀初期以前の構成要素を持つといえる。

　つぎは前輪翼状立ち上がり部と後輪立ち上がり部の高さに関する記述である。「過去においては，今日よりももっと高さがあった」「馬術学校〈鞍〉School saddle は〈中略〉とても高く立ち上がっていることで他の鞍と異なる。それらの高さは約4in（約10.2cm）であるのが望ましい。」「王族用〈鞍〉Saddle a la royale は一般的な鞍で，軍用・旅行用であるために，高さは馬術学校〈鞍〉よりも低く，2.5 in（約6.4cm）である。」とある。これらの記述から前輪翼状立ち上がり部と後輪立ち上がり部の高さは，①18世紀初期以前は1733年の現在よりも高かった，②1733年現在で

は約 4in の高さの馬術学校〈鞍〉がとても高いと認識されていたということがわかる。鞍 A の後輪立ち上がり部の中央部での高さは 14.0cm であるので，馬術学校〈鞍〉の約 1.4 倍の高さで，その違いは顕著である。既述したウォレス・コレクションの戦闘鞍には，残念ながらその部分の高さについての記述がない。そこでメトロポリタン美術館発行の『ヨーロッパの馬鎧：1480 年-1620 年』*The Armored Horse in Europe 1480-1620* に掲載されている同世紀の後輪立ち上がり部外面に取り付けられた補強用金属板 cantle plate 3 例（掲載資料番号 36・37・39）の高さを示すと，36 は 16.5cm（イタリア・ミラノ製か，1550～1560 年），37 の最高部は側面にあり 22.2cm，中央部では約 14cm（ドイツ・アウグスブルク製，1563 年），39 は 15.2cm（ドイツ・アウグスブルクかニュルンベルク製，1565～1575 年）となる（Pyhrr, LaRocca & Breiding 2005）。鞍 A はこれら 3 例と高さが同じかわずかに低いので，年代的にやや降ると思われる。

さらに馬術学校〈鞍〉（第 26 図 3）と 17 世紀の〈鞍〉の前輪翼状立ち上がり部と後輪立ち上がり部の相対的な比較を行い，鞍 A の年代の絞込みを試みてみたい。ここでは 17 世紀の〈鞍〉3 例を提示する（第 29 図 4～6）。第 29 図 4 はアントワーヌ・ド・プリヴィネルの『王室馬術』*LE MANEIGE ROYAL*（1626 年）に掲載された〈鞍〉である（Nelson 訳 1989）。第 29 図 5 はジョン・クルソーの『騎兵軍事教本』*Militarie Instructions for the CAVALL'RIE*（1632 年）に掲載されている重騎兵用〈鞍〉である（Young 解説 1972）。第 29 図 6 はウィリアム・カベンディッシュの『馬を調教する新手法』*Méthode et invention nouvelle de dresser les chevaux*（1658 年）に掲載されたルーカス・フォルスターマン（1595～1675）が描いた〈鞍〉である（Steinkraus 序，Schmit-Jensen 2000）。3 例の〈鞍〉は馬術学校〈鞍〉と比較すると前輪翼状立ち上がり部が大きくて厚みがあり，後輪立ち上がり部はより高く立ち上がっていることがわかる。このことからも鞍 A は馬術学校〈鞍〉よりも上述した 3 例の〈鞍〉に類似しているといえる。

前輪翼状立ち上がり部と後輪立ち上がり部に注目して検討した結果，鞍 A の年代は 16 世紀第 4 四半期～17 世紀中葉と考えるに至った。

c. 前輪頂部の円形突起（第 30 図）

鞍 A の年代を探るうえで重要な要素となると考えられるものに前輪頂部の円形突起がある。西ヨーロッパにおいても 17 世紀・18 世紀の鞍で前輪頂部に突起をもつものがある（第 25 図 6，第 26 図 3，第 27 図 1，第 29 図 4～6）。これらの突起の特徴は棒状で前方を向いているということである。これに対して鞍 A の突起は円形で上に伸びている。このような突起はオスマン帝国の鞍に見られることから，その関連で理解ができそうである[4]。そこで 16 世紀～18 世紀のオスマン帝国の鞍およびその関わりが認められる鞍を具体的に見てみよう。1 はオーストリア大公フェルデナンド 2 世（1529～1595）所有の 1550 年頃の馬具一式である（Gamber & Beaufort 1990）。前輪の円形突起や側面三角形の鐙にその特徴が見られる。フェルデナンド 2 世とオスマン帝国との顕著な関わりは 1556 年のハンガリーでの同帝国との戦いで，フェルデナンド 2 世は神聖ローマ帝国側の指揮官としてこの戦いに臨んだ。2 はオスマン帝国の大宰相カラ・ムスタファの鞍（Wien, HM 1983）である。ムスタファは 1683 年に第二次ウィーン包囲を企て，自ら現地に赴いた。前輪・

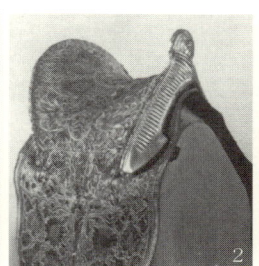

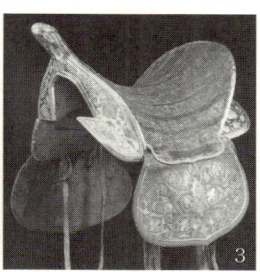

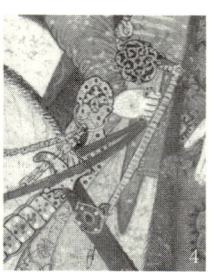

1．オーストリア大公フェルデナンド2世（1529～1595）の馬具一式　2．カラ・ムスタファの鞍　3．ポーランド王アウグスト3世がタタールの使者から1750年に贈られた鞍　4．《オスマン2世像》に描かれた鞍前輪の円形突起（1620年頃）

第30図　鞍前輪頂部の円形突起

居木先・円形突起は浮き彫り金鍍金の金属板で覆われている。3は1750年にポーランド王アウグスト3世がタタールの使節から贈られた鞍（Schuckelt 2010）である。木製鞍橋で鞍輪・居木・円形突起は鍍金・打ち出し模様の銀板で覆われている。4は1620年頃のオスマン2世像（鈴木2007）である。馬具は貴石で飾られ、前輪の円形突起が明瞭に描かれている。このように見てくると鞍Aの円形突起をオスマン帝国の鞍の影響と考えることは可能のように思える。

ではその影響にはどのような歴史的背景があるのだろうか。オスマン帝国は1453年にビザンティン帝国の首都コンスタンティノープルを占領し、メフメト2世（在位1451～1481）がここを首都と定め、さらにセルビア、ボスニア、アルバニア、クリミヤ半島を占領した。セリム1世（在位1512～1520）は1526年のモハーチの戦いを機にハンガリーの大部分を統制下におき、スレイマン1世（在位1520～1566）は1541年にハンガリーを正式にオスマン帝国の属州とした。こうしてオスマン帝国と神聖ローマ帝国はハンガリーを境に対峙し、戦争と外交交渉を繰返すことになる。1529年のウィーン包囲、1547年の平和条約の締結、1550年前後の衝突、その後の外交交渉、1593年～1606年の長期トルコ戦争、1683年～1699年の第二次ウィーン包囲などがそれである。こうした戦争と外交交渉の繰返しの中からヨーロッパ各地の宮廷ではオスマン帝国に対する「畏れ」と「憧れ」の意識が形成され、「遅くとも16世紀には顕著なトルコ・ブームがみられるようになる」。そして長期トルコ戦争後、トルコ・ブームは「1600年以降、最初のクライマックスを迎えた」（シュッケルト2005）。鞍Aの円形突起もこのようなトルコ・ブームの中で理解することができよう。

上記3項目について検討した結果、鞍Aの年代は16世紀第4四半期～17世紀中葉と見るのが妥当であるとの結論に達した。

(3) 鞍Bの製作地域（第31図）

鞍Aとの明らかな相違は二点あり、製作地域を掴む重要な要素となる。その第一点は居木の形態、第二点は居木と鞍輪の固定方法である。ここでも鞍Aと同様に主な対象時期を16世紀・17世紀とし、補完的な時期を15世紀・18世紀として製作地域の把握を試みてみたい。居木は幅広で馬膚と同じ幅であり、鞍輪から前後に伸び居木先を形成する。このような特徴を有する鞍は西ヨーロッパでは15世紀前半まで使用され、それ以降は幅の狭い鉄製居木に変化する。

一方，トルコ以東のアジアでは鞍Bのような幅広で居木先を形成する鞍が伝統的・継続的に使用されている[5]（LaRocca 2006）。オスマン帝国の鞍の例は第30図2〜4に示したように幅広の居木で居木先が認められる。インドでも同様で，1618年頃の細密画（第31図1）で確認できる。中国では隋代から清代まで一貫して幅広で居木先を形成する鞍を使用している（劉2002）。

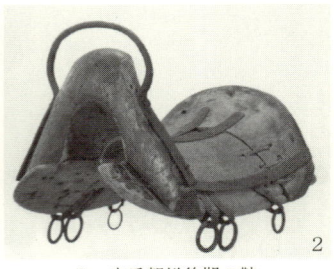

1．ムガールの鞍　　　2．李氏朝鮮後期の鞍

第31図　幅広の居木と居木・鞍輪の固定法

つぎに居木と鞍輪の固定方法をみてみよう。鞍Bは鞍輪と居木に穿たれた孔の対応関係から紐で固定したと考えられる（第24図1・2・5・6）。ラロッカはチベットの鞍の特徴の一つはモンゴル・中国・チベットの様式が混淆していることで，鞍輪と居木が革紐で固定されることであると指摘している（LaRocca 2006）。しかし，この固定方法は朝鮮（第31図2）や日本でもみられるから，その分布はさらに東に広がる。

以上，居木の形態および鞍輪と居木の固定方法という二つの視点で検討した結果，鞍Bの製作地域は中国を中心とする東アジアに求めることができるという見通しを得た。ただつぎに検討する前輪の形態的特徴から，その地域を中国に絞り込むことができる。

(4) 鞍Bの年代（第32図）

つぎに年代を検討してみたい。ここで注目したいのは前輪の正面形態である。前輪の正面形態は逆U字状・逆V字状を呈するのが一般的であるが，鞍Bは中央部がわずかに凹むM字状であり，この鞍の顕著な特徴といえる。中国の馬具を歴史的に通観した劉永華は明代鞍の特徴として前輪の中間が開き一つの「豁口」（欠けたところ）があることを指摘し，事例として天順4（1460）年創建の宝寧寺（山西省右玉県）の水陸画を挙げている（1，劉2002）。宝寧寺には水陸画が139幅あるが，描かれている服装や顔料等の検討からそのすべてが明代のものとされている（呉1988）。

このほかに前輪中央部が凹む鞍の例として《明人出警入蹕図》（台北国立故宮博物院所蔵）がある（2・3）。《明人出警入蹕図》は《出警図》（幅0.92m，長さ26.013m）と《入蹕図》（幅0.92m，長さ30.036m）の2巻からなり，前者は明皇帝が北京城から陸路で謁陵に行く様子を，後者は船で戻る様子を描いたものである。しかし制作年や作者が記されていないために，皇帝の比定をめぐり諸説が唱えられている。那志良は三皇帝（宣宗宣徳帝：在位1426〜1435，武宗正徳帝：在位1506〜1521年，世宗嘉靖帝：在位1522〜1566）の可能性を指摘し，肖像画との比較から世宗嘉靖帝が最も可能性が高いとした（Na 1970）。林莉娜も世宗嘉靖帝とした（林1993）。これに対して朱鴻は史料・図像学的な比較や現地調査を総合した結果，神宗万暦帝（在位1573〜1619）の万暦11（1582）年閏2月の謁陵を描いたもので，丁雲鵬（1547〜1628）を中心にして制作したものとの結論を得た（朱2004）。朱鴻の研究結果はその実証性・緻密性・説得性において優れており受容できるものとい

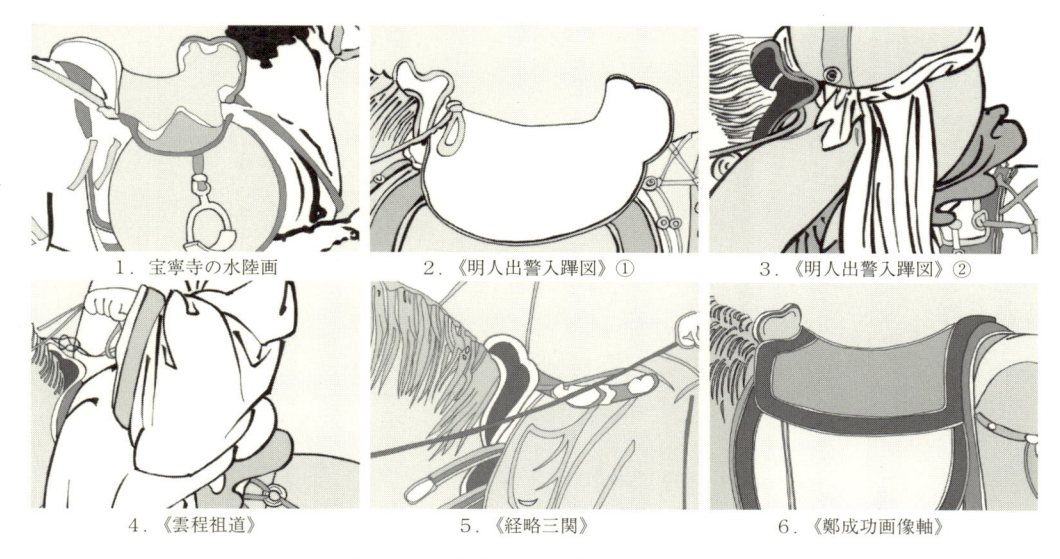

第 3 章　慶長遣欧使節関係資料における馬具の基礎的理解　　147

1．宝寧寺の水陸画　　2．《明人出警入蹕図》①　　3．《明人出警入蹕図》②

4．《雲程祖道》　　5．《経略三関》　　6．《鄭成功画像軸》

第 32 図　鞍前輪の中央部が凹む中国鞍

えよう。

　さらに前輪中央部が凹む鞍の例は明代の作とされる『王瓊事跡図冊』の《雲程祖道》（4）や《経略三関》（5）にも見られる（中国国家博物館 2006）。王瓊（1459〜1532）は兵部尚書・吏部尚書・戸部尚書を歴任した明朝中期の重臣である（中国歴代人名辞典編委会 1989、廖・羅・范 1990）。『王瓊事跡図冊』は王瓊の事跡を描いたものであるが、作者は不明である。

　ただ前輪中央部が凹む鞍は明代に特徴的なものではあるが、明代に限定できるものではなく、黄梓の《鄭成功画像軸》（6）によって清代初期にも存在していたことは確実である。鄭成功（1624〜1662）は清に滅ぼされようといている明を擁護し抵抗運動を展開した大海商として有名である。作者の黄梓は清代の上海の人で、肖像画を巧みにし、さらに精緻な花鳥画を描いたとされるが、生没年代は不詳である（山田・遊佐・片山 1981）。黄梓の画業時期を知る手掛かりとなるのが福建・莆田出身の画家曾鯨（1568〜1650）である（山田・遊佐・片山 1981）。黄梓は曾鯨の弟子であったとされるからである。このことから《鄭成功画像軸》は清代初期の作品と考えられる。

　前輪中央部が凹む鞍は宝寧寺の水陸画によって 1460 年以降の存在が確認でき、また「鄭成功画像軸」によって清代初期までの存続が明らかになった。このことから鞍 B もこの年代幅の中に位置づけることができよう。

4．小　結

　木心革張りで前輪と後輪を鉄製居木で繋ぐ鞍 A と木製の鞍 B に関して製作地域と製作年代を中心に検討と考察を加えてきたが、その結果はつぎのようにまとめることができる。鞍 A の製作地域は『百科全書』や『騎兵学校』に掲載されている鞍橋と類似することから西ヨーロッパであり、その年代は鞍橋の形態・居木の素材・鞍輪の高さ・前輪頂部の円形突起などの検討を踏ま

えて 16 世紀第 4 四半期〜17 世紀中葉と考えられる。一方, 鞍 B の製作地域は居木の形態・居木と鞍輪の固定方法・前輪の形態の検討によって中国とすることができ, またその年代は前輪の形態的特徴から 15 世紀後半〜17 世紀中葉とすることができた。

鞍 2 背は西ヨーロッパ製と中国製であることが判明した。このことは慶長遣欧使節関係資料を一括して扱う前に, 各資料を詳細に検討する必要があり, それが重要であることを意味している。

第 3 節　鐙の基礎的理解

1. 記　録

安永 3 (1774) の高野倫兼「安永三甲午退隠記　秋」(『高野家記録』のうち)には「○鐙　二通　真鍮透アリ, 鉄至而重く崑物成」とあり, 真鍮製と鉄製があると記されている。文化 9 (1811) 年の大槻玄沢「帰朝常長道具考略」(『金城秘韞』下)は「切支丹所・切支丹道具入記」をもとに考察を加えている。その「入記」すなわち目録には「一鐙　三ツ　内壱ツ　鉄　弐ツ　真鍮」とあり, この時点で現状と同じであったことがわかる[6]。また真鍮製の鐙 1 点を図示しているが, 形態の特徴は掴んではいるものの, レリーフの描写は正確さを欠いている (第 33 図)。

ここでは, 真鍮製鐙を鐙 A, 鉄製鐙を鐙 B として記述することにする。

第 33 図　『金城秘韞』掲載の鐙

2. 観　察

(1) 鐙 A (第 34 図)

　　a. 形　状

1 双の鐙である (1)。全高 16.2cm。鐙枝の幅は下端部 6.1cm, 中央部 3.3cm, 頂部 2.5cm である。踏板は鐙枝内の幅 (左右) が 10.9cm, 前後が 8.3cm である (2・5)。鐙革通し (3) は正面の装飾を除くと, 外寸は幅 3.4cm, 高さ 1.4cm, 奥行き 2.5cm である。鐙革用に内幅 2.7cm の孔を作る。その後上部は鐙革を繋ぐために奥行き 0.9cm, 高さ 0.8cm を角材状に残す。踏板 (5) は鐙枝の内側に取り付ける。前後を弧状に作り, 内側に平行する 2 本の棒を取り付ける。前面の中央部上面には鋸歯状の凹凸, さらに下面には貝状の下向き突起 (6) を作る。

　　b. 装　飾

鐙革通し前面と鐙枝の左右外面にレリーフによる装飾が見られる。鐙革通しには女性の顔がやや下向きに表現され, 上部には蕾が, 左右には渦巻き文がみられる (第 34 図 4)。

鐙枝のレリーフは細部の表現に微妙な違いはあるものの, 基本的には同一である。ここでは左

第3章　慶長遣欧使節関係資料における馬具の基礎的理解　　149

1. 鐙A 1双
2. 鐙枝のレリーフ
3. 鐙革通し（斜め後ろから）
4. 鐙革通しの正面レリーフ
5. 鐙板（裏面から）
6. 鐙板前面の鋸歯状凹凸と貝状突起

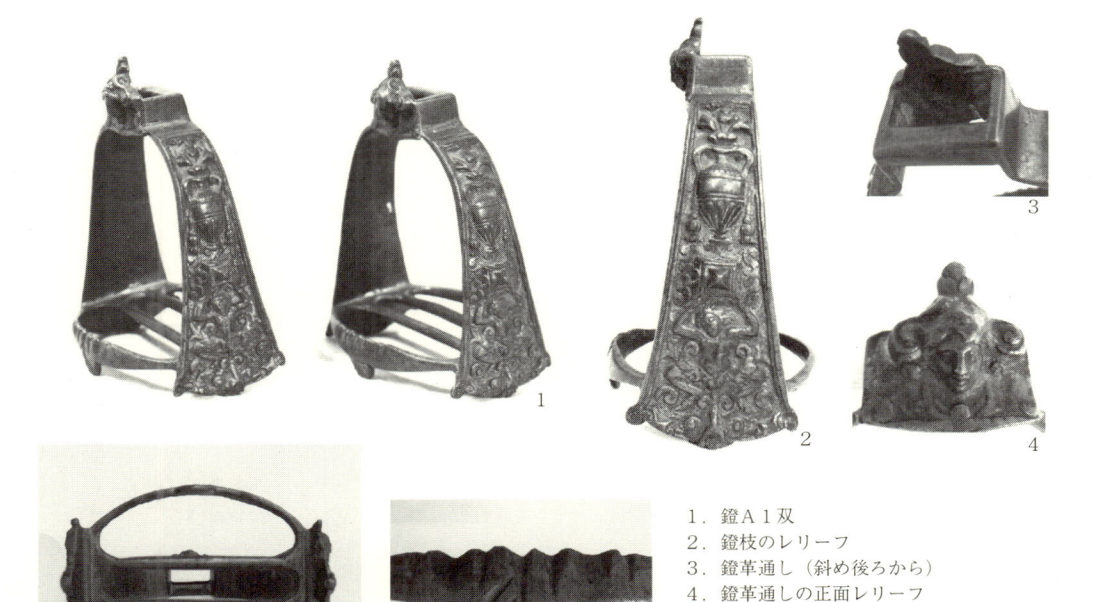

第34図　鐙A

外面のレリーフを見てみよう（2，第35図）。左右および上部が凸線と沈線で縁取りされ，そのなかにレリーフが配されている。下部には蹲踞する半獣半人が認められる。下半身が獣で上半身が人間である。脚の形状および右脚先端が蹄状であることから獣脚と判断できる。頭を右に傾け，頭髪を乱して箱状のものを両手で持ち上げている。さらにその上には把手付き細頸壺が置かれている。壺の体部下半には菊花文状の装飾が立体的に表現されている。把手には房飾りが取り付けられ，壺の口の上には花が表現されている。このような形態の壺はギリシャ・ローマ時代のアンフォラにあり，また立体的な菊花文状の文様は同時代の金属器に見られる。このことからこの壺は古代の金属製壺を表現したものと判断できる。なお，半獣半人の周囲はゼンマイ状の文様で，箱状のものの周囲は上から左右に降る曲線文様で飾られている。

(2)　鐙B（第36図）

　a. 形　状

　全高18.7cmの鋳造の鉄製輪鐙である（1）。表面は錆化が著しい。輪部は下膨れで，外寸の長径14.8cm，短径は下から

縮尺約2/3

第35図　鐙A 鐙枝左面レリーフ

6cm で最大となり 14.2cm である。輪部の頂部は幅 1.6cm・厚さ 0.9cm, 中央部は厚さ 0.8cm, 底部は幅 4.8cm・厚さ 0.6cm である。輪部の頂部中央は輪部と一体となった球状に作られており, 長径は 3.5cm, 短径は 3.3cm である (2)。鐙革通しの形状は伏せた D 字状で, 幅 4.1cm, 高さ 3.2cm, 内側幅 2.6cm である (3)。C 字状と I 字状の金具からなり, 前者の両端を環状に作り, そこに後者の両端を入れている。さらに後者の中央部は球状部分を貫通する棒状金具と連結している。これにより, 鐙革通しは前後 180 度, 左右 360 度の回転が可能となる。輪部の底部には 4 個の真鍮製鋲が認められる。直径約 0.5cm の不整円形で, 輪部を貫通するが用途は判然としない。

b. 装 飾

輪部の内面・外面・小口, 球状部, 鐙革通しに銀象嵌が施されている。しかし, 錆化のため輪部小口, 球状部, 鐙革通しの文様は判然としない。ここでは輪部の外面・内面の装飾を見ることにしたい。これらの装飾については「外側に牡丹唐草と鳳凰, 孔雀及び獅子一対を, 内側には獅子と唐草, 雷文などを銀象嵌であらわしている」(仙台市博物館編 1973)と指摘されているが, 具体的には同書掲載の牡丹文と鳳凰文, 孔雀文の略図と孔雀文および同面の牡丹文の写真が示されているのみである (仙台市博物館編 2001)。このことから外面・内面の装飾法・文様については, 図や写真などの具体的な資料を示しながら記述することが求められる。

外 面

外面の中央部右面[7]に鳥一羽, 左面にも鳥一羽が認められる。両面の鳥の上部には花を伴う植物が見られ, 輪部の頂部にまで及ぶ。またこの植物の一部は両面の鳥の周囲にも施されている。施文の手順は, 最初に鉄地に布目状の溝を彫り, つぎに漆で文様を描き, 最後に銀の平象嵌と毛彫りを行うというものである (4)。

つぎに両面の鳥と花を伴う植物をみることにしたい。左側面の鳥 (第 37 図 1) は頭部に冠羽, 尾羽に眼状斑があることから, 孔雀とわかる。冠羽・頸部・脚の様相から, 歩きながら振り向く孔雀を表現したものと判断できる。頭部・頸部・体部・翼部は平象嵌で輪郭をとり, 脚は一本の平象嵌で表現されている。さらに体部・尾羽部には毛彫りがみられる。右側面の鳥 (第 37 図 2)

1. 鐙 B 1 隻 2. 鐙革通しと鐙枝に取り付く大きな球 3. 鐙革通し 4. 施文手順 (鐙枝左側面の孔雀文の部分)

第 36 図　鐙 B

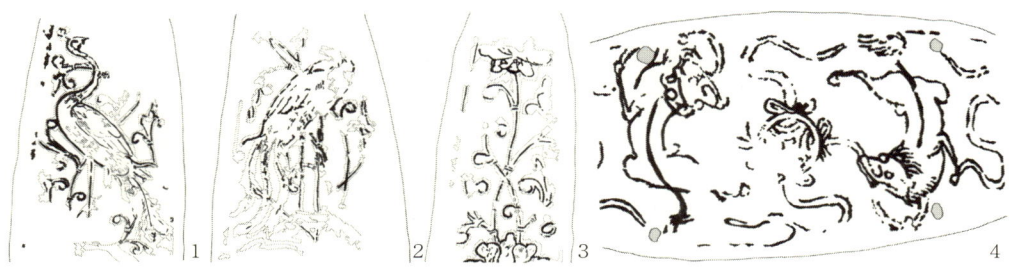

1. 鐙枝左側面の孔雀文　2. 鐙枝右側面の鳳凰文　3. 牡丹文　4. 双獅戯球文

第37図　鐙B　外面の象嵌文様

は頭部から頸部までを欠くが、尾羽が暖簾状であることから、鳳凰とわかる。両脚は枝あるいは地面に向かって平行に直線的に伸びるが、趾部の表現を欠く。尾羽は4条あるが、中央の2条が最も長くノ字状に伸びる。これらの表現から、桐の枝に止まる鳳凰あるいは桐の根元に佇む鳳凰と考えられる。体部・翼部の輪郭は平象嵌で、細部は毛彫りである。脚部・尾羽部の中央に一本の平象嵌を施す。さらに尾羽部では平象嵌を軸にして、ハ字状に毛彫りを施す。花を伴う植物（第37図3）の花弁は広く、重なりあい、先端に切れ込みがある。茎はY字状に分かれ、短いものはC字状に終わり、長く伸びたものには花がつくものもある。このような表現を総合すると牡丹と見るのが最も妥当であろう。

既述したように、外面にはこのほかに「獅子一対」が銀象嵌されていると指摘されていたが、これについては写真・図が示されたことがなかった。ここでは図（第37図4）を提示して、施文方法と文様の具体的な様相について見ることにしたい。施文方法は平象嵌であり、手の込んだ技法は採られていない。表現されているのは2頭の獅子と周囲および内側に装飾がある円、さらにそこから蛇行する2条の線であり、「獅子一対」だけではない。2頭の獅子は円を対称の中心にして点対称の位置に配されている。円は二重で、4等分された外側の各箇所には「蝶結び」が認められる。中央に口字形の文様を置き、それに向かう2～3条の弧線が「蝶結び」に対応する位置から描かれている。2頭の獅子は俯瞰した状態で描かれている。身躯全体を右側にC字状に曲げ、頭は円に向けている。2頭とも左前肢・右後肢・尾を確認できるが、向かって右側の獅子ではさらに鬣が確認できる。なお右後肢の付け根の部分が丸く表現されているが、これは左後肢の先端かもしれない。円の4箇所の「蝶結び」から伸びる2条の線は2頭の獅子に絡み蛇行しながら底面からやや立ち上がる範囲まで描かれている。

内　面

底面から側面にかけて獅子文・雷文・獅子文の順で銀象嵌が施されている。底面の4個の真鍮鋲に囲まれた範囲の中央に頭部がみられるが、全体の姿は掴みにくい。その両側には雷文が、さらに側面には獅子文が認められる。雷文は斜格子状に区画され描かれているが、その詳細については把握しにくい。獅子文は体・肢・尾・鬣を確認できるが、頭部は判然としない。なお雷文と獅子文の境界はそれぞれの区画線で明瞭に分けられている[8]。

3. 鐙A・Bの基礎的考察

(1) 鐙A
a. 類 例

　第一に示すべきものは *ÉPERONNERIE ET PARURE DU CHEVA* (Boisselière 2004) に掲載されている1双の鐙である (第38図1)。金銅製で全高17.5cm，幅13.0cm，奥行き11.0cmで，鐙Aより大きい。左右どちらにも使用できる形態であることが特徴の一つである。鐙枝のレリーフは鐙Aと基本的に同じであるものの，鐙Aよりも細部までシャープに表現されている。鐙革通しには鐙Aと同様に女性の顔が表現されているが，髪型は異なる。踏板は鐙Aと同様に外側を弧状に作り，内側に平行する2本の棒を取り付ける。弧状の踏板の外面中央部には鐙Aと同様に下向きの貝状突起が見られるが，繊細さにおいて鐙Aに優る。左右両用のため鐙革通しに女性の顔2面，踏板中央部に貝状突起2個がある。フランスの収集家兼古物業のフレデリック・スピッツェル (1814～1980) の旧蔵品である。16世紀のイタリア製とされている。

　ウィーン美術史美術館宮廷狩猟・武具室所蔵の鐙A440 (第38図2) も鐙革通しと鐙枝をレリーフで飾っていること，踏板は外側が弧状で内側に平行する2本の棒を有すること，さらに外側踏板の中央部に貝状突起が認められることで鐙Aと類似する。この鐙はフランス王フランソア1世 (1494～1547) の所有と伝える。青銅製の鋳造品で，全高15.5cm，幅11cm，奥行11cmを測る。1540年頃のイタリア製とされている。鐙枝の左右外面にはヘラクレスとその妻をレリーフで描く (馬の博物館編 1998)。鐙革通し前面の獅子のレリーフは「ヘラクレスの12の功業」の「ネメアの獅子」であろう。鐙Aと比較すると，鐙枝の丸味が強いものの，鐙革通し・鐙板の形状およびレリーフによる装飾部位は類似する。

　この他に形態が類似し，鐙枝外面をレリーフで飾る例は，絵画—騎馬画像—のなかに見出すことができる。ルーベンスの《枢機卿王子ドン・フェルナンド》 (1634年頃) (第39図1) やヴァン・ダイクの《チャールズ1世騎馬画像》 (1638年頃) (第39図2) がその好例となろう。また鐙Aの鐙板前面中央下部にみられる貝状突起と類似するものは，ルーベンス工房の《金羊毛騎士団の騎

1．イタリア製，16世紀　2．伝フランス王フランソワ1世所有

第38図　鐙枝をレリーフで飾る鐙

士》(1612年か)(第39図3)やクラーヤーの《オリバレス伯公爵騎馬画像》(1627年〜1628年)(第39図4) などに描かれている。

b. レリーフの美術史上の位置

　鐙Aの側面レリーフの特徴は蹲踞する半獣半人の上に箱状のもの・金属製壺・花などが重層的に配されていることである。そこで，この特徴を有する例を示し美術史上の位置づけを明らかにしたい。ピエトロ・ダ・ピラーゴ（1470〜1513頃）とゾアン・アンドレア・デ・マントヴァとによって描かれた室内装飾用鏡板の図案（第40図1）には最下部に蹲踞する半獣半人が描かれ，その背後の台にはイルカ・武器・高杯・プットーなどのモティーフが重層的に表現されている。さらにこれらを囲むように蔓草文が配されている（クルベール編2001）。ハインリッヒ・アルデグレーヴァー（1502〜1555または1561）の1540年頃の作品（第40図2）にも女性の半獣半人を中心に，壺・人物・花などが重層的に表現されている（シャステル1990）。1570年頃の本の装丁（第40図3）にも同様のモティーフと構図がみられる（クルベール編2001）。ここでは中央に描かれた半獣半人の頭上に置かれた花壺を両脇から牧羊神が支えている。この他に蹲踞した姿勢で頭上の果物や花を盛った鉢を両手で押えている人物を表現した大刺繍もある（第40図4）。これは1550年〜1560年頃にパリの工房で製作されたものとされている（クルベール編2001）。この人物は脚端が渦巻き

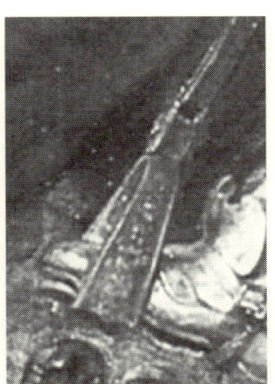

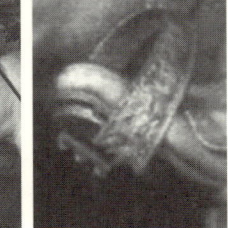

1．《枢機卿王子ドン・フェルナンド》(1634年頃)　2．《チャールズ1世騎馬像》(1638年頃)

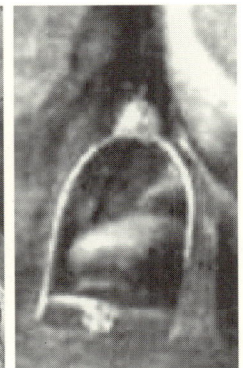

3．《金羊毛騎士団の騎士》(1612年か)　4．《オリバレス伯公騎馬画像》(1627年〜1628年)

第39図　騎馬画像に見られる鐙枝のレリーフと鐙板前面中央下部の貝状突起

文に変化しているものの，周囲には半獣半人が重層的に配されていることから，上記3例と同様の範疇で捉えることができる。

　ここに示した4例は美術史ではカンデラブルム（第40図1）あるいはグロテスク（第40図2～4）と理解されている。両者ともその起源は古代ローマの装飾にある。カンデラブルムは天井や壁に細長く伸びた燭台のような装飾類型のことで，その構成は壺や盃を重ねてそれを装飾の中軸とし，そこにアカンサス葉・花飾り・パルメット・人面・獅子の掌・スフィンクス女像などを付加するものである。このように具象的な要素を非合理的・重層的に配置するのがカンデラブルムの特徴で，ルネサンス前期の作品に採り入れられている（クルベール編2001）。グロテスクは1480年～1490年頃に発見されたローマ・ネロ皇帝（37～68）のドムス・アウレア（黄金宮殿）などの壁面装飾から想を得て生まれたもので，16世紀を中心に，17世紀にも用いられた。グロテスクは「空間否定の原理」と「人間，動物などのさまざまな種との融合という原理」からなる（シャステル1990）。グロテスクは平面の装飾に用いられるもので，器物には適さない。そこで器物の装飾には隣接する装飾類型のカンデラブルムを用いることになり，両者の融合が自然に起こった。これをカンデラブルム式グロテスクあるいはグロテスク式カンデラブルムという（クルベール編2001）。

1．室内装飾用鏡板の図案（15世紀末～16世紀初）
2．図案（1540年頃）　3．本の装丁（1570年頃）
4．刺繍（1550年～1560年）

第40図　半獣半人像と重層するモティーフ

　鐙Aのレリーフは類例で示したようにカンデラブルム式グロテスク（グロテスク式カンデラブルム）と理解するのが妥当であり，これは年代的にも矛盾がない。

c. ヨーロッパの研究者の見解

　慶長遣欧使節関係資料の馬具について，その系譜と年代を知るために，馬具を含む武器・武具を収蔵・展示しているオーストリアとイタリアの博物館に写真と基本情報を添えて照会した。その結果，2名の学芸員から回答を得た。クリスチャン・ビュフォート・スポンティン（ウィーン美術史美術館宮廷狩猟・武具室学芸員）は鐙Aをイタリア製で貴族用・高位高官用とする。その根拠として，①踏板の中央部が2本の棒で作られている，②踏板前面中央に貝状突起がある，③古代の壺や人物のレリーフがあるをあげる。またレリーフで飾られた鐙は稀少であることから王侯

第3章　慶長遣欧使節関係資料における馬具の基礎的理解　155

貴族および高位高官用と判断できるとする。スザンヌ・プロブスト（フィレンツェ，スティッベルト博物館学芸員）によると製作地はおそらく北イタリアのロンバルディア地方で，レリーフはトロフィーと神話上の人物を伴うイタリア・マニエリスム[9]の典型であり，年代は16世紀後半とする。

d. 製作地域と年代および格

　3項にわたって検討したことを踏まえ，鐙Aの製作地域と年代および格について考えてみたい。まず形態的な特徴と装飾法からヨーロッパ製とすることができ，さらに踏板の特徴から地域をイタリアに絞り込むことができる。これは鐙枝側面のレリーフがイタリアを始原とするカンデラブルム式グロテスク（グロテスク式カンデラブルム）であることからも支持されよう。年代はレリーフの特徴から16世紀の後半とするプロブストの見解が妥当である。ただ，絵画資料にはレリーフで飾られる同形の鐙が17世紀前半まで認められるから，これが下限を示す年代になろう。鐙の中での格付けはビュフォート・スポンティンが指摘するように王侯貴族用・高位高官用とするのが妥当で，これは例示した絵画資料と矛盾しない。

(2) 鐙B

a. 形状の類似例

　鐙Bの形態的な第一の特徴は帯状の輪部を有することである。しかし，現状ではこれと類似する鐙の例を示すことができない。そこで鐙Bと部分的に類似する鐙との比較によって，製作地域を探る手掛かりを得ることにしたい。鐙Bの第二の特徴は鐙革通しの形状・構造とその下に取り付く大きな球である。この部分が類似する例は赤堀和氏収集の鐙（第41図1・2）にある。これらの鐙は北京で入手したもので，年代・製作地等は不明ながら，鐙Bの製作地域を考える上で参考になる[10]。

b. 文様の特徴

　孔雀文・鳳凰文・獅子文・雷文はいずれも中国を中心とする東アジアに古くから見られる文様である。このうち孔雀文・鳳凰文・獅子文は吉祥文として描かれた。ここでは製作地域と年代の把握という観点から獅子文—特に外面底部の獅子文—を中心に見ることにしたい。

1．北京で収集した鐙①　　　　2．北京で収集した鐙②

第41図　D字形鐙革通しと大きな球を有する鐙

外面底部に銀象嵌された獅子文（第37図4）は中国では双獅戯球文あるいは獅子滾繡球文，日本では玉取獅子文といわれている。この文様は雌雄の獅子が糸で戯れているうちに繡球となり，そのなかから児獅子が生まれてくるとされる俗信を表現したもので吉祥文の一つである（視覚デザイン研究所編2000）。そこであらためて鐙Bの双獅戯球文を見てみると，中央にある円形のものは繡球で，中心に向かう弧状の文様は刺繡を表現し，球に取り付く二条の線は糸と理解できる。

ここでは双獅戯球文の年代をまず染付の主文様に類例を求めて考えてみたい。その理由は，染付の主文様はおおむね「その時代の絵画や染織品の流行を反映している」（三杉・榊原1989）とされるからである。染付瓶（第42図1）は胴部に双獅戯球文が描かれ，肩部のポルトガル語銘文には1552年とある（榎本1999）。見込みに双獅戯球文がある染付皿（第42図2）は16世紀中葉に位置づけられている（三杉・榊原1989）。この2点の双獅戯球文は鐙Bと酷似する。リスボンのサントス宮殿の「磁器の間」の天井には261枚の中国製磁器が飾られている。2頭あるいは3頭・4頭の獅子が繡球で遊ぶ姿が描かれた磁器が最も多く，嘉靖中葉から万暦前半，すなわち16世紀中葉～末葉の年代が考えられている（デロッシュ1999）。このうち2頭の獅子の文様は繡球を点対称の点とする双獅戯球文で鐙Bと同類である。

明確に双獅戯球文とはいえないが，糸と双獅を描いた染付皿がフィリピンのレナ・ショール沈船遺跡から出土している（Crick 2003）。この沈没年代は15世紀末葉～16世紀前葉と考えられている（田中2005）。リスボンのメデイロス・エ・アルメイダ財団所蔵の繡球と戯れる1頭の獅子を見込みに描いた染付鉢（第42図3）の外側には4つの丸いメダイヨン―ポルトガルの紋章・マヌ

1．染付瓶（1552年銘）　2．染付皿見込部分　3．メダイヨン付き染付鉢　4．明十三陵石牌坊（1540年造立）

第42図　双獅戯球文および獅子戯球文

エル1世（在位1495〜1521）の紋章・イエズス会（1540年，教皇パウロ3世認可）のIHSモノグラム・鳥獣のいる風景—が描かれ，年代は16世紀前半とされている（マトス1993）。しかし，IHSモノグラムが描かれていることから1540年以降の16世紀中葉とするのが妥当であろう。

磁器以外の双獅戯球文を見てみよう。孝陵（洪武帝陵）の四方城に敷かれた石板には繡球に繋がるリボンを銜える2頭の獅子がレリーフで表現されている（Paludan 1981）。2頭の獅子は同方向を向き，鐙Bのように繡球を基点に点対称とはならない。孝陵の完成は1405年である。明十三陵の石牌坊は陵園の大門・大宮門の南約1.5kmにある5間・6柱で11の屋根をもつ鳥居型の門で，1540年に建造された。この柱基部に双獅戯球文のレリーフが見られる（第42図4）。同様のレリーフは1663年建造の清東陵石牌楼の基部にも見られるから，17世紀第3四半期まで存続したことが確認できる（中国美術全集編輯委員会編1988）。ただ清東陵石牌楼は明十三陵石牌坊と極めてよく似ているから，後者の様式を模倣・継承したと考えられる。

このように見てくると鐙Bと類似する繡球を点対称の点とする双獅戯球文は清東陵石牌楼のように17世紀に降る例があるものの16世紀を中心に盛行した文様といえる。

c. 製作地域と年代および格

前後・左右に回転する鐙革通しとその下に付属する球をもつ鐙の製作年代・使用地域は確然とはしないが，北京で入手したものに類例を求めることができた。入手地が北京であることから使用地域は北京およびその周辺地域がまず想定される。しかし，首都であることを勘案すれば中国全土およびその周辺を範囲に入れておくのが，現状では穏当であろう。この想定は第41図1に一対の龍頭が認められることでも支持されよう。文様では双獅戯球文が年代と製作地域を探る鍵となる。この文様は16世紀の明代に盛行した。染付文様の一般的な属性から，同時期に鐙にも同様の文様が施されたと考えることは容認されよう。事実，染付文様以外では明十三陵石牌坊で認められ，それを模倣・継承した清東陵石牌楼でも採用されている。

鐙Bには鐙革通しを含む全面に銀象嵌が施されている。しかも輪部外面中央部から頂部にかけてみられる孔雀文・鳳凰文・牡丹文は鉄地に布目状の溝を彫り，その上に文様を漆で描き，さらにその輪郭を銀象嵌でとるという丁寧な技法が採られている。このように全面を飾る鐙は一般的ではないことから，その使用者も限定されると考えられ，鐙の格としては高いものであると想定される。

4. 小 結

鐙Aおよび鐙Bの製作年代・製作地域・使用者層については，つぎのようにまとめることができる。鐙Aの製作年代は16世紀後半〜17世紀前半で，製作地域はヨーロッパであるが，イタリアの可能性が最も高い。使用者は王侯貴族や高位高官と考えられる。鐙Bは16世紀の明代のもので，全面を銀象嵌で装飾していることから，その使用者の社会的地位は高いと推考される。

第4節　馬銜の基礎的理解

1. 轡之様成物

仙台藩の蘭学者・大槻玄沢（1757〜1827）は藩の許可を得て，文化9（1812）年10月に切支丹所保管の慶長遣欧使節関係品を実見した。この時，切支丹所からは「切支丹道具入記」すなわち目録が提供され，そこに玄沢が自身の所見を記した。これが「帰朝常長道具考略」（『金城秘韞』下）である。轡については「一轡之様成物　弐ツ」とあり図を付すだけで，玄沢の所見はみられない（第43図1）。ここで注目されるのは「切支丹道具入記」の馬具に対する記述の違いである。鞍・鐙・野沓・四方手については「鞍」「鐙」「野沓」「四方手」と断定しているのに対して，轡については「轡之様成物」として断定を保留しているのである[11]。

2. 轡之様成物と和式轡の比較

「切支丹道具入記」が「轡之様成物」と記し，断定を保留したのは何故なのだろうか。そのためには，まず江戸時代に使用されていた日本の轡（和式轡）の型式を確認する必要がある。和式轡の基本型式は奈良時代から変わらない。喰・鏡・立聞・引手からなり，素材は銅・鉄である。喰は一貫して棒状で輪違を持つものであるが，鏡板は時代により大きく変化する。室町時代後期以降，鏡板は鐶形の中に十文字の支柱を加えた十文字轡が普及し，これが江戸時代には主流となり，十文字の支柱の中央部に文様や家紋を配する紋轡が出現する（第43図2，末崎2004）。

つぎに第43図1・2を比較してその相違を確認したい。1にあり2にないものは棒状のa，2本のaを繋ぐ鎖b，鈎状のcおよびd，鎖状のeである。また両者にあるが形態・構造が異なるものとしてはf, gがある。fは喰で輪違も認められるが，棒状ではなく円錐形であることが大きく異なる。gは鏡板に相当する部分であるが，fに固定されており構造的な違いがある。このように両者を比較すると類似している部分もあるが，それよりも形態的・構造的に相違している部分が多いことがわかる。このことから「切支丹道具入記」で「轡之様成物」と表現し，轡と断定しなかった理由は和式轡との類似点はあるものの，それ以上に相違点が多かったためとすることができる。

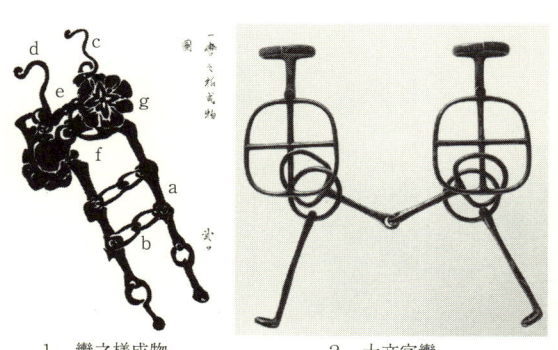

3. 馬銜の基本型式とその特徴

慶長遣欧使節関係資料の轡は和式轡の範疇では理解しがたいものであった。同資料を最も特徴づけているのはローマ市公民権

1. 轡之様成物　　2. 十文字轡

第43図　轡之様成物と和式轡の比較

証書・《ローマ教皇パウロ五世像》・《支倉常長像》・短剣等に代表されるようにヨーロッパを中心とする海外からの将来品である。このような特徴を踏まえるならば，この轡も広く海外に，とりわけヨーロッパを中心とする地域に目を向けて検討・考察する必要がある。そこで，まずヨーロッパにおける馬銜[12]の基本型式とその特徴の概略を把握しておくことにしたい。

ヨーロッパを中心とする地域の馬銜 bit の型式は小勒馬銜 snaffle と大勒馬銜 curb に大別され，その中間的なものとして現代のペラム pelham に類似した型式がある。小勒馬銜は金属の棒（馬銜身）とその両端に取り付けた鐶からなる。馬銜身を馬の口に銜ませ，鐶に頭絡（面懸）と手綱を繋ぎ，御すものである。騎乗者は手綱を通してその意志を馬の口に伝える（第44図1）。小勒馬銜の早い例としてはテル・エル・アマルナ遺跡（エジプト）から出土した紀元前1400年頃のものがある（第45図1，Taylor 1966）。なお，和式轡は小勒馬銜の範疇で捉えることができる。

大勒馬銜は馬銜身とその両端に棒状金具（馬銜枝）を取り付けたもので，H字状を呈する馬銜である。馬銜枝上端には頭絡と轡鎖を繋ぎ，下端には手綱を取り付ける。手綱を引くことにより馬銜枝を通してテコの原理が作用し，頭絡が敏感な項を刺激し，同時に轡鎖が顎を締め付ける（第44図2）。大勒馬銜はテコを利用していることから，馬に与える刺激や苦痛は小勒馬銜よりも直接的で大きい。大勒馬銜は紀元前からローマ人が使用していたが，4世紀末のローマ帝国の分裂・滅亡以降は使用されなくなった。しかし中世後期から再び主に軍馬に用いられるようになった（Stone 1934）。ここではその早い一例として1086年に描かれたスペイン・ブルゴス大聖堂の細密画（『ヨハネ黙示録』黙示録の四騎士）を示しておきたい（第45図2）。

現代のペラムに類似した小勒馬銜と大勒馬銜の中間的な型式がある。馬銜枝の中央部と下端とに手綱を二重に繋ぐものである。二重手綱の例は14～16世紀の絵画にしばしば認められる（第45図3）。

ヨーロッパにおける馬銜の基本型式を検討した結果，慶長遣欧使節関係資料の轡2口は大勒馬銜に該当するが明らかとなった。この

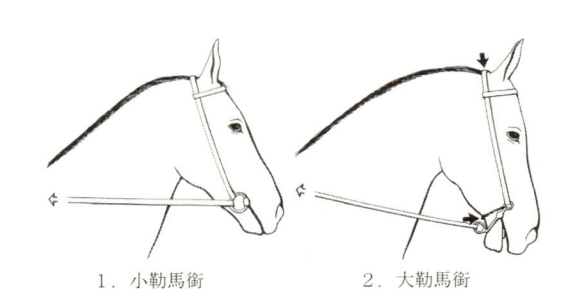

1．小勒馬銜　　　2．大勒馬銜

第44図　馬銜の加圧箇所の違い

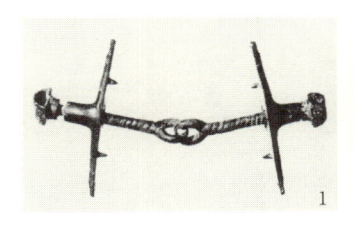

1．テル・エル・アマルナ遺跡出土
2．ブルゴス大聖堂の細密画
3．《騎士と死と悪魔》(1513年)

第45図　馬銜の諸型式

160　第2部　慶長遣欧使節関係資料の考古学的研究

検討を踏まえ，以下この轡を大勒馬銜と改称して記述を進めることにしたい。

4. 大勒馬銜の部分名称と各部の形態（第46図）

　大勒馬銜を理解するための前提として部分名称を確認しておく必要がある。しかし構造が異なる和式轡の名称をそのまま使用することは誤解を生む恐れがある。そこでここでは試訳を含む部分名称を英語と併記して提示することにする（1）。なお部分名称を指示するための図は，1602年にナポリで出版されたピロ・アントニオ・フェラーロ著『馬の制御』*Cavallo Frenato* 第1巻67頁に掲載のものを使用する（Ferraro 1602）。

　大勒馬銜を最も特徴付けるのは馬銜枝 branch（a）である。上馬銜枝 upper branch（a1）と下馬銜枝 lower branch（a2）が明瞭に分かれる曲線的なものと，その境界が不明瞭な直線的なものがある（2）。上馬銜枝に飾り鋲 boss を取り付けることもあり，そのため飾り鋲には一対の突起すなわち耳 ear がある（3）。馬銜身 cannon（b）は中空円錐形のほかに棒状のものもある（4）。中空円錐形馬銜身の場合は馬銜身蓋 end joint（j）を取り付ける。頬革孔 eye of the bit（c）には

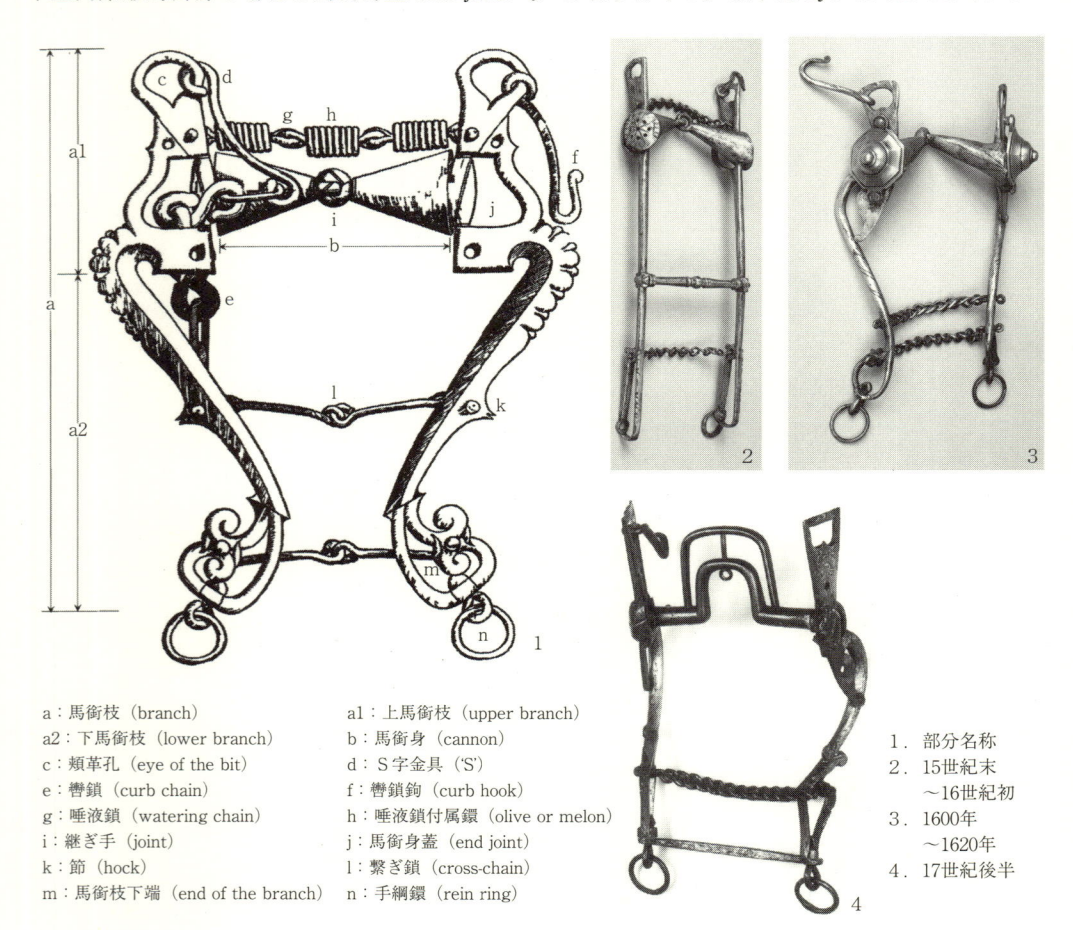

```
a ：馬銜枝（branch）              a1：上馬銜枝（upper branch）
a2：下馬銜枝（lower branch）      b ：馬銜身（cannon）
c ：頬革孔（eye of the bit）      d ：S字金具（'S'）
e ：轡鎖（curb chain）            f ：轡鎖鉤（curb hook）
g ：唾液鎖（watering chain）      h ：唾液鎖付属鐶（olive or melon）
i ：継ぎ手（joint）               j ：馬銜身蓋（end joint）
k ：節（hock）                    l ：繋ぎ鎖（cross-chain）
m ：馬銜枝下端（end of the branch） n ：手綱鐶（rein ring）
```

1. 部分名称
2. 15世紀末〜16世紀初
3. 1600年〜1620年
4. 17世紀後半

第46図　大勒馬銜の部分名称と各部の形態

頬革のほかにＳ字金具 'S' (d) と轡鎖鉤 curb hook (f) が取り付けられる。轡鎖は下顎に回し轡鎖鉤で固定する。唾液鎖 watering chain (g) は口内を刺激し唾液の分泌を促すもので、回転する鐶すなわち唾液鎖付属鐶 olive または melon (h) が付属することが多い。ただし唾液鎖を持たない例も少なくない。継ぎ手 joint は口中で折れ曲がって広さをつくり、舌よりも感受性が強い唇や歯齦部[13]に圧力を加える。継ぎ手のない棒状のものもあるが、これは舌と唇に圧力を加えるだけのもので、馬はそれを舌で押し上げ加圧を避けようとする（マクベイン1996）。継ぎ手の有無に関わらず、馬銜身中央部が凸字状に作られることがある。これが舌寛 port で、舌への圧力を減ずる一方、凸部が大きなものは口蓋への強い刺激を与える装置ともなる（4）。下馬銜枝の節には繋ぎ鎖 cross-chain (l) が取り付けられるが、2本の場合と下端部に1本の場合がある。また、鎖ばかりでなく棒を使う場合もある（2・4、第45図2）。馬銜枝下端 end of the branch (m) は鐶状になるものとならないもの（第48図1）があり、そこに手綱鐶 rein ring (n) が取り付けられる。

5. 慶長遣欧使節関係資料の大勒馬銜

2口ある大勒馬銜のうち馬銜枝が長いもの（長さ212mm）をＡ（第47図1）、短いもの（長さ203mm）をＢ（第47図5）とする。Ａ・Ｂとも鉄製で黒漆を塗っている。各部の計測値は第11表に示してあるので、ここでは数値化できない事項について馬銜枝と馬銜身を中心に記述し、またそれらと関わる各部についても合わせて言及することにしたい。

(1) 馬銜枝

上馬銜枝は馬銜身と関わるＤ字状部分とその先に伸び頬革孔・轡鎖・唾液鎖を取り付ける部分からなる。Ｄ字状部分はさらにＩ字状部分とＵ字状部分に分けられ、前者が馬銜身外端付近を貫通し、馬銜枝と馬銜身を連結する。一般にＵ字状部分は馬銜身外端面直径より大きく作られているので、第46図1、第48図1・2、第50図のようにＩ字状部分を軸にして回転することが可能である。しかし本例は馬銜身蓋を兼ねた飾り鋲が大きいため回転することができない（第47図1・2・5・6）。

唾液鎖はＡ・Ｂにあり、Ｓ字状に作った金具を3個連結させたもので、Ａは鎖が外れている。それに付属する鐶はそれぞれ3個あり、板状のものを鐶にしたことが接合痕から確認できる（第47図1・5）。Ａ・Ｂともに轡鎖を欠くが、ＢにはＳ字金具と轡鎖鉤が付属する。なお唾液鎖と頬革孔の間の外面に平行沈線による装飾が施されている。

第11表　慶長遣欧使節関係資料の大勒馬銜の計測値

(単位：mm)　＊：計測せず

	大勒馬銜Ａ	大勒馬銜Ｂ
馬銜枝	全長 212	全長 203
上馬銜枝	長 70	長 82
下馬銜枝	長 142	長 121
上馬銜枝上端	幅 30	幅 ＊
左右上馬銜枝間	長 110	長 103
馬銜身	長 123	長 135
馬銜身外端面	直径 30	直径 ＊
飾り鋲（馬銜身蓋）	直径 55	直径 58
四弁花文	長 40	長 40
四弁花文中心飾り	直径 10	直径 10
継ぎ手	外径 15 と 17	外径 19 と 21
頬革孔	15 × ＊	19 × 15
Ｓ字金具	なし	長 74
轡鎖鉤	なし	長 74
唾液鎖付属鐶	直径 9，幅 10	直径 10，幅 10

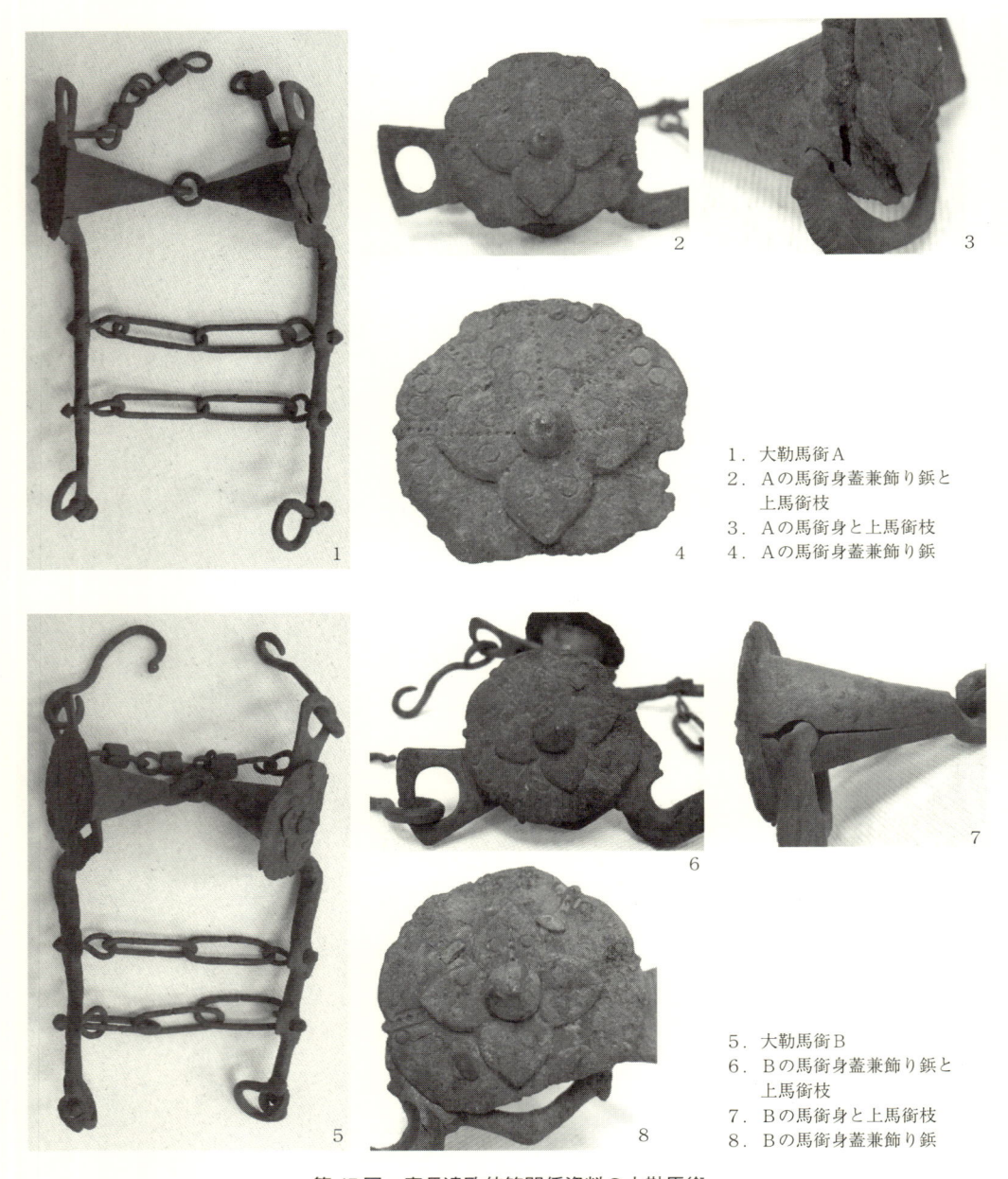

162 　第2部　慶長遣欧使節関係資料の考古学的研究

1. 大勒馬銜A
2. Aの馬銜身蓋兼飾り鋲と上馬銜枝
3. Aの馬銜身と上馬銜枝
4. Aの馬銜身蓋兼飾り鋲

5. 大勒馬銜B
6. Bの馬銜身蓋兼飾り鋲と上馬銜枝
7. Bの馬銜身と上馬銜枝
8. Bの馬銜身蓋兼飾り鋲

第47図　慶長遣欧使節関係資料の大勒馬銜

　下馬銜枝は内側が平らで外側が丸みをもつ断面D字状で，下端に向かって徐々に細くなり，下端は鐶状にならない。繋ぎ鎖を通すために中間の2箇所を節状に幅を広げている。繋ぎ鎖は長楕円形の鐶2個からなる。下端には手綱鐶があるが，Aは取り付け方が逆向きになっている。下馬銜枝にも平行沈線およびその間を繋ぐ斜行する平行沈線による装飾がみられる。

(2) 馬銜身

馬銜身は円錐形ものを2個，頂部に作った継ぎ手で繋ぐ。円錐形は鉄板を円形に曲げて作っていることがその接合痕跡からわかる（第47図7）。上馬銜枝のⅠ字状部分の馬銜身への取り付けは接合部分に1孔を作り，もう1孔は底部に短い切り込みを入れることにより行われる（第47図3・7）。

円錐形の底部には飾り鋲を兼ねた蓋を取り付けている。その方法は円錐形の底部に作った4個の凸字状の爪をそれらに合うように作られた蓋の方孔に入れ，先端を叩いて固定するものである（第47図6・8）。これはBでは明瞭に認められるが，Aでは判然としない（第47図2・4）。

飾り鋲を兼ねた蓋の施文をみてみよう（第47図4）。馬銜身と直接接合している蓋の部分は列点文で区画された円形の8弁花文である。円文が各弁端に3個，中央部に1個，認められる。これに重ねて4弁花文が置かれる。各花弁は先端を尖らせたスペード形で，花弁中央は列点文で2分され，そのそれぞれに円文1個を配する。中心飾りは円錐形で，8弁花文の蓋と4弁花文の飾りを固定している。

6. 大勒馬銜の製作地域と年代および用途

(1) 製作地域

馬銜の型式は大勒馬銜と小勒馬銜とに大別され，その中間の型式として現代のペラムに類似したものが存在することは，すでに記した。では大勒馬銜・小勒馬銜はどの地域で使用されているのであろうか。ストーンは，大勒馬銜はアラビア・スペイン・スペイン系アメリカ諸国で，小勒馬銜はペルシャ・マレー半島・中国・日本で使用し，インドではその両方を使用するとする（Stone 1934）。この指摘は誤りではないが，誤解を生む内容を含んでいる。とくに大勒馬銜の使用地域はスペインに限らずヨーロッパ全土で使用されており，このことは中世以降の実物や絵画・彫刻で確認できる。またヨーロッパでは大勒馬銜だけではなく，小勒馬銜も古代以来使用されているのも事実である。つまりヨーロッパは大勒馬銜と小勒馬銜の併用地域なのである。

慶長遣欧使節関係資料の大勒馬銜と馬銜枝や馬銜身が類似するものが『馬の制御』に図示されている（第48図1）。繋ぎ鎖の形態が類似するものとしてはロンドン博物館所蔵の16世紀のもの（第48図2）と1570年頃のクリスト・フォン・フッガー伯爵（1520〜1579）所用のもの（第48図4）がある。唾液鎖付属鐶の形態は第48図2に類似する。馬銜枝に平行沈線で装飾する例としてはイタリア・モデナ市民博物館蔵の15世紀末〜16世紀初のヨーロッパ製（ドイツ製か）のもの（第48図3）を，また並行斜線で飾る例としては同館蔵の1600年〜1620年のヨーロッパ製のもの（第46図3）を示すことができる。このような類例の存在からこの大勒銜の製作地域をヨーロッパに求めることは首肯されよう。

(2) 年 代

年代は馬銜身・馬銜枝・轡鎖から推定できる。馬銜身は小勒馬銜の分類と年代が参考になる。クラークはパーキンスが1940年に発表した中世の小勒馬銜の馬銜身の分類を紹介している（第49図，Clark 2004）。パーキンスは円錐形馬銜身（第Ⅳ型式）の例として1399年に廃絶したポーラ

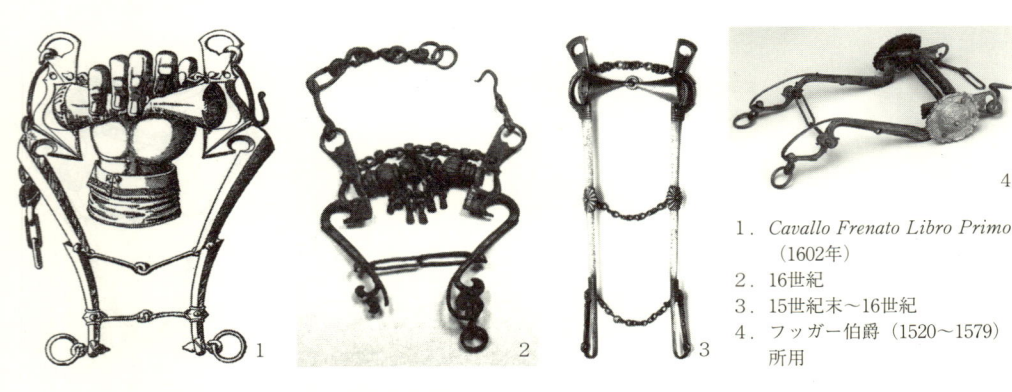

164　第2部　慶長遣欧使節関係資料の考古学的研究

1. *Cavallo Frenato Libro Primo*（1602年）
2. 16世紀
3. 15世紀末〜16世紀
4. フッガー伯爵（1520〜1579）所用

第48図　慶長遣欧使節関係資料の大勒馬銜と各部が類似する大勒馬銜

ンドのタンネンベルク城のものを示すことしかできなかったが、クラークはロンドンの1270年〜1350年代の地層出土資料を加えている（Clark 2004）。このことから円錐形馬銜身は遅くとも14世紀中頃には出現し、18世紀後半まで存続していたことが確認できる（第50図）。

　馬銜枝は中世では300mm以上の長さがあった。事実、第46図2と第48図3はともに15世紀末〜16世紀初のもので馬銜枝長は前者が400mm、後者が490mmである。一方18世紀の馬銜枝長は200mm前後のものが多い。これらを勘案すると馬銜枝長は中世以降、徐々に短くなる傾向があると想定される。そこで『拍車・馬銜・鐙』*Sproni, morsi e staffe*（Probst 1993）に掲載された15世紀末葉〜19世紀中葉の大勒馬銜121点のうち、パーキンス第Ⅳ型式馬銜身をもつ25点の馬銜枝長を年代ごとにまとめてみた（第12表）。15世紀末葉〜16世紀初のものは6例中5例が300mmを超えているが、16世紀前半になると300mm前後になる。16世紀末葉〜17世紀初頭には300mmを超えなくなり、17世紀前半には200〜250mmに収まる。17世紀中葉には200mmを下回る例もある。17世紀後半になるとほとんどが200〜250mmに収まるが、150mmに近い短い例もある。慶長遣欧使節関係資料の大勒馬銜Aは212mm、同Bは203mmである。A・Bを第12表に加えると17世紀中葉〜後半の年代に収まるが、年代別の最も短い例の傾向を見れば17世紀前半まで遡らせても矛盾は生じない。

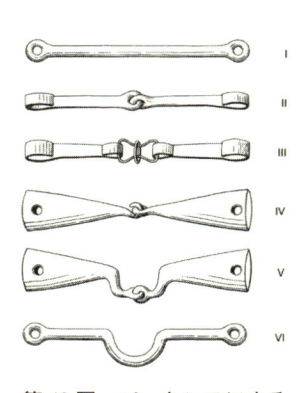

　轡鎖は16世紀までに出現したことをクラークが指摘している（Clark 2004）。第46図2の例は15世紀末葉〜16世紀初頭に位置づけられるもので、クラークの指摘を裏付けている。

　馬銜身・馬銜枝・轡鎖を手掛かりにして慶長遣欧使節関係資料の大勒馬銜A・Bの年代を推定してみた。その結果、馬銜身の出現は14世紀中葉以降、馬銜枝長は17世紀代、轡鎖は16世紀ま

第49図　パーキンスによる馬銜身の分類

第50図　18世紀後半の円錐形馬銜身

第 3 章　慶長遣欧使節関係資料における馬具の基礎的理解

でに出現したことが明らかになった。これらのことから慶長遣欧使節関係資料の大勒馬銜Ａ・Ｂの年代は17世紀代と推定することができる。しかし大勒馬銜Ａ・Ｂの馬銜枝・馬銜身の形態が1602年出版の『馬の制御』に掲載された大勒馬銜（第48図１）に類似していることから，さらに17世紀前半に絞り込める可能性がある。

(3) 用　途

大勒馬銜は中世以降の絵画・彫刻などの芸術作品のなかに数多く見出すことができるが，小勒馬銜は散見される程度である。これに対して馬銜の遺跡

第12表　大勒馬銜の馬銜枝長の年代的変化

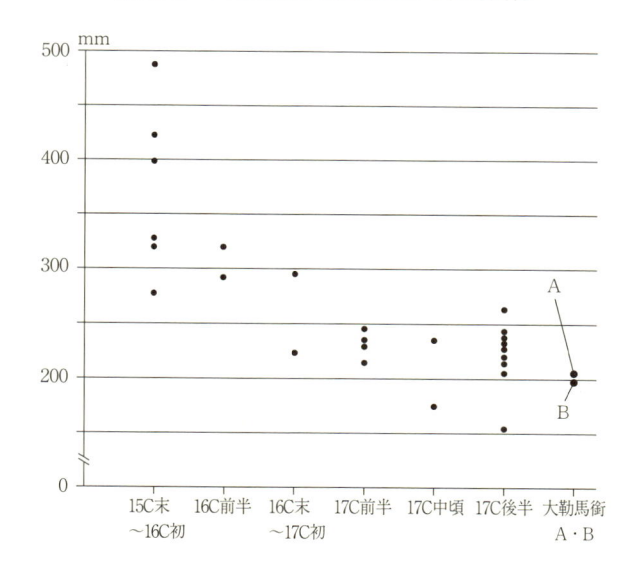

からの出土数は小勒馬銜が大勒馬銜を凌駕する。このような二者の在り方はすでに1940年にパーキンスによって指摘され（Perkins 1940），クラークはそれをつぎのように解釈している。すなわち小勒馬銜が考古学的な出土品として非常に多いということは，乗用馬用というよりは運搬馬用という結論で矛盾がない。しかし小勒馬銜は乗用に使用できたことも事実で，そのような使用を想定できるものに頬当に円形の飾り鋲をもつものを挙げることができる。一方，大勒馬銜が絵画・彫刻などの芸術作品に多くみられることは上流社会で乗用馬用として流行していたことを反映したものと考えることができる（Clark 2004）。

馬銜身幅と馬体高[14]に相関関係があるとする研究がある（Dent & Goodall 1962, Hyland 1990，第13表）。クラークは13世紀～16世紀の馬銜身幅は4～5.5in.で変化することから，大半の乗用馬の体高は15hh.を超えるものではないと考えている（Clark 2004）。慶長遣欧使節関係資料の大勒馬銜Ａ・Ｂの馬銜身幅はそれぞれ110mm（約4.3in），103mm（約4.1in）で小さな部類に属する。Ａはデントとグッドールの基準では12～13hh，ハイランドの基準では13.2～14.2hhとなり，Ｂはデントとグッドールの基準では12hh，ハイランドの基準では13～13.2hhとなる。馬は体高によって14.2hh（約144cm）以下のものをポニー，14.2hhを超えるものをホースとしている（ディヴィス2005）。これによればＡ・Ｂともにポニーに適合する大勒馬銜ということになる[15]。

大勒馬銜Ａ・Ｂには馬銜身の蓋を兼ねた飾り鋲がある[16]。では大勒馬銜にはどれほどの割合で飾り鋲が装着されているのだろうか。

第13表　馬銜身幅と馬体高の関係

馬銜身幅	馬　体　高	
	デント，グッドール（1962）	ハイランド（1990）
3.5in.（8.89cm）	11hh.（111.76cm）	
4.0in.（10.16cm）	12hh.（121.92cm）	13～13.2hh.
4.5in.（11.43cm）	13hh.（132.08cm）	13.2～14.2hh.
5.0in.（12.70cm）	14hh.（142.24cm）	
5.5in.（13.97cm）	15hh.（152.40cm）以上	

第 14 表　大勒馬銜の飾り鋲の有無

世紀	時期	飾り鋲 あり	飾り鋲 なし 上馬銜枝2孔 あり	飾り鋲 なし 上馬銜枝2孔 なし	不明	計
16	初頭	0	0	7	0	7
	前半	0	0	2	0	2
	小計	0	0	9	0	9
17	初頭	0	0	3	0	3
	前半	3	1	3	0	7
	中葉	0	1	4	0	5
	後半	5	15	27	2	49
	末葉	0	0	1	1	2
	小計	8	17	38	3	66
18	初頭	0	0	4	1	5
	前半	0	0	2	1	3
	中葉	0	1	0	0	1
	後半	0	1	6	0	7
	末葉	1	0	1	0	2
	小計	1	2	13	2	18
19	初頭	0	0	10	0	10
	前半	0	0	1	0	1
	中葉	0	0	17	0	17
	小計	0	0	28	0	28
合	計	9	19	88	5	121

＊数字は資料点数
＊16世紀初頭，17世紀初頭には，それぞれ15世紀末葉，16世紀末葉を含む

ここでは『拍車・馬銜・鐙』に掲載されている15世紀末～19世紀中頃の大勒馬銜121点を資料として考えてみたい（第14表）。121点のうち飾り鋲の装着が確認できるのは9点（7.4％）で，その装着率は低い。世紀別にみると16世紀と19世紀が0％で，17世紀が12.1％，18世紀が5.6％で17世紀が最も高い装着率を示している。ただ注意しなければならないのは，飾り鋲がないということが当初から装着されなかったことを必ずしも意味するわけではなく，脱落したことも考えられるということである。そこで注目したいのが，飾り鋲の固定用突起に対応すると思われる上馬銜枝にあけられた2つの孔である。上馬銜枝にこの2孔を有し飾り鋲がないものをすべて飾り鋲が脱落したものと仮定して飾り鋲が確認できる大勒馬銜に加えると，その装着率は16世紀と19世紀は0％で変わらないが，17世紀は37.9％，18世紀は16.7％となる。この装着率は高いように思われるが，逆の見方をすると17世紀では62.1％，18世紀では83.3％の大勒馬銜に飾り鋲が装着されなかったということになる。このことから飾り鋲は限られた大勒馬銜に装着されたものと考えることができる。

　飾り鋲を装着した大勒馬銜は王侯貴族の騎馬像のほとんどに見られる（Liedtke 1989）。王侯貴族は進軍・戴冠・迎賓・婚礼・洗礼等に関わる政治的・軍事的・宗教的な儀式のなかで馬に飾り鋲付き大勒馬銜を装着させたと考えられる。また16世紀には上記の儀式・祭典に欠かせないものとなったものとしてトーナメントがある。トーナメント競技には馬上槍試合，フリー・トーナメント，徒歩トーナメントの三形態があり，その様子を描いた数多くの絵画・版画等の資料が現存する。それらの資料に描かれた馬上槍試合に臨む馬に装着された大勒馬銜を見るとその多くに飾り鋲が表現されている。このことから騎士は飾り鋲付き大勒馬銜を使用することが多かったことがわかる。

7．小　結

　世界的な視野で馬銜を分類すると大勒馬銜と小勒馬銜に大別でき，和式鐙は後者に属する。江戸時代，日本には小勒馬銜はあったが大勒馬銜はなかったのである。仙台藩切支丹所作成の目録に「轡之様成物」と記し，轡であるとの断定を避けた理由がここにある。

　大勒馬銜A・Bは形態的な特徴からその系譜をヨーロッパに，その年代を17世紀に求めることができる。この大勒馬銜に適する馬の体高は，その馬銜身幅からAは12hh.～14.2hh.，Bは

12hh.～13.2hh. と推定された。馬銜身底部に蓋を兼ねた飾り鋲があり，それはこの大勒馬銜が王侯貴族・騎士等の上流社会で使用されたものであったことを窺わせるものとなる。

　大勒馬銜A・Bについて，マティアス・プファッフェンビヒラー（ウィーン美術史美術館宮廷狩猟・武具室学芸員）と『拍車・馬銜・鐙』を編集したスーザン・ポロブスト（フィレンツェ，ステッベルト博物館学芸員）に写真を付して年代・製作地等について照会した。これに対してプファッフェンビヒラーからは，この大勒馬銜はイタリア製のように思えるとの回答を得た。またポロブストからはおそらく北イタリア製で，年代は16世紀後半から17世紀初頭，ヨーロッパの宮廷で使用されたものとの回答を得た。両者の製作地域・年代に関する見解は大筋でこれまでの検討結果と一致している。

　以上のような大勒馬銜A・Bの製作地域・年代等に関する検討によって，さらに検討を要する課題はあるものの，これらは慶長遣欧使節が将来したものであるということができる。

第5節　野沓の基礎的理解

1. 機　能（第51図）

　野沓は切付の下縁に取り付けられる馬具の一つである（1）。切付は鞍橋と馬膚の間に用いる下鞍敷の一つである。下鞍敷は切付と膚付の二枚重ねとするのが一般的で，馬膚に膚付・切付・鞍橋の順に重ねられる。なお障泥を用いる場合は切付と膚付の間に差し込む。野沓は，鞍橋から垂下し，その先端部を鐙と繋ぐ力革が切付に当たるのを防ぐためのものである（鈴木1985）。文化3(1806)年刊の平重秀『騎士用本』には「力革ずり」ともいうとあり，野沓の機能を端的に知ることができる。なお，切付を上切付と下切付の二枚重ねにする場合もある。この場合，野沓は4点1具となる（2）。

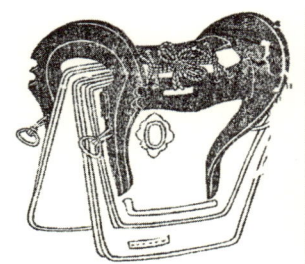

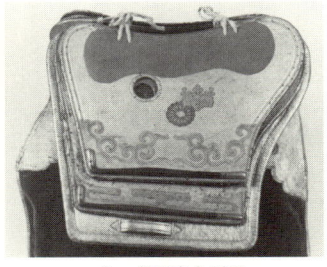

1.　『騎士用本』（1806年）　　2.　豊臣棄丸所用

第51図　野沓の装着例

2. 記録と観察

　文化9(1811)年，大槻玄沢は「帰朝常長道具考略」（『金城秘韞』下）を著した。これは仙台藩切支丹所から提供された目録（「切支丹所・切支丹道具入記」）をもとに考察を加えたものである。このなかに「一，野沓　弐ツ　これ常用の品なるへし」との記述がある。「一，野沓　弐ツ」が目録の記述で「これ常用の品なるへし」が玄沢の所見とみられる。この記録によって慶長遣欧使節関係資料の野沓（2点1具）が仙台藩切支丹所保管で保管されていたものであることが確認で

きる。

　この野沓は青銅製で，本体が直線的に伸び，その前端[17]を鈍角のL字状に屈曲させて屈曲部を形成し，先端を円く作る（第52図1）。断面は伏せた逆U字状で，全体は両端を塞いだ管を半裁した形状に似る。全長28.5cm，屈曲部の上端・下端間は6.5cmを測る。厚さは0.4〜0.5cmである。本体中央部の幅2.5cm，先端部幅1.6cm，屈曲箇所での幅2.1cmで，中央部の幅が最も広く緩やかな丘状になっている。本体内側の溝に幅1.1cmの方形の突起が2箇所，屈曲部に1箇所認められ，直径0.7cmの円孔有し，半裁面から0.6cm飛び出す（第52図2・3）。この3個の突起が半裁面から飛び出しているのは，切付にこの突起を差込み，取り付けを確実にするためである。

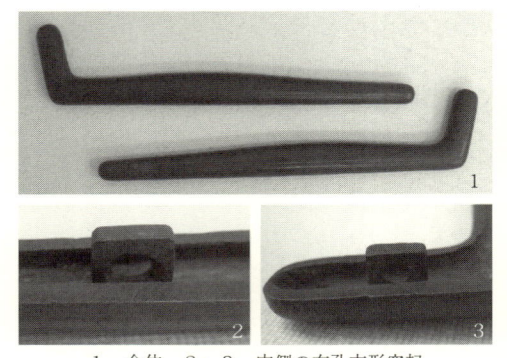

1．全体　2・3．内側の有孔方形突起
第52図　慶長遣欧使節関係資料の野沓

3. 野沓の基礎的考察

(1) 日本における野沓

a. 野沓の記録における初見

　野沓は『土岐家聞書』（15世紀中頃〜後半）に「野ぐつしほ手は。赤銅に紋は毛ほりなく至極なり。」と見え，また弓術・馬術の故実伝書『弓張記』（15世紀後半）には「一きつつけ馬はたのくつ。しほてなとの類は。いく口の分と云うなり。」とある[18]。このように記録からは15世紀後半以前に野沓が存在していたことが確認できる。

b. 絵画資料による野沓の形態分類と年代

形態分類

　文字による記録よりも野沓に関する多くの情報を提供してくれるのが絵巻物や縁起などの絵画資料である。そこでこれらを用いて，形態と年代の関係を見ることにしたい。まず絵画資料に見られる野沓の形態をつぎのように分類する（第15表）。

A型：一文字形のものである。細部の形態の違いにより1〜3類に細分できる。1類は両端が三角形状で，中央部が緩やかな丘のように盛り上がるもの，2類は両端が三角形状になるのみで，中央部が棒状のもの，3類は全体が棒状のものである。

B型：L字状に屈曲するもの。

C型：鐙状に両端が屈曲するもの[19]。

形態と年代（第53図）

　つぎに野沓の各型および各類と年代の関係を具体的に見てみたい。A型1類は『蒙古襲来絵巻』（1．1294年頃制作），『一遍上人伝絵巻』（2．1299年制作），『男衾三郎絵巻』（3．13世紀末制作）に見られることから，13世紀末には存在したことがわかる。14世紀の制作とされる『後三年合戦絵巻』

第 3 章　慶長遣欧使節関係資料における馬具の基礎的理解　169

第 15 表　絵画資料による野沓の形態変遷

型	1300	1400	1500	1600	年
A型1類	1.蒙古来襲絵巻　2.一遍上人伝絵巻　5.武者騎馬像　4.後三年合戦絵巻　3.男衾三郎絵巻			6.牧場図屏風	
A型2類	7.蒙古来襲絵巻　8.慕帰絵詞		9.道成寺縁起	10.日蓮聖人註画讚　11.益田元祥像	
A型3類			12.騎馬武者像　13.細川澄元像	14.臙図屏風	
B型				15.調馬図屏風	
C型					

　(4) や『長谷雄草紙』でも確認できる。前端部が騎乗者の脚によって確認できないが、その他の部分から A 型 1 類と考えられるものに伝足利尊氏像とされていた《武者騎馬像》(5) と《牧馬図屏風》(6) がある。《武者騎馬像》には足利義詮の花押があることから、その制作年代の下限は義詮が死去した貞治 6 (1367) 年となるが、黒田日出男は義詮の花押の変遷から、延文 4 (1359) 年頃とする (黒田 1998)。《牧馬図屏風》は長谷川信春の作品である。信春の号は長谷川等伯 (1539～1610) が 20 代～30 代前半に使用したものであるから、制作年代は 16 世紀第 3 四半期とすることができる。このことから A 型 1 類は 13 世紀末葉～14 世紀に存在したことは確実であるが、下限は 16 世紀第 3 四半期まで降ると考えられる。

　A 型 2 類も『蒙古襲来絵巻』(7) や『男衾三郎絵巻』に認められるから、13 世紀末には存在していた。その後『春日権現験記絵』(1309 年制作)、『慕帰絵詞』(8、1351 年制作)、『日蓮聖人註画讚』(10、1536 年制作) にも認められるから、16 世紀中葉まで存在したことは確実である。前端部は確認できないものの、A 型 2 類と考えられるものに『道成寺縁起』(9、15 世紀後半制作)、狩野松栄 (1519～1592) 作の《益田元祥像》(11) がある。この像は益田元祥 (1558～1640) と狩野松栄の生没年から制作年代の下限は文禄元 (1592) 年となるが、上限は天正 10 (1582) 年と考えられている (影山 1988)。以上のことから、A 型 2 類は 13 世紀末葉～16 世紀中葉の存在は確実であるが、その下限は 16 世紀末葉と考えられる。

　A 型 3 類では永正 4 (1507) 年の年紀がある《細川澄元像》(13) が年代的に早い例となる。鐙当と薙刀の間に野沓の前端が描かれており、3 類と確認できる。しかし、3 類の年代は 15 世紀に遡ることが考えられる。《騎馬武者像》(12) は長享元 (1478) 年出陣の足利義尚像との説が早くからある (宮島 1998)。ここに描かれた野沓の後端は円く、《細川澄元像》の野沓に類似する。切

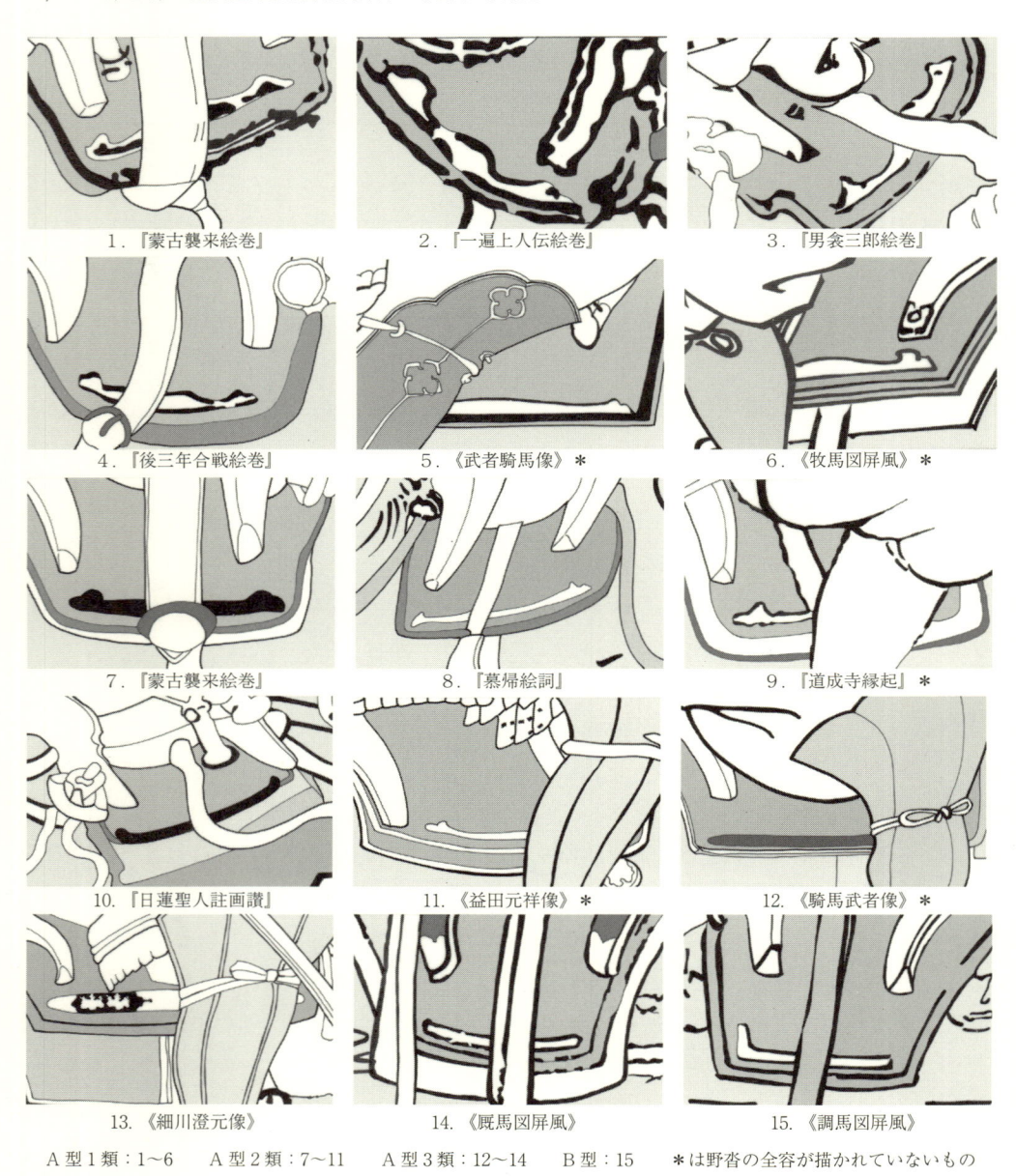

170　第2部　慶長遣欧使節関係資料の考古学的研究

1.『蒙古襲来絵巻』	2.『一遍上人伝絵巻』	3.『男衾三郎絵巻』
4.『後三年合戦絵巻』	5.《武者騎馬像》＊	6.《牧馬図屏風》＊
7.『蒙古襲来絵巻』	8.『慕帰絵詞』	9.『道成寺縁起』＊
10.『日蓮聖人註画讃』	11.《益田元祥像》＊	12.《騎馬武者像》＊
13.《細川澄元像》	14.《厩馬図屏風》	15.《調馬図屏風》

A型1類：1〜6　　A型2類：7〜11　　A型3類：12〜14　　B型：15　　＊は野沓の全容が描かれていないもの

第53図　13〜17世紀の絵画に描かれたA型・B型の野沓

付の前端と韉当との僅かな空間に，その前端が描かれていないことは野沓前端も後端と同様の形態であることを窺わせる。『清水寺縁起』（1520年制作）には野沓の両端が描かれており，その形態から3類であることがわかる。年代的に降る例として，室町時代末期の制作とされる《厩図屏風》（14）がある（「重要文化財」編纂委員会1981）。したがって，この制作実年代は16世紀第3四半期ということになる。

　B型の年代的に早い例として《調馬図屏風》（15）を挙げることができる。作者は不明ながら

狩野派の画人と見られ、制作年代は慶長期（1596～1614）の末期とされている（武田・狩野1988）。B型は第51図1にも見られるように、江戸時代を通じて用いられた。

以上の検討を踏まえ、絵画資料による野沓の形態と年代はつぎのようにまとめることができる。A型1類・2類は13世紀末葉～16世紀後半に見られる。A型3類はその出現が1類・2類よりも遅れ、15世紀後半であり、16世紀第3四半期まで確認できる。B型は17世紀初頭以降、19世紀の江戸時代まで用いられた。

c．出土した野沓の形態と年代

野沓の出土例は少なく、管見に拠れば大宰府条坊跡（中島・北平・香川2008）・鎌倉市内（菊川1991）・埼玉県騎西城跡（嶋村2003、2006）だけである。しかし、出土遺物を野沓と認識しないで用途不明製品として報告している可能性もあるから、遺跡調査報告書を渉猟すれば出土遺跡・出土例は増加すると思われる。

大宰府条坊跡

全長27.1cm、最大幅3.6cm、最大厚1.1cmで、鍛造した鉄を芯材とし、化粧として芯材を包み込むように銅薄板を表面に貼る（第54図1）。両端外側は二連弧状に作り、その中央部に0.3cm×0.6cmの長方形の孔を穿つ。下縁は極緩やかな弧を描き、上縁は中央部でピークとなる緩やかな丘状を呈する。第Ⅲ遺構面で確認された礎石建物跡から出土もので、年代は13世紀第2四半期頃である。

鎌倉市内

菊川泉は、鎌倉市内の遺跡から出土した武具・馬具の集成し、その成果をまとめている（菊川1991）。これによれば、野沓は6遺跡で11点出土している。このうち全容がわかる5点（第54図2～6）は、上述の大宰府条坊跡出土例と形態は類似するが、全長は25.0cm～27.0cmの間に収まり、僅かに小さい。2～4は鉄製で、このうち3・4は薄い銅板で被覆している。5～7は骨角製で、格子文や菊水文が施されている。6には黒漆が塗られている。これらの野沓の年代は13世紀中葉

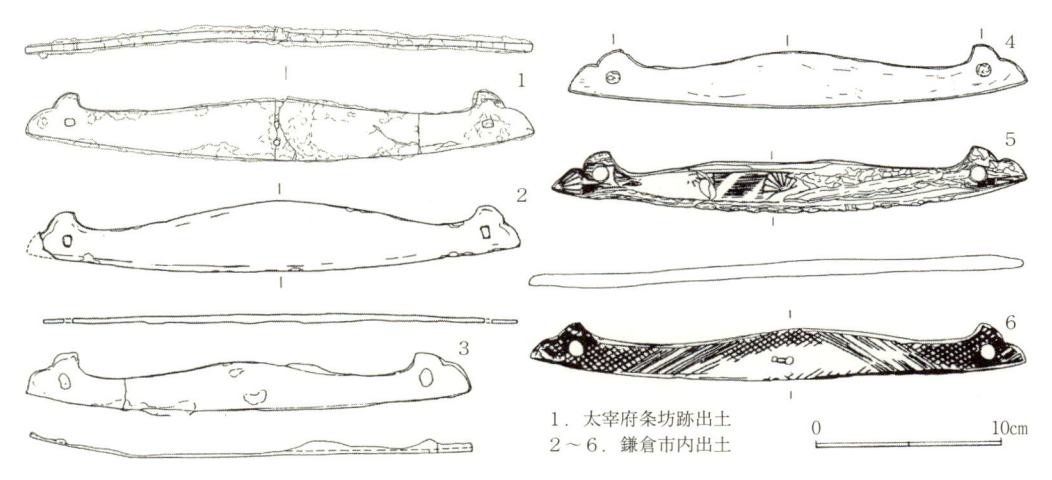

1．大宰府条坊跡出土
2～6．鎌倉市内出土

第54図　大宰府条坊跡および鎌倉市内出土の野沓

172　第2部　慶長遣欧使節関係資料の考古学的研究

~14世紀中葉である[20]。

騎西城跡

騎西城跡は1980年から発掘調査が続けられ，城跡ばかりでなく武家屋敷跡の様相も明らかにされつつある。築城開始時期は不明であるが，12~19世紀に属する遺物が出土している。野沓は本丸の南約200mに位置する天神曲輪地区の障子堀（B1堀）跡から右側用が1点出土した。出土した野沓の基本的な形態や構造は慶長遣欧使節関係資料の野沓と同様であるが，小振りである。先端部は隅円方形状である。本体23.3cm，先端部幅1.3cm，屈曲部の上端・下端間は5.3cmで，屈曲箇所での幅は1.1cmである。本体の上縁・下縁ともに直線ではなく，わずかに弧状に作り，中央部で最大幅が1.8cmとなり，ここに円孔を穿つ（第55図1・2）。本体内側に幅1cm前後

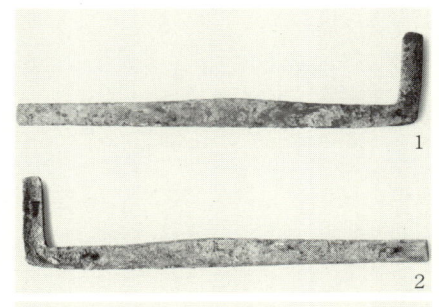

1．表　2．裏　3．有孔方形突起

第55図　騎西城跡出土の野沓

の突起が2箇所，屈曲部に幅0.7cmほどの突起が1箇所あり，ともに孔を穿つが欠損しており，その詳細は不明である（第55図3）。B1堀跡の年代は出土陶器等から16世紀前半~中葉であるとされているから，そこから出土した野沓も同年代とすることができる。

なお，出土資料ではないが，16世紀代に遡る伝存資料がある。それは豊臣秀吉の実子鶴松（棄丸）が天正19（1591）年に3歳で亡くなったときに，棄松の菩提を弔うために造られた小型馬具皆具で，そこに認められる野沓である（第51図2）。

出土野沓と絵画資料の野沓との形態的・年代的な対応関係

大宰府条坊跡・鎌倉市内出土の野沓の形態は絵画資料による形態分類のA型1類に該当する。ただ大宰府条坊跡出土野沓の年代は13世紀第2四半期頃で，絵画資料の年代よりもやや遡る。鎌倉市内出土の野沓の年代は13世紀中葉~14世紀中葉と幅があるが，おおむね絵画資料の年代幅に収まる。騎西城跡出土の野沓はB型に該当するが，年代的には絵画資料よりも年代が遡り，16世紀前半~中葉である。A型2・3類に該当する出土野沓は提示できなかった。

d．形態と年代

絵画資料と出土資料によって，野沓の形態と年代の関係はつぎのようにまとまることができる。形態は一文字形のA型とL字状に屈曲するB型に大別できる。年代はA型が13世紀第2四半期頃~16世紀末，B型が16世紀前半~中葉以降とすることができる。このことから16世紀はA型・B型の並存期であると捉えることができる。これを裏打ちする興味深い記事が『竹中百箇条』にある。

『竹中百箇条』は竹中重治（1544~1579）が著した軍書8巻の1巻で，弟の久作が纏め上げたものであるという（本山1988）。「軍法の要訣を記述したるもの，凡そ一百箇條」（佐村1926）からなる。

原本はなく，正徳4 (1714) 年に日下部（朝倉）景衡（1660～？）による写本（昌平坂学問所旧蔵）が国立公文書館にある[21]。野沓に関しては「一　ノグツハ，一文字ナルヲ用，カキニアルハ，シノフコトナキユエニ，ハナレテ物ニアタリテ悪シ」とある。この記事によれば，野沓の形態には「一文字」形と「カキ（鉤）」形があり，野沓としては前者がよく，後者が悪いということである。その理由として，後者が外れ易くて物に当たることを挙げているが，理解し難く判然としない。ここでは二形態の野沓の良否ではなく，二形態の存在に注目したい。つまり，竹中重治が生存していた16世紀第2・3四半期には「一文字」形と「カキ（鉤）」形の野沓が並存していたということである。「一文字」形はA型，「カキ（鉤）」形はB型に相当すると理解できるから，この記事は絵画資料・出土資料の検討結果と一致する。

(2) 外国における野沓の存否

　　a．中国・朝鮮（第56図）

　中国については，明（1368～1644）とその前後，すなわち元・清を含めて瞥見したい。明代の資料で騎乗していない例は山西省宝寧寺の水陸画[22]しか入手できなかった (1)。この資料では鞍橋と鐙を繋ぐ力革（鐙革）は鞍褥の下を通り泥障の上に表現されているが，野沓は表現されていない。この資料1点をもって明代の馬具装着の様相を一般化することは躊躇される。そこで，元・明・清の鞍橋の基本的な形態・構造が共通している[23]ということを踏まえ，次善の方法ではあるが元・清の資料を加えて検討してみたい。2は陝西省の元代墓から出土した俑である (Cooke 2000)。3は清代の鞍一式である（王2007）。この例では下鞍敷が大きく，泥障の機能をも併せもたせているようである。しかし下鞍敷に野沓あるいはそれに相当するものは認められない。このことから，元・明・清の時代には野沓は使われていなかったと解することができる。

　朝鮮の例として，文禄の役の際に慶尚道で義兵長として活躍した崔文炳の所用とされる鞍一式を提示しよう (4)。前輪の頂部に鉄製棒が取り付けられており，朝鮮鞍の一つの特徴を示しているが野沓は認められない。

　　b．インド（第57図）

　1600年前後に描かれたムガル細密画（ミニアチュール）を資料にして，野沓の存否を見てみたい。1はアクバル皇帝（在位1556～1605）に降伏したアリ・クリとバハドゥル・ハーン兄弟を描いた中

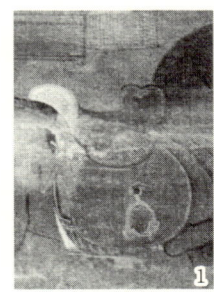

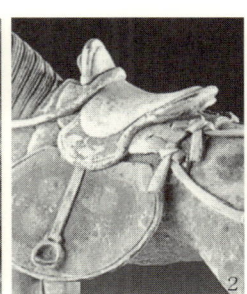

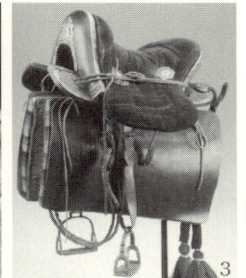

1．明代水陸画（山西省宝寧寺）　2．元代墓出土俑（陝西省）　3．清代鞍一式　4．崔文炳所用鞍一式（文禄の役）

第56図　中国・朝鮮の鞍における野沓の存否

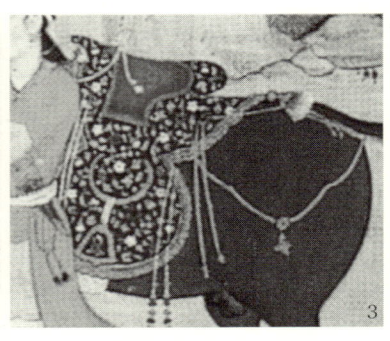

第57図　1590〜1595年制作のムガル細密画に描かれた鞍における野沓の存否

に見られる馬具を装着した馬で，1590年〜1595年の制作である。2は1と同年代に制作された作品で『アクバルナマ』の挿絵として使われたもので，鐙は画面外で描かれていない。3はアクバル皇帝が1571年にパンジャブのファリッド・シャカルガンジ廟に旅したときに描かれた絵に見られる馬具装着の馬で，制作年代は1590年〜1595年である（Stronge 2002）。

1〜3には鞍橋・鞍褥・下鞍敷・泥障・力革・鐙等が描かれているものの，野沓は認められないことから，1600年前後のインドでは鞍付属品として野沓は使用されていなかったことがわかる。

c. ヨーロッパ（第58図）

ここでも1600年前後を中心に野沓の存否を見てみよう。1はフランドルの画家デーヴィッド・テニールス（1610〜1690）の作品《衛兵たち》（1642年制作）で，アントワープの市民警備隊の衛兵を描いた作品の一つである。この作品の画面下部に甲冑・馬具・盾・太鼓等が無造作に置かれている様子が描かれている。この中で〈鞍〉は鞍橋を赤色の厚手の布で包まれ，下鞍敷・鞍褥と一体となっていることがわかるが，野沓は確認できない。

支倉常長がフェリペ3世に謁見したという史実を踏まえ《フェリペ3世騎馬像》(2) を例に野沓の存否を見てみよう[24]。1616年にフェリペ3世に贈られたこの騎馬像には野沓に相当する鞍付属品がみられない。このことはこの騎馬像に特異なことではなく，多くのヨーロッパの絵画・彫刻に認められることである[25]。

以上，野沓の存否を視点に据えて，1600年代を中心にヨーロッパの馬具を瞥見した。その結果，野沓あるいはそれに相当する鞍付属品は確認できなかった。

1. 《衛兵たち》1642年制作　　2. 《フェリペ3世騎馬像》

第58図　ヨーロッパの鞍における野沓の存否

(3) 製作地域と年代

a. 製作地域

日本国外—中国・朝鮮・インド・ヨーロッパ—における野沓あるいはそれらと同様の機能を有する鞍付属品の存否について，実物資料・絵画資料・彫刻資料等を用いて見てきた。その結果，野沓の存在は認められなかった。鞍や下鞍敷が和鞍と大きく異なり，野沓を必要としない形態・構造ものであったことがその理由である。これを踏まえて総合的に考えるならば，慶長遣欧使節関係資料の野沓の製作地域を日本国外に求めることは難しいことになる。これに対して，野沓は日本国内では多くの類例を容易に求めることができ，大略ながら時代的・年代的な変遷も捉えることができた。そして慶長遣欧使節関係資料の野沓はＢ型に該当することも確認できた。

比較・検討の結果，野沓は日本特有の鞍附属品であることが明らかとなった。したがって慶長遣欧使節関係資料の野沓も日本国内で製作されたものと考えられる。

b. 年代

慶長遣欧使節関係資料の野沓はＢ型に該当する。Ｂ型は16世紀前半〜中葉には出現し，それ以降, 19世紀代の江戸時代まで使用される。騎西城障子堀（B1）跡出土例や17世紀初頭制作の《調馬図屏風》に明確なＢ型が認められるから，17世紀初期と考えられる慶長遣欧使節関係資料の野沓に年代的な矛盾はない。

4. 小 結

野沓はヨーロッパ・インド・中国・朝鮮などでは見られない鞍附属品であり，日本特有のものといえる。このことから慶長遣欧使節関係資料の野沓は日本製と考えるのが穏当である。野沓は一文字形のＡ型とＬ字状に屈曲するＢ型に大別できるが，この野沓はＢ型に属する。Ｂ型の野沓は16世紀前半以降19世紀まで使用された。このことは17世紀初期と考えられるこの野沓との形態的・年代的な整合性が示している。

第6節 四方手の基礎的理解

1. 記録と観察

四緒手・鞍とも書く。鞍橋の前輪と後輪の四方手通し孔に通した環状の紐とその付属具で，胸懸と尻懸を搦むためのものである。鞍橋から四方に出した緒なので，この名がある（鈴木1985）。4点で1具となる。

大槻玄沢「帰朝常長道具考略」（『金城秘韜』下）の項目に四方手はないが，「シホテノ類　色黒」と注記した図（第59図1）が掲載されていることから，仙台藩切支丹所で保管されていたものであることが確認できる。

四方手は4点1具の青銅製で，全体の形は角が丸味を帯びた三角形の環状を呈する（第59図2）。

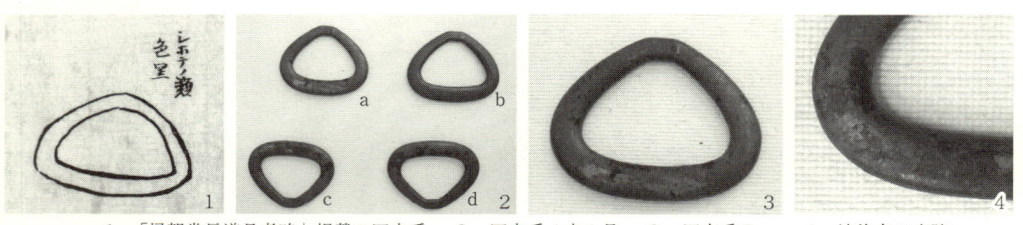

176　第2部　慶長遣欧使節関係資料の考古学的研究

1.「帰朝常長道具考略」掲載の四方手　2. 四方手4点1具　3. 四方手2a　4. 漆塗布の痕跡

第59図　慶長遣欧使節関係資料の四方手

やや詳しく見ると，四方手通し孔に通した環状の紐を結ぶ部分（部分Aとする）は方形で平坦に作られているが，その他の部分の断面形は略楕円形である。幅は胸懸と尻懸を搦む部分（部分Bとする）が最も広く，部分Aが最も狭い。大きさは近似しているので，ここでは第22図2のa（第59図3）の計測値をつぎに記すことにする。部分A外側から部分B中央外側までの縦幅は6.0cm，これに直交するする横幅の最大値は7.6cmである。部分A内側から部分B中央内側までは3.8cm，これに直行する内側の最大横幅は5.4cmである。部分B中央部の厚さは0.6cmである。なお，大勒馬銜（第47図1・5）に認められた漆塗布の痕跡が，この四方手にも認められる（第59図4）。

2. 四方手の基礎的考察

(1) 日本における四方手

a. 記録における初見

官人・学者・歌人の源順が承平年間（931～938）に撰進した『和名類聚抄』十五鞍馬具に「考聲切韻云，鞍和名之矢穿鞍橋皮也」とあるのが記録における初見である。このことから10世紀第2四半期には存在していたとすることができる。これ以降，用字はさまざまであるが「しお（ほ・を）で（て）」という単語は絶えることなく記録に認められる。たとえば，天養（1144～1145）～治承（1177～1181）年間に橘忠兼が編集した『色葉字類抄』には「鞍　シホテ　穿鞍橋皮也，角代同」と見え「角代」を「しおで」と読ませている。文政4（1821）年～天保13（1842）年に幕府御家人で国学者の屋代弘賢（1758～1841）が編集した『古今要覧稿』には「しほでは，鞍橋と由木とを穿ちて，前後左右に引出したる皮緒の名なり（以下省略）」との説明がある。

b. 形　態（第60図）

鈴木敬三の解説（鈴木1985）を基にA～D型の4形態に大別できる。

A型：羂だけのもの（1）

B型：胸懸・尻懸を通しやすくするために，管状品を加えたもの。直線的なものを1類（2），弧状のものを2類（3）に細分できる。

C型：管状品に装飾用の円板を付加したもの。円板の形態でさらに細分できる。1類（4）は円板が平坦で，鏡四方手といわれるものである。2類は円板の中央部を盛り上げた饅頭四方手といわれるものである。

D型：金銅の厚板を打ち抜いたもので，その形態は丸味を帯びた三角形である（5）。

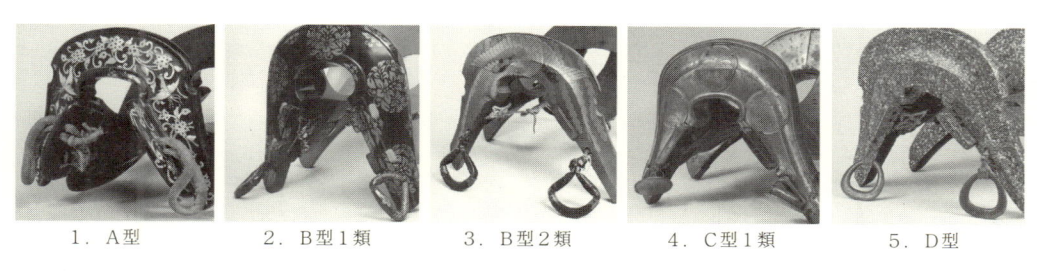

第3章　慶長遣欧使節関係資料における馬具の基礎的理解　　177

1．A型　　2．B型1類　　3．B型2類　　4．C型1類　　5．D型

第60図　四方手の諸形態

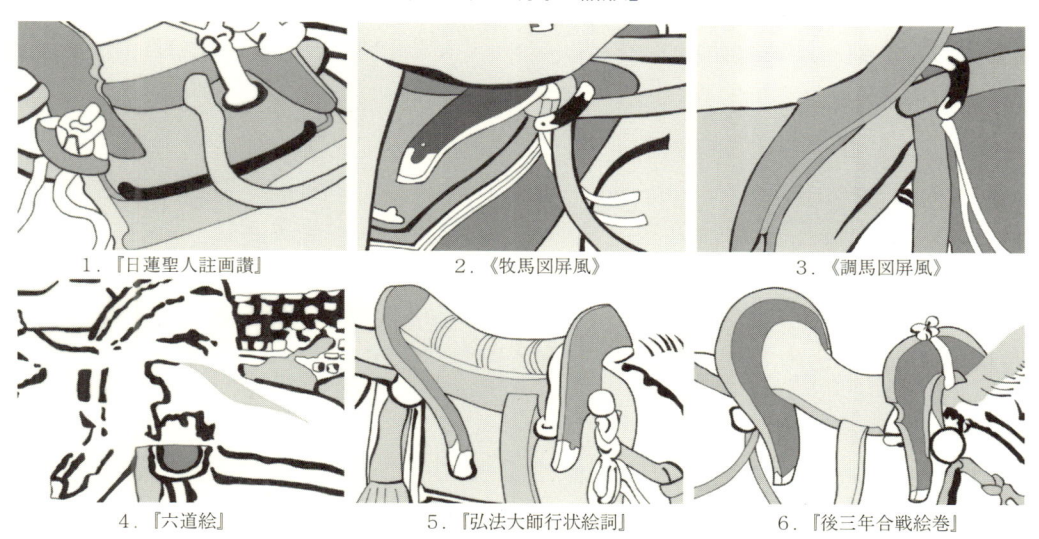

1．『日蓮聖人註画讃』　　2．《牧馬図屏風》　　3．《調馬図屏風》

4．『六道絵』　　5．『弘法大師行状絵詞』　　6．『後三年合戦絵巻』

第61図　絵画資料に見られるB型・C型の四方手

c. 絵画資料等に見る四方手の形態と年代（第61図）

　絵画資料によって四方手の形態と年代を探ってみたい。絵画資料には胸懸・尻懸を搦めている状態を描く場合がほとんどであるため，形態を判断できる資料は少ない。

　B型2類は天文5（1536）年完成の『日蓮聖人註画讃』(1)，16世紀第3四半期に長谷川信春よって描かれた《牧馬図屏風》(2)，慶長期（1596〜1614）の末期の制作とされている『調馬図屏風』(3)に認められる。なお，天正10年（1582）年制作とされる《益田元祥像》や16世紀代の伝存資料として豊臣棄丸（1591年死去）の菩提を弔うために造られた小型馬具の四方手もB型2類である。C型は13世紀後半の作とされる滋賀県・聖衆来迎寺の『六道絵』(4)，14世紀第4四半期制作の『弘法大師行状絵詞』(5)，14世紀成立とされる『後三年合戦絵巻』(6)に描かれているが，1類か2類かの区別は難しい。この他にC型は足利尊氏とみられていた延文4年（1359）年制作とされる《武者騎馬像》にも認められる。なお，A型およびD型は16世紀以前の絵画資料から見出すことができなかった。これは四方手が胸懸・尻懸を搦める道具であることに大きく起因するためと考えられ，存在を否定する根拠とはならない。

　絵画資料等による四方手の形態と年代をまとめると，B型2類は16世紀に認められ，C型は14世紀には存在したということになる。

d. 出土した四方手の形態と年代

始原時期

　四方手の始原時期については，四方手そのものが遺存していなくとも，鞍橋に穿たれた四方手通し孔の存在によって明らかにできる。この観点からすると出土した木製鞍橋は有力な資料となる。管見に拠れば，最も遡る四方手通し孔をもつ鞍橋は大阪市玉櫛遺跡出土の前輪で，年代は6世紀中頃である。前輪前面上段の左右に一対の方形孔があり，これが四方手通し孔である（宮崎2007）。ほぼ同位置に同形の一対の孔のある木製後輪が大阪府蔀屋北遺跡の5世紀中頃の大溝堆積層から出土し，四方手通し孔の可能性が指摘されている（大阪府教育委員会文化財保護課2006）。この可能性を受け容れるならば四方手通し孔すなわち四方手の始原は5世紀中頃まで遡ることになる。ただこの2例の四方手通し孔の位置は洲浜形の近くにあり，中世・近世の鞍が居木撈の孔に沿って穿たれるのが一般的であることからすれば，大きく異なる。四方手通し孔が居木撈の孔に沿って認められる例で年代的に遡るものは佐賀県下中杖遺跡出土の前輪で，その年代は9世紀とされている（小松1991）。

　これらの出土鞍橋によって，四方手の始原は5世紀中頃あるいは6世紀中頃に求められ，中世・近世以降の四方手通し孔とほぼ同位置にある例は9世紀まで遡ることが確認できる。しかし，四方手そのものの形態を知ることはできない。

形態と年代

　鎌倉市内出土の四方手については，菊川泉がまとめている（菊川1991）。第62図1は鏡四方手とみられる鉄製品でC型に相当するが，鞢を通す部分の形態が管状ではなく環状である。円板の直径は6cmで，鞢を通す環をΩ状に作り，その内径は0.7cmである。第62図2～10はB型1類の管部に相当するが，素材が金属ではなく骨角製であることが異なる。中央部を太く作り，一面を平らに削るという特徴があるが，大きさの変化が著しい。全長は2.7～6.9cm，中央部外径は1.3～2.4cm，中央部管内径は0.4～1.7cmと計測値に幅がある。表面に菊水文や格子文を施す。最小の7は四方手と断定することは躊躇されるが，その他の9点は四方手と見てよいであろう。鎌倉市内出土の四方手の年代は，野沓と同様に13世紀中頃～14世紀中頃である。

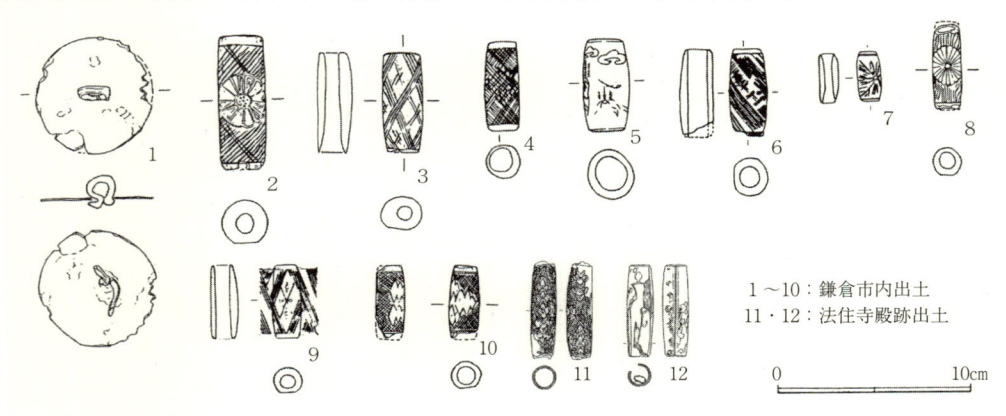

1～10：鎌倉市内出土
11・12：法住寺殿跡出土

0　　　　　　10cm

第62図　出土した四方手

鎌倉市内以外では京都府法住寺殿跡から出土している（第62図11・12）。ともに金銅製で表面に細文を施す。11は現存長5.1cm・中央部外直径1.3cm，12は現存長4.8cm・中央部外直径1.3cmである。

　D型は騎西城武家屋敷跡（第7次調査）の1号溝跡から3点出土している（嶋村・島村・坂本 2006）。形態はほぼ同じで，やや丸味をもった三角形を呈する。大きさは横幅6cmのもの2点，7cmのもの1点である。ここでは7cmのものを掲載した（第63図）。1号溝跡からは16世紀代の瀬戸・美濃陶器が出土しているが，17世紀以降のものは出土していない。このことから16世紀に属する四方手とされている。

第63図　騎西城武家屋敷跡出土の四方手

e. 四方手の形態と年代

　絵画資料と出土資料によって四方手の形態と年代を検討した結果はつぎのようにまとめることができる。

　B型：1類は13世紀中葉～14世紀中葉には存在した。素材は金銅あるいは骨角である。表面に花文・格子文等を施文する。2類は16世紀第3四半期には認められる。

　C型：14世紀には存在した。鎌倉市内出土の鏡四方手は懸・尻懸を搦める部分が環状で，管状ではないが，同系統だとすれば13世紀中頃まで遡る可能性がある。

　D型：16世紀には存在した。

（2）外国における四方手の存否

a. 中国・朝鮮

　中国については，明（1368～1644）とその前後，すなわち元・清を含めて瞥見したい。第56図2と第64図1は元代墓から出土したで俑である（Cooke, 2000）。第56図2では左側の居木後端部の2箇所の孔から通した帯状のものと尻懸が結ばれている状態が認められる。第64図1には右側居木の前端部に胸懸を，居木後端部に第56図2と同様に尻懸を結び付けている状態が表現されている。第56図3は清代の鞍一式である。ここでは居木前端部・後端部の2孔に紐を通し，前輪のやや後ろで結んで鞍褥を押さえている。尻懸はこの2孔とは別に居木後端部に取り付けた円盤状飾り金具に取り付けられる。胸懸との連結には鞍褥を押さえる紐の環状金具にバックルを

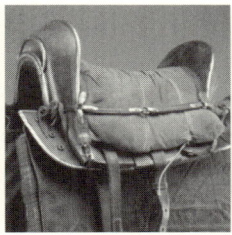

1．陝西省元代墓出土俑　　2．チベット様式清代鞍　　3．チベット様式明代鞍　　4．明代馬具装着復原図

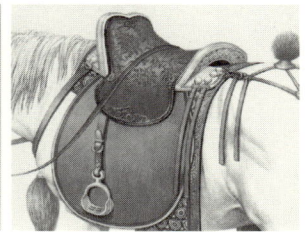

第64図　中国における四方手の存否

付けた帯を取り付ける方法（第64図2）や居木内面にバックル付き帯を固定する方法（第64図3）が認められる（王2007）。このように見てくると，胸懸・尻懸と鞍橋の連結方法には元・清ともに居木端部が関わっていることがわかる。和鞍のように，胸懸・尻懸を連結させるために前輪・後輪に孔を穿つことはなく，また和鞍に付属する四方手と同形態の鞍付属品も認められない。

第64図4は明代の馬具装着の復原図である（劉2002）。胸懸・尻懸と鞍は居木端部に取り付けた半球形釦状金具と環状金具に連結するように復原されている。ここでも和鞍に認められたような形態の四方手は見出せない。

朝鮮の例として崔文炳の所用される鞍一式を提示しよう（第56図4）。居木の基本形態は元・明・清と同一で，前輪に四方手通し孔がないことも共通している。四方手に相当する付属品も認められない。

b．インド

野沓と同様に1600年前後に描かれたムガル細密画（ミニアチュール）を資料にして，四方手の存否を確認したい。第65図1はインド北西部・メワールを領していたラナ・アマル・シンが1614年にムガル帝国クッラム王子（後の皇帝シャージャハーン：在位1628〜1657／58）との戦いに敗れ降伏する場面を描いたものの中に見られる馬具で，1618年頃の作品である（Stronge 2002）。この絵からは居木先端部に金具を取り付け，胸懸・尻懸を連結状態がわかる。このように1600年前後のインドでは鞍付属品として四方手は使用されていなかったことがわかる。

c．ヨーロッパ

イタリア人彫刻家ピエトロ・タッカ（1577〜1640）が1617年に制作した《ルイ13世騎馬像》を例に見てみよう（第65図2）。胸懸は中央で腹帯と連結ための帯が加わりY字状になる。胸懸と鞍橋の連結状態は不明だが，胸懸が下鞍敷の下を通り前橋上部に至ることがわかる。第65図2からは尻懸の状態が知りえないので，第65図3によって見てみよう。これは1634年にマドリードで出版されたファン・マテオスの『狩猟の起源と品格』*Origen y dignidad de la caza*の口絵で，フェリペ4世（1605〜1665，在位1621〜1665）の寵臣の地位を獲得したオリバレス伯公爵（1587〜1645）の騎馬像である。この画像からは，尾に懸けた一本の尻懸が下鞍敷の下をとおり後輪頂部

1．ムガル細密画（1618年頃）　　2．《ルイ13世騎馬像》（1617年）　　3．《オリバレス伯公爵騎馬画像》（1634年）

第65図　インドおよびヨーロッパの鞍における四方手の存否

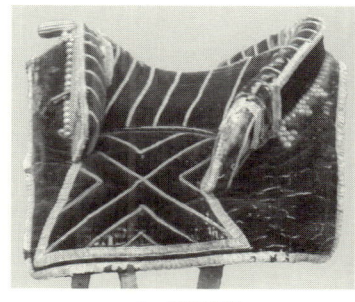

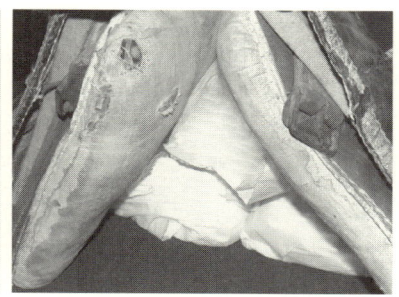

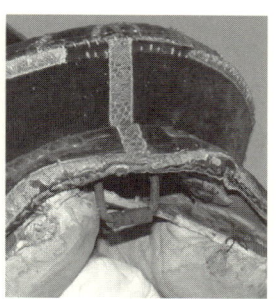

1．側面全容　　　　　2．前輪部分の胸懸連結用バックル　　　3．後輪尻懸連結用金具

第66図　イギリスのリットルコートハウス武器・武具コレクションに含まれる〈鞍〉

に向かう様子が窺える。

　彫刻や絵画作品から得た知見をもとに，胸懸・尻懸と連結する鞍附属品について17世紀の〈鞍〉を例に見てみよう。第66図1〜3はイギリスの政治家で軍人のアレキサンダー・ポパム（1605〜1663）が生まれ育ったリットルコートハウスの武器・武具コレクションに含まれる〈鞍〉で，1650年頃のものである[26]。全体の形（第66図1）は第58図1に類似する。前輪の中間やや上に一対の金属製バックルが認められ（第66図2），これが胸懸を連結させるものであることがわかる。一方，尻懸を連結させる鞍橋付属品は後輪頂部に固定された方形のバックル状金具1個（第66図3）である。第27図1〜3は英国のスコットランド連合軍博物館（現，スコットランド国立戦争博物館）所蔵の17世紀の鞍である（Tylden 1965）。胸懸・尻懸と連結するための鞍付属品が第66図2・3と類似する。

　以上，四方手の存否を視点に据えて1600年代を中心にヨーロッパの馬具を瞥見した結果，四方手と同機能を有する鞍付属品は金属製バックルおよびバックル状金具であり，形態・構造が全く異なることが確認できた。

3．小　結

　慶長遣欧使節関係資料の四方手と同類のものは日本国内では容易に確認できるものの中国・朝鮮・インド・ヨーロッパでは類例が確認できなかった。それは胸懸・尻懸と鞍を固定する方法が異なっているためであった。この結果を踏まえるならば，この四方手は外国から将来したものではなく，国内で作られ国内で入手したものと理解するのが至当である。さらに，この四方手の素材が特別のものではないこと，また装飾等が全く施されていないこと，換言すれば通有の四方手であることも国内製作・国内入手とする考えを間接的に肯定することになる。

註
1)『騎兵学校』についてはトレーシィ・ブーシェ英訳の *SCHOOL OF HORSEMANSHIP*（1994）を使用した。
2) 前輪・後輪の素材についての記述はないが，後述するように居木が木製であることから，木製であろう。

3) この背景には武器の発達に伴う武具・装備の変化がある。15世紀中頃から発達した銃・火器により戦場の主役は突き槍を持った重装騎士から銃を持った機動性の高い軽騎兵へと変わった（Russel 1981）。
4) イアン・ボットムリー（前イギリス王立武器武具博物館上席学芸員）によれば鞍 A はトルコやポーランドの鞍に類似しているが，居木が異なるという（筆者の照会に対する 2002 年 10 月 22 日付回答）。また末崎真澄も「オスマン・トルコ風」とみている（内山・高橋 2010）。
5) ポーランドやハンガリー以東でも同類の鞍が使用されている。ラロッカは「アジアの鞍のほとんどは居木前後の先端すなわち居木先が短いパドルのように伸びる」ことを指摘している（LaRocca 2006）。
6) 「帰朝常長道具考略」は 1914 年に刊行された『磐水存響』に翻刻・所収され，これが入手しやすいことから，史（資）料として使用されることが多い。しかし，鐙と轡（大勒銜）の記述は原本（早稲田大学図書館蔵）および写本（宮城県図書館蔵・静嘉堂文庫蔵）にはあるが，この刊本では欠落しているので注意を要する。
7) ここでは，鐙の前後を象嵌された 2 羽の鳥の胸部と尾部の方向を基準として決めることにしたい。すなわち胸部の方向を鐙の前，尾部の方向を鐙の後ろとする。
8) 内面の唐草文については，写真撮影・観察時に失念し，確認することができなかった。
9) ルネサンス後期の美術で，イタリアを中心にみられる。美術史上，盛期ルネサンスとバロックの間に位置し，年代的には 16 世紀を中心とし，カンデラブルムとグロテスクに重なる。特徴は人体をくねらせたり，引き伸ばすなどその表現が多様なことである。
10) 第 41 図 1 の鐙枝頂部，大きな球の両側には龍頭が表現されている。これは中国・モンゴル・チベットの鐙の特徴である（LaRocca 2006）。
11) 「切支丹道具入記」には同様の表現が他に 1 箇所認められる。すなわち「真鍮目鏡の様成物」がそれで，殉教者の遺物や聖人の遺品を入れるレリカリオのことをこのように表現している。玄沢は「物を納る器と見えたり」と記し，その器物名や用途を特定していない。
12) 日本では伝統的に「轡」としているが，ヨーロッパのものに対しては「銜」「馬銜」を使用するのが一般的である（コルベイユ，アルシャンボ 2004）。以下，ここではこの用例に従うことにしたい。
13) 馬の前歯（切歯）と後歯（臼歯）の間の歯のない部分で，「馬銜うけ」ともいう。
14) 馬体高は前肢の爪先から肩甲骨の最も高いところまでの高さである。なおイギリスでは伝統的に馬体高をハンド（hh.）とインチ（in.）で測る。1hh. は 4in.（約 10.16cm）である。たとえば体高 54in. の場合は 13.2hh. と表す。
15) 日本在来馬の体高はすべて 144cm 以下でディヴィスの分類によればポニーということになる。日本の古代遺跡から出土した馬骨に基づく推定体高は 126.39 ± 5.76cm である（久保・松井 1999）。なお 126.39cm は 12.2hh. に近い。
16) 馬銜身の蓋と飾り鋲を兼ねる例は稀有である。一般に飾り鋲は上馬銜枝に取り付けられる。そのため飾り鋲には一対の小さな固定用突起（耳 ear）があり，それぞれに孔があけられている。また，上馬銜枝にもこれと対応するように一対の孔があけられている（第 46 図 3 参照）。なお，第 46 図 2，第 48 図 3 のように飾り鋲をつけない大勒馬銜の馬銜身底部に沈線で文様を施すこともある。
17) 切付に取り付けた状態で，馬の頸・顔の方向に向いている端を前端，尻・尾の方向に向いている端を後端とする。ただし，後述する A 類はほぼ左右対称であるので，切付から取り外した状態では前端・後端の判断が難しい。
18) 『土岐家聞書』は『群書類従』第 23 輯に，また『弓張記』は『続群書類従』第 23 輯下にそれぞれ翻刻所収されている。

19) 骨董市場に出品された例はあるが，伝来・記録等が確実な例は未確認である。
20) 鎌倉市内出土の野杏の年代については，小林康幸氏（鎌倉市教育委員会文化財課）からご教示いただいた。
21) 日下部（朝倉）景衡は水戸藩医朝倉重景の子。新井白石の義弟。父の業を継ぎ，白石に学び，和漢の学，特に故実に通じた。『弧矢考』『鎧着用次第』『白石叢話』『本朝軍器考集古図説』などの編著がある。
22) 水陸会といわれる法会で用いる絵。水陸会は施餓鬼ともいわれ、道教・仏教の諸神をあまねく招き、その力によって、飢餓に苦しんで災いをなす鬼衆や無縁の亡者に飲食を施し、供養・救済しようとする法会である。
23) 元・明・清の鞍橋については『御馬金鞍―王度歴代馬鞍馬具珍蔵展―』（王度2007）の写真図版によって知ることができる。また「明代的馬具与元代大同小異」（劉2002）とあり，明代と元代の馬具には基本的な違いがないと指摘されている。
24) この騎馬像は1600年にメディチ家のフェルナンド1世がフェリペ3世（1578～1621，在位1598～1621）に贈るためにフランドルの彫刻家ジャンボローニャ（1529～1608）に制作依頼したものであるが，途中で死去したためにイタリアの彫刻家のピエトロ・タッカ（1557～1640）がこれを引継ぎ，1613年に完成させ，1616年にフェリペ3世に贈ったものである（Liedtke 1989）。
25) たとえば *THE ROYAL HORSE AND RIDER: PAINTING AND HORSEMAN SHIP 1500-1800*（Liedtke, 1989）には数多くの騎馬画像・彫像が掲載されており，野杏あるいは野杏に相当する鞍付属品の存否の確認には有益である。
26) 2004年8月，イギリス王立武器武具博物館上席学芸員のイアン・ボットムリー氏の協力により，実見・観察・撮影ができた。

引用文献

内山淳一・高橋あけみ　2010「14. 鞍」『仙台市史』特別編8　523・535頁　仙台市
馬の博物館編 1998『中世ウィーン壮麗な騎士たち』113頁　馬事文化財団
榎本徹　1999「青花玉取獅子文瓶」『来日450周年大ザビエル展図録』94, 192頁　東武美術館・朝日新聞社
王度　2007『御馬金鞍―王度歴代馬鞍馬具珍蔵展―』中華文物保護協会
大阪府教育委員会文化財保護課　2006『蔀屋北遺跡現地説明会資料』8～10頁
影山純夫　1988「益田元祥甲冑騎馬像について」『國華』1110号　33～38頁　國華社
菊川泉　1991「鎌倉出土の武具・馬具」『中世都市研究』第1号　19～29頁　中世都市研究会
久保和士・松井章　1999「家畜その2－ウマ・ウシ」『考古学と自然科学②考古学と動物学』169～208頁　同成社
クルベール，アラン編（木島俊介監訳）2001『ヨーロッパの装飾芸術』第1巻　153, 193～219, 245, 269頁　中央公論新社
黒田日出男　1998「騎馬武者像の像主―肖像画と『太平記』」『肖像画を読む』23～52頁　角川書店
小松大秀　1991「黒漆四枚居木鞍（前輪）」『日本馬具大鑑』第2巻・古代下　66頁　日本中央競馬会
コルベイユ J-C，アルシャンボ A. 2004『オールカラー・6か国語大図典』854頁　小学館
呉連城　1988「宝寧寺明代水陸画」『宝寧寺明代水陸画』1～7頁　文物出版社
財津永次　1966「慶長遣欧使節とその関係資料」『月刊文化財』第33号　10～12頁　第一法規出版
佐々木和博　2006「仙台藩における『慶長遣欧使節関係資料』保管の二系統」『國學院大学考古学資料館

紀要』第22輯　139〜153頁　國學院大學考古学資料館
佐村八郎　1926　「竹中百箇條」『国書解題』2　1326頁　六合館
視覚デザイン研究所編2000『日本・中国の文様事典』236頁　視覚デザイン研究所
嶋村英之　2003　「騎西町騎西城跡の調査」『情報』24　13〜14頁　埼玉考古学会
嶋村英之　2006　『よみがえる騎西城・第2回—発掘調査の成果から—』（配布資料）1〜13頁　騎西町教育委員会
嶋村英之・島村範久・坂本征男　2006　『騎西城武家屋敷跡第7次発掘調査報告』15〜17頁　騎西町教育委員会
朱鴻　2004　「『明人出警入蹕図』本事之研究」『故宮学術季刊』第22巻第1期　183〜213頁　国立故宮博物院
シャステル，アンドレ（永澤俊訳）　1990　『グロテスクの系譜』文彩社（小稿では，2004発行のちくま学芸文庫版を使用した。29，50頁）
「重要文化財」編纂委員会　1981　「厩図」『解説版新指定重要文化財』2・絵画Ⅱ　85頁　毎日新聞社
シュッケルト，ホルガー　2005　「ザクセンのマルスあるいはザクセンのスルタン—ハプスブルクとオスマン帝国の狭間で—」『ドレスデン国立美術館展—世界の鏡：カタログ篇』70〜73頁　日本経済新聞社
末崎真澄　2004　『ハミの発明と歴史』　神奈川新聞社
鈴木敬三　1985　「しおで・四緒手」『国史大辞典』第6巻　656頁　吉川弘文館
鈴木董　2007　「オスマン2世像」『トプカプ宮殿の至宝展〜オスマン帝国と時代を彩った女性たち〜』36〜37　朝日新聞社・東映
仙台市博物館編1973『仙台市博物館図録—慶長遣欧使節関係資料編—』　仙台市博物館
仙台市博物館編2001『国宝「慶長遣欧使節関係資料」』31頁　仙台市博物館
武田恒夫・狩野博幸　1988　「作品解説・調馬図」『戦国武家風俗図』（『戦国合戦絵屏風集成・別巻』）68頁　中央公論社
田中和彦　2005　「フィリピンの沈船遺跡と出土土器—15世紀中葉から16世紀末の資料を中心に—」『水中考古学研究』創刊号　26〜27頁　水中考古学研究所
中国国家博物館編2006『中国国家博物館館蔵文物研究叢書』絵画巻（歴史画）16〜17，75頁　上海古籍出版社
中国美術全集編輯委員会編1988『中国美術全集』建築芸術編2・陵墓建築　38，54頁　中国建築工業出版社
中国歴代人名辞典編委会編1989「王瓊」『中国歴代人名辞典』（増訂本）　802頁　江西教育出版社
ディヴィス，キャロライン編（別宮貞徳監訳）2005『図説・馬と人の歴史全書』98頁　東洋書林
デロッシュ，ジャン・ポール　1999　「サントス宮殿の『磁器の間』」『世界美術大全集・東洋編』第8巻・明　345〜350頁　小学館
トマス，アリア・アントニア・ピント・デ（佐々木由里子訳）　1993　「青花ポルトガル国章紋鉢」『「ポルトガルと南蛮文化」展』167頁　日本放送協会・NHKプロモーション
中島恒次郎・北平朗久・香川達郎　2008　『大宰府条坊跡35・太宰府市の文化財第96集』88〜90，148〜150頁　太宰府市教育委員会
マクベイン，スーザン（千葉幹夫訳）　1996　『馬具図鑑』55〜59頁　日本馬事協会
三杉隆敏・榊原昭二編著　1989　『陶磁器染付文様事典』137，221〜233頁　柏書房

宮崎康史　2007　「王櫛遺跡 06-1 出土の木製鞍」『OCCH』№ 37　7 頁　大阪府文化財センター

宮島新一　1998　『武将の肖像』（日本の美術№ 385）87 頁　至文堂

本山一城　1988　『実録竹中半兵衛と黒田官兵衛』359～382 頁　村田書店

山田利明・遊佐昇・片山一　1981　『中国文人画家名鑑』225, 251 頁　世界聖典刊行協会

劉永華　2002　『中国古代車輿馬具』176～192 頁　上海辞書出版社

廖蓋隆・羅竹風・范源編 1990「王瓊」『中国人名大詞典・歴史人物巻』39 頁　上海辞書出版社

林莉娜　1993　「明人『出警入蹕図』之綜合研究」上・下『故宮文物月刊』通巻 127・128　34～41, 58～77 頁　国立故宮博物院

Boisselière, Eliane & Guy, 2004 *ÉPERONNERIE ET PARURE DU CHEVAL* pp.12 Editions Racine.

Blouet, Elise & Beaumont, Ian, 2004 The Conservation of 16th-century War Saddle, *IN THE SADDLE: An exploration of the saddle through history* Archetype Publications pp.43～52

Cavendish, William 1658 *Méthode et invention nouvelle de dresser les chevaux*（English language edition of 1743, *A GENERAL SYSTEM OF HORSEMANSHIP*, Introduction by William C. Steinkraus and a technical commentary by E. Schmit-Jensen, Trafalgar Square Publishing 2000）

Clark, John, 2004 *The Medieval Horse and Its Equipment: c.1150-c.450*, pp.45～47 The Boydell Press.

Cooke, Bill,ed. 2000 *IMPERIAL CHINA: THE ART OF THE HORSE IN CHINESE HISTORY*,pp.164～165 Kentucky Horse Park.

Crick, Monique,2002. Typology: Porcelaons and Ceramics. *Lost at Sea: The strange route of the Lena Shoal junk.* pp.151, 163, Periplus.

Cruso, John, 1632 *Militarie Instructions for the CAVALL'RIE*（Explanatory Notes and A Commentary by Peter Young, 1972）The Roundwood Press.

De Pluvinel, Antoine, 1626 *LE MANEIGE ROYAL*（English translate on edition; Hilda Nelson, 2010 THE MANEIGE ROYAL）, Xenophon Press LLC.

Dent, Antony & Goodall, Daphne Machin, 1962 *A History of British Native Ponies: From the Bronze Age to the Present Day*, pp.291～292 J. A. Allen.

Ferraro, Pierro Antonio, 1602 *Cavallo Frenato*, pp.67 Italy

Gamber, Ortwin and Beaufort, Christian, 1990 *KUNSTHISTORISCHES MUSEUM, WIEN HOFJAGD- UND RÜSTKAMMER KATALOG DER LEIBRÜSTKAMMER,II TEIL, DER ZEITRAUM VON 1530-1560*, pp.215, pl.138～139, KUNSTHISTORISCHES MUSEUM.

Gianoli, Luigi, 1969 *Horse and Horsemanship Through The Ages* pp.74 Crown Publish.

Gilmour, Lauren, 2004 Saddles of the Stuart Period, *IN THE SADDLE: An exploration of the saddle through history*, pp.67～82, Archetype Publications.

Hickling, Lynda, 2004 The Saddle of Henry V at Westminster Abbey Library, *IN THE SADDLE: An exploration of the saddle through history*, pp.39～41, Archetype Publications.

Hyland, Ann, 1990 *EQUUS: The Horse in The Roman World*, pp.139～140 Yale University Press.

Hyland, Ann, 1998 *The Warhorse: 1250-1600*, pp.9 Sutton Publishing.

la Guéinière, François Robichon de 1733 *ECOLE DE CAVALERIE*（English translate on edition; Tracy Boucher, 1994 *SCHOOL OF HORSEMANSHIP*）, pp.62～67 J. A. ALLEN.

LaRocca, Donald J., 2006 *Warriors of Himalayas: Rediscovering the Arm and Armor of Tibet*, pp.214～

215, The Metropolitan Museum of Art.

Liedtke, Walter, 1989. *The Royal Horse and Rider: Painting, sculpture and horsemanship 1500-1800*. pp.47, 56, 204, 234, Abaris Books.

Na Chin-Liang, 1970 A descriptive study of the events of the scrolls, *The Emperor's Procession: Two Scrolls of the Ming Dynasty*, pp.125〜137, The National Palace Museum, Taipei.

Paludan, Ann, 1981 *The Imperial Ming tombs* pp.203 Yale University Press.

Perkins, Ward, J. P., 1940 *London Museum Catalogue; No.7; Medieval Catalogue*, pp.80 〜 82 London Museum.

Probst, Susanne E. L., 1993 *Sproni, morsi e staffe*, Franco Cosimo Panimi.

Pyhrr, Stuart W., LaRocca, Donald J. and Breiding, Dirk H., 2005 *The Armored Horse in Europe 1480-1620*, pp.66〜70, The Metropolitan Museum of Art.

Russel, H. Beatie, 1981 *Saddles*, pp.32〜41, The University of Oklahoma Press.

Schuckelt, Holger, 2010 *The Turkish Chamber: Oriental Splendour in the Dresden Armoury*, pp.118〜119 Staatliche Kunstsammlungen Dresden.

Stone, George Cameron, 1934 *A Glossary of the Construction, Decoration and Use of Arms and Armor in All Centuries and in All Tines*, pp.115〜119 Dover Publications.

Stronge, Susan, 2002 *PAINTING FOR THE MUGHAL EMPEROR: THE ART OF THE BOOK 1560-1660*. pp.12〜13, 46〜47, 80〜81, 124〜125, V&A Publications.

Taylor, Louis, 1966 *Bits: Their History, Use & Misuse*, pp.47〜49 Wilshire Book Company.

Tylden, G. Major, 1965 *HORSE AND SADDLERY: An account of the animals used by the British and Commonwealth Armies from the Seventeenth Century to the Present Day with a description of their Equipment*, pp.120〜121, 238 J.A.ALLEN & COMPANY.

Wien, HM (Historisches Museum der Stadt Wien), 1983 *Die Turken vor Wien: Europa und die Entsheidung an der Donau 1683*, pp.86, 122, 210 Wien, HM.

第4章　慶長遣欧使節関係資料の歴史的位置

第1節　慶長遣欧使節関係資料の時間的・空間的位置

1．時間的・空間的位置把握の意義

　歴史研究において資料の時間的・空間的位置，換言すれば年代的・地域的位置の把握は最も基礎的な事項である。文字資料はその内容を読解することにより時間と空間を把握することができる。一方，歴史研究に不可欠な資料として物的資料すなわち遺物がある。遺物は型式学的な検討を経て時間と空間が把握され，それによって歴史研究の資料となる。資料の時間的・空間的位置づけを明確にすることは歴史研究にとって必須事項であり，その第一歩とすることができる。

　慶長遣欧使節関係資料47点を上記の視点で分類するならば，文字資料に該当するのはローマ市公民権証書のみであり，他の46点は物質的資料すなわち遺物とすることができる。これまでこれらの資料を用いて慶長遣欧使節に関するさまざまな解釈や見解が公表されてきたが，そのほとんどが慶長遣欧使節の将来品あるいは直接的に関わる品々という暗黙の前提に立脚するものであった。この「暗黙の前提」を一旦取り除き，各資料そのものの時間的・空間的位置づけを明らかに，それを踏まえて慶長遣欧使節との関わりについて考察するという研究手順を踏むことが必要である。逆にいえば各資料の時間的・空間的位置を把握することは，慶長遣欧使節研究に踏み入る「前提」なのである。

　ここでは各資料の時間的・空間的位置づけに視点を据えてこれまでの研究成果をまとめ，慶長遣欧使節研究の前提的情報を把握することにする。

2．ローマ市公民権証書および肖像画

　ローマ市公民権証書（第67図）に関する最初の記述が見られるのは享保9（1724）年に成立した蜂屋可敬著『古談筆乗』の「支倉捧南蛮王答書」である。この「南蛮王答書」説は明治9（1876）年にイギリス公使館員のW. G. アストンが英訳するまで一般に流布していたようである[1]。同年11月2日付平井希昌宛アストン書翰（『翻訳集成原稿・第三号』外

第67図　ローマ市公民権証書

交史料館所蔵）には，この書について「法王ノ返書ニハ無之，全ク，支倉六右衛門ヘ羅馬市民ノ自由ヲ許シ，且同人ヲ議事官ニ撰任致候」とある。翻訳によって「羅馬総政院及ヒ其人民ヨリ伊達政宗ノ家臣支倉六右衛門ニ授与シタル公書」（平井1877）であることが判明したのである。これに対応するのが『大日本史料』第12編之12に掲載の欧文材料第140号「ローマ市会決議録」である。ここには1615年11月20日に支倉常長と随員7名にローマ市の公民権を付与する件が可決されたことが記されている。これらのことからローマ市公民権証書は1615年11月20日にローマ市貴族院が支倉常長に公民権を付与し，貴族に列する旨を記した証書とすることができる。

1.《支倉常長像》　　2.《ローマ教皇パウロ五世像》
第68図　油彩肖像画

　肖像画は《支倉常長像》（第68図1）と《ローマ教皇パウロ五世像》（第68図2）の2面である。『貞山公治家記録』巻28の元和6（1620）年8月26日条に「南蛮国王ノ画像并其身ノ画像等持参ス」とあり，肖像画2面は支倉常長の将来品であることがわかる。支倉常長の肖像画制作に関する記録が「1615年のローマ教皇パウルス五世の一般出納簿」（『仙台市史特別編8・慶長遣欧使節』史料番号248）にある。そこには1616年「1月23日，財務長官の命により，教皇聖下の依頼によって描かれた日本の大使の肖像画2枚の代金として，フランス人画家モンス・クラウディオに対し，120スクードが支払われた」と記されている。このクラウディオを1613年から1619年までローマに滞在し教皇庁で活動したクロード・デリュエとみなすことでは研究者の見解は一致している。しかしデリュエが描いた支倉常長の肖像画については，この肖像画（半身）とする説（フィオーレ1993, 石鍋2010）とボルゲーゼ美術館所蔵の支倉常長像（全身）とする説（田中1988）があり，見解が分かれる。ただ支倉常長像（半身）がローマで制作されたとする点では異論はない。以上のことから，支倉常長像（半身）については作者の特定できないものの，支倉がローマに滞在した1615年10月25日から1616年1月7日の間に制作されたものとすることができる。

　《ローマ教皇パウロ五世像》は教皇肖像画の専門画家アントニオ・スカルヴァーティ[2]の作であり，教皇庁がこの肖像画を伊達政宗に贈った背景にはローマ「皇帝が遠くの地域に自画像を送るという古代の伝統」があったと考えられる（フィオーレ1993）。《ローマ教皇パウロ五世像》は既述したように伊達家で直接管理していたものであることから，教皇庁から伊達政宗への贈り物であり，その制作地はローマと考えられる。

3. 聖画・聖具

　聖画・聖具はロザリオの聖母像，祭服，十字架像，十字架及びメダイ，十字架，ロザリオ，ディスチプリナ，テカ及び袋，レリカリオ，メダイ残欠からなる。このうち制作地と年代に関する研

究が行われているのはロザリオの聖母像,祭服,十字架及びメダイである。

ロザリオの聖母像[3)]（第69図）は銅板油彩で縦30.2cm,横24.2cmを測る。画面中央部に折り曲げられて生じたと思われる縦方向の傷（剥落痕）が認められる。図像は「ロザリオの聖母」第一類である。この聖母像については神吉敬三による様式的・図像的観点に基づく詳細な比較研究がある（神吉1986）。その成果はつぎの4点にまとめることができる。①銅板油彩の小品であることは個人信心用・輸出用であった考えられる,②動物・雲・樹木の表現,四人の聖人の顔の同一性,ロザリオの大珠数と小珠数

第69図　ロザリオの聖母像

の不統一などからフィリピンでキリスト教徒ではない華僑によって17世紀に制作されたと考えられる,③それを裏付ける資料として全く同じ図像の象牙レリーフがトレド大聖堂聖具室にあり,これはスペインにおける象牙研究の第一人者であるマルガリータ・エステーリャ・マルコスによって17世紀フィリピンの中国系作品と断定されている,④このロザリオの聖母像は支倉常長がフィリピンで個人信心用に購入したものの可能性がある。

神吉の見解は「ロザリオの聖母」図像の成立・展開過程を研究の前提として把握したうえで類例として提示したトレド大聖堂聖具室所蔵の象牙レリーフに対する研究成果を踏まえたものであることから高く評価できよう。

祭服（第70図）はビロード製で丈130.0cm,肩幅68.0cm,裾幅78.0cmを測る。植物文様や壺が金糸や色糸で刺繍され,天使の頭部や羽根が筆描きされている。祭服の研究はまず斎藤輝子・柴崎礼子（斎藤・柴崎1974・1976）によって,次いで吉田雅子（吉田1998・2009）によって行われている。斎藤・柴崎はキリスト教の祭服は下着・上着・徽章・徽飾などからなり,その種類が9～18種類に及ぶことを明らかにし,当該祭服は上着の部に属するカズラ（casual, casal, chasuble）であることを指摘する。つぎに13世紀から17世紀までのカズラの変遷を聖エリヤ宮（イタリア）所蔵資料を例に概観し,ロマネスク型（13世紀）は釣鐘形（大形半円形）,ゴシック型（14～15世紀）は菱形,バロック型（17世紀）は竪琴形（バイオリン形）と形態変化し,肩幅・前丈・背丈も短縮する傾向にあることを明らかにした。当該祭服（カズラ）については寸法・材料・構成（裁ち方・縫製）・装飾等について詳細に観察・分析し,16世紀～17世紀のカズラであるとの結論を得た。斎藤・柴崎は当該祭服（カズラ）は「16-17世紀にかけてのヨーロッパの服飾美のエッセンスを見る思いである」と記していることから明らかなようにヨーロッパ製と考えている。

吉田は当該祭服（カズラ）が形態的にバロック期のもので慶長遣欧使節の渡航年代と一致することを認める一方で,製作地がヨー

第70図　祭服（カズラ）

ロッパであるとすることに疑問をもち，文様・刺繍・織物・彩色の特徴を把握し，関連資料との比較を研究した。文様については中央パネルがヨーロッパ系，サイドパネルが中国系であること，刺繍については金糸の特徴から中央パネルとサイドパネルともに中国行われたこと，織物はベルベットで地組織は中国に見られものであるがヨーロッパには見られないものであること，色彩構成はヨーロッパにはなく中国に類例があること，関連資料としてヨーロッパに17世紀の中国製のダマルチカとカズラがあることを明らかにした。その結果，当該祭服（カズラ）はヨーロッパ輸出用の中国製品であると結論に達した。

第71図　十字架及びメダイ

当該祭服（カズラ）は斎藤・柴崎の研究によって16～17世紀の年代に位置づけられ，吉田の研究によって製作地は中国であることが明らかにされた。

十字架及びメダイ（第71図）の十字架（19.3cm×11.6cm）は木製黒漆塗りで，二色の糸で撚られた紐が付く。メダイは青銅製の楕円形（10.8cm×7.5cm）で，頂部に円形の鈕が付く。図像は「ロザリオの聖母」第二類である。この周縁には小珠53個・大珠4個・十字架1個からなるロザリオがレリーフで表されている。これは小珠10個と大珠1個が一つの組（1連）をなし，5連1環のロザリオであることを示し，そこに十字架1個とその繋ぎ部分に小珠3個が付加されたものとみることができる。十字架及びメダイについては浅野ひとみの研究（浅野2008）がある。浅野の研究はメダイを主題としたものではあるが，十字架に対しても注目すべき指摘を行っている。まずこの十字架とメダイ（プラケット plaquette）はセットとは考えられないとする。十字架が黒漆塗りであることから西欧製であるとは考え難いこと，十字架とメダイ（プラケット）の大きさが不釣合いであること，繋げたままの用途も不明確であることがその理由である[4]。当該メダイ（プラケット）については舶載であると考えられるが，従来のスペイン製とする説（パチエコ1970）を裏付ける事実がないとし，イタリア製とする。その理由として，裏打ちが施され仕上げが丁寧なこと—スペイン製は裏打ちがない—，レパントの海戦勝利（1571年）とそれに伴う祝日規定を契機に広められた図像であることから教皇庁のあるイタリアで本来的に鋳造されたと考えるのが自然なことを挙げる。年代は16世紀後半から17世紀とする。

4．刀剣・馬具

刀剣と馬具についてはすでに第2章第2・3節で詳述し，製作地域と年代に主眼をおいて論じたところである。したがってここでは結論だけを第16表にま

第16表　慶長遣欧使節関係資料における刀剣・馬具の製作地と製作年代

	資料名	製作地	製作年代
刀剣	カスターネ	スリランカ	16世紀
	クリス	ジャワ島東部・バリ島	1572年～1620年
馬具	鞍A	西ヨーロッパ	16世紀末～17世紀中葉
	鞍B	中国	15世紀後半～17世紀中葉
	鐙A	イタリア	16世紀後半～17世紀前半
	鐙B	中国	16世紀
	轡（大勒馬銜）A・B	ヨーロッパ（イタリア）	17世紀前半
	野杏（B型）	日本	16世紀後半～19世紀
	四方手（D型）	日本	16世紀～19世紀

とめて提示するに留めたい。

5. 染織品・印章・留金具

　染織品としてはマント及びズボン，壁掛，縞模様布があり，印章は円形で象牙製のものと長方形で木製のものとがある。留金具は銅製鍍金で隅丸方形のものと円形（大小）のものとがある。このうち制作地と年代に関する研究が行われているのはマント及びズボンである。また壁掛については制作地に関する指摘がある。

　マント及びズボン（第72図）については井上和子・豊原繁子の研究がある（井上・豊原1978）。この研究でズボンとされた4片の布については，①西洋長上衣のスカート部分に由来するものである，②和装の武士向きにデザインが加味されている，③騎馬旅行用のスカート状の前当と考えられるとした。またマントと4片の布は生地（羅紗地・紺色麻地布）と装飾用組紐（ブレード）が同一であることから同時制作とした。年代はポルトガル人の種子島漂着した天文12（1543）年を上限とし，4片の布の1片に縫合されたブラゲットbraguette状小布の存在から17世紀前半を下限とする。なおブラゲットは仏語で，英語ではコドピースcodpieceといい，股間の前開き部分を覆うための布のことである。マントは西欧で16世紀後半から17世紀前半に盛んに用いられた。当該マントは縫製・装飾技法の特徴から17世紀のもので，留め合わせるための3対の組紐があることから旅行用と考えられる。つまり当該マントとスカート状の前当（4片の布）は長旅に有用なものであったとする。制作地については日本国内制作ではなく，メキシコかヨーロッパでの注文制作の可能性を指摘している。結論として「慶長遣欧使節一行の誰かが欧州旅行中に着用したものと推測」した。

　吉田雅子は当該マントについて直接言及している訳ではないが，マントの年代的特徴について注目すべき指摘をしている（吉田2012）。それは①欧州のマントは衿なし型から衿つき型へ移行する，②衿なし型は1560年代頃まで続く，③衿つき型が見られるようになるのは1570年代からであるの3点である。これによれば当該マントは衿つき型であるから1570年代以降のものとなる。

　壁掛（第73図）は絹本着色で縦207.5cm，横134cmを測る。上部に西洋の若い男女，下方に樹木・鳥・草花・水鳥・虎・兎を描く。下方の絵は蓮池水禽を思わせ，彩色も繧繝を用いていることから東洋的要素が強いとされる（鷲塚1966）。この指摘は裏打ちした布に「新昌号」「福青号」と墨書されていることで支持され，その地域が中国に絞り込まれる（仙台市博物館1973）。また縁飾りに見られる草花文の実の特徴的な表現方法も中国製であることを裏付けている（吉田1998）。

　管見によれば，この壁掛の制作年代に関する論及はまだない。そこでこの壁掛の制作年代の把握を試みてみたい。壁掛には若い男女が描かれているが，その頸廻りを飾る大きな襞衿が年代を

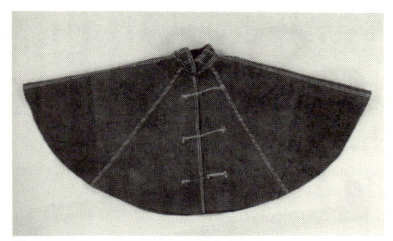

1．マント

2．ズボン

第72図　マント及びズボン

把握するための情報を提供してくれる。『服飾の本』*THE BOOK OF COSTUME*（Davenport 1948）によって具体的に見てみよう。年代的に古い例としてイギリスのグラモーガンにある柩像を挙げることができる。1566年のもので，大きな襞衿が確認できる（図版1174）。同様の襞衿はイギリスのノッティンガムにあるウラストン・ホール所蔵の《ウィロビー婦人像》（図版1176）にも見られる。この作品の制作年代は1573年である。年代的に降る例としてベルサイユ宮殿国立美術館所蔵の1660年制作のタペストリー《王の歴史―ルイ14世とスペイン王フィリップ4世のフェザント島での会見―》（図版1388）がある。同館は1663年制作の《ルイ14世のスイス大使接見》を所蔵しているが『服飾の本』には掲載されていない。この作品は『西洋服飾史』*A History of Costume in the West*（Boucher1966）でみることができる（図版578）。

第73図　壁掛

　さらにスペイン・ハプスブルク朝国王の肖像画で襞衿の変遷を確認しておきたい（第74図）。《皇帝カール5世と猟犬》(1)ではわずかに襞衿のようなものが覗いているが，《フェリペ2世像》(2)では明瞭に襞衿とわかる。《フェリペ3世像》(3)になると襞衿は極大化する。そして《フェリペ4世像》(4)ではレースの幅広衿が肩を覆うようになり，襞衿の流行が下火になったことがわかる。これらのことから広い襞衿は1560年代後半から1660年代前半までのほぼ1世紀の間，着用されていたことがわかる。ただその盛期は絵画資料などから見る限り1570年代から1630年代までの60年間ほどで，1650年代以降は急速に着用例が少なくなる[5]。この壁掛が西欧人を対象とした輸出用の中国製であることを勘案すれば，その制作年代は広い襞衿の盛期と重なると考えるのが妥当であろう。

1．《皇帝カール5世と猟犬》
　　1533年制作

2．《フェリペ2世像》
　　1566年制作

3．《フェリペ3世像》
　　1606年制作

4．《フェリペ4世像》
　　1644年制作

第74図　スペイン・ハプスブルク朝国王肖像画に見る襞衿の変遷

6. 小　結

　慶長遣欧使節関係資料47点を4つに類別し，これまでの研究成果を踏まえつつ各資料の製（制）作年代と製（制）作地域の把握を試みた。その結果，製（制）作年代と製（制）作地域に関する本格的な調査・研究が行われていない資料が数多く存在することが確認できた。このように基礎的な課題を多く抱える慶長遣欧使節関係資料ではあるが，これまでの研究成果から明らかにされた事項も少なくはない。

　まず取り上げるべきことは，研究の対象とされた各資料の製（制）作年代が慶長遣欧使節の派遣時期を含んでいることが明らかされたことである。つぎに各資料の製（制）制作地域がヨーロッパ，中国，ジャワ（バリ），スリランカ，日本であることが判明したことである。慶長遣欧使節の訪問地を思い起こせば，ヨーロッパ製が存在することは当然かつ自然なことである。また訪問地ではない中国・ジャワ（バリ）・スリランカの製品であっても，そこにヨーロッパとの関係を示す要素が見出せれば，慶長遣欧使節との関わりを肯定的に見ることができる。ただ資料の中には中国製・日本製でありながらヨーロッパとの関わりが見出せないものがある。このことは慶長遣欧使節関係資料の性格を考える上で極めて重要なことである。つまり慶長遣欧使節関係資料はすべて同使節が将来したものなのかどうかという根本的な事項に対する疑問を提起することになるからである。

第2節　慶長遣欧使節の将来品と非将来品

1. 慶長遣欧使節関係資料の通説的理解とその問題点

　《ローマ教皇パウロ五世像》と刀剣2口を除く資料は藩政期に仙台藩切支丹所に保管されていたものであった。切支丹所保管品について，高野倫兼は安永3（1774）年の「安永三甲午退隠記秋」（『高野家記録』）のなかで「南蛮江被遣候支倉六右衛門持参之品」と記し，大槻玄沢は文化9（1812）年の「帰朝常長道具考略」（『金城秘韞』下）で「支倉六右衛門南蛮将来の諸道具」と記している。平井希昌が明治10（1877）に著した『伊達政宗欧南遣使考』においても「皆ナ元和慶長間洋暦千六百年ノ物ナリ」とみえ，高野・大槻と同じ認識をもっていたことがわかる。

　切支丹所旧蔵の慶長遣欧使節関係品と伊達家が直接管理してきた《ローマ教皇パウロ五世像》と刀剣2口は明治から昭和にかけての社会的激動の中で流転を繰返したが，昭和39（1964）年にこれらの品々は一括して仙台市博物館所蔵となり，昭和41（1966）年6月11日付で国の重要文化財に指定された。これを契機に2本の論文が発表されたが，慶長遣欧使節関係資料に対する認識は「常長がこの行において将来したもの」（財津1966），慶長遣欧使節の「将来品」（鷲塚1966）というものであり，高野・大槻・平井と基本的に同じであった。

　慶長遣欧使節関係資料は平成13年6月22日付で国宝に指定された。文部科学省は同年4月

20日付で「国宝・重要文化財（美術工芸品）の指定等について」の文書を出し，その中で慶長遣欧使節関係資料は「慶長遣欧使節に関する一括資料である。いずれもその折に将来されたもの」と説明している。このことから重要文化財指定時の認識を踏襲していることがわかる。現在，インターネットで公開されている「国指定文化財等データベース」の「詳細解説」にも「一括して現存するこれらの関係資料は，いずれも慶長遣欧使節に際して将来されたものである」とあり，認識に変化がないことが確認できる。

藩政期から現在まで慶長遣欧使節関係資料＝慶長遣欧使節将来品と認識され，これが通説となっているが，これには根本的な問題が内在している。前節で指摘したように，慶長遣欧使節関係資料は文字資料であるローマ市公民権証書を除くすべての資料が物質的資料であるから，まずそれぞれの資料に対して型式学的な視点で検討を行い，製（制）作の年代と地域を絞り込み，つぎにその結果を踏まえて慶長遣欧使節との関係を検討するという研究手順が求められる。このような手順を経ずに，仙台藩切支丹所保管あるいは伊達家保管という来歴だけに依拠して慶長遣欧使節関係資料を一括して慶長遣欧使節の将来品と断定することは短絡的であり，誤っているとしなければならない。

2. 慶長遣欧使節の将来品と非将来品

慶長遣欧使節の将来品か否かを判断する基本的な要件として製（制）作の年代と地域の把握があることは多言を要しない。このことを踏まえて，前節では各資料の製（制）作年代と製（制）作地域に関する調査・研究の状況をまとめ，将来品か非将来品かを判断するための重要な知見を得た。慶長遣欧使節の将来品か否かの判断材料となる製（制）作年代については，調査研究の対象となった各資料が慶長遣欧使節の派遣期間，すなわち慶長18（1613）年から元和6（1620）年の間に存在することが明らかになったから，矛盾や問題はないといえる。

しかし製（制）作地域に関しては単純にヨーロッパだけではないことから，慶長遣欧使節の将来品であるとの判断は慎重にしなければならない。前節の調査研究の成果をまとめると，各資料の製（制）作地域はヨーロッパとアジアに大別できる。さらにアジア製ではあるがヨーロッパあるいはキリスト教の要素を有するものとそれらを全く有しないものとがある。これを具体的に示したのが第17表である。

この表で最初に注目すべきは野沓と四方

第17表 慶長遣欧使節関係資料の製（制）作地域

製（制）作地域	製（制）作地	資料名
ヨーロッパ	イタリア	ローマ市公民権証書 ローマ教皇パウロ五世像 支倉常長像 鐙A メダイ
	特定できず	鞍A 大勒馬銜A・B マント及びズボン（註）
アジア	日本	野沓 四方手 十字架（黒漆塗り）＊
	中国	鞍B 鐙B 祭服＊ 壁掛＊
	フィリピン	ロザリオの聖母像＊
	インドネシア	仙台クリス
	スリランカ	仙台カスターネ＊

＊はアジア製ではあるが，ヨーロッパあるいはキリスト教との関係が認められるもの　　註：メキシコの可能性もある

手である。これらは日本の鞍に特有な付属具であり，しかも特別の装飾や細工などを施していない通有のものである。これらの付属具を慶長遣欧使節の将来品とするならば，通有の日本製品を海外で入手し，それを持ち帰ったという証拠や理由をまず明らかにしなければならないが，これまでそれが示されたことはない。つぎに考えられるのは慶長遣欧使節が月浦を出帆するときに持ち込み，そして持ち帰った可能性である。しかし野沓と四方手は鞍の付属具であるから，和鞍一式を持ち込み，持ち帰ったとしなければ説明が難しくなる。実際，この説明を可能にする資（史）料や状況証拠は見当たらない。結局，この野沓と四方手は将来品ではなく，日本（仙台）で他の将来品と同空間に共存していただけであるとするのが最も素直な解釈ということになる。つまり慶長遣欧使節関係資料の中には野沓と四方手のような非将来品が含まれているということであり，この点で黒漆塗りの十字架を日本製とする見解（浅野2008）も支持できる。

　慶長遣欧使節関係資料に慶長遣欧使節の将来品ではないものが含まれているということは，たとえ外国製だとしても使節の将来品と短絡的に断定することはできないことを意味する。この点で注目されるのが鞍Bと鐙Bである。鞍Bも鐙Bも中国・明代のものであり，慶長遣欧使節の将来品だとしても年代的には問題はない。ただこれらにはヨーロッパあるいはキリスト教との関わり窺わせる形態やモティーフなどが見られない。また使節の経路に中国は含まれていない。このことから慶長遣欧使節の将来品とすることは難しいが，帰途に約2年間マニラに滞在していることから，この間に入手した可能性も考えなければならない。

　当時，マニラはアカプルコと結ぶガレオン船貿易港として栄え，多種多様な中国製品が多数もたらされていた。アントニオ・デ・モルガ（1559～1636）が著した『フィリピン諸島誌』には16世紀末から17世紀初頭のマニラと周辺諸国との貿易の様子が詳細かつ客観的に記されている[6]。中国船は広東・漳州・福州からマニラに来航し，「数えあげたらきりがないし，いくら紙数を費やしても足りないくらい」の商品を運んできた（モルガ1609，神吉・箭内訳1966）。それらの舶載商品をまとめたのが第18表である。この表には馬具がみえるが，記載内容から繊維製品の馬具であり，鞍や鐙は含まれないと考えられる。ただ馬や騾馬の輸入も確認できるので，中国式の鞍・鐙・轡等の馬具類もともに舶載された可能性は皆無ではないが，その場合はマニラに居留あるい

第18表　中国からマニラにもたらされた舶載商品（『フィリピン諸島誌』による）

繊維・染織類	生糸，生絹，ビロード，錦織，緞子，繻子，タフェタン，ゴルゴラン織，ピコテ織，リンネル，白木綿，細い糸，カンガン（衣服の一種），覆い布
香料類	麝香，安息香
宝飾類	象牙，真珠，ルビー，サファイア，水晶，ビーズ玉，数珠繋ぎの紅玉
食器・容器類	銅製食器，鋳鉄製食器，鍋，釜，陶器
寝具類	天蓋，寝台掛け，寝台カーテン，ベッド
家具・調度類	テーブルクロス（緞子・ゴルゴラン織），クッション，絨毯，手鏡，小箱，事務机，テーブル，椅子，長椅子
原料	鉄板，錫，鉛，硝石，火薬
食品・食料	小麦粉，砂糖漬けオレンジ，砂糖漬け桃，干柿，オレンジ，栗，胡桃，梨，肉豆蔲，生姜，塩漬け豚肉，乾肉，鶏
家畜・ペット	水牛，鵞鳥，馬，騾馬，小鳥
その他	釘，針，絨毯にビーズや真珠をあしらった馬具

196　第2部　慶長遣欧使節関係資料の考古学的研究

は在住の華僑を対象としたと考えられよう。

　このようなことから慶長遣欧使節が鞍Bと鐙Bをマニラで入手した可能性は低いとみなければならない。鞍Bと鐙Bは慶長遣欧使節関係資料に含まれてはいるが，前述の野沓と四方手と同様に同空間に共存していただけで，使節との直接的な関係は見出し難いということである。

　一方，ヨーロッパ製あるいはアジア製であってもヨーロッパやキリスト教との関係が認められる資料は慶長遣欧使節の派遣時期と製（制）作年代が重なることから，使節の将来品である可能性は極めて高いと見做すことができよう。

3. 小　結

　藩政期以来今日まで慶長遣欧使節関係資料は一括して慶長遣欧使節の将来品と見做されてきたが，その根拠は薄弱なものであった。使節の将来品か否かを判断するためには，まず各資料の製（制）作年代と製（制）作地域を把握しなければならない。慶長遣欧使節関係資料のうちこの二項目について調査研究が行われている資料をみると，年代については使節派遣期間に重なっていることがわかる。

　一方，地域に関してはヨーロッパとアジアに大別され，後者はさらにヨーロッパあるいはキリスト教に関わる形態やモティーフをもつものともたないものとに分けられる。ヨーロッパ製あるいはアジア製ではあるがヨーロッパあるいはキリスト教に関わる形態やモティーフをもつものは慶長遣欧使節の将来品の可能性が極めて高いと見做すことができる。しかし日本固有の鞍付属具である野沓と四方手はそれが通有のものであることから，使節の将来品とすることは難しい。さらに鞍Bと鐙Bは中国・明代の特徴をもち，そこにヨーロッパあるいはキリスト教との関わりを窺わせるものは見出せないから，これらも使節の将来品とすることは困難である。

　慶長遣欧使節関係資料の製（制）作年代や地域の検討の結果，そこには慶長遣欧使節の将来品と非将来品が混在していることが明らかになった。このことは慶長遣欧使節関係資料が慶長遣欧使節の資料として位置づけられるだけではなく，それ以外の歴史事象を語る資料としても位置づけられるということを意味している。

註

1) たとえば明治9年の明治天皇東北巡幸に供奉した金井之恭は「皮革ニ書シタルモノアリ，南蛮王ノ答書トナス」と記している（金井1878）。

2) 1557/1559年生，1622年没。イタリア・ボローニャ生まれ。1607年から1619年までローマの聖ルカ芸術協会員の記録がある。ローマ教皇クレメンテ8世（在位1536～1605）・レオ11世（在位1605）・パウロ5世（在位1605～1621）の肖像画を描いた（Wohl 2009）。

3)「ロザリオの聖母」図像は2類に大別できる。第一類は三日月の上に立つ聖母子の周囲をロザリオがめぐるもので，第二類は中央に座す聖母子が両脇に跪く王侯貴族・聖職者にロザリオを授けるものである（浅野・後藤2008）。

4) 明治17（1884）年頃に撮影された慶長遣欧使節関係資料の写真18枚のなかに「十字架及びメダイ」の

写真がある（濱田 1995）。またこれとほとんど同じ状態の写真が『東北遺物展覧会記念帖』（菊田 1933）掲載の写真図版（第 111 図）にある。これらの写真をみるとメダイの鈕と十字架に付いている二色の紐を繋ぐ紐は撚りが弱い白色のもので，粗雑な作りであり，二色の紐とは釣り合わない。したがって「十字架及びメダイ」は当初から一組であったのではなく，ある時点から一組にされたものと考えられる。ちなみに安永 3（1774）年の「安永三甲午退隠記」（『高野家記録』）と文化 9（1812）年の「帰朝常長道具考略」（『金城秘韞』下）にはこのメダイはそれぞれ「御影」「御影板金」と記されているが，十字架と一組であるとの記述はない。

5）『服飾の本』には 2778 点，『西洋服飾史』には 1188 点の絵画・彫刻などの作品が服飾資料として掲載されている。その中から広い襞衿を着用している作品で制作年代が把握されているものを抽出してまとめてみた。その結果，抽出総数 104 例中，1560 年代は 4 例，1640 年代以降は 5 例に留まるのに対して，1570 年代は 15 例，1580 年代は 12 例，1590 年代は 13 例，1600 年代は 10 例，1610 年代は 14 例，1620 年代は 17 例，1630 年代は 12 例あり，1570 年代から 1630 年代は 10 例以上あることがわかった。このことから広い襞衿の盛期は 1570 年代から 1630 年代までと考えられる。

6）モルガは 1595 年から 1603 年までの 8 年間，フィリピンにおける植民地統治責任者であった。『フィリピン諸島誌』は 1609 年に刊行され，「努めて客観的立場に立ち，公平かつ多角的に十六世紀末のフィリピンの実態を叙述している点で優れた著述」と評価されている（神吉・箭内 1966）。同書の第 8 章にはマニラを中心としたアジア各地—中国・日本・モルッカ諸島・マラッカ・インド・ボルネオ・シャム・カンボジャ—との貿易に関する記述がみられる（モルガ 1609, 神吉・箭内訳 1966）。

引用文献

浅野ひとみ・後藤晃一　2008　「コンタツ論」『純心人文研究』第 14 号　115～145 頁　長崎純心大学
浅野ひとみ　2008　「キリシタン時代のメダイ図像研究」『鹿島美術研究』（年報第 26 号別冊）511～521 頁　鹿島美術財団
石鍋真澄　2010　「支倉常長の肖像画」『仙台市史特別編 8・慶長遣欧使節』574～584 頁　仙台市
井上和子・豊原繁子　1978　「遺品の研究―慶長遣欧使節関係資料・四片の布について―」『東京家政学院大学紀要』第 18 号　55～67 頁　東京家政学院大学
金井之恭　1878　『扈従日誌』（『太政官期地方巡幸研究便覧』柏書房，2001 所収）218～219 頁
神吉敬三・箭内健次　1966　「解説」『フィリピン諸島誌』18 頁　岩波書店
神吉敬三　1989　「イベリア系聖画国内遺品に見る地方様式」『美術史』126 号　151～172 頁　美術史学会
菊田定郷　1933　『東北遺物展覧会記念帖』東北遺物展覧会
財津永次　1966　「慶長遣欧使節とその関係資料」『月刊文化財』第 33 号　10～12 頁　第一法規出版
斎藤輝子・柴崎礼子　1974　「支倉六右衛門常長将来品の祭服とカズラ（第 1 報）」『三島学園女子大学・三島学園女子短期大学紀要』第 10 巻　45～59 頁　三島学園女子大学・三島学園女子短期大学
斎藤輝子・柴崎礼子　1976　「支倉六右衛門常長将来品の祭服とカズラ（第 2 報）」『三島学園女子大学・三島学園女子短期大学紀要』第 12 巻　27～41 頁　三島学園女子大学・三島学園女子短期大学
仙台市博物館　1973　『仙台市博物館図録 II・慶長遣欧使節関係資料編』仙台市博物館
田中英道　1988　「ローマ，ボルゲーゼ宮『支倉常長』像の作者について」『仙台市博物館調査研究報告』第 8 号　1～20 頁　仙台市博物館
パチェコ・デイエゴ　1970　「日本におけるスペインのプラケット」『長崎談叢』第 49 輯　103～106 頁　藤木博英社

濱田直嗣　1995　「『支倉六右衛門遺物』と写真」『仙台市博物館調査研究報告』第15号　15～24頁　仙台市博物館

平井希昌　1877　『伊達政宗欧南遣使考』51～54頁　博文本社

フィオーレ，クリスティナ・ヘルマン（小関史絵訳）　1993　「東洋におけるキリスト教伝道の歴史的証言―クイリナーレ宮殿のサーラ・レージアの肖像画について―」『仙台市博物館調査研究報告』第13号　1～15頁　仙台市博物館

モルガ，アントニオ・デ　1609　（神吉敬三・箭内健次訳1966）『フィリピン諸島誌』387～390頁　岩波書店

吉田雅子　1998　「慶長遣欧使節請来の祭服に関して」『MUSEUM』552号　57～75頁　大塚巧藝社

吉田雅子　2009　「欧州意匠の中国染織品―六作品を通してみる中国と日本における受容の様態―」『美術フォーラム21』第19号　44～49頁　美術フォーラム21刊行会

吉田雅子　2012　「日本に舶載された欧州輸出用の中国製染織品―刺繍ビロード6作例の意匠と技法を中心に―」『人文学報』第102号　1～22号　京都大学人文科学研究所

鷲塚泰光　1966　「祇園祭礼図・慶長遣欧使節関係資料」『MUSEUM』第185号　28～31頁　東京国立博物館

Wohl, Alice, 2009 *Glovan Pietro Bellorl: The Lives of the Modern painters, Sculptors and Architects, A New Translation and Critical Edition*, pp.370 Cambridge University Press.

Davenport, Millia, 1948 *THE BOOK OF COSTUME*, pp.438～439, 523～524 CROWN PUBLISHERS.

Boucher, François, 1966 *A History of Costume in the West*, pp.261 Thames & Hudson.

第5章　慶長遣欧使節関係資料の歴史的意義

第1節　慶長遣欧使節将来品の歴史的意義

1．慶長遣欧使節将来品の二様とその意味

　慶長遣欧使節関係資料47点は一括して慶長遣欧使節の将来品と見做されてきたが，この中には日本特有の馬具（野沓・四方手）が含まれていることから，将来品と非将来品が混在していることを指摘した。またこのことを踏まえるならば外国製品であっても来歴記録がなく，かつ慶長遣欧使節の経路から外れた地域のものであれば直ちに同使節の将来品とはいえないことになる。
　慶長遣欧使節の将来品あるいは将来と考えられる品々は藩政期における保管形態の違いによって二つに大別できる。第一は伊達家所蔵品として伊達家が直接管理していたものであり，《ローマ教皇パウロ五世像》と「南蛮剣」2口（仙台カスターネと仙台クリス）がこれに該当する。第二は仙台藩切支丹所に「預物」として保管されていたもののうち，使節派遣時期と製（制）作年代が重なり，製（制）作地域が使節の経路およびその周辺でヨーロッパあるいはキリスト教の要素が認められるものである。現時点で該当するものは，ローマ市公民権証書，《支倉常長像》，鞍Ａ，鐙Ａ，轡（大勒銜）Ａ・Ｂ，ロザリオの聖母像，メダイ，祭服，マント及びズボン，壁掛である。
　では保管形態の違いはどのような意味を持つのであろうか。伊達家が直接管理していた将来品は使節の派遣主体者である伊達政宗に贈られたものと考えられる。一方，仙台藩切支丹所保管の将来品は「預物」で支倉常長等の遣欧使節団員との関わりが強いといえる。たとえばローマ市公民権証書および肖像画は支倉常長を対象としたものであることは明らかであり，ロザリオの聖母像は支倉常長がフィリピンで個人信心用に購入した可能性が指摘されている（神吉1989）。支倉常長等は伊達政宗の命で米欧に赴いたのであり，このことを根底に据えて慶長遣欧使節をその将来品によって考究しようとする場合，伊達家が直接管理したものと切支丹所保管の「預物」とを同列に位置づけて論ずることは正しいとはいえない。換言すれば将来品を用いて慶長遣欧使節の研究を行う場合は，派遣主体者である伊達政宗に贈られたものを第一義的に，支倉常長等の個人的なものを中心とする切支丹所保管品は第二義的に扱うのが妥当であろうということである。

2．《ローマ教皇パウロ五世像》―伊達家所蔵の将来品―

　この半身肖像画と酷似している全身肖像画がローマのバチカン美術館にある（第75図）。ボルゲーゼ美術館のクリスチーナ・ヘルマン・フィオーレはこの全身肖像画はアントニオ・スカル

ヴァーティ（1557/59～1622）の制作であり，半身像も同様とみている（Fiore 1990）。スカルヴァーティはクレメンテ8世・レオ11世・パウロ5世の肖像画を制作した教皇肖像画の専門家であった（フィオーレ 1993）。このようなことから《ローマ教皇パウロ五世像》（半身）制作の依頼主はローマ教皇庁と考えられる。つまりこの肖像画は教皇庁から伊達政宗へ贈られたものということになる。教皇庁のこの行為はローマ皇帝が遠隔の地に自画像を送るという伝統に基づくものであったとされる（フィオーレ 1993）。

第75図 《パウロ5世像》

ここで確認しておきたいのは慶長遣欧使節の使命の一つはローマ教皇に謁見し，仙台領へのフランシス会修道士の派遣，司教の任命，ヌエバ・エスパーニア（メキシコ）との貿易実現のためにスペイン国王への斡旋を願うことであった。このことは慶長18年9月4日（1613年10月6日）付ローマ教皇パウロ5世宛伊達政宗書翰（史料番号[1] 196, 197）に明記されている。政宗が使節派遣にあたり最も重視した人物の一人がパウロ5世であり，《ローマ教皇パウロ五世像》（半身）はその教皇庁からの贈物で，かつキリスト教に関わる聖具や聖画ではないことから伊達家所蔵品として直接管理されていたと考えられる。

3. 仙台カスターネと仙台クリス―伊達家所蔵の将来品―

(1) 共通項

仙台カスターネと仙台クリスについては，第2章で詳細に検討したところである。その結果，この2口の刀剣には多くの共通項が認められることが判明した。第一は共にアジア製であるが，仙台カスターネはスリランカ製，仙台クリスはジャワ東部製あるいはバリ製であり，慶長遣欧使節の経路から外れた地域のものであることである。第二は単独の十字架やキリスト像などキリスト教を直接連想させる画像やモティーフはないが，ヨーロッパやキリスト教に関わる文字やマークが認められることである。仙台カスターネの刃根本には十字架を付けた冠状のマークの中に「N」字が認められ，仙台クリスの鞘には心臓をX字状に貫く2本の矢が描かれている。後者はアウグスティノ会の紋章と解される。カスターネやクリス鞘にこのようなマークやモティーフが見られることは一般的なことではない。第三は共に同類の刀剣の中では格式が高いものであるということである。仙台カスターネの柄は象牙製である。また仙台クリスの柄と鍔には貴石が嵌められ，刀身には植物文様の金象嵌が施され，鞘はアラス・アラサン文様で飾られている。これらのことが格式の高さを示している。

三つの共通項のうち特に第二項は2口の共存関係を考えるうえで重要である。製作地域が全く異なるにもかかわらず，一般的ではないヨーロッパあるいはキリスト教との関わりを示すマークやモティーフを共に有していることは単なる偶然の結果とは考え難い。したがって，これはある

意図のもとに選択された結果であると理解するのが妥当であろう。

(2) 入手地

　a. ローマ説

　仙台カスターネと仙台クリスが初めて公開されたのは明治13（1880）年に開催された宮城県博覧会においてであった。『明治十三年宮城県博覧会出品目録』（宮城県勧業課1880）には「ローマ劔　二振　本県宮城郡小泉村　伊達宗基」とあり，ローマで入手した剣と認識していたことが窺える（宮城県勧業課1880）。また昭和3（1928）年に開催された東北遺物展覧会の『東北遺物展覧会記念帖』（菊田1933）にはこの2口と小刀の写真が第100図として掲載され，「羅馬法王より政宗公に贈られた刀剣」とのキャプションが付されている。このことから昭和初年までは仙台カスターネと仙台クリスの入手地はローマとされていたことがわかる。ただ最も肝要な入手地がローマであるとする根拠は全く示されていない。

　b. フィリピン説

　昭和48（1973）年発行の『仙台市博物館図録Ⅱ―慶長遣欧使節関係資料編―』は仙台カスターネの製作・入手地をイタリアとスペインを中心とするヨーロッパとし，仙台クリスの入手地をルソンとする。その根拠として前者の「護拳金具の形などに西洋風の趣が感じられ，紋章も西洋風である」ことを，また後者については「柄の菩薩像が東南アジア的色彩の強いこと，フィリピン，ミンダナオ島の蛮刀と刀の裾の形が酷似している点，鞘の文様が稚拙で土俗的な点」を挙げる。しかし「西洋風」「東南アジア的色彩」「土俗的」などの表現からわかるように，それらの根拠は感覚や印象に基づくもので客観性に欠ける。「蛮刀と刀の裾の形が酷似している点」の指摘は研究視点として評価できるが，ここで例示されたクリスはフィリピンのミンダナオ島南西部からスル諸島にかけて分布するモロ型式に属し，長さや刀身の形態などは仙台クリスと大きく異なる。仙台クリスはジャワを中心とする地域のものに酷似している。

　平成13（2001）年，仙台市博物館発行の『国宝「慶長遣欧使節関係資料」』では「入手地については，帰国途上のフィリピンが第一に考えられる」とするが，何故にジャワ（バリ）とスリランカで製作された刀剣がフィリピンで入手できたかという説明はない。前掲の『フィリピン諸島誌』にはマルコ諸島・マラッカ・インドからポルトガル船が多種多様な商品を積んで毎年定期的に来航することが記されているが，その中に刀剣およびスリランカに関する記述は見られない。またボルネオ・シャム・カンボジアからの来航記述はあるが，ジャワ・バリ・スマトラからのそれはない（モルガ1609，神吉・箭内訳1966）。つまり仙台カスターネと仙台クリスをフィリピンで入手したとするならば，それらは製作地から直接フィリピンに入ってきたのではなく，経由してきた可能性が高いということになる。このことと上述した共通項の第二項を重ねて考えれば，仙台カスターネと仙台クリスの入手地をフィリピンとする可能性と妥当性は極めて低くなる。

　c. イベリア半島説の提唱

　ローマ説及びフィリピン説は2口の刀剣の製作地を特定するという最も基礎的な検討を全くあるいは充分に行わずに提唱されたものであり，方法論的な問題を内包しているといえる。慶長遣

第76図　ジャワ島バンタムの大市場

Eの左にクリスが見える

　欧使節が派遣された17世紀初頭，2口の刀剣の製作地であるスリランカとジャワ（バリ）はオランダやイギリスの進出は見られるもののポルトガルとの関係はなお保たれていた。
　スリランカとは1505年に島の西半を領域とするコッテ王国との間で海岸防衛とシナモン年間70トン交換条約を結び，1517年にはコロンボに最初の商館を建設した（濱屋1992）。1591年には島北部を領域とするジャフナ王国を併合し，さらに翌年には島東半のキャンディ王国を攻撃した。このようにしてポルトガルはスリランカにおける貿易の独占を目指し，その地歩を固め支配域と影響力を拡大していった。このような状況下でオランダが参入し，キャンディ王国との関係を深めた。1602年にヨリス・ファン・スピルベルゲンはキャンディ国王に謁見し，1612年には条約が締結された。その約半世紀後の1658年，オランダがポルトガルに代わりスリランカにおける貿易の主導権を握った（De Silva & Beumer 1988）。
　ポルトガルとジャワ（バリ）との関係はどうであろうか。1510年，アルブケルケがインド西海岸のゴアを占領し，翌年にはマラッカを確保してモルッカ諸島に進出した。ポルトガルは1536年から1540年の間にモルッカ諸島における勢力を確立した。ジャワはゴア−マラッカ−モルッカの香料貿易ルート上に位置する。1596年にジャワ島西端のバンタムを訪れたオランダの探検家コルネリス・デ・ハウトマンはバンタムの市場のようすを図で示しているが，そこにはクリスが商品として描かれている（第76図）。さらに「金属〔青銅〕製軽砲，クリスと称する短剣，槍の穂先，短刀その他の武器を男たちが売っている」と記述している。またこの市場に来て取引するヨーロッパ人はポルトガル人であると記している（ラウファール・エイゼルマン 1595-1597，生田・渋沢訳1981）。しかし16世紀末以降は衰退し，しだいに主導権はオランダに移った。
　上記のように1600年の交にスリランカとジャワ（バリ）に最も深い関わりを持っていたヨーロッパ人はポルトガル人であった。つまり刀剣2口と最初に関わったのはゴアやマラッカなどにいるポルトガル人であろうということである。しかしそれを根拠に入手地をイベリア半島とするのはやや早計である。そのためには1600年前後にイベリア半島を含むヨーロッパにカスターネやクリスがどれほどもたれされていたかを確認する必要がある。
　ヨーロッパにおける1600年前後のカスターネの遺例はないが，17世紀中葉の例はある。イギ

第5章　慶長遣欧使節関係資料の歴史的意義

リス王立武器博物館所蔵の《アレキサンダー・ポパム大佐騎馬像》（第77図）がそれで，ポパム（1605～1667）はピューリタン革命や王政復古に関わった人物である（Blackmore 1996）。この騎馬像の制作年代は1659年から1663年の間と考えられている（De Silva 1975）。柄および護拳はカスターネの特徴を明瞭に示しているが，鞘は作り替えられている。このカスターネは騎馬像の制作年代を勘

第77図　《アレキサンダー・ポパム大佐騎馬像》（1659～1663年）

案すればポルトガル支配期（1505～1658）の末期かオランダ支配期（1658～1796）の初期にポルトガルかオランダを介して入手したものと考えられる。

　クリスはカスターネに比べれば記録や遺例が豊富である。記録によればオランダのファン・ネックは1599年に東ジャワ北岸の港市国家「トゥバンの王からマウリッツ伯閣下に，クリスという短剣一本と，立派な長い槍二本を贈られた」（ケウニング1598-1600，生田滋・渋沢訳1981）。この「マウリッツ伯閣下」はオランダ総督マウリッツ・ファン・ナッサウ（1567～1625）のことである。イギリスの船団長ランカスターは1602年にスマトラ北端のアチェ国王から「クリースつまり短剣二口」を贈られた（著者不明1591-1603，朱牟田訳1983）。また1613年にはアチェ国王がイングランド王ジェームズ1世（1566～1625）に金製の柄をもつクリスを友好同盟関係の永続を願って贈った（Hill 1956）。この三記事に対応するクリスの現存は確認できないが，本国に将来された可能性は高い。

　1650年以前にヨーロッパにもたらされたと記録から確認できるクリスは12口ある（第19表）。

第19表　1650年以前にヨーロッパにもたらされ現存するクリス

入手年代	登録番号	製作地域	現所蔵	旧所蔵
1617年以前	EDb 21	Banten	The National Museum Denmark, Copenhagen	The Paludani Collection
	EDb 26			
1618年以前	DO 171	Banten	Der Deutsche Orden, Vienna	The Collection of Archduke Maximilian
	DO 175	Bali		
1628年以前	PA 502	Banten, Cirebon/Tegal	Kunsthistorisched Museum, Vienna	Schloss Ruhelust near Innsbruck
	PA 509	Banten		
	PA 504	Bali/ Balambangan		
1631年以前	M 278	Banten	Museo Bargello, Florens	The Collection of the Medici
	M 283	Balambangan/North Eastern Java		
	M 279	Balambangan/Cirebon		
1649年以前	2889	Banten	Museum für Völkerkunde Dresden	Schloss Ruhelust near Innsbruck
	2887			

旧所蔵をみるとポルトガル・スペイン・オランダ・イギリスではないことから、これらの国々を介して入手したと考えられ、入手までに一定の時間を要したことが想定される。この他に型式学的に見て1650年以前と考えられるクリスも少なからず現存しているから、1600年の交にヨーロッパにもたらされたクリスは1口や2口に留まらず相当数あったとみるのが妥当であろう[2]。

このようなクリスに関する史料およびヨーロッパに現存するクリスから判断すると、1600年前後にはポルトガル・スペイン・オランダ・イギリスを中心とする国々を介してヨーロッパにもたらされたと考えられる。しかし16世紀末まではその中心はポルトガルであったとするのが至当である。ポルトガルのトメ・ピレスの『東方諸国記』（ピレス 1515, 生田・池上他訳 1966）やブラス・デ・アルブケルケの『大アルブケルケ伝』にクリスに注目した記事があること[3]、上述したようにバンタムの市場ではクリスが売られ、その市場を訪れるヨーロッパ人はポルトガル人であったことがそれを裏付けている。

(3) フェリペ2世所有のクリスとその相続

フェリペ2世（1527～1598）は父王カール1世（神聖ローマ皇帝カール5世, 1500～1558）からスペイン・ナポリ・シチリア島・サルディニア島・ミラノ・フランドル・新世界を継承した。一方、芸術的な分野におけるフェリペ2世は「16世紀の最も卓越した鑑識家の一人として位置づけるに値する人」であり、コレクターとしての好みは広かった。広い版図と芸術的資質が融合した結果、フェリペ2世のコレクションの範囲はほぼ全世界にわたり、宗教・世俗の両分野を含むという特徴をもつが、「コレクションで最も強い印象を受けるものは武器と古物、地図とメダル、版画と素描、彫刻とタペストリー」であった（Kagan 1996）。

フェリペ2世の遺産目録が1598年から1605年にかけて作成された。刀剣類の鑑定は1602年に行われ、そのうち14口がアジア（インド7口、中国7口）とされた（Sánchez Cantón, 1956～1959）。ただインドの7口にカスターネが含まれるか否かについては記述内容からは判断できない。なお目録番号3489の刀剣2口は地域の記載はないが、その記述内容から剣身が波状と真っ直ぐのクリスと考えられる（佐々木 2002）。

フェリペ2世は1598年にエル・エスコリアルで死去した。そしてそのコレクションはフェリペ3世に相続された。そこに含まれるクリス1口が1599年、フェリペ3世と内オーストリアのカール大公の娘マルガリータ（1584～1611）が結婚した際、スペインに同道した義母マリア（1551～1604）に贈られた[4]。それがカスパー・プラウツの『新たなる航海の達成』*Nova Typis Transacta Navigatio*（1621年刊）に掲載されているクリスの柄（第78図）である（Jensen 1998）。

ここで注目しておきたいことは、フェリペ3世がクリス

第78図 フェリペ3世から義母マリアに贈られたクリス

を所蔵していたこと，そしてそれを王侯貴族間の贈答品として用いていたことである。

(4) フェリペ3世から伊達政宗への贈物

仙台カスターネと仙台クリスの共通項の検討によって，この2口は選択されたセットと理解できた。前者はスリランカ製，後者はジャワ（バリ）製であり，ともにアジアにおけるポルトガルの活動領域に含まれる。そしてこの2口は伊達政宗に贈られた。使節を派遣した伊達政宗がその目的を実現させるために最も重要視した人物はスペイン国王とローマ教皇であり，後者からの贈物として《ローマ教皇パウロ五世像》（半身）があることは既述した。これらを総合すると贈り主としてフェリペ3世が浮かびあがる[5]。

父王フェリペ2世のコレクションは広い地域と分野にわたる膨大なもので，しかも1580年からはポルトガル国王フェリペ1世としても君臨したから，さらにその対象地域は広がった。仙台カスターネと仙台クリスはポルトガルの活動領域で製作されたものであるが，1580年以降であればポルトガル国王であったため，入手は難しいことではなかった。スペイン国王フェリペ3世は王位を継承する段階からポルトガル国王フェリペ2世としても君臨し，前王が約束したポルトガルの自治尊重から徐々にスペイン主導に切り替えていった（金七1996）。このようなフェリペ3世のポルトガルに対する姿勢から判断するとインド洋に面するアジア諸地域からの品々はポルトガルを介して収集できたと考えられ，新にクリスが加えられた可能性も否定できない。

伊達政宗はフェリペ3世に「日本之道具五色」を進上した（史料番号140）。それをフェリペ3世は「御覧になって非常に満足して受け取られ」「送ってきた人の心配りを大いに尊重し」，それらの特徴などについての解説を求めた（アマーティ1615，石鍋・平田訳2010）。一方，これに対するフェリペ3世の返礼の姿勢は寵臣レルマ公爵（フランシスコ・ゴメス・デ・サンドバル・イ・ロハス）がルイス・ソテロと支倉常長の要請を受けて作成した「インディアス顧問会議議長サリナス侯宛レルマ公箇条書」（史料番号285）に明記されている。すなわち政宗「の贈物に対する返礼として2000ドゥカードを下らない価格の贈物」することによって「宣教の自由を獲得」でき，政宗「の意を引き付け」られると考えたのである。これに対する審議と上奏を命じられたインド顧問会議は1617年6月16日付で，常長にはローマ訪問や帰国に要する多額の費用がすでに支給されているので，今後の必要費用は「600ドゥカードを超えないようにし」「これ以上の費用を支給する必要も」ないし，「スペインに留まる場所も与えるべきではない」と奏議し，結局，国王はこれを可として受け容れた（史料番号287）。常長と随員5名およびソテロが滞在していたセビリアを発ってメキシコに向かったのは同年7月4日のことであった（ペレス1924，野間訳1968）。

ここで注目されることは，常長らがスペインを離れる直前までフェリペ3世は伊達政宗へ相当額の贈物の必要性を認めていたが，インド顧問会議により否定されたということである。この点を重視するならば，王室独自の判断でできる贈物，つまり新たな支出を伴わない贈物の選定が行われ，そのときコレクションとして所有していたカスターネとクリスがその対象となったものと考えられないだろうか。

贈物選定の根底に日本には刀剣を贈る習慣があるという認識があった。1613年にフェリペ3

世のもとに徳川家康・秀忠からメキシコとの貿易を希望する旨の書翰とともに鎧8領と刀1口が贈られている（史料番号29）。また支倉常長も1614年10月にセビリア市長に接見した際に政宗の書翰とともに「鞘付きで色絹の飾り紐のある刀catanas（刀）と称する剣と懐剣」を贈った（史料番号100）。また1615年にはスルモーナ公に「1000スクードに相当する剣」（史料番号199），1616年にはトスカーナ大公に「新月刀型」で「300スクードの値打ちがある」「武器を献呈」（史料番号253）している。このようなことから刀剣を贈物にすれば政宗は嘉納するであろうという認識をもっていたことは充分に考えられる。

しかし武器を贈物とすることは容易なことではなかった。インド顧問会議が上記の徳川家康・秀忠からの贈物の返礼として，前王フェリペ2世が「武器の製造とその利用を教えることから生じ得る不都合を避けることが賢明であると判断されて，武器をもたらさないようにと仰せになったことから，武器は除かれる」とし，前王の方針を踏襲して奏議したからである。フェリペ3世はこれを裁許したが，甲冑は防御用であり，攻撃用武器のような不都合は生じないとして贈物に加えた（史料番号29）。その「贈答品目録」には「当地の武器が持っていけないならば，到着地にて彫刻の施された金象眼細工の甲冑4領，2領は歩兵用，2領は軽騎兵用」（史料番号31）とあるから，贈物として禁止されたのは厳密にいえば当地の攻撃用武器ということになる。

このような状況のなかで最終的に選定されたのが「当地の武器」ではない仙台カスターネであり仙台クリスであったと考えられる。

(5) 贈呈の意図

フェリペ3世が仙台カスターネと仙台クリスを伊達政宗に贈った意図はどのように理解できるであろうか。まず確認しておかなければならないことは贈物の選定にあたってフェリペ2世の遣明使節計画を先例としてその基準を踏襲しているということである。このことに注目するならば，フェリペ2世の天正遣欧使節の帰航経路に関する希望はこれら2口を贈ったフェリペ3世の意図を探る上で大いに参考になる。

天正遣欧使節はイエズス会の日本布教巡察師ヴァリニャーノに主導されて，九州のキリシタン大名の名代としてローマ教皇に謁見することを目的に，インド洋経由で天正10（1581）年に派遣された。使節一行はポルトガル国王を兼ねていたフェリペ2世に二度謁見している。最初は1584年11月で，二度目はローマからの帰途の1585年9月である。国王との最初の謁見は11月14日に行われたが，その3日前に6歳の息子（後のフェリペ3世）の立太子式典に招いた（パンツアー 1992）。二度目の謁見時には使節の帰航経路に特別の希望を懐いていた。それは1586年12月8日付マカオ発ロウレンソ・メシアからローマのパードレ等に宛てた書翰に「陛下がより安全な路程としてまた一行に陛下の全領土を見せるために，ヌエバ・エスパニャおよびフィリッピンを経て帰国するようにと御志望あらせられたとの報知を得ました」とあることから具体的に知ることができる（岡本1949）。これはメシアがマカオで得た情報であるから1年か1年半ほど前のフェリペ2世の希望と考えられる。しかし，この希望は叶えられず使節一行は1586年4月にリスボンを出帆し，インド洋経由で帰国した。この書翰で重要なことはフェリペ2世があえてスペイン

領のメキシコとフィリピンを経由して帰国させることによって，その支配領域が全世界に及び，かつその力が偉大であることを認識させようと意図していたことが知られる点である。

　フェリペ３世に宛てた伊達政宗の慶長18（1613）年９月４日付書翰には「ゑすはんやの国大帝王どんひりつへ様」とある（史料番号140）。しかしながらフェリペ３世は既述したように即位の時点からアジアに深い関わりをもつポルトガル国王フェリペ２世としても君臨していた。この点に注目するとフェリペ３世は自身の立太子式典に参列した天正遣欧使節に対するフェリペ２世の意図を継承しつつ，スペイン・ポルトガルを取り巻く状況の変化を踏まえて慶長遣欧使節に対応したと考えられる。すなわちこの使節はスペイン支配下のメキシコを経由して帰国することになっていたから，フェリペ３世はポルトガル国王として東インドも配下あるいは影響下に置いていることを何らかの形で伝え，その力が依然として世界に及ぶことを示す意図があったと推察できる。その意図を具現化したのが，地域固有の特徴を備え，しかもヨーロッパやキリスト教と関わりのあるマークやモティーフを付加してある仙台カスターネと仙台クリスであったと考えられる。

　しかしフェリペ３世がフェリペ２世の意図を基本的に継承したとしても，それから30年の時が過ぎ，スペイン・ポルトガルを取り巻く状況はオランダ・イギリスの海外進出によって厳しさを増しながら大きく変化していたから，その意図にも変化が生じた。フェリペ３世が伊達政宗に仙台カスターネと仙台クリスを贈り東インドにおける支配力・影響力を示そうとした意図の背景には，当該地域へのオランダ・イギリスの進出を食い止め，維持したいという側面もあったと考えられる。このことは政宗のオランダ・イギリスに対する姿勢に呼応することでもあった。慶長18年９月４日付伊達政宗書翰とともにフェリペ３世に奉呈された「和平協定案」（スペイン語訳）には「イギリス人，オランダ人およびスペイン国王の敵であるその他の何者であれ，もし我が領国に来ることがあるならば，ことごとく裁きにかけ，これを殺すよう命じるであろう」と記されている[6]（史料番号71）。このような姿勢を示す政宗に対してフェリペ３世は東インドにおけるオランダ・イギリスの進出は部分的であり，依然としてスペイン・ポルトガルの勢力が優位にあることを，とりわけ状況が厳しくなった地域の品を，これを託す常長にも配慮して選定することによって伝えようとしたものであろう[7]。仙台カスターネがスリランカ製で仙台クリスがジャワ（バリ）製である主な理由はここに求められよう[8]。

4．仙台藩切支丹所保管の使節将来品

（1）将来品の構成

　慶長遣欧使節の将来品と考えられるものは，現時点ではローマ市公民権証書，《支倉常長像》，祭服，メダイ，ロザリオの聖母像，鞍Ａ，鐙Ａ，轡（大勒銜）Ａ・Ｂ，マントおよびズボン，壁掛である。このうちローマ市公民権証書は支倉常長に授けられたもので，それは証書に明記され，また関連する史料（史料番号216，218，219，220）もあるので贅言を要しない。マントおよびズボンと壁掛に関する歴史的評価については，他の将来品との関係の把握を踏まえて行う必要がある

(2) キリスト教関係の将来品

キリスト教に関わる将来品として祭服，メダイ，ロザリオの聖母像があるが，これに《支倉常長像》を加えることは，その図像・ポーズから容認されよう。《支倉常長像》は画家の特定に議論はあるもののローマで描かれたという点では意見の相違はない。《支倉常長像》は「磔刑像の前でロザリオを手に祈るポーズをとる肖像画」であるが，このような肖像画は同時代では「聖職者の肖像以外にほとんど例がな」く，「神学者・高位聖職者が指示した図像であり，ポーズである」とされている（石鍋 2010）。

慶長遣欧使節関係資料の祭服は上祭服（カズラ）であり，祭服の一部である。祭服とは祭式（ミサ）を執行する司祭が着用する服飾で，一般に肩衣（アミクトゥス）・聖紐（チングルム）・腕帛（マニプルス）・頸垂帯（ストラ）・上祭服（カズラ）で構成される。祭服は一般の信者が着用するものではなく，しかも祭服一式ではなく上祭服（カズラ）だけである。

慶長遣欧使節関係資料のメダイは西欧でプラケット plaquette と呼ばれている大型メダイに属し，本来「信徒が聖体を拝領する際に，祭壇の代わりに接吻するための信仰具」である（浅野 2009）。したがってキリシタン遺跡から発掘されるコイン状のメダイとは用法が異なる。

このように見てくると肖像画・祭服（カズラ）・メダイ（プラケット）は一般のキリスト教徒にとっては所有し難いものであることがわかる。

ローマ市公民権証書と肖像画は支倉常長を対象としたものであり，これらとともに保管されていた祭服（カズラ）・メダイ（プラケット）は一般のキリスト教徒には入手し難いものであることから，後二者は支倉に属するものと考えるのが穏当であろう。このこととの関連を窺わせる記事が「日本使節の請願に対するローマ教皇の回答」（史料番号 234）の中にある。

> 俗人の大使の請願に対して。〔彼と〕その家族とその子孫がパラティーノ伯爵および騎士に任じられること，また一般的には良いことではないが，特別に私的な礼拝所を設けることを認める。

「俗人の大使」とは支倉常長のことであるから，支倉もローマ教皇に請願しており，上記がそれに対する回答であった。支倉は「私的な礼拝所」[9] の設置を請願し，それが「一般的に良いことではないが，特別に」「認め」られたのである。つまり肖像画のポーズや一般のキリスト教徒が所有し難い祭服（カズラ）・メダイ（プラケット）の存在はローマ教皇による私的礼拝所の設置認可との関わりの中で理解することができるのである[10]。このように考えるとロザリオの聖母像も支倉の個人的信心用に留まらず，私的礼拝所用と位置づけることも可能となる。

(3) 馬具

馬具のうち鞍 A は金銅製の飾り鋲・金糸・銀糸・モール地・絹地が確認できるから，豪華な鞍であったことが窺え，鐙 A は真鍮製で鐙枝にレリーフが見られる王侯貴族用・高位高官用であった。また轡（大勒銜）A・B は飾り鋲があることから上流社会での使用が想定された。鞍 A，鐙 A，轡（大勒銜）A・B の製作地はいずれもヨーロッパではあるが，イタリアに絞り込める可

能性が高い。このように年代・製作地域・格がほぼ一致することから，これらの馬具はセットと捉えることができ，大使である支倉常長の将来品に相応しいものといえる。

この豪華な馬具を入手できる機会として第一に考えられるのは 1615 年 10 月 29 日に挙行されたローマ入市式である。『伊達政宗遣欧使節記』（アマーティ 1615，石鍋・平田訳 2010）の第 28 章にはつぎのように記されている。

> この行列のために教皇聖下は教皇庁の乗用馬を，備品や鞍，実に見事な刺繍などとともに差し向けておいたのである。

また『ローマにおける歓待の報告』[11]（史料番号 190）には，支倉常長や主要な日本人および随員が騎乗する馬や馬具について，つぎのように記されている。

> 大使のためには教皇聖下の馬が待っており，他の主要な日本人三名のためには，美しく飾られた三頭の馬が用意されていました。また大使の随員にさえまでも別の馬があり，いずれも良馬で立派な馬具を付けておりました。

さらに『ローマ入市式報告』[12]（史料番号 186）によれば，支倉を含む 16 名の日本人が騎乗して行進したことがわかる。支倉が騎乗した馬は「教皇聖下の馬」であり，それ以外の 15 頭は「教皇庁の乗用馬」であった。「主要な日本人三名のため」の馬は「美しく飾られ」，「大使の随員」の馬にも「立派な馬具」が付けてあった。大使である支倉が騎乗した馬の馬具に関する記述はないが，馬が他の 15 名とは異なり「教皇聖下の馬」であったことからすれば，その馬はより「美しく飾られ」，より「立派な馬具」を付けていたであろうと容易に推測できる。

これらの馬具を支倉が入手するもう一つの契機として支倉と「その家族とその子孫が」「騎士に任じられ」たことが挙げられる[13]（史料番号 234）。17 世紀初頭，騎士は中世的な戦士としてではなく，社会的階級に変容していた。実戦や実用ではないにしろ馬具を所持することは騎士に叙任された者にとっては当然のことである。事実，支倉はローマへ出発する前のマドリードで馬上槍試合を観戦し（アマーティ 1615，石鍋・平田訳 2010，註 14），ローマ入市式の行列では，支倉を始めとする日本人使節団の前に位置して「多数の優美な服装の貴族，紳士，騎士が騎馬」で進んだのである（史料番号 186）。

鞍Ａ・鐙Ａ・轡（大勒馬銜）Ａが王侯貴族用・高位高官用で，まとまりをもって遺存している理由として，それらがローマ入市式ゆかりもので，騎士叙任にともない支倉常長が拝領したものである可能性が考えられる。

(4) 所有者

マントおよびズボンと壁掛を除く慶長遣欧使節の将来品は支倉常長が所有していたものであったと考えられる。キリスト教関係品および馬具は支倉がローマ教皇パウロ 5 世に請願して認められたことを反映したものであった。すなわち前者は特別に認められた私的礼拝所に，後者は騎士叙任にそれぞれ関わるものと考えられるのである。

第2節　慶長遣欧使節非将来品の背景とその歴史的意義

1. 鞍Bと鐙B

　仙台藩切支丹所保管品の中に年代幅が慶長遣欧使節と部分的に重なるが，同使節の経路から外れる地域のものがある。それは同使節の将来品とは考えられないから，別の機会にもたらされたものとすることができる。該当するのは鞍Bと鐙Bである。鞍Bは中国のもので，年代は明代を中心に清代初頭にまで及ぶ。一方，鐙Bは16世紀を中心とする明代のものである。したがって両者はセットとみなすことができ，結局，16世紀明代の鞍・鐙と理解できる。

　すでに見たように仙台藩切支丹所保管品のうちローマ市公民権証書，《支倉常長像》，祭服，メダイ，ロザリオの聖母像，鞍A，鐙A，轡（大勒銜）A・Bは支倉常長の所有物と見做されるものであった。このことから鞍Bと鐙Bの所有者を第一に支倉常長と想定することは許されるであろう。ただ，この想定の当否を問うために，支倉常長・16世紀・明代鞍・明代鐙に共通する歴史事項の有無を確認しておく必要がある。

2. 支倉常長と文禄の役

　支倉常長・16世紀・明代鞍・明代鐙から導き出される歴史事項として文禄の役（1592～1596）を挙げることができる。伊達政宗は豊臣秀吉の命を受け，文禄2（1593）年4月から9月まで朝鮮に渡った。このとき，支倉常長も「御手明衆廿人」[15]の一人として従軍した（史料番号17）。

　政宗が渡海したとき，文禄の役は大きな転換期にあった。文禄2（1593）年1月以降，漢城をめぐる日本軍と明軍の攻防戦は膠着状態となり，両軍間で和議折衝が始まった。これに伴い日本軍は4月中旬に漢城を撤退し，朝鮮半島南東沿岸部を恒久的に支配するために釜山を拠点とする軍事拠点の形成，すなわち倭城の築城に努めた。

　このような戦況下での政宗軍の動静はつぎのようであった（太田2005）。政宗は3月22日に肥前名護屋を出航した。4月18日に浅野長政らと共に釜山を発ち，北北東45kmにある蔚山邑城を再占領した。この城は日本軍の先鋒が占領したが，北上にともない打ち捨てられていたために朝鮮義兵が立て籠もっていた。政宗らはそれを撃退したのである。その後，蔚山の近辺で小規模な城の普請し，5月初めに梁山，中旬には金海に陣を移した。蔚山から南西に55km移動したことになる。さらにそこから野陣をしながら6月19日に宜寧に到着した。宜寧は晋州城の北東20kmに位置し，日本軍が結集していた。秀吉は明との講話交渉が進展する中，慶尚道と全羅道の実効支配を確立させるために，両道を結ぶ要衝にある晋州城の攻略を命じたのである。

　晋州城に対しては天正20（1592）年10月に攻略を試みたが撃退されていた。しかし戦況は変わり，晋州城攻略の失敗は許されなかった。こうして渡海した日本軍の総力を挙げて再攻略するために92,000余の兵が結集したのである。このときの政宗軍の兵は1,250余名であった。日本軍

は 21 日に包囲態勢を整え，政宗軍は毛利秀元らと共に城の西側に布陣した。22 日から戦闘が始まり，晋州城守備兵 7,000 人と一般民衆約 50,000 人は激しく抵抗したが，29 日遂に陥落した。晋州城を攻略した後，日本軍は釜山周辺に倭城の普請を始めた。政宗はこの石垣普請に特に願い出て 7 月中旬から 9 月上旬まで加わった。

政宗軍の文禄の役への出陣は約 5 ヵ月にわたった。この間，政宗軍と明軍の直接的な戦闘は確認できないが，南下する明軍は日本軍に迫りつつあった。晋州城の再攻略時には慶州・星州・居昌・南原などの慶尚・全羅の両道に計 30,000 の兵を配し，さらに南下する動きも見せた（参謀本部編 1924）。このような戦況下で鞍 B と鐙 B が仙台にもたらされたとは考えられないであろうか。明軍の軍器や馬具の中に鞍 B や鐙 B と共通するものが見いだせたなら，その可能性は高くなる。

そこで注目されるのが鐙 B の双獅戯球文（第 79 図 1）と前輪がわずかに凹む鞍である。双獅戯球文は慶長の役（1596〜1598）に出征した明軍の軍器にも描かれていた。松浦史料博物館所蔵の唐太鼓（第 79 図 2・3）がそれである。高さ 59.4cm の籐製背負籠が附属し，金属鐶で吊り下げて固定する。鼓面直径 33.3cm，幅 16.8cm で，一面に双獅戯球文，もう一面に麒麟文が鮮やかに描かれている。この他に同類の唐太鼓を 3 点所蔵しているが，鼓面の文様はそれぞれ異なる。4 点の唐太鼓は松浦家の記録『家世伝』巻之二十五「法印公伝四」[16] や『松浦法印征韓日記抄』（松浦 1894）によれば，慶長 3（1598）年 11 月の露梁津海戦で松浦鎮信が明軍から得た戦利品だという。これは慶長の役で使われた明軍の軍器に描かれた文様ではあるが，文禄の役でも同様の文様が使用されたと想定しても，年代的に近接しているから矛盾は生じない。

前輪が凹む鞍は文禄の役で明軍も使用していたようだ。《平壌城攻防図屏風》は平壌城を占領し籠城した小西行長軍を李如松が率いる明軍と朝鮮軍が攻撃し，奪還する様子を描いたもので，「平壌の戦い」（1593）の資料として度々使用されているが，制作年代は不詳である。この屏風に描

1．鐙 B の双獅戯球文

2．唐太鼓

3．2 の鼓面文様

第 79 図　慶長の役における明軍軍器に見られる双獅戯球文

第 80 図　文禄の役における明軍の前輪が凹む鞍

かれた明軍の鞍(前輪)には，その中央部が凹んでいるものもある（第80図）。

このように見てくると鞍Bと鐙Bは仙台藩切支丹所保管品であることから支倉常長との関わりがまず考えられる。また鞍Bは朝鮮の役で使用されていた鞍と前輪の形態的な特徴が類似し，鐙Bはそのモティーフが明軍の軍器にも使用されていたことが指摘できる。さらに支倉も文禄の役に従軍し渡海していることが注目される。これらを総合すると鞍Bと鐙Bは支倉常長が文禄の役に従軍する中で入手したものと解釈するのが最も穏当ということになる。

3. 歴史的意義

仙台藩切支丹所保管の将来品でありながら，慶長遣欧使節との関わりが認められないものとして鞍Bと鐙Bの存在を指摘し，それらは文禄の役に伊達政宗軍の一員として渡海した支倉常長によってもたらされたものであると考えた。このことに関する歴史的な意義として，慶長遣欧使節関係資料は一括して同使節の将来品であるとする通説を否定したことが第一に挙げられる。各資料に対する基礎的な検証作業によって将来品と非将来品（日本製品）があることを指摘し，さらに将来品の中にも慶長遣欧使節によるものとそうではないものがあることを明らかにした。このことによって慶長遣欧使節関係資料による同使節研究の確かな道を拓くことができた。

つぎに文禄の役における政宗軍に関する具体的な資料を示したことが挙げられる。政宗軍の具体的な動静に関する史料は少なく不明なことが多い中で，新たに資料を加えられたことは，研究を深化させる契機を提供したことになる。

註
1)「史料番号」は『仙台市史・特別編8・慶長遣欧使節』掲載史料番号のことである。以下，本稿ではこの表記を用いる。
2) クリスはヨーロッパ人に関心を持たれた刀剣の一つといえる。多くの王侯貴族のコレクションにクリスが含まれていることがこのことを裏付けている。ただクリスへの関心はこれらの特定階層に限られるものではなかった。その好例としてオランダの画家レンブラント（1606～1669）を挙げることができる。レンブラントは《サムソンを裏切るデリラ》（1629～1630年制作，アムステルダム国立博物館蔵）と《目を潰されるサムソン》（1636年制作，シュテーテル美術館蔵）にジャワ・バンタム型式のクリスを描き，《クリスを持った東洋の君主としての自画像》（1634年，アムステルダム国立博物館蔵）ではフィリピンのミンダナオ島南西部からスル諸島に分布するモロ型式のクリスを描いている。この3点の作品におけるクリスの描写は正確であることから，実物を見て描いたと判断できる。レンブラントは1620年代後半にはアフリカ・アジアの品々の収集を始めている。この中にクリスが含まれていたという確実な記録はないが，その可能性は上記の作品3点から充分にあると思われる。このことから1620年代以前には王侯貴族を中心とする特定階層に相当数のクリスがもたらされていたことが想定される（佐々木2005）。
3)『大アルブケルケ伝』はポルトガルのインド総督として1509年から1515年まで在任したアルフォンソ・デ・アルブケルケの総督在任期間の伝記である。息子のブラス・デ・アルブケルケがまとめ，1557年に出版した。なおクリスに関する記述はA. H. Hillの論文（Hill 1956）による。
4) このクリスが1602年に鑑定された遺産目録番号3489でないことは明らかであるから，フェリペ2世

は少なくとも3口のクリスを所蔵していたことになる。

5) 『剱鎗秘録』にはこの2口は「支倉六右衛門南蛮国江渡リ候節，持参仕，差上申候」とあり，支倉常長から伊達政宗へ「差上」たものとされている。しかしこの2口は政宗に進呈するように支倉がフェリペ3世から託されたと理解するほうが，その共通項などの検討結果と整合性をもつ。

6) スペイン語訳では「ことごとく裁きにかけ，これを殺すよう命じるであろう」とされているが，日本語の「申合条々」では「我等国而ハ崇敬申間敷候」とあり（史料番号141），「殺すよう命じる」という厳しい表現ではない。この部分はソテロがスペインとの交渉を勘案して意図的に翻訳したものであろう。政宗はイギリス人・オランダ人を「崇敬申間敷候」といっているだけで，決して「殺すよう命じる」とはいっていないのである。しかしフェリペ3世はスペイン語訳に基づいて政宗の意図や姿勢を判断したはずであるから，政宗をイギリス人・オランダ人に厳しく向き合う人物とみていたに相違ない。

7) 仙台カスターネの刃根本には冠状のマークと「N」字が銀象嵌され，仙台クリスの鞘には心臓をX字状に貫く二本の矢が描かれている。後者はアウグスティノ会の紋章であるが，支倉常長の紋章は「卍に矢尻付き違い矢」であるから，「X字状の二本の矢」が共通する。このことに注目すると仙台カスターネに象嵌されたマークの本来の意味は不詳ではあるが，支倉がフェリペ3世・レルマ公・ベニス大統領・ベニス元老院・支倉勘三郎に宛てた書状の自署はすべて「長経」であることから，「N」はその頭文字に通じることに気づく。このように2口に見られるマークや紋章は本来的に支倉に関わるものではないが，それらを構成する要素の中に支倉との関わりが二次的に認められるのである。贈物の選定にあたって，それらを託す支倉への配慮をそこに読み取ることができよう（佐々木 2008）。

8) スリランカにおけるオランダの進出は1612年のキャンディ王国との条約締結が大きな足掛かりとなり，1638年にはポルトガルと戦いが始まり，1658年にほぼ全島を支配下に置いた（De Silva & Beumer 1988）。一方，大スンダ列島や小スンダ列島には1610年代になるとオランダの商館が続々と開設され，1619年には東インド総督ヤン・ピーテルスゾーン・クーンがジャカルタを征服してインドネシア諸島におけるオランダの地位を確固たるものにした（永積 1971）。

9) 原文には「l'oratorio priuato」とあるが，「l'oratorio privato」であろう。oratorioは一般に小礼拝堂・祈祷室と訳される

10) 慶長遣欧使節関係資料は47点からなるが，聖画・聖具と馬具に一定のまとまりがあることが特徴の一つといえる。前者については私的礼拝所の設置との関連という視点に立つと理解しやすい。

11) 煩雑になるので題名を省略した。正式には『昨年当セビリア市を出発した日本人の大使に対する，教皇パウルス五世および枢機卿たちによるローマにおける歓待の報告』である。

12) 煩雑になるので題名を省略した。正式には『日本国奥州王伊達政宗の教皇在位11年のパウルス五世への使節ドン・フィリッポ・フランシスコ・ファシクラと小さき兄弟会跣足派フライ・スイス・ソテロ神父の荘厳なローマ入市式報告』である。

13) 支倉常長にとっては念願が叶った騎士叙任といえる。支倉は1615年2月17日，マドリードで洗礼を受けた後，国王フェリペ3世およびレルマ公にサンティアゴ騎士修道会（騎士団）の一員になりたい旨の覚書を提出した。国王はこの件についてインド顧問会議に検討を命じ，同会議は支倉を騎士団員に叙することは適切ではないとし，同年4月29日付で国王に上奏した。これに国王が同意したことにより，支倉の騎士団員叙任は叶わなかった。なお，この覚書の提出にはルイス・ソテロによる強い働きかけがあったと同会議は見ている（史料番号149）。

ではサンティアゴ騎士団ならびに団員はどのような社会的位置を占めていたのであろうか。サンティアゴ騎士団はアルカンタラ，カラトラーバと並ぶスペインにおける伝統と名誉ある三大騎士の一つで，

軍事・福祉組織として高位貴族階級を中心に 12 世紀に創設された。アラゴンとカスティーリャ両国の共同統治（1479〜1504）により，軍事組織としての役割は終えたものの，その後もスペイン封建社会の上層に位置づけられ，有数の大貴族が団員として名を連ねた。同団員は特恵待遇で恩賞地を授けられ，地代や年金で悠々と暮らすことができた。こうした特権階級を維持するために国王のもとには 1495 年に騎士修道会会議が置かれ，新たな入会に際しては厳しい審査が課せられた（大高 2000）。

支倉がソテロの強い要請を受けてサンティアゴ騎士団員に加わりたい旨の覚書を提出した背景には，高位の貴族に列せられることによって使節としての交渉を円滑にそして有利に進めたいという意図があったと考えられる。これはスペインでは実現できなかったものの，ローマで実現したといえる。1615 年 11 月 20 日付の支倉宛の「ローマ市公民権証書」にはローマ市貴族院が支倉を貴族に列したことを明記している。そしてローマ教皇パウロ 5 世から騎士として叙任されたのである。マドリードでの騎士修道会入会要望に関する覚書の提出経緯を勘案すれば，ローマでも支倉を貴族に列する件や騎士に叙任する件についてソテロが深く関わっていたことが容易に察せられる。

14) 馬上槍試合（トーナメント）は，騎士が馬上で行う競技を意味し，12 世紀以降盛んに行われるようになった。しかし 16 世紀後半以降はスポーツ的な見世物に変容し，17 世紀に入ると次第に少なくなり，やがてすっかり姿を消してしまった（スポンタン 1998）。

15) 「手明衆は特に役のない者，無役の者」のことである（佐藤 2010）。

16) 松浦史料博物館の久家孝史氏から複写の提供を受けた。

引用文献

浅野ひとみ　2009　「キリシタン時代のメダイ図像研究」『鹿島美術研究』（年報第 26 号別冊）　511〜521 頁　鹿島美術財団

アマーティ，シピオーネ　1615　（石鍋真澄・石鍋真理子・平田隆一訳 2010）『伊達政宗遣欧使節記』64〜67，71，80 頁（『仙台市史』特別編 8 所収）　仙台市

石鍋真澄　2010　「支倉常長の肖像画」『仙台市史』特別編 8　574〜584 頁　仙台市

大高保二郎　2000　「封印された野望—ベラスケス　平民から貴族へ—」『西洋美術研究』No. 4　45〜65 頁　三元社

太田秀春　2005　『朝鮮の役と日朝城郭史の研究』121〜169 頁　清文堂出版

岡本良知　1949　『九州三侯遣欧使節行記』続編　5〜6 頁　東洋堂

神吉敬三　1989　「イベリア系聖画国内遺品に見る地方様式」『美術史』126 号　151〜172 頁　美術史学会

菊田定郷　1933　『東北遺物展覧会記念帖』　第 100 図，22 頁　東北遺物展覧会

金七紀男　1996　『ポルトガル史』123〜139 頁　彩流社

ケウニング，J. 1598-1600　（生田滋・渋沢元則訳 1981）「ファン・ネック指揮による第二次航海の記録」360 頁　『東インド諸島への航海』　岩波書店

佐々木和博　2002　「慶長遣欧使節とインド洋世界（試論）—「南蛮剣」から見た使節の意義—」『フィールドの学—考古地域史と博物館—』281〜299 頁　白鳥舎

佐々木和博　2005　「レンブラントが描いたクリス—支倉常長将来刀剣＝フェリペ三世贈呈説との関連で—」『宮城考古学』第 7 号　169〜188 頁　宮城県考古学会

佐々木和博　2008　「支倉常長将来刀剣に描かれた紋章様文様の二つの意味」『宮城考古学』第 10 号　159〜174 頁　宮城県考古学会

佐藤憲一　2010　「大使，支倉常長について」『仙台市史』特別編 8　553〜562 頁　仙台市

参謀本部編 1924『日本戦史・朝鮮役(本編・附記)』255〜270頁　偕行社

スポンタン, クリスティアン・ボフォール(田中みどり訳)　1998　「馬上槍試合(トーナメント)の起源と発達」『中世のウィーン壮麗な騎士たち—ハプスブルク家における騎馬甲冑の美—』10〜19頁　馬事文化財団

永積昭　1971　『オランダ東インド会社』53〜86頁　近藤出版社

濱屋悦次　1992　「スリランカの歴史と植物資源(5)」『農業技術』第47巻第8号　39〜44頁　農業技術協会

パンツァー, ペーター　1992　「東と西の皇帝・王たち—ハプスブルク家と日本, 日本とハプスブル家とのかかわり」『栄光のハプスブルク家』49〜55頁　東武美術館

ピレス, トメ　1515　(生田滋・池上岑夫・加藤栄一郎・長岡新治郎訳1966)『東方諸国記』257〜376頁　岩波書店

フィオーレ, クリスティナ・ヘルマン(小関史絵訳)　1993　「東洋におけるキリスト教伝道の歴史的証言—クイリナーレ宮殿のサーラ・レージアの肖像画について—」『仙台市博物館調査研究報告』第13号　1〜15頁　仙台市博物館

ペレス, ロレンソ　1924　(野間一正訳1968)『ベアト・ルイス・ソテーロ伝—慶長遣欧使節のいきさつ—』160〜161頁　東海大学出版会

松浦厚編　1894　『松浦法印征韓日記抄』9〜10, 18, 23頁　吉川半七

宮城県勧業課　1880　『明治十三年宮城県博覧会出品目録』3区13頁　宮城県勧業課

モルガ, アントニオ・デ　1609　(神吉敬三・箭内健次訳　1966)『フィリピン諸島誌』392〜394頁　岩波書店

ラウファール, G. P.・エイゼルマン, J. W. 1595-1597 (生田滋・渋沢元則訳1981)「ハウトマン指揮による第一次航海の記録」166〜172頁　『東インド諸島への航海』　岩波書店

著者不明　1591-1603(朱牟田夏雄訳　1983)　「ランカスター東インドへの航海」『イギリスの航海と植民1』85頁　岩波書店

Blackmore, David 1996 Arms and the Man, *Royal Armouries Yearbook* Volume 1, pp.107〜110 Royal Armouries Museum

De Silva, Pilippu Hewa Don Hemasiri, 1975 *A Catalogue of Antiquities and Other Cultural Objects from Sri Lanka (Ceylon)*, pp.130 National Museums of Sri Lanka

De Silva, Rajpal Kumar & Beumer, Willemina G. M., 1988 *Illustrations and Views of Dutch Ceylon 1602-1796*, pp.7〜93 Serendib publications.

Fiore, Kristhina Hermann, 1990 Ritratto di papa Paolo V Borghese (1605-1621), *DA SENDAI A ROMA: UN'AMBASCERIA GIAPPONESE A PAOLO V*, pp.191 OFFICE MOVE.

Hill, A. H., 1956 The Keris and other Malay Weapons, *Journal of the Malayan Branch of the Royal Asiantic Society Vol.29 Part 4 No. 176* pp.47 The Malayan Branch of the Royal Asiantic Society.

Jensen, Karsten Sejr, 1998 *Der Indoneiske kris: et symbolladet vaben*, pp.98〜104 Devantier.

Kagan, Richard L., 1996 Philip II, *The Dictionary of Art* Vol. 14 pp.1〜5 Macmillan.

Sánchez Cantón, F. J., 1956〜1959 Inventarios Reals Bienes Muebles que Partenecieron a Felipe II, *Archivo Documental Español* Tomo XI: 158-165, Real Academia De La Historia.

第3部　慶長遣欧使節関連資料の考古学的研究

第1章　瑞鳳殿出土の欧州系副葬品

第1節　瑞鳳殿の発掘と特徴的な副葬品

1．瑞鳳殿の発掘調査

　昭和49（1974）年9月25日から同年10月15日まで伊達政宗墓の発掘調査が行われた。昭和20（1945）年7月に仙台空襲で焼失した伊達政宗の霊廟・瑞鳳殿の再建に先立ち，その墓の構造・遺体の遺存状況・副葬品等の内容等を把握するために伊東信雄を調査団長として発掘を行なったのである。

　発掘調査の結果，遺構・遺体・遺物とも当初の予想よりははるかに保存がよく，近世初頭の大名の埋葬様式や副葬品の様相を知る上で不可欠な資料を提供することとなった。以下，その成果の概要を調査報告書（伊東1979a）によって記すことにしたい。

　10.5m四方を深さ1.2m～1.7mにほぼ垂直に掘り込み，ほぼ水平に礫層・粘土層を交互に人為的に積み上げて地業を行い，その中央北寄りに東西約2.5m，南北約2.2mの隅丸方形の墓壙を掘り，そこに厚さ13～17cmの凝灰岩の板状切石を組み合わせて石室を設けている。石室は外側上端で東西2.13m，南北1.48m，蓋石を含めた高さ1.75m，内側で東西1.85m，南北1.19m，深さ1.47mである。本殿の床面から蓋石までの深さは1.2mである。

　石室の中には棺桶を乗せた駕籠と副葬品が見られた。駕籠は底枠が遺存し，棺桶はそこに詰められた石灰が石室床面に遺っていたことにより，その位置と大きさが判明した。駕籠の手前の空間に副葬品が置かれていた。

　政宗は遥か太平洋を眺望するように東向きに座った姿勢で発見された。遺骨は良好に遺存しており，身長159.4cmと推定された。副葬品は石室の手前隅にまとめて置かれたようである。衣裳箱・鎧櫃などが見られたが，それらは朽ちて遺存状態は悪い。鎧櫃に納められていた具足は重要文化財に指定されている政宗所用具足とほぼ同じである。鎧櫃の上には脇差や蒔絵箱があり，太刀が鎧櫃に寄せかけてあった。この他に副葬品として文房具や服飾品・装身具などが出土した。

　霊廟本殿は間口・奥行はともに6尺（1.88m）＋7尺（2.12m）＋6尺（1.88m）の3間四方で，屋根は宝形造である。寛永13（1636）年秋に起工し，翌寛永14年10月24日に竣工した。

2．特徴的な副葬品とその研究

　政宗墓を最も特徴づけている副葬品は欧州に関わる製品—銀製品・金製品・鉛筆・板ガラス付き筆

入一である。これらの副葬品の歴史的背景としてまず思い起こされるのは政宗が派遣主体となった慶長遣欧使節の存在である。それゆえにこれらの調査研究をとおして同使節に関する諸問題の一端を解明する糸口を得られる可能性がある。

　欧州に関わるこれらの副葬品のうち，発掘調査後にさらに詳細な調査研究が実施されたのが鉛筆である（小井川・村山・西本・内藤1988）。その成果はつぎの8点にまとめることができる。①芯・軸・キャップからなる，②芯は鱗状黒鉛を粉末にして有機質の糊（バインダー）で固めたものである，③鱗状黒鉛の産地は特定できなかったものの日本産ではない，④軸・キャップに用いた竹は実竹で，東南アジアに自生し，松島産の松島竹もこの類に属する，⑤軸尻はヒノキと思われる針葉樹の詮で塞がれている，⑥キャップはロクロ成形とも考えられる，⑦芯と軸の接着に有機質の物質を用いている，⑧材料・技術・形態などを総合すると，外国から入手した芯を用いて毛筆製作の技法で作り上げた鉛筆といえる。このように政宗墓の鉛筆に関する研究は外国素材を用いた国産筆記用具の製作という新事実を明らかにした。そこからは政宗の対外姿勢の一端を垣間見ることができる。

　しかし政宗墓を特徴づける欧州系副葬品の研究は上記の鉛筆以外に充分に行われていないのが現状である。特に銀製品については用途，金製品については構造および年代についての基礎的な検討がなされていない。そこでまずこれらの銀製品・金製品と類似する資料との比較によって，用途・構造・年代を明らかにし，つぎにその結果を踏まえ，欧州に関わる他の副葬品を含めて検討することによって欧州系副葬品の副葬意図を考察することにしたい。

　なお，これらの副葬品は現在，仙台市博物館に保管されている。

第2節　欧州系銀製品

1. 出土状況と現状

(1) 出土状況（第81図）

　副葬された銀製品は「遺骨の右肩甲骨と第一肋骨の中間の下の石灰中，床面直上で発見されたものであるが，駕籠の外枠外の床面から出たところを見ると，政宗が身につけていたものではなく，鎧櫃から落ちたものと思われる」（伊東1979b）。この所見で注目したいのは，この銀製品は①政宗が埋葬時に身につけていたものではないこと，②本来，鎧櫃の上に置かれていたものであることの2点である。

　銀製品の出土状況は上記のとおりであるが，報告書にはその出土位置を示す図は掲載されていない。そこで，報告書の記述に基づいて銀製品の出土位置を示したのが第81図である。石室の東側3分の2は遺体を乗せる駕籠で占められ，西側3分の1に副葬品が納められていた。副葬品のなかで最も大きなものは高さ63.2cm以上・幅約50cm・奥行き約42cmを測る鎧櫃であり，石室の北西隅に角を合わせるように置かれていた。銀製品は鎧櫃の南東隅底枠隅金具の東約15cm

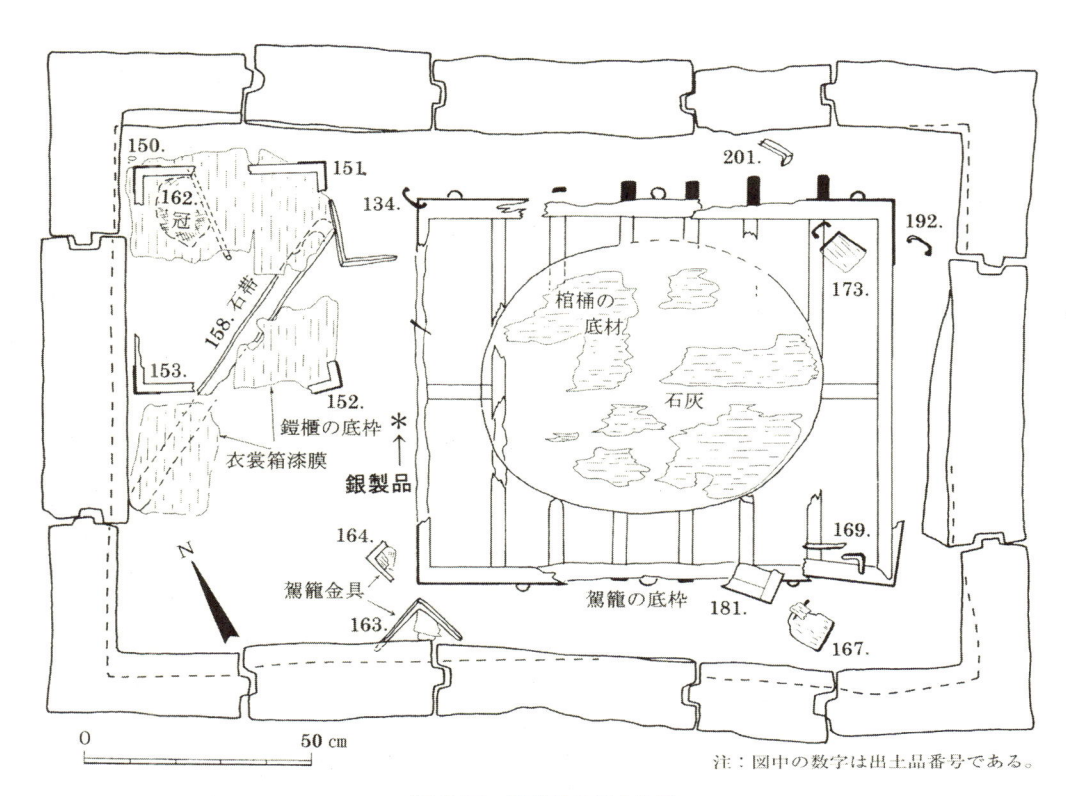

第 1 章　瑞鳳殿出土の欧州系副葬品　221

第 81 図　銀製品の出土位置

の位置から出土したことになる。銀製品の出土位置の確認によって，埋葬時に政宗が身につけていたものではなく，駕籠の外に納められた副葬品の一つであろうという報告書の記述は首肯すべきものと判断される。

(2) 現　状（第 82 図）

銀製品は「縦 4.5cm，横 4.2cm，黒灰色の錆におおわれているが材質は銀である。中央に縦に棒が通りその上端に径 1.1cm の環をなしている。中央を縦に通る棒はややカーブをなし，全体が平らでない。左右にパルメット文がある」と報告されている（伊東 1979b）。

この銀製品については，2002 年 12 月に仙台市博物館で実見する機会を得たので，報告書で言及していない事項について記述しておきたい。その第一は鋳造品であるということである。径 1.1cm の鐶と本体はともに銀製で，それを取り付けた痕跡が観察できなかった。このことから鐶は本体と一体のものとして作られたと考えられ，鋳造品と判断される。第

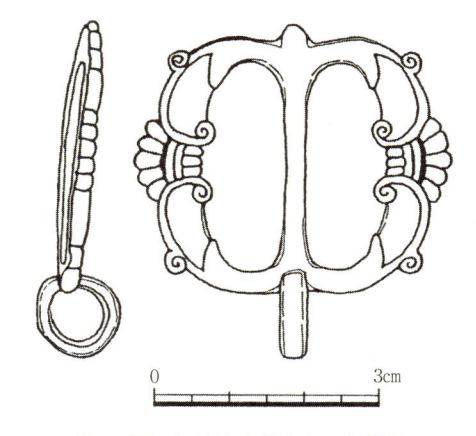

第 82 図　伊達政宗墓出土の銀製品

二は中央を縦に通る棒の中心部の幅約 1cm が黒ずんでおり，他の部分と違っていることである。第三は裏面が平坦であることである。

2. 既往の見解とその問題点

この銀製品の用途はどのように理解されているのであろうか。報告書では「このようなものは従来の日本のものには見られないからペンダントのような，ヨーロッパ製の服飾品でないかと考えられる」としている（伊東1979b）。一方，小松大秀は「ペンダントヘッドのようにみえるが，提鐶が付いているところから，引手金具の一種とも考えられ，用途は明らかではない。」とする（小松1999）。このように用途についてはその形態からペンダントに類するものあるいは引手金具の一種ではないかとされているが，断定的な見解は示されていない。両者とも類推的な見解ではあるが，その前提となる類例の提示が全くないことから，見解の是非以前に方法論的に受け入れることは難しい。したがって，この銀製品の用途を特定するためには何よりもまず類例を提示することが必要となる。

3. 類例と用途

(1) 類　例

政宗墓出土の銀製品は「日」字形の本体に1つの鐶を持つという極めて特徴的な形態を示している。そこで，まずこの形態に注目し，さらに大きさ・年代・素材等についても留意しながら類例を探した。その結果，数多くの類例を入手することができたが，用途の特定ということに限ればその主なものを国別に提示するだけで充分に目的は達せられる。

以下，17世紀に日本と関わりをもっていたイギリス・オランダ・スペイン[1]の順に類例を示し，さらにイギリスの植民地であったアメリカの類例も示し，簡潔な説明を加えたい。

a. イギリス（第83図1～7）

R. ホワイトヘッドがイギリス出土のバックルの集成をしている（Whitehead 2003）。類例検索の好著ではあるが，出土地の記載がないのが惜しまれる。本書からは6例を見出した。いずれも銅合金の鋳造品である。年代は1500年～1630年とされている。1（No.449）は横長の楕円形で黒色のラッカーが塗られている。大きさは38mm×33mmである。2（No.450）と3（No.451）は六角形で，大きさは2が33mm×28mm，3が38mm×32mmである。4（No.452）は縦長の楕円形で，中央を通る棒（軸金bar）の一端を5本の沈線で表現した花蕾で飾る。大きさは62mm×38mmである。5（No.472）と6（No.473）は方形で，黒色のラッカーが塗布された痕跡がある。5の大きさは47mm×31mm，6の大きさは46mm×31mmである。

M. J. カッデフォードはイギリス出土バックルの編年研究を行い，チューダー朝からスチュアート朝（1485～1714）に位置づけられるものとしてロンドン出土の7を掲載している。縦38mmで素材の記載はない（Cuddeford 1996）。

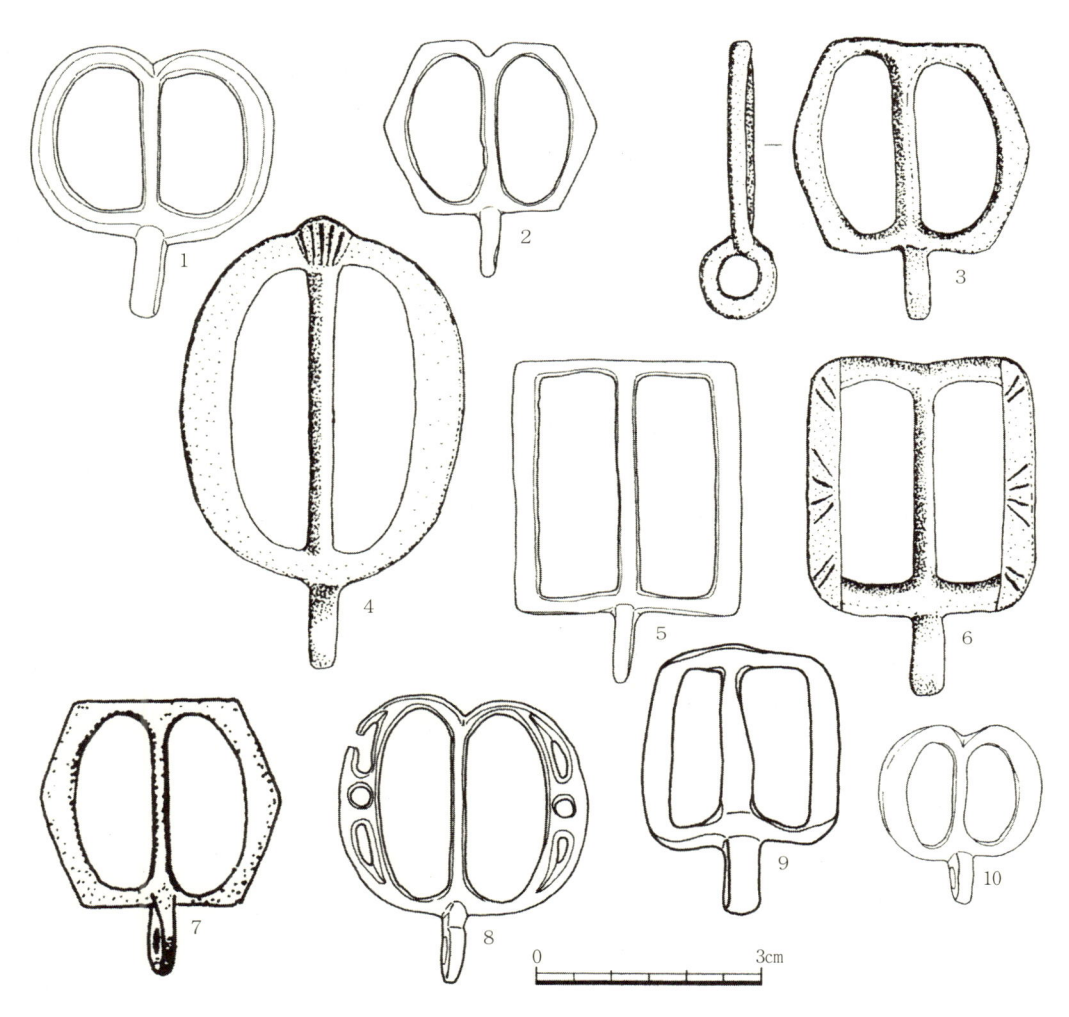

第 1 章　瑞鳳殿出土の欧州系副葬品　223

第 83 図　イギリス・オランダの提鐶付バックル

b. オランダ（第 83 図 8 ～ 10）

インターネットのホームページ・blzbeltfitting（kpn.nl/vagemerden/blzbeltpasser-by.htm）に 3 点の類例がある。いずれもロッテルダム出土で年代は 16 ～ 17 世紀とされている。8 は 8 字形の真鍮製で透かしの文様があり，大きさは横 33mm である。9 は方形の鉄製で，大きさは縦 37mm である。10 は 8 字形の真鍮製で，大きさは横 22mm である。

c. スペイン

政宗墓の年代に近い類例として，1600 年 12 月 14 日にフィリッピン諸島のマニラ沖でオランダとの海戦で沈んだスペインのガレオン船サン・ディエゴ号から 1992 年と 1993 年の調査で引き上げられた資料がある。バックルはベルト用・軍装備用・靴用に大きく 3 分類され，その内の約 3 分の 1 が提鐶付きであると報告されている（Veyrat 1996）。バックルの総数は 284 点[2]　である

から，約90点の提鐶付きバックルが引き上げられたことになる。素材は青銅・銀[3]であるが，残念なことに公表されているのはその一部だけで，しかも大きさは2〜4cmと概数による記述である。『サン・ディエゴ号の秘宝』Treasures of the SAN DIEGO の161頁には鋭角から撮影したバックルの集合写真—19点を数えることができる—が掲載されている。その中に提鐶付きバックルが5点ある。このうち枠金frameの左右に文様を確認できるものが4点[4]あり，2点には2条一組で一対となる沈線がある。他の1点には曲線様の文様があり，もう1点には瘤状隆起があるが文様は確認できない。

　マニラのフィリピン国立博物館にはサン・ディゴ号から発見されたバックルが16点展示されている[5]。このうち2点が提鐶付きで，1点には曲線文様が，他の1点には2条一組で一対となる沈線が認められる。ただ，この2点が前述の5点に含まれるかどうかの確認はしていない。

　これらの資料は年代が特定でき，しかも銀製が含まれ，枠金を曲線文様で飾るものがあることなどから，政宗墓出土銀製品を考えるうえで注目すべき類例といえる。

　　d. アメリカ

　ヴァージニア州ジェームズタウンは1607年にイギリス人が初めて定住した場所として有名である。このとき，ここにジェームズ砦James Fortが築かれた。この砦跡の発掘調査が1994年から継続的に行なわれ，発見された多くの遺構・遺物からその構造や内容が具体的に明らかにされつつある。

　この砦跡のピットIからは政宗墓出土の銀製品と形態的に類似する金属製品が2点出土している（Straube & Luccketti 1996）。その一つは方形で縦約45mm・横約30mmである。もう一点は楕円形で縦約30mm・横約26mmである。ともに素材に関する記述はない。

　これらの金属製品が出土したピットIは1994・1995年に調査されたもので，その平面規模は約6m×約5mを測る。このピットはA〜Eのサブピットで形成されており，掲載されている図面から判断する限り少なくとも4時期の変遷が考えられるが，その年代幅は大きくはなく出土したコインなどから1607年から1620年の間とされている（Mallios & Straube 2000）。

　ジェームズ砦跡から出土した2点の金属製品は政宗墓と年代が極めて近接していることが注目されよう。

　(2) 用途の特定

　R. ホワイトヘッドは前述の資料に対して「双環楕円形剣帯吊金具」double loop oval sword belt hangersというキャプションを付している（Whitehead 2003）。M. J. カッデフォードは第83図7を「この型式は剣帯に使用された」と記している（Cuddeford 1996）。ジェームズ砦跡出土資料は「剣帯用バックル」sword buckleであり，それは「剣吊袋付き剣帯」sword hangerの一部に属するものであると記載されている（Straube&Luccketti 1996）。ロッテルダム出土の資料も「剣帯用バックル」sword belt buckleとしている。サン・ディエゴ号の資料は「刀剣あるいは他のベルトの鉤をそこから懸けることができるもの」としている（Veyrat 1996）。

　以上のことから政宗墓出土の欧州系銀製品はペンダントや引手金具の一種などではなく，剣帯

第1章　瑞鳳殿出土の欧州系副葬品　225

に付属する提鐶付きバックルであるとすることができる。したがって「中央を縦に通る棒」が「ややカーブ」したり、「棒の中央部の幅約1cmが黒ずんでいる」のは、いずれも帯を通すことによって生じたものであると判断できる。

4. 剣帯の構成と変遷

政宗墓出土の欧州系銀製品が剣帯に付属する提鐶付きバックルであることが明らかになったが、さらにその理解を深め、その意味を探るためには剣帯の一般的な構成と変遷を把握しておく必要があろう。

(1) 構　成

イギリス王立武器博物館所蔵の17世紀中頃の剣帯を例に、その構成を見てみよう[6)]（第84図）。剣帯の素材は布または革と金属であるが、本例は布と金属からなる。布製の腰剣帯 waist belt は長短2条の帯からなる。長帯 (b) の端には帯鉤 waist belt hook (c) とバックル buckle (d) が取り付き、さらに提鐶付きバックル buckle suspension loop または eye (e) 2箇が付く。これは刺金 pin のない可動用バックルであることからスライド slide とも呼ばれる。提鐶 suspension loop は後述する剣吊袋鉤 hanger hook と吊帯鉤 suspension hook を受けるためのものである。短帯 (a) には帯鉤を受ける留鐶金具 waist belt hook eye (f) [7)] と鉈尾 end tip (g) が付き、バックル用のパンチ穴 punch hole が穿たれる。バックルは枠金・軸金・刺金からなり、短帯を通し、長さを調節する。この他に帯通し金具 belt loop または carrier (h) があり、帯先部を抑える。

三角巾状を呈する剣吊袋 hanger (i) にはその上端に提鐶付きバックルに懸けるための剣吊袋鉤 (j) が取り付けられている。剣吊袋はこの鉤を要として大きく二つに分かれる。剣吊袋の下端には、剣の鞘を通すための指状に分かれた乳 loop (k) があり、鞘固定金具 fastener (l) で固定する。この金具は可動用バックルでスライドして鞘を固定する。乳の数は2〜12個と変化に富む。本例は12個あり、最も多い例に属する。乳の裏面から吊帯 suspension (m) が延びその先端に

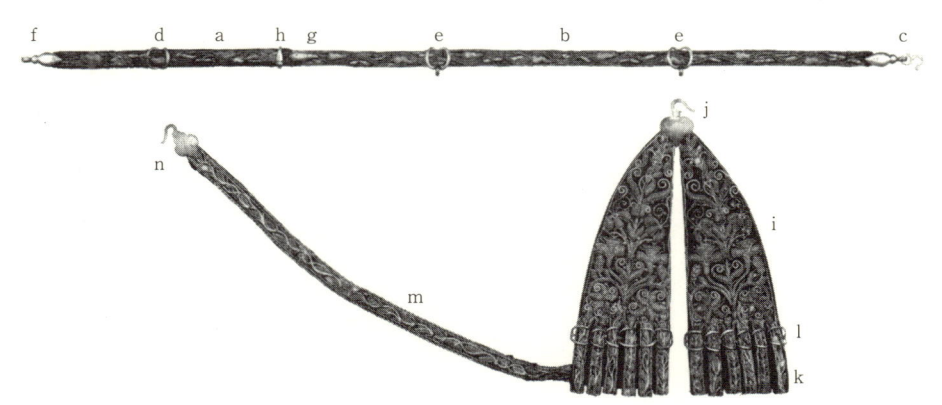

a．短帯　b．長帯　c．帯鉤　d．バックル　e．提鐶付バックル　f．留鐶金具　g．鉈尾　h．帯通し金具
i．剣吊袋　j．剣吊袋鉤　k．乳　l．鞘固定金具　m．吊帯　n．吊帯鉤

第84図　剣帯の部分名称

吊帯鉤（n）が付く。これは提鐶付きバックルに懸けるためのものである。

(2) 変　遷

16世紀になると火縄銃などの新しい武器の出現によって，それまでの騎士の一騎打ち戦から集団戦へと戦術が変化した。当然，その変化は甲冑にも及び，一方で軽量化がはかられ，他方では装飾や優雅さを追及した儀礼武具化が見られるようになる。この変化は刀剣にも見られ，幅広で断ち切るための刀剣から細身で突き刺すための長剣・レピアーの出現をもたらした。レピアーは右手用の剣で，左手には相手の突きを払うために短剣を持った。このようにレピアーと短剣はセットで作られることが多かった（ダイヤグラム・グループ 1982，三浦 2000）。

長剣のレピアーの出現はその佩用法にも変化をもたらした。それ以前は体側に平行に，すなわちほぼ垂直に剣を吊るして佩用していたが，レピアーはその長さゆえに，そのような方法は不適なものとなった。そこで体側に45度前後の鋭角を保つようにして，鐺が地面に着くことを防ぐ工夫がなされた。鞘を包み込んで固定する剣吊袋の出現である。

《聖マタイのお召し》(1597年〜1604年制作)
第85図　腰剣帯固定型の剣吊袋

《ウィレム1世》デルフ（1580〜1638）の写し
第86図　着脱用鉤付の剣吊袋

剣吊袋を腰剣帯から吊るす方法は大きく二つある。一つは剣吊袋を腰剣帯に固定し容易に取り外しができないもので（第85図），もう一つは提鐶付きバックルに剣吊袋鉤を懸けるもので，取り外しが容易なものある（第84・86図）。前者は軍支給品で後者は文民用とする見解もある（Straube & Luccketti 1996）。しかし1607年初版の版画に描かれた銃兵には後者が確認できる（第87図）。

第87図　銃兵の剣帯

1.《チロル大公フェルディナンド》(1548年)
2.《フランス王アンリ2世》(1550年頃)
第88図　腰剣帯中央部取付け型の吊帯

1.《ポルトガル王セバスチャン像》(1565年)　2.《ディゴ・ビリャマヨール像》(1605年)　3.《フェリペ3世像》(1606年)

第89図　腰剣帯右脇取付け型の吊帯

したがって後者を文民用と限定することはできない。

　剣吊袋の固定法は吊帯を腰剣帯のどこに取り付けるかによって，年代的な相違がみられるようである。16世紀前半の肖像画には腰剣帯中央部に吊帯を取り付けて描かれていることが多い（第88図）。ところが後半になると吊革は腰剣帯の右側に取り付けた提鐶付きバックルに懸けられるようになる（第89図）。

　しかし「1630年頃からレピアーに代わって軽い小剣が普及し始め，1780年頃まで大流行した」（ダイヤグラム・グループ1982）ことによって剣吊袋付き剣帯は徐々に衰退する。一方，小剣に対応するように17世紀に入ると肩剣帯baldricが使用されるようになる（第90図）。肩剣帯は肩から斜めに掛けて剣を吊るす帯で鞘を通す乳が前後二つに分かれて作られる。さらにそれぞれの乳は剣吊袋のように小さな乳に分けられることもあるが，その場合，後の乳は使用されないことが多い（第90図2）。乳には鞘固定金具があるものとないものがあり，後者は軍隊用である（Blackmore 1990）。

　なお，16世紀および17世紀に武器を携行することは「おおむね普通のことであった」が，「美しく飾られた武器の携帯は，ただ高位の人々だけに許されていた。なかでも剣と短剣は，16世紀以来貴族男子の服装に欠かせないものであり，それらは装身具あるいは高価な持物としての役割をはたしていた」（ショーベル1979a）という事実には留意しておく必要があろう。さらに「銀は，16世紀および17世紀においては，豪奢な武器，特に大剣・軍刀・短剣の素材として，特に好まれていた」（ショーベル1979b）という指摘も政宗墓出土の提鐶付きバックルが銀製であることから注目される。

1.《ヤコブ・シモン・デ・ヴェリエス隊長》(1633年)
2.《放蕩息子に扮したレンブラントとサスキア》(1635年頃)

第90図　肩剣帯

5. 日本における剣帯関係の絵画と史料

　日本と欧州の関わりは1542（または1543）年のポルトガル人を乗せた中国船の種子島への漂着を嚆矢とする。その後，天正15（1587）年の悪天候によるスペイン船の天草来航，慶長5（1600）年のオランダ船リーフデ号の豊後漂着，さらに慶長18（1613）年のイギリス船クローブ号の来航などによって，欧州との関係は拡大する。しかし，平戸に設置されたイ

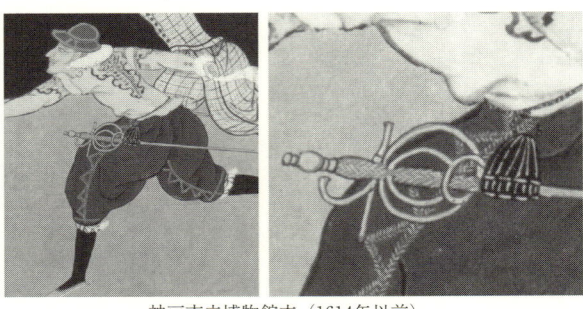

神戸市立博物館本（1614年以前）

第91図　南蛮屏風に描かれた剣帯（1）

ギリス商館はオランダとの競争に敗れ，元和9（1623）年に閉鎖し，日本から撤退した。スペイン・ポルトガルの両カトリック国は江戸幕府のキリスト教禁教政策の強化の中，それぞれ寛永元（1624）年，寛永16（1639）年に来航を禁じられる。このように日本は16世紀中頃から17世紀前半にかけて欧州4ヵ国と関わりを持っていた。

　16世紀中頃から17世紀前半にかけて日本に来航した欧州人―南蛮人と紅毛人―の剣の佩用法は前項で見たように，第一に剣吊袋付き剣帯が，つぎに肩剣帯が考えられる。そこで，つぎにこの想定の可否を絵画と記録によって検証することにしたい。

（1）絵　画

　絵画資料としてまず注目しなければならないのは南蛮人との交流―上陸・交易等―を描いた南蛮屏風であろう。南蛮屏風は所在不明や残欠も含め91点確認されている（坂本2008）。この中で狩野内膳（1570～1616）筆の6曲1双の神戸市立博物館本が「すべての南蛮屏風の中で最も正確に彼らの風俗を写生している」（高見沢1979）と評価されていることから，この屏風に注目して南蛮人の剣の佩用について見てみたい（第91図）。剣を佩用している姿が最もわかりやすく描かれているのは左隻第1扇の左前方に走っている人物である。この人物の腰剣帯の左側には剣吊袋とそれに納められたレピアーが描かれている。右腰には短剣の鞘が見える。剣吊袋には乳4個と鞘固定金具を描いているが，剣吊袋鉤や提鐶付きバックルの描写は確認できない。これは腰剣帯を紐状に描いていることと関連するかもしれない。

　その他の南蛮屏風に描かれている剣および剣帯も描写の程度は異なるが基本的には上記屏風と同類と理解できる（第92図）。

サントリー美術館本（1600年前後）

第92図　南蛮屏風に描かれた剣帯（2）

(2) 記　録

　剣帯関係の記録としては，ルイス・フロイス (1521～1597) の『日欧文化比較』，イギリスのセーリス (？～1643) の『セーリス日本渡航記』とコックス (1566～1624) の『イギリス商館長日記』がある。『日欧文化比較』は永禄 5 (1562) 年にイエズス会宣教師として来日して見聞したことをもとに，天正 13 (1585) 年，日本と欧州の社会・生活・習慣等を比較して箇条書きにまとめたものである。『セーリス日本渡航記』は 1611 年 4 月 18 日のイギリス出航からバンタム[8]を経由して日本に至り，駿府での国書授受，平戸での商館開設の後，バンタム経由でイギリス・プリマス港に 1614 年 9 月 27 日に帰航するまでの 2 年半にわたる航海日記である。コックスは平戸に商館が開設されると商館長に任命され，1623 年の商館閉鎖までその職を務めた。『イギリス商館長日記』はこの間の記録で，1615 年 6 月 1 日～1619 年 1 月 14 日と 1620 年 12 月 5 日～1622 年 3 月 24 日の記録が現存する。

a.　『日欧文化比較』[9]

　第 7 章　日本人の攻撃用および防禦用武器について―附戦争

　3　われわれは剣帯に剣を付ける。彼らは帯の中の小さな鉤に付ける。

　4　われわれは片側に剣（エスパーダ）を付け，他の側に短剣（アダカ）を付ける。日本人は常に剣と短剣を左側に付ける。

　欧州人は剣帯を用い，剣と短剣をそれぞれ両体側に付けていたことが記されている。

b.　『日本渡航記』[10]

　1613 年 7 月 26 日条と 1613 年 11 月 9 日条にセーリスが松浦鎮信（法印）(1549～1614) に肩剣帯と短剣等を贈った記事がある。

　1613 年 7 月 26 日条

　予は手の長さくらいの深い銀の縁のついた，金物で飾られた狐色の琥珀織でつくった肩帯にぶらさげた立派な短刀，立派な鍍金した頭刷毛，色絹布製の面白い細工の頭巾を陛下に献じた。

　1613 年 11 月 9 日条

　イギリス商館に帰ったら，王法印様が予を訪問し，予が前に王に与えたポルダヴィスの反物と飾帯一筋とは，王の家の焼けたとき燃えてしまったと話して，もう一度，二つをもらいたい様子であったので，予はこれを与えることを約束した。

c.　『イギリス商館長日記』[11]

　剣帯に関わる記録には①付属金具の製作，②剣帯の売却，③剣帯の遺贈がある。

①付属金具の製作

　1616 年 7 月 12 日条

　私は飾職人に 35 匁 8 分の良質の銀を渡したが，これは私の剣の吊具 (my swordhangers) に付ける止め金 (buckles) と剣及び短剣の鞘の鐺を作るためである。また私は私の古い腰帯の止め金と鐺を秤量したところ，15 匁 2 分あった。

1616年7月20日条

　私は飾職人から私の剣の吊具につける鉤2箇と止め金12箇と，目方がぴったり30匁ある小さな銀塊1箇を受け取った。

　ここで注目されるのは剣帯付属金具を日本の飾職人が製作していることである[12]。この金具は納品の際に返却された銀塊の重さから判断して銀製ではなく鍍銀であったと考えられる。鉤2箇は剣吊袋鉤と吊帯鉤のことで，止め金12個は鞘固定金具12個（6個2組）あるいは鞘固定金具10個（5個2組）と提鐶付きバックル2個であろう。

　②剣帯の売却

1621年9月17日条

　私はムンデン君に長剣（rapiar）と短剣（daggar）に表面を総べて銀で鍍金した腰帯と懸具を添えて（w'th gerdell and hangers all plated over w'th silver）48リアルで売却した。

　ムンデンとはジョン・ムンデンのことで，8隻で編成されたイギリス・オランダ防衛船隊に属していたイギリス船ブル号の船主兼船長であった。この防衛船隊は1621年11月22日に平戸からルソンに向けて出帆した。この記事から鍍銀の金具で飾られた剣帯が商館長や船長（船主）に使用されていたことがわかる。

　③剣帯の遺贈

1621年10月19日条

　ハロッド君は今日埋葬されたが，彼の遺言状によって〈中略〉彼は私に銀の尾錠と留金（silver buckelles and hooks）の付いた天鵞絨の腰帯と懸具（a gerdell and hangars of velvet），並びに私が指輪（a ringe）を作るための丁銀100匁を（遺贈した）

　ハロッドとはトマス・ハロッドのことで，ロンドン出身の船員であった。この記事では銀の付属金具を取り付けたビロード製の剣帯が商館長に遺贈されていることが注目される。これは，このような剣帯が一般的なものではなく，遺贈の対象となるようなものであったことを示している。

　以上のような南蛮屏風と日記等の記録の検討から，つぎの3点が確認できる。第一に来航した欧州人は剣吊袋付き剣帯か肩剣帯を用いて剣を佩用していたこと，第二に日本の飾職人が剣帯付属金具を欧州人から依頼されて製作することもあったこと，第三に銀製あるいは鍍銀製の付属金具をもつ剣帯は船長・商館長が所有し，また遺贈の対象ともなっていることから，その格付けは上位に位置づけられるものであったと考えられることである。

6. 伊達政宗と剣帯

　政宗墓に副葬された銀製品は剣帯付属金具の一つである提鐶付きバックルである。このバックルと同様式のものが17世紀前半に使用されていたことは，すでに類例で示したように疑いの余地のない事実である。ここでさらに検討しなければならないのは，本来セットで扱われるべき提鐶付きバックルが何故1点のみ副葬されたかということである。この理由を探るためには，その前提として政宗の剣帯に対する認識を確認しておく必要がある。

『セバスティアン・ビスカイノ旅行航海報告』[13] に政宗の剣帯に対する認識を知る手懸りとなる記事がある。

第5章18 聖フランシスコ会修道院訪問。伊達政宗との邂逅

翌日，栄光ある聖ヨハネの金曜日，使節は随行の兵に隊伍を組ませ，聖サンフランシスコ会修道院までミサを拝聴に行き，この町で成功を収めたことを神に感謝するよう命じた。〈中略〉同修道院に向かって歩んでいると，途中に政宗という名の武士が待ち受けていた。彼は奥州国の領主で2,000人以上の兵と騎馬をたくさん引き連れていた。〈中略〉使節を認めると直ちに馬から降り，彼のために兵に礼砲を撃たせてほしいと言伝てさせた。かくして，直ちに二発撃ったので，驚き耳を覆うほどであった。

1611年6月24日，ビスカイノはミサに参列するために隊伍を組んで聖サンフランシスコ会修道院に向かっているときに，政宗と邂逅した[14]。この状況から判断すれば，ビスカイノ等は威儀を正して修道院に向かっていたとすることができるから，正装あるいはそれに準ずる服装をしていたと考えることができる。そのような服装であれば左体側の剣吊袋に長剣を，右腰には短剣を佩用することになる。また銃[15] を携えている兵も銃だけではなく長剣と短剣を佩用するのが一般的であった（第87図）。したがって政宗はビスカイノとの邂逅で剣がどのように佩用されているかを見る機会があったといえる。

第8章9 仙台にて。伊達政宗の宮廷にて

木曜日，朝10時頃指令官を使節としてその宮廷に迎えるため，領主のほうで多くの武士と兵を用意して来，そのさまは江戸で行なわれたのと同様大変行き届いたものだったといえる。〈中略〉王の御前に進むと，王は立ち上がり，その慣わしに従って頭と手を添えて礼をした。司令官も自国ふうに挨拶した。席に着き，帽子を被るように命じると，秘書官を通してお目にかかれて嬉しいと言ってきた。

この記事は1611年11月10日に政宗に謁見したときのもので，ビスカイノは帽子を被っており，自国風に挨拶したときにそれを取ったことがわかる。このときのビスカイノの服装についてのこれ以上の記述はないが，6月22日に将軍徳川秀忠に謁見したときは「布製の芯の入った手の込んだズボン，布製の胴着，飾りを施した上着，羅紗製のケープ，羽根と非常に凝った金糸の帯付きの帽子，ボタン留めの白い長靴，金色の剣，懐剣，編み地の筒になった襟といういでたちだった」ことを思い起こし，政宗に自国風の挨拶をしたことを勘案すれば，帯剣して謁見したとみなすことができよう。したがって，このときにも政宗は剣帯を見る機会があったと考えられる。

第8章25 伊達政宗との会見

彼は司令官とパードレ，フライ・ルイス・ソテロに親愛の情あふれる接待をし，神父に見せる尊敬と敬意は言葉では言えないほどであった。食べ物を手ずから運び，酌まで取り，司令官にも同様にした。自分たちは友で，永久にそう望み，武器に誓ってかく在りたい。ゆえにカタナを授与するので自分には懐剣をと述べ，そのようにし，大変恭しく懐剣を受取った。十字架に接吻して剣を頭上に押し頂き，彼の流儀で他の儀式も行なった。

1612年1月2日，ビスカイノは江戸で政宗と再び会見した。ここで注目されるのは政宗のカタナとビスカイノの懐剣を交換していることである。このことはビスカイノが政宗と会見する際に懐剣を携行していたことを物語っている[16]。さらに将軍秀忠への謁見の際には長剣と懐剣を携えていたことを考え合わせると，政宗との会見時に長剣も持っていたと推測することは許されよう。長剣・短剣の佩用には剣帯が必要となるから，会見の席には剣帯もあったと見なすことができる。

以上の検討から明らかなように，政宗は少なくとも剣帯を3回見る機会があった。しかも，政宗自らが申し出て刀剣の交換をしていることは，政宗の刀剣に対する関心の高さを示すものであり，このことはその佩用具である剣帯にも及んだとみることができよう。剣帯に対する政宗の関心・認識をこのように捉えるならば，銀製の提鐶付きバックル1個は当初から剣帯付属金具として認識されていたと考えることができる。したがって，このバックルは剣帯付属金具の一つとして政宗墓に副葬されたとするのが妥当であろう。このような認識を持ちながら，あえて付属金具1個を副葬したのは剣帯一式の存在の証しあるいは象徴として意味付ける意図があったためであったろう。この考えが受け入れられるならば，政宗は剣帯一式を所有しており，その中から取り外しが容易な提鐶付きバックル1個を選び，その所有の証しあるいは象徴として副葬したということになる。

7. 小　結

政宗墓出土の銀製品について検討した結果はつぎの6点にまとめることができる。
①銀製品はペンダントや引手金具などではなく，剣帯に付属する提鐶付きバックルである。
②剣帯は16〜17世紀の欧州では一般的に用いられており，来航した欧州人も使用していた。
③素材としては鉄・銅・青銅・真鍮・銀などが用いられた。
④銀製付属金具を取り付けた剣帯は高位の人物が所有し使用していた。また遺贈の対象とされることもあった。
⑤剣帯付属金具の製作地は欧州に限らない。平戸のイギリス商館長が日本の飾職人にその製作を依頼した例もある。
⑥政宗は銀製提鐶付きバックルを剣帯付属金具の一つであると認識していた。

第3節　欧州系金製品

1. 出土状況と現状

(1) 出土状況（第93図）

欧州系金製品は，慶長一分金3枚・「日時計兼磁石」とともに革袋に入れられて，石室北隅から発見された。その出土状態から，鎧櫃に置かれて副葬されたが，後に落下したと推測された。

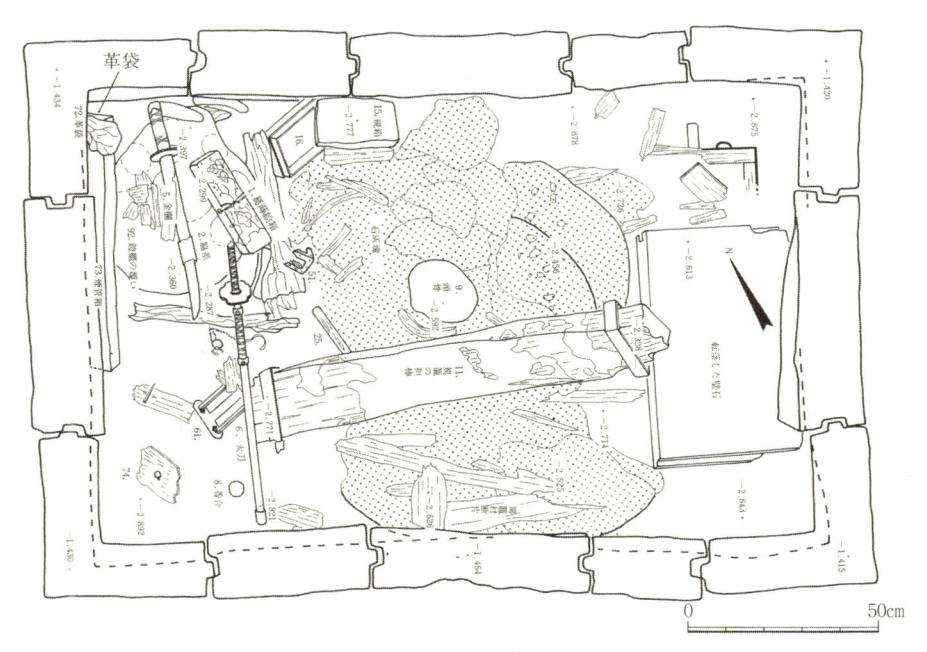

第 1 章　瑞鳳殿出土の欧州系副葬品　　233

第 93 図　革袋（欧州系金製品）の出土状況

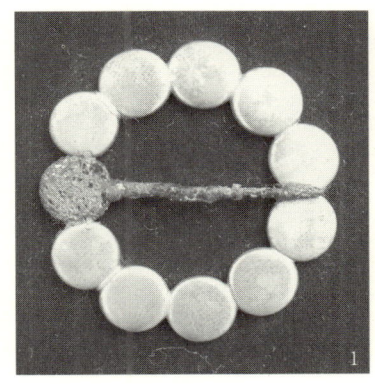

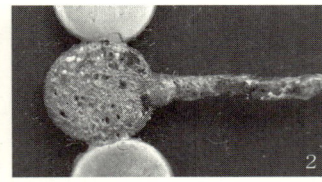

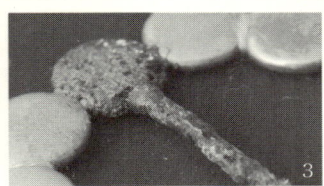

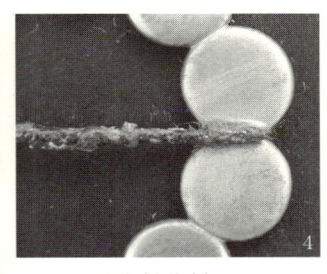

1．正面（実物大）
2．フレームと留針基部①
3．フレームと留針基部②
4．留針先端部

第 94 図　欧州系金製品

　革袋は鹿革製と思われる。上部に孔あり，ここに紐を通して口を締めるように作られている。革袋から 15cm ほど離れて出土した練玉は緒締の玉と考えられる。欧州系金製品は縦 44.5mm，横 43.0mm，高さ 14mm の木箱に絹布に包まれて入れられていた。「日時計兼磁石」は方 42.0mm，総高 18.25mm の木製で，蓋と身からなり，これも絹布に包まれていた（高野・岡村 1979）。

　(2)　現　状（第 94 図）
　11 個の小円板を環状に並べ，その 1 個から青銅鍍金の留針を向かい合う円板まで渡している(1)。小円板 11 個のうち 10 個は金製で，残りの 1 個は留針が付属する青銅鍍金製である。小円板の直径は 8mm，厚さは 1.7 mm で，わずかに凸レンズ状を呈し，平滑無文である。留針に関する数的データは記されていないが，肉眼観察によれば，棒状で基部から先端部に向かってわず

かなforce細くなっている (1)。留針の先端に鋭さはなく丸い (4)。調査報告書では「針はその基部は青銅製円板の中に差し込まれている」とするが，現状ではその確認が難しく，青銅製小円板と一体のものとして作られた可能性もある (2・3)。外径は留針の方向で 38 mm, それに直交する方向で 39mm を測る。重さは 12.51g である。

2. 16・17 世紀のブローチ説とその問題点

(1) 16・17 世紀のブローチ説

欧州系金製品の用途について言及しているのは，調査報告書のみである（伊東信雄 1979c）。その中で，欧州系金製品はその形態から判断して「おそらくヨーロッパ製のブローチと思われる」とし，資料名も「金製ブローチ」とする。着用例として「16 世紀後半の英国の俳優アレンの扮したチムールの肖像」（第 95 図）を示し「襟元のところにこのようなブローチをつけているのを見ることが出来る」とする。また「ブローチは今日ではもっぱら女性が使用しているが，16～17 世紀の頃には男性も使用していた。おそらく当時の肖像画や風俗画を丹念に探したら使用例が発見出来るであろう」と記している。ここでいう「当時」は「16～17 世紀の頃」と理解できるから，欧州系金製品と同形態のものは 16 世紀～17 世紀の欧州でブローチとして存在していたとの認識をもっていたことがわかる。

第 95 図　ティムールに扮したエドワード・アレン

(2) 例示資料の問題点

ブローチ説は「俳優アレンが扮したチムールの肖像」を例示資料として使用しているが，この資料を用いて，16 世紀～17 世紀の着用例とすることには問題がある。問題点は 2 点ある。第一は肖像画の制作年代を大まかに「16 世紀後半」としている点で，第二は肖像画に描かれた俳優の活動・生存年代とブローチの使用年代を同年代と考えている点である。

a. 肖像画の制作年代

制作年代は 1587 年～1604 年とするのが適切であると指摘したことがある（佐々木 2004）。その後，新たに入手した資料によって若干の修正が必要となったので，ここで改めて制作年代について検討することにしたい。

俳優アレンとはイギリスの俳優エドワード・アレン（1566～1626）のことで，1583 年にはウスター伯一座の座員であったことが知られている。イギリスの劇作家クリストファー・マーロー（1564～1593）の作品『タンバレイン大王』『フォースタス博士』『マルタ島のユダヤ人』などで人気を得た。このことから，エドワード・アレンが扮しているティムールの肖像画は『タンバレイン大王』と密接に関わるものであることがわかる[17]。『タンバレイン大王』は無限の権力の追求を主

題とした演劇で，1587年頃に作られ，1590年に出版された。エドワード・アレンは1597年頃に俳優を辞め事業に専念する。しかし1600年，劇場・幸運座のオープンを機に舞台に復帰した。1604年には俳優を完全に引退し，その後，ロンドン南東地区のダリッジの荘園を譲り受け，大学を創設した。

　この肖像画はアントニイ・バージェス『シェイクスピア』*Shakespeare*（1970）からの引用であることが，調査報告書に明示されている。しかし，調査報告書で引用された『シェイクスピア』には1603年に刊行されたリチャード・ナウルズ著『トルコ国民の歴史概説』（ダリッジ大学図書館所蔵）の第3版（1621年刊行）からの引用であることが明記されている（バージェス1983）。

　以上のことから，エドワード・アレンが扮したティムールの肖像画の制作年代は「16世紀後半」という大まかな年代ではなく，1587年～1597年か1600年～1603年に絞り込むことができる。

b. 肖像画に描かれたブローチの年代

　この肖像画は俳優エドワード・アレン自身ではなく，ティムールに扮したものあることに留意しなければならない。したがって，肖像画はアレン自身ではなく，イメージとしてのティムールなのである。肖像画に描かれた服装もティムールが生きた時代，すなわち14世紀中葉～15世紀初頭をイメージしたもので，しかもそれは観客にも受け入れられるものであった。その服装の一部に，政宗墓出土の欧州系金製品と類似する形態のブローチが描かれていることは，この形態のブローチが14世紀中葉～15世紀初頭に着用されても時期的な矛盾はないという認識が，作者・演者・観客の間で共通に存在していたことを示している。このことから肖像画に描かれたブローチは，16世紀末～17世紀初頭のイギリス人が14世紀中葉～15世紀初頭のものと認識していた形態のブローチであると理解することができる。

3. リングブローチ

　政宗墓出土の欧州系金製品と形態的に最も類似する欧州製品はリングブローチである。ここでは，リングブローチに関する基本的な事項を把握し，欧州系金製品との比較・検討を行うための前提条件を整えることにしたい。

（1）形態・素材・構造

　リングブローチはブローチの一型式で，環状の金属フレームと留針からなる。このフレームは覆われることなくオープンになっている。その形態がリング状でなくとも，オープンになっていれば，リングブローチの範疇に含めるのが一般的である。したがってフレームの形態が，楕円形・菱形・四弁花形・六角形であってもリングブローチとして扱われる（Deevy 1998a, エヴァンス 2004a,b）。外径（外寸）は，アイルランドでの集成（対象138点）によれば，1点を除いて11～50mmに収まる。これを10mm単位で分類すると11～20mm41点（29.71％），21～30mm74点（53.62％），31～40mm17点（12.31％），41～50mm5点（3.62％）となる（Deevy 1998a）。11～30mmが115点（83.33％）を占めるが，31～40mmも10％を超えているから，例外的な存在ではなく大型の一類と理解するのが妥当であろう。

管見では，欧州全域を対象にしたリングブローチの素材に関するデータはない。そこで，ここでもアイルランドでの集成的研究を参考にすると，対象140点のうち金製14点（10.0％），銀製57点（40.71％），銅合金製58点（41.43％），鉛合金製10点（7.14％），銅合金および鉛合金1点（0.71％）となる（Deevy 1998a）。銀製品および銅合金製がほぼ同数で，その合計が115点（82.14％）を占め，主要な素材であることが確認できる。しかし金製も14点（10.0％）であることから，一般的ではないが安定的に選択されていたと見ることができる。

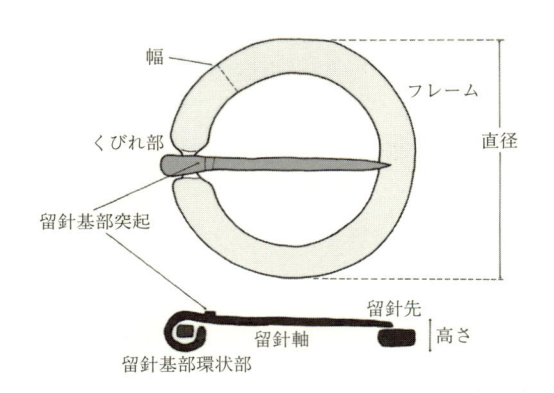

第96図　リングブローチの部分名称

リングブローチは環状フレームと留針からなる単純な構造の装身具である（第96図）。環状フレームはオープンで覆われることはないが，装飾性を増すためにフレーム自体に文様を加え，貴石を嵌め込むことは珍しいことではない。フレームの一部は留針基部を受けるためにくびれ，軸状になり，くびれ部を形成する。しかしフレームの幅が広い場合は，フレーム自体に穿孔し，そこに留針を取り付けることもある（第97図）。

第97図　フレームに穿孔した例

留針は基部を環状につくり，フレームのくびれ部に取り付けられる。先端はやや細く，くびれ部の向かい側のフレームに乗るだけで，フレームには留針の受け具（キャッチ）はない。それは「リングにかかる布地の重みで，おのずからピンが所定の位置に固定される」ためである（エヴァンス 2004b）。留針先端がフレーム内に収まるのが一般的であるが，外縁外に伸びる例もある。通常，留針基部には突起があり，衣服などに着用した際のストッパーの役割を果たしている。

(2) 着用法と年代

ディーヴィは着用法として，5例—衣服の留め金具，外套の留め金具，財布の留め金具，エプロンの留め金具，ロザリオの付属品—を挙げ，それぞれの年代にも言及している（Deevy 1998b）。ここではディーヴィの論考を基本にしながら，さらに若干の資料を加えて着用法と年代を概観することにしたい。

a. 衣服の留め金具

リングブローチの最も基本的な着用法である。男女ともに用いられ，衣服の襟刳り部分を留める金具として着用される場合が多い。12世紀～13世紀の欧州で見られる聖母子像（石製・木製）のマリアの胸元には衣服を留めるためのリングブローチが数多く認められる。年代が降る絵画の例としては，レオナルド・ダ・ヴィンチ（1452～1519）が1478年に制作を開始した《花を持つ聖母》（第98図1）がある。

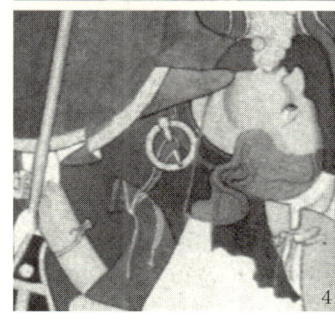

1．《花を持つ聖母》1478年以降
2．ベヴァリー大聖堂（イングランド）1340年頃
3．アンティオークのセント・マーガレットの石彫（アイルランド）16世紀
4．ウェストミンスター寺院の壁画（ロンドン）13世紀
5．イギリスの鍛冶屋 14世紀

第98図　リングブローチの着用法（1）

b. 外套の留め金具

外套の両端を胸元で留めるための金具としてのリングブローチの着用例は，ベヴァリー大聖堂（イングランド）の1340年頃とされる夫人像に見られる（第98図2）。アイルランドでは15世紀〜16世紀に降る例もある（第98図3）。

c. 財布の留め金具

中世の衣服はポケットがないことが多い。そこで財布・鍵・ロザリオ・ナイフなどの携行品を腰から提げることになり，その際，それらをブローチで留めた。財布には貨幣ばかりでなく御守として聖遺物や貴石を入れていた。ロンドンのウェストミンスター寺院の13世紀に描かれた壁画にはリングブローチで財布の紐を留めている様子が見られる（第98図4）。

d. エプロンの留め金具

エプロンをして作業をする際に，リングブローチを用いて，その上端を胸元に留める。鍛冶職人がリングブローチで留めたエプロンをして，仕事をしてい

1・2．イギリス・ウェールズの婦人柩像 14世紀後半

第99図　リングブローチの着用法（2）

る様子を描いた14世紀の絵がフランスとイギリスにある（第98図5）。

　　e. ロザリオの付属品

　ロザリオは腰や腕から提げたり，首に掛けたりする。イギリス，ウェールズの14世紀の婦人柩像では，左腕からロザリオを提げ，そこにリングブローチや小リングが取り付けられている例（第99図1）やリングブローチを取り付けたロザリオを首に掛けている例（第99図2）がある。また15世紀に描かれたドイツの若者の肖像画には，2点の指輪で繋がれたロザリオが見られる。このように中世の欧州では，ロザリオにブローチ・指輪・リングなどを取り付けることは珍しいことではなかった。その目的や理由としてつぎのようなことが考えられる。すなわち①信仰心を補う，②装飾用，③巡礼の土産物を取り付ける，④結婚指輪を取り付けるである。

　リングブローチは衣服の留め金具としての基本的な機能のほかに，派生的・付加的な機能も持っていた。また，その年代は12世紀～16世紀であるが，盛行期は13世紀～15世紀であることも明らかになった[18]。

　(3) 類　例

　政宗墓出土の欧州系金製品と形態やデザインが類似するリングブローチおよびデザインが類似するバックルを示し，その特徴や年代を見ることにしたい。

　　a. ベレンガリアの柩像（第100図）

　ベレンガリアはスペインのナバラ王国サンチョ6世（1133頃～1194，在位1150～1194）の娘で，イングランド王リチャード1世（1157～1199，在位1189～1199）の王妃である。生年は1165年～1170年とされる。1230年に死去し，ル・マン（フランス，サルト県）の修道院に埋葬された。衣装の首元には，留め金具としてリングブローチが着用されている。フレーム上に貴石と思われる円形6個と留針基部を表現した方形1個が認められる。

　デーヴィはリングブローチを9類に分類している（Deevy 1998a）。「第6類：多数の貴石受座を持つリングブローチ」の本体の素材は金・銀・銅合金が用いられ，フレーム上に貴石が飾られる。直径は平均31mmであり，大形の部類に属する（第101図）。これらの特徴からベレンガリアのリングブローチは第6類に該当すると考えられる。同類のブローチはスコットランド，イングランド，フランス，デンマークでも認められ，年代は13世紀～15世紀とされている。アイルランドでの集成によれば，第6類は140点中11点（7.86％）であった。

第100図　ベレンガリアのリングブローチ

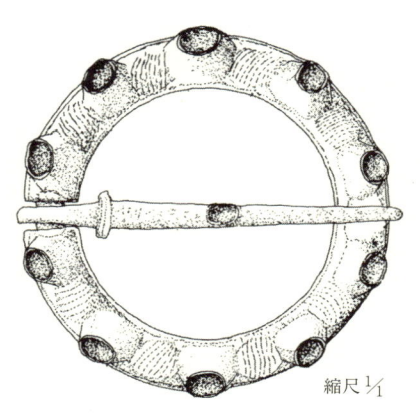

縮尺 1/1

第101図　貴石受座をもつリングブローチ

b. ドン・ベレンゲール・デ・プイグベルトの柩像（第102図）

世界遺産に指定されているスペインのポブレーにあるサンタ・マリア修道院[19]に安置されている。外衣の前立ては10個あるいは11個の小円板を環状に配したリングブローチ3個で留められている。このリングブローチは，10個のものより11個のほうが，明らかに大きい。年代は1300年頃とされている（Lightbown 1992）。ただ，フレームと留針の関係や外衣を留める方法が判然としない。フレームの中央に横一文字に表現されているのが留針と考えられるが，留針基部が表現されていない。留針先は向かって右側の外縁に突起状に表現されているが，フレームの下にあるように見える。このようにベレンガリアの例と比較すると，外衣をどのように留めたのかが理解しにくい。なお，ドン・ベレンゲール・デ・プイグベルトの生没年等については不明である[20]。

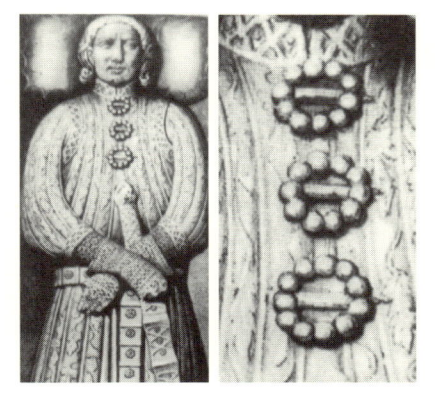

第102図　ドン・ベレンゲール・デ・プイグベルトの柩像

c. ロンドン出土のバックル（第103図）

リングブローチではないが，フレームの部分のデザインが類似しているバックルがある。バックルの編年的研究を行ったマーシャルは，同類の環状フレームを「いくつかの中世ブローチを思い出させるもの」と記している（Marshall 1986）。このバックルの構造的な特徴は，フレームとベルトを入れて固定する中空プレートが一体として鋳造されていることである。フレームは10個の小円板を環状に連結している。小円板は格子状文と中央部が凹む無文の2種類からなり，交互に配置されている。留針に直交するバックルの外径は，ロンドン博物館所蔵例では33mmである。素材はピューター（白目）である。同類はベルギーのブリュージュやドイツのアーヘンでも出土している。また，ロンドンの西南西約130kmに位置するソールズベリでは石製鋳型が発見されている（第104図）。年代は15世紀前半とされているが，後半に及ぶことも考えられる（Egan & Pritchard 2002a）。しかし，マーシャルは14世紀後半とし，やや古く位置づけている（Marshall 1986）。

第103図　欧州系金製品に類似するロンドン出土のバックル

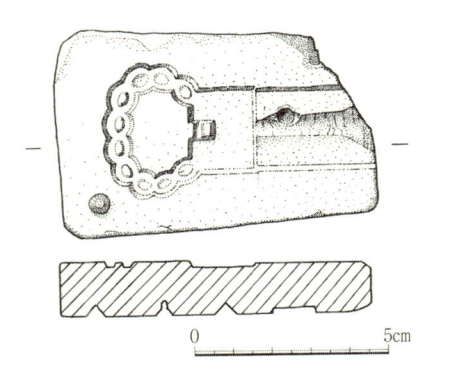

第104図　バックルの石製鋳型

4. 特徴と用途

　政宗墓出土の欧州系金属製品の形態は，12～15世紀に欧州で盛行したリングブローチに類似する。しかし，既述したように留針基部に環状部がなく，フレームから一体的に留針が伸びているという構造は，リングブローチに一般的にみられるものではない。リングブローチは，フレームのくびれ部あるいは穿孔部に留針基部環状部を連結させ，留針の動きを容易かつ安定させることによって，留め金具として機能する服飾品だからである。

　装飾や文様が施された本体と留針が一体として作られたブローチは存在する（Egan & Pritchard 2002b）。円形や矩形のブローチ（第105図1），鳥や人などの形象ブローチ（第105図2）がそれで，留針は本体裏面にL形に作られ，留針先の受け具（キャッチ）を備えることもある。また形態がリングブローチに類似する例もある（第105図3）。環状フレームの中央に葉をモティーフにした留針に相当する部分が，フレームと一体に作られ，その先端はフレーム表面内側に接している。これらは12世紀～15世紀に位置づけられている。このようにブローチ本体と留針を一体的に作る場合は，リングブローチの形態をとらないのが一般的であるといえる。このことを踏まえると，欧州系金製品はフレームから伸びる留針がL字状を呈さず真っ直ぐであることから，リングブローチの希少例と見なすことも難しい。

　以上の検討から，欧州系金製品はリングブローチの形態をとるが，その基本的な機能を果たさないものと理解することができる。したがって用途が特定されるまでは「リングブローチ様金製品」と仮称するのが妥当であろう。

　現時点では，欧州系金製品の用途は特定できないが，ここでは二つの可能性と問題点を指摘し後考を待つことにしたい。

　リングブローチの盛行期は12世紀～15世紀であり，欧州系金製品の下限年代である1636年とは少なくとも150年ほどのギャップがある。欧州系金製品の製作年代が下限年代を大きく遡らないと仮定するならば，過去に盛行した様式のブローチを留め金具としてではなく，留針への負担が軽い使用法を想定して製作したものと推考することもできる。この場合，既述の着用法を参考にするならばロザリオの付属品が該当する。この可能性を考えるとき，政宗がロザリオを所有していたという事実は有益な情報となる。このことは慶長6（1601）年頃の筆写と考えられる『御物之帳』の「小道具之分」に「壱ツ　こんたつ　かハらまれん数七十五」とあることによって確認できる。「こんたつ」はポルトガル語のcontasで，ロザリオのことである。「かハらまれん」の意味は不明であるが，「数七十五」は数珠の数と思われる。『御物之帳』は政宗の荷物を仙台城

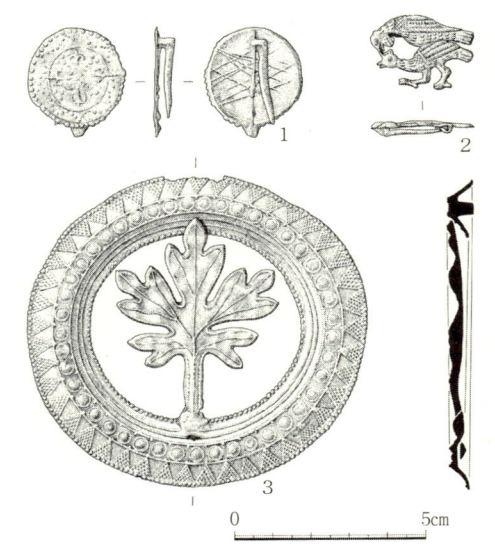

第105図　本体・留針一体型のブローチ

に移送するために，それぞれの管理担当家臣が書き記したものを清書したものとされ，「小道具」は政宗のごく身近な品々の意と解されている（高橋2001）。欧州系金製品が絹布に包まれ箱に容れられ，さらに革袋に入れられて出土したことを思い起こせば，これが「小道具」の範疇に含まれると判断することは難しいことではない。「こんたつ」には数珠七十五個が連ねられていたようであるが，それ以外の記述はない。したがって，この「こんたつ」と欧州系金製品と直接結びつけることは難しいが，ロザリオと欧州系金製品がともに政宗の身近にあった「小道具」であったという事実には留意しておく必要があろう。ただ，ロザリオの付属品と考える場合には，1600年前後の類例を提示する必要があるが，現状ではその資料はない。欧州系金製品＝ロザリオの付属品が可能性の域を出ない所以である。なお，政宗はキリシタンではないから，「こんたつ」（ロザリオ）は聖具としてではなく，南蛮渡来品の一つとして所有していたと見ることができる。

　つぎの考えられるのは，日本人がリングブローチを模倣して製作した服飾品という可能性である。政宗墓出土の鉛筆は，芯は輸入品であるが，筆を作る技術を応用して作られたものであった（小井川・村山・西本・内藤1989）。また同墓出土の板ガラスを用いた黒漆塗りの筆入れは，欧州の素材を応用したものと見做すことができる。このような副葬品のありかたを敷衍するならば，副葬品としての欧州系金製品は欧州製ではなく日本製で，日本風にアレンジされたと考えることもできよう。しかし，この場合でも，モデルとされたであろうリングブローチとの年代的ギャップを埋める合理的な説明とその用途の特定が必要となる。

5. 小　結

　政宗墓出土の欧州系金製品は調査報告書で「金製ブローチ」と断定されている。確かに形態はヨーロッパのリングブローチに類似している。しかし留針の構造や形態から判断して，ブローチとすることには慎重にならざるをえない。さらに欧州におけるリングブローチの盛行期が12～15世紀であり，欧州系金製品との間に150年以上のギャップがあることも，ブローチと断定することを躊躇させる理由となっている。したがって欧州系金製品は，これらの課題が解決されるまでは「リングブローチ様金製品」と仮称しておくのが適切であろう。ただ形態がリングブローチに類似していること，素材として金を用いていることからすれば，服飾品や装身具として製作されたものと想定することは許されよう。

　欧州系金製品の用途は特定できなかったが，ロザリオの付属品あるいは日本製のリングブローチ模倣品の可能性を考えてみた。その際，1600年前後の類例の提示と年代的なギャップを埋める合理的説明が必要となるが，現状では難しい。

　欧州系金製品の課題を解決するためには，何より素材と技術に関する事実を把握することが不可欠である。具体的には素材となっている金属の分析とX線撮影等による製作技術および留針構造の解明ということになろう。このような分析や調査をとおして，素材の原産地や技術的な特徴，さらに留針の構造等が把握できる可能性があり，製作地や用途を絞り込む手掛かりが得られると期待されるからである。

第4節　副葬品の構成と欧州系製品の副葬意図

1. 副葬品の構成

政宗墓に副葬された品々は武器・武具類，服飾・化粧用具類，文具類に大別できる。第20表はこの類別にしたがって欧州に関わる副葬品を除いてまとめたものである。この分類に入らないものに，梨地煙管箱・煙管・煙管掃除具・梨地菊蒔絵印籠・梨地鉄線蒔絵香合・菜板・金菜・銀菜・革袋・慶長一分金・日時計兼磁石がある。なお染織服飾品の保存は芳しくなく，その全容を知りえるものはなかった。

第20表　伊達政宗墓副葬品の類別一覧

分　類	副　葬　品
武器・武具および関連品	糸巻太刀，脇指，具足，采配，鞭，鎧櫃，具足
服飾・化粧用具	黒漆衣裳箱，黒漆冠箱，冠，石帯，紙入れ，懐中鏡，木櫛，毛抜き
文具	黒漆葛蒔絵箱，梨地梅笹蒔絵硯箱，筆，墨，文鎮，石硯，水滴

欧州に関わる副葬品には，提鐶付きバックル，リングブローチ様金製品，鉛筆，黒漆塗筆入がある。鉛筆は1987年に詳細な調査が実施されている（小井川・村山・西本・内藤1989）。その結果，芯は鱗状黒鉛を粉にして練り合わせたもので，日本産ではないとされ，軸はササで軸尻にはヒノキで詮をし，キャップは実竹を用いていることが明らかにされた。芯と軸の接着法やキャップの形状は毛筆に似ていることが指摘されている。

黒漆塗筆入は長さ18.3cm，幅5.6cm，厚さ1.2cmで，黒漆の下に朱漆が下塗りしてある。下端に径8mmの円孔が5個あき，上部には4.5cm×4.74cm，厚さ2mmの透明の板ガラスが嵌めこまれており，ここから筆先が見えるようになっている。この板ガラスは報告書で指摘しているように「ヨーロッパからの輸入品であったろう」（伊東1979d）。

このように欧州系の副葬品には提鐶付きバックルやリングブローチ様金製品のように製品はそのままで後に手を加えていないものと鉛筆やガラス窓付き筆入のように素材として入手し後に日本風に製品化したものがある。

では，これらの欧州系副葬品は副葬品全体の中でどのように理解することができるであろうか。既述したように欧州系副葬品を除いた副葬品は3類に大別できる。そこでこの分類を欧州系副葬品に適用してみると武器・武具および関連品には提鐶付きバックル，文具には鉛筆とガラス窓付き筆入が対応し，リングブローチ様金製品の用途は特定できなかったものの服飾品・装飾品の「小道具」の可能性が考えられる。このように欧州系副葬品は大別した3類におおむね対応すると見られる。政宗がこれ以外にも欧州系製品を所有していたという事実[21]を踏まえるならば，欧州系製品が任意に選択されたのではなく，副葬品全体の構成に対応するように意図して選択されたものであったと理解できよう。

報告書には欧州系副葬品について，つぎのように記されている（伊東1979a）。

　　齢70才に達して死を迎えた政宗がなおヨーロッパ文化に対して愛着を示し，ヨーロッ

パ製のブローチやペンダントを大切にあの世まで持って行ったことは，かつて家臣支倉
常長をはるばるローマに派遣した人だけに特別の感興を呼ぶのである。政宗のヨーロッ
パ文化に対する関心をここに見ることができる。政宗は老年になっても，なお若い時と
同様伊達者であった。

　このように報告書では欧州系副葬品は政宗のヨーロッパ文化に対する愛着や関心を示すものと
記している。これは一般論としては妥当ではあるが，欧州系副葬品が副葬品全体に対応するよう
に選択されていることを踏まえるならば，政宗が欧州に愛着や関心を持ちつづけた背景や理由を
さらに追究することによって，これらの副葬品の意味や意義が鮮明になると思われる。

2. 欧州系製品の副葬意図

　寛永13（1636）年1月下旬，政宗は死期が近いことを悟っていた。『木村宇右衛門覚書』[22]に
よれば，同年同月19日，政宗は狩猟のため桃生郡十五浜（現，宮城県石巻市雄勝町）に鹿狩りに
出かけ，翌日降雨のため逗留した際に，辞世の歌になるだろうといい，一首を自筆し，小姓の南
次郎吉に下した（項目140）。政宗辞世の歌はまさにこのときの一首「曇りなき心の月を先立てて
浮世の闇を晴れてこそ行け」である（項目172）。

　同年4月，政宗の死への準備はさらに進み，埋葬場所を指示するに至った。『貞山公治家記録』
巻39上，寛永13年4月18条に

　　西ノ山ニ傍テ御廻リ，経峯ヘ御出，此所ニ暫時立セラレ，御心細キ御様子ナリ。御薨去
　　ノ後ハ，此辺ニ御座シテ然ルヘキ所柄ナリト，奥山大学ニ向テ仰セラレ，御杖ヲ卓テ玉
　　フ。

とあり，仙台城本丸の南東約900mにある経ヶ峯を訪れ，杖を立て埋葬場所を指示したのである。
　『木村宇右衛門覚書』によれば政宗は毎年，年末28日29日にはその年に身近に愛用していた
道具類を改め，整理した。その結果「元日にハすきと改まり」（項目108），新年を迎えていた。
これは一年の節目における政宗の変わらぬ行動であった。このような政宗であるならば人生の極
月であり大晦日ともいえる死に「すき」と対応したことは充分に考えられ，その一端が辞世の歌
であり，埋葬場所の指定であったとすることができる。しかしこれだけでは「すき」とした対応
には不充分で，少なくとも愛用した道具類の中から副葬すべきものの指示もあったと考えるのが
自然であり，したがって副葬品には政宗の意向が反映されていると理解するのが妥当であろう。
　政宗と副葬品の関係をこのように理解するならば，逆に副葬品をとおして政宗の意図を推し量
ることも可能となる。副葬品は大きく3類に分けられ，それは数少ない欧州系副葬品にも適用で
きるものであった。このことは政宗が欧州文化に深い愛着や関心を持っていたとする報告書での
指摘をさらに一歩踏み込み，日本と欧州の二つの世界を副葬品によって象徴的に表現しようとし
たと理解することを可能にする。
　政宗と欧州との関係は慶長18（1613）年に出帆し元和6（1620）年に帰朝した支倉常長を中心
とする遣欧使節を抜きにして語ることはできない。政宗の遣欧使節派遣の意図は『木村宇右衛門

覚書』によれば「国の重宝求めにあらず，異国への聞こえのため」だった（項目 41）。しかし，寛永元（1624）年にはスペイン人の来航が，また寛永 12（1635）年には日本船の渡航が禁止され「異国への聞こえ」が不可能になった。それにもかかわらず，政宗がなお欧州に関心を持ちつづけていたことは欧州系副葬品の存在から明らかである。したがって「国の重宝求めにあらず，異国への聞こえのため」という政宗の遣欧使節派遣の意図は表向きのものとすることができる。

では政宗が遣欧使節を派遣した本当の意図は何だったのだろうか。この問いに対して荒野泰典は「対馬宗氏の朝鮮や平戸松浦氏のオランダ・イギリスのように，メキシコの幕府への取次役という立場を獲得することだったのではないか」という興味深い見解を示している（荒野 2003）。この見解を受け入れるならば，政宗はメキシコ貿易の幕府への取次役として「国の重宝求め」たのであり，その意思を終生持ち続けたと見ることができる。しかし，政宗のメキシコ貿易の幕府への取次役は現世では実現できず，来世へと持ち越された。

政宗が副葬品によって表現しようとした日欧の二つ世界は来世でのメキシコ貿易の実現とそれによってもたらされる仙台藩の繁栄を期してのものだったと考えられるのである。

註

1) 日本に最初に来航したポルトガルも加えるべきであるが，類例の入手ができなかった。ポルトガルとスペインは地理的・歴史的・文化的に密接な関係があり，とくに本稿で対象としている時期はスペイン・ハプスブルク朝に併合されていた（1580〜1640）。本稿のテーマとする銀製品に関連する肖像画（第 89 図 1）を見ても大きな相違は認められない。したがって，スペインの類例をもってポルトガルの様相を推し量ることは可能であると考える。
2) マニラのフィリピン国立博物館ロンキーロ教授の 2003 年 9 月 8 日付筆者宛私信による。
3) ロンキーロ教授の 2003 年 9 月 8 日付け筆者への私信によれば，この他に銅製もあるとのことである。
4) 1 点は腐食や付着物のために，確認ができない。
5) 田中和彦氏に展示状態の写真を提供していただいた。
6) 剣帯の部分名称の和訳は筆者による仮訳も含んでいる。
7) 長帯端と短帯端に留鐶金具があり，それに帯鉤を懸けることもある。この帯鉤は中央に提鐶，その両側に C 字状の鉤が付くものである。実例はサン・ディエゴ号の引き上げ資料に 1 点あり，フィリピン国立博物館に展示されている。また，ポルトガル国王セバスチャンとディエゴ・デ・ビリャマヨールの肖像画にはこの帯鉤が明瞭に描かれている（第 89 図 1・2）。
8) インドネシア，ジャワ島西端のバンテン港を中心として 1527 年頃から 1813 年頃まで存続した王国。ヨーロッパの文献にはバンタム Bantam と記される。イギリス東インド会社は 1602 年に最初の商館をここバンテンに置いた（1682 年廃止）。
9) 大航海時代叢書 XI（岡田章雄訳・注 1965 岩波書店）569 頁。
10) 新異国叢書 6（村川堅固訳・岩生成一校訂 1970 雄松堂書店）144〜145, 225 頁。
11) 日本関係海外史料（東京大学史料編纂所 1979 東京大学）438, 448, 813, 848 頁。
12) 伊達政宗墓出土の銀製品を「欧州製」とせず「欧州様式」とした理由はここにある。日本に限らず各商館で必要なもので現地調達できるものは現地で入手したと考えられる。このようにして依頼製作された製品は依頼主の文化や伝統が色濃く反映されることになる。したがって欧州様式＝欧州製と短絡的に

第1章　瑞鳳殿出土の欧州系副葬品　245

判断することは躊躇される。欧州様式ではあるが，製作地は欧州ではなく各商館が設置された場所ということも充分にありえるのである。

13)『イダルゴとサムライ―16・17世紀のイスパニアと日本―』(ファン・ヒル，平山篤子訳，2000 法政大学出版局) 344〜345，368〜371，383〜384頁。

14) 1611年6月24日は慶長16年5月14日に当たる。『貞山公治家記録』巻之22の同日条には「辰下刻公御帰国トシテ江戸御発駕。浅草ニ於テ御膳召上ケレ，御見送ノ衆ヲモ饗セラル。」とあり，参勤を終えて仙台に下向していることがわかる。ビスカイノとの邂逅はこのときのことである。

15) 第5章19によって，銃は2種類―火縄銃とモスケット銃(大型火縄銃)―であったことがわかる。

16) この訳で気になる箇所がある。それは「十字架に接吻して剣を頭上に押し頂き」という部分である。この場合，政宗は誰の十字架に接吻したのかということが問題になる。前後の文脈からすると政宗の十字架と考えるのが妥当かと思えるが，政宗はキリシタンではないし，もしファッションとして着用していたのなら相手に誤解を与えることになる。ここで注目されるのが野間一正氏の訳で「十字鍔に接吻し，剣を頭上に頂き」とする(ペレス1968)。原文は見ていないが野間訳が最も理解しやすい。野間訳によれば政宗が交換したのは十字鍔付き短剣であったということになる。

17) ティムール(1336〜1405)は中央アジアにイスラム教のティムール帝国(1370〜1507)を創設し，君臨した(在位1370〜1405)。首都をサマルカンドに置き，アフガニスタン・イランに遠征し，バグダットを攻略した。またインド北部のデリーに侵入し，1402年にはアンカラの戦いでオスマン帝国軍を撃破した。1405年，明への遠征途上に病死した。ティムールは帝国創設以前に戦場で片足を負傷した。そのため「隻脚の跛者ティムール」を意味する Tamerlane(タメルレイン)あるいは Tamburlaine(タンバレイン)と別称された。

18)「スコットランドなどの地理的に離れた地方では，ルネサンス時代にも依然としてシンプルなリング・ブローチが広く使われていた。グロスターシャーでは，十八世紀になってもなお田舎の婦人のあいだで，伝統衣装の一部としてリング・ブローチが使われ続けていたという。」また「これと同じようなリング・ブローチやハート型ブローチが，フランス西部のヴァンデーで十八世紀に広く普及し，二十世紀半ばでも使われていた。」(エヴァンス2004b)。なお，グロスターシャーはイングランドの一州で，ロンドンの西約150kmに位置する。また，ヴァンデーはフランスのペイ・ド・ラ・ロアール地域圏(地方)に属する県で，パリの南西約350kmに位置する。

19) バルセロナ(スペイン)の西約100kmに位置するシトー会修道院である。バルセロナ伯王ラモン・ベレンゲール4世(在位1131〜1162)が，イスラム勢力からカタルーニャを奪回したことを記念して，1151年に創設した。のちにアラゴン連合王国国王の墓所も設けられた。

20) 貴族に対する敬称である「ドン」が名前の前に付されていること，この修道院にはアラゴン連合王国国王の墓所も設けられていること，バルセロナ伯王ベレンゲールと同姓であることなどから，バルセロナ伯王に関わりをもつ貴族と推定される。

21) 政宗が所有していた欧州系製品には，衣類・布類を除いて，つぎのようなものがあった。慶長5年〜6年(1600〜1601)の伊達家の物資の出入を記録した「万渡方帳」にはコンタツ(ロザリオ)1つ，砂時計1つ，南蛮鏡2面が見える(高橋2001)。既述したように『セバスティアン・ビスカイノ旅行航海報告書』には，1612年1月2日に短剣とカタナを交換した記事がある。さらに寛政元(1789)年に編録された伊達家所蔵刀剣目録である『剣槍秘録』には支倉常長が献上した「南蛮剣」2口がある(日本美術刀剣保存協会宮城県支部編1980)。この剣はインドネシアのクリスとスリランカのカスターネであり，厳密には欧州系とは言えない。しかし剣に認められるモティーフや文字は明らかに欧州との関わりを示

している（佐々木 2000）。
22)『伊達政宗言行録―木村宇右衛門覚書』（小井川百合子編 1997 新人物往来社）78, 182～183, 236～237, 292～295 頁。

引用文献

荒野泰典　2003　「江戸幕府と東アジア」『日本の時代史 14―江戸幕府と東アジア』22～40 頁　吉川弘文館

アントニー・バージェス（小津次郎・金子雄司訳）　1983　『シェイクスピア』118 頁　早川書房

伊東信雄　1979a　「むすび―調査の成果―」『瑞鳳殿―伊達政宗の墓とその遺品―』183～193 頁　瑞鳳殿再建期成会

伊東信雄　1979b　「銀製服飾品」『瑞鳳殿―伊達政宗の墓とその遺品―』133～134 頁　瑞鳳殿再建期成会

伊東信雄　1979c　「金製ブローチ」『瑞鳳殿―伊達政宗の墓とその遺品―』132～133 頁　瑞鳳殿再建期成会

伊東信雄　1979d　「黒漆塗筆入」『瑞鳳殿―伊達政宗の墓とその遺品―』120 頁　瑞鳳殿再建期成会

エヴァンス, ジョーン（古賀敬子訳）　2004a　「中世初期」『ジュエリーの歴史―ヨーロッパの宝飾 770 年』11～42 頁　八坂書房

エヴァンス, ジョーン（古賀敬子訳）　2004b　「ゴシックの時代」『ジュエリーの歴史―ヨーロッパの宝飾 770 年』43～75 頁　八坂書房

小井川百合子・村山斌夫・西本洋二・内藤俊彦　1989　「伊達政宗の『鉛筆』調査報告Ⅰ～Ⅴ」『仙台市博物館調査研究報告』第 9 号　57～94 頁　仙台市博物館

小松大秀　1999　「第 17 図　銀製服飾品」『日本の美術No. 395 男の装身具』9 頁　至文堂

坂本満　2008　『南蛮屏風集成』中央公論美術出版

佐々木和博　2000　「支倉常長将来『南蛮剣』試論」『國學院大学考古学資料館紀要』第 16 輯　62～104 頁　國學院大學考古学資料館

佐々木和博　2004　「伊達政宗墓出土の欧州様式銀製品―その用途と副葬の意図―」『國學院大學考古学資料館紀要』第 20 輯　55 頁　國學院大學考古学資料館

ショーベル, ヨハネス　1979a　「ドレスデンの装飾武器」『ドレスデン秘宝展』9～14 頁　日本経済新聞社

ショーベル, ヨハネス　1979b　「作品解説―72 銀の柄と鞘の剣」『ドレスデン秘宝展』38～39 頁　日本経済新聞社

ダイヤグラム・グループ編（田島勝・北村孝一訳）1982『歴史, 形, 用法, 威力―武器』50 頁　マール社

高野芳宏・岡村道雄　1979　「遺物の出土状況」『瑞鳳殿―伊達政宗の墓とその遺品―』89～95 頁　瑞鳳殿再建期成会

高橋あけみ　2001　「『秀頼様御祝言御呉服之帳』・『万渡方帳』・『御物之帳』について」『仙台市博物館調査研究報告』第 21 号　42～87 頁　仙台市博物館

高見沢忠雄　1979　「図版解説 70～73 南蛮屏風」『日本屏風集成』第 15 巻　109～110 頁　講談社

日本美術刀剣保存協会宮城県支部編 1980『剱槍秘録』72～73 頁　日本美術刀剣保存協会宮城県支部

ペレス, ロレンソ（野間一正訳）　1968　『ベアト・ルイス・ソテーロ伝―慶長遣欧使節のいきさつ―』60～61 頁　東海大学出版会

三浦権利　2000　『図説西洋甲冑武器事典』270～284 頁　柏書房

Blackmore, David, 1990 *ARMS & ARMOUR of the English Civil Wars* pp.40～43 Royal Arouries

Cuddeford, Michael J., 1996 *Identifying Buckles* pp.28 Mount Publications

Deevy, Mary B., 1998a Classification, chronology and comparative material. *Medieval ring brooches in Ireland* pp.5～27 Wordwell

Deevy, Mary B., 1998b Medieval dress and the wearing of ring brooches. *Medieval ring brooches in Ireland* pp.53～62 Wordwell

Egan, Geoff, & Pritchard, Frances, 2002a Buckes. *Dress Accessories; c.1150-c.1450* pp.50 ～ 123 The Boydell Press

Egan, Geoff, & Pritchard, Frances, 2002b Brooches. *Dress Accessories; c.1150-c.1450* pp.247～271 The Boydell Press

Lightbown, Ronald, W., 1992 *Medieval European Jewellery* pp.139, Fig.44 Victoria & Albert Museum

Marshall, Chris, 1986 Buckles through the ages. http://www.netmarshall.co.uk/bucklepage11.htm http://www.netmarshall.co.uk/bucklepage112.htm

Mollios, Seth & Straube, Beverly 2000 *1999 INTERIM REPORT ON THE APVA EXCAVATIONS AT JAMESTOWN, VIRGINA* APVA Jamestown Rediscovery

Straube, Beverly & Luccketti, Nicholas 1996 *1995 Interim Report* pp.36 ～ 38 APVA Jamestown Rediscovery

Veyrat, Elisabeth, 1996 Chronicle of a forgotten way of life. *The Treasures of the SAN DIEGO* pp.160～183 National Museum of the Philippines

Whitehead, Ross 2003 *BUCKLES 1250-1800* pp.52 ～86 Greenlight Publishing

第2章　宮城県大和町西風の五輪塔
　　　　　　　　　たいわ　ならい

第1節　現状と年代

1. 既往の見解とその問題点

　宮城県黒川郡大和町吉田字西風152番地に所在する五輪塔については，すでに勝又胞吉が支倉常長に関わる墓として注目している。勝又は自著『歴史の謎を追うて』に収めた「『新資料常長の墓発見』」のなかで「場所は黒川郡吉田村高田下の原に，五輪塔三基発見される」と記している。その主な根拠は①『平姓伊藤一家支倉氏系図』（以下『系図』と略記，史料番号[1]　5）に常長の実父常成の居住地は富谷下ノ原との記載があるが，それは富谷ではなく高田下の原である，②下の原に五輪塔が3基ある，③高田下の原在住の旧家犬飼一郎氏から教示された正月行事の内容は同家が隠れ切支丹であったことを物語っているというものである（勝又1964）。
　しかし，これらの論拠をもって直ちに下の原の五輪塔[2]を支倉常長の墓とするには，なお多くの問題がある。まず地名についていえば，少なくとも高田下の原の地名が記録上どこまで遡るのか，またこのほかに同一の地名あるいは類似する地名が周辺にないかどうかを検討・確認する必要がある。第三に下の原在住の犬飼家は旧家と記されているが，年代的にどこまで遡ることができるのかを明らかにしなければならない。第四に下の原は実父常成の居住地であるから，同地と常長の関係を論及する必要がある。
　ここでは勝又が注目した西風の五輪塔について上記の問題点を検討し，また新たな知見を加えて，支倉常長と実父常成との関わりの可能性について考察することにしたい。

2. 西風五輪塔にまつわる伝承

　高田下の原の犬飼家（現在は同新要害に移転）には，西風の五輪塔は六右衛門の墓であるとの伝承がある。現当主である犬飼勘氏は祖父の勘左衛門から子供のころに西風の五輪塔は「六右衛門の墓」と聞かされていたが，その姓については知らなかったという。勘氏は昭和14（1939）年生まれで，勘左衛門は昭和30年に61歳で逝去したことからすれば，勘氏が祖父からこの伝承を聞いたのは昭和20年代のことと推察できる。また，前当主犬飼一郎氏の弟である犬飼吉郎氏も父勘左衛門から勘氏と同様の伝承を昭和10年～13年に聞かされたという。ただ，吉郎氏は六右衛門の姓は支倉と聞かされていたかもしれないという。
　ところで，この伝承を考える上で興味深いのは六右衛門の墓とされる五輪塔がある西風の墓地

第 2 章　宮城県大和町西風の五輪塔　249

に犬飼家の墓標もあることである。同家の墓標は五輪塔の北側に直線的に配されており，年代的に最も遡るものは西端にある「享保八卯下之原甚左衛門」銘の墓標である（第106図1）。「犬飼」の姓はないが，甚左衛門は同家では代々頻用されてきた名であるという。

　以上のことから犬飼家は遅くとも享保初年頃，すなわち18世紀第1四半期から「下之原」に居住しており，しかも同家には「西風の五輪塔は六右衛門の墓」という伝承が昭和初年以前からあることが明らかとなった。この伝承は西風の五輪塔の性格を考える上で極めて重要な示唆を与えるものといえよう。

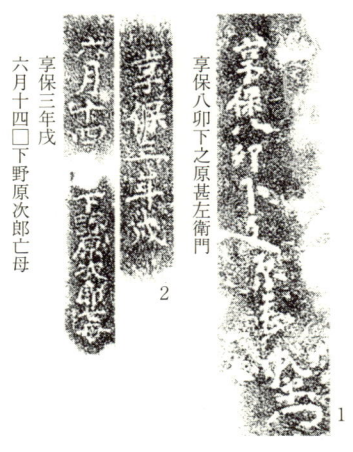

第106図　西風にある享保の墓碑銘

3. 現状と特徴

(1) 現状

　西風の五輪塔は東流する吉田川右岸の丘陵尖端の共有墓地の一角にある（第107図A）。標高は約35m，周囲の水田との比高差は約15mである。本来，西風は明治22(1889)年4月の合併で消滅した高田村に属する小字であり，同年同月に富谷村との合併で消滅した志戸田村との村境に

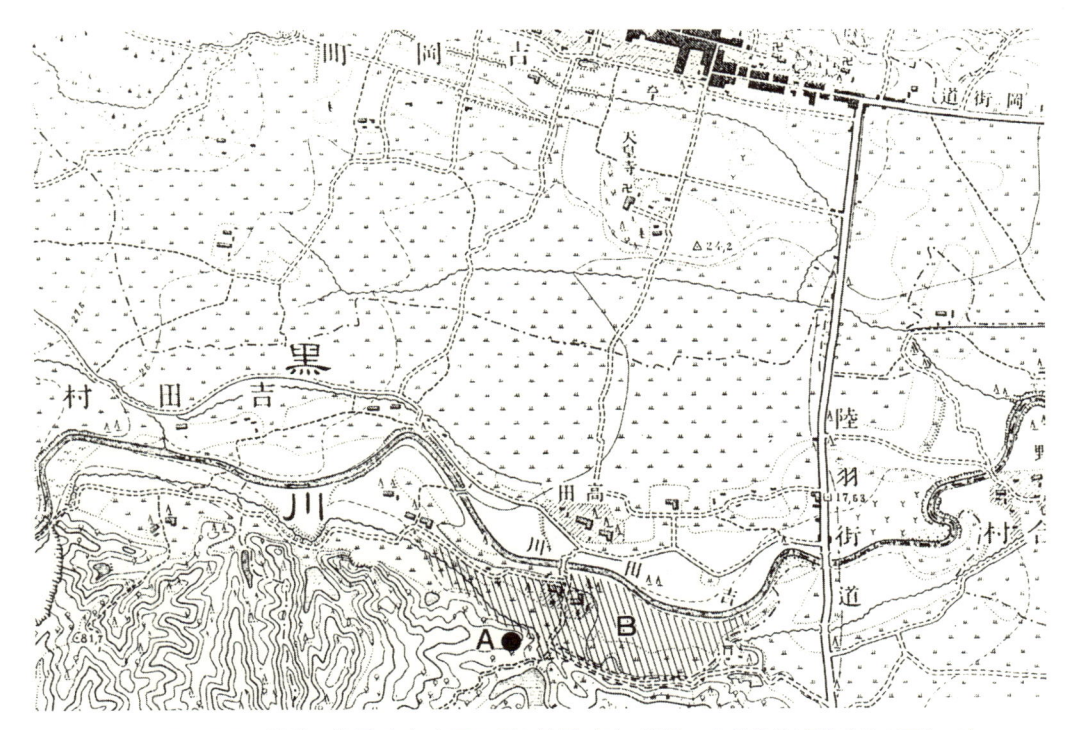

第107図　西風五輪塔の位置 (A) と下の原の範囲 (B)（明治36年発行「吉岡」縮尺2万分の1）

250　第3部　慶長遣欧使節関連資料の考古学的研究

位置する。この墓地は明治前半まで前述の犬飼氏を含む8名の共有墓地であった。東西約5m，南北約10mの範囲にわずかに手を加えて平坦面を造り墓地としている。墓標は約50基あり，享保3（1718）年の「下野原治郎亡母」銘の墓標（第106図2）が最も古い。

五輪塔は墓地の南端に東西に並んである。犬飼氏によれば，これらの五輪塔は墓地の東側に南北に並んであったが，戦後，台風で倒壊したために現在の場所に移動したという（第108図）。

第108図　西風五輪塔の現状

五輪塔各輪の組合せは混乱しているが，3基分を確認できた。各輪に銘はなく，使用石材はすべて安山岩と思われる。

(2) 観　察

五輪塔が移動されたという事実ならびに各輪の組合せに混乱があるという現状を踏まえ，ここでは各輪別に観察した結果を記すことにしたい。なお，調査は極力現状を変更しない方法で実施したため内部の観察や記録ができなかったものもある。

　a. 地　輪（第109図 a・b・h）

3個体ある。a は一部埋設されているため，その全容は不明であり，しかも天地逆である。下端幅は31cmであるが，地面に近づくにしたがってその幅を漸増し，下端面から11cmの部分では33cmを測る。下端面から升状に抉られており，側面の厚さは約5cmである。

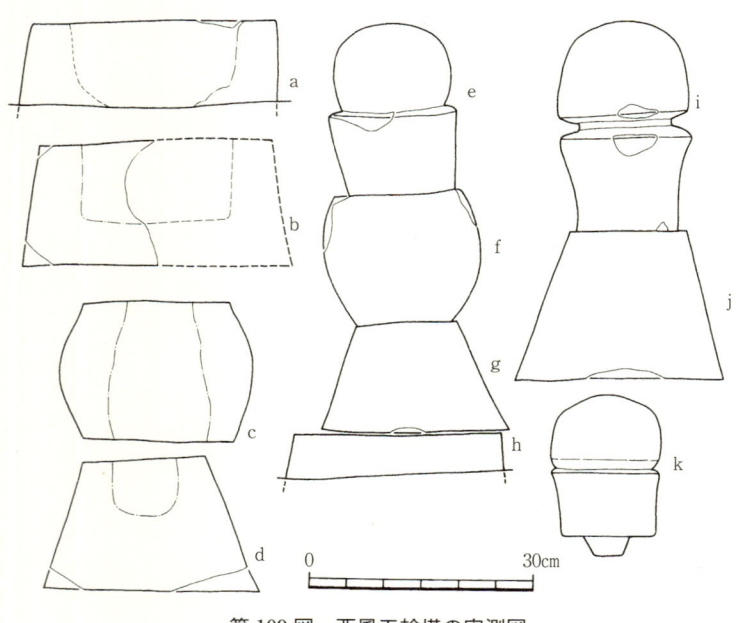

b は欠損している。現存の下端幅は16cm，上端幅は18cmで，高さは16cmである。升状の抉りが認められ，正面形・側面形がわずかに逆台形を呈することはaと同様である。

h は一部埋設され，さらにその上部に火輪・水輪・風空輪を積んでいるために，詳細を知ることはできないが，天地逆であると考えられる。下端幅27cm，下端面から5cmで地面に接し，そ

第109図　西風五輪塔の実測図

の部分での幅は28cmである。升状の抉りの存在は確認できなかったが，a・bと同様に正面形・側面形がわずかに逆台形を呈する。

　b．水　輪（第109図c・f）

　図示できたのは2個体であるが，このほかに4分の1ほどの破片が1点ある。cは高さ19cm，最大径25cmで，内径10〜14cmの円筒状を呈している。

　fは倒置されている。高さ17cm，上端径12cm，下端径は欠損のため正確さを欠くが16cm前後と推定される。筒状かどうかの確認はできなかった。

　c．火　輪（第109図d・g・j）

　3個体ある。dは下端幅28cm，上端幅16cm，高さ17〜19cm，上端部には径8.5cm，深さ8cmの柄穴がある。下端部に軒の厚みや反りの表現がなく，棟は上端部からハ字状に直線的に開き下端部に至り，正面形・側面形は台形となる。火輪はこの五輪塔を最も特徴づけるものである。

　gは下端幅24.5cm，上端幅13cm，高さ14〜15cm，jは下端幅27cm，上端幅13cm，高さ20cmである。g・jともに正面形・側面形は台形を呈し，dと共通するが，水輪・風空輪が乗っているため柄穴の確認はできなかった。

　d．風空輪（第109図e・i・k）

　3個体ある。いずれも風輪と空輪が一石で作られている。eの風空輪の総高は23cmで，下端から僅かに開きながら直線的にのびて上端に至る。上端に約1cmの切り込みを入れて風輪との境を表現する。風輪の高さは11cm，下端部径は24cm，上端部径は27cmである。空輪の高さは12cmで，最大径は中央部にあり15cmを測る。空輪の頂部は丸く作られ突起はない。

　iの風空輪の総高は28cmである。風輪の高さは14cm，下端部径は13cm，上部径は17cmである。上端部付近で緩やかに外反し，上端面で約2.5cmの切り込みを入れ，高さ約1cmの立ち上がりを作り空輪との境界を形成する。空輪の高さは13cm，最大径は下端にあり17cm，頂部の形態はeと同様である。

　kは総高21.5cmである。eと同様の形態である。裁頭円錐形を呈する柄があり，その長さは2.2cm，基部径は6cm，端部径は3.5cmである。風輪の高さは9cm，下端部径は12cm，上端部径は14cmである。空輪の高さは10cm，最大径は14cmである。

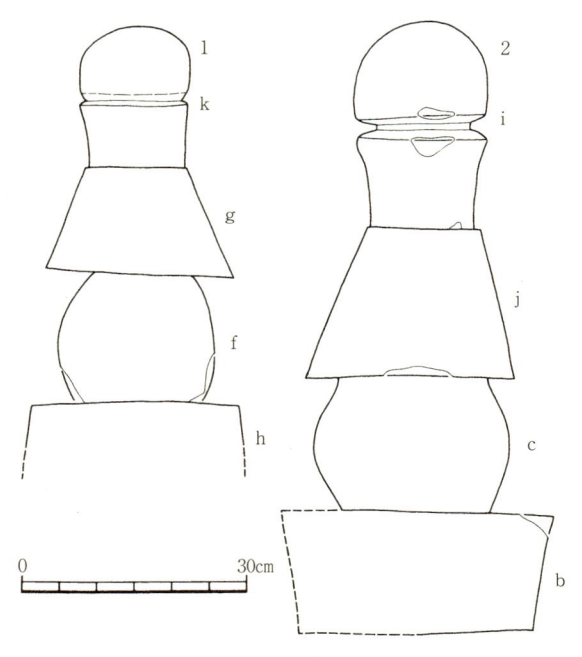

第110図　西風五輪塔の組合せ例

(3) 各輪の組合せと形態的特徴

　五輪塔各輪の観察結果を踏まえ本来の組合せを検討し，その形態的特徴の把握を試みたい。各輪はその大きさの違いによって，2群に分けることができる。

　　第1群：地輪 h，水輪 f，火輪 g，風空輪 k

　　第2群：地輪 a．b，水輪 c，火輪 d．j，風空輪 e．i

第1群の各輪を組み合わせると第110図1のようになり，水輪fの上端径，火輪gの上端幅および風空輪kの下端径がほとんど同じであることから，第1群の組み合わせは妥当なものと考えられる。第2群には2基分存在するが，その組み合わせを推定するための明確な根拠を見出せない。ここでは第2群の2基を任意に組み合わせて例示するに留めたい（第110図2）。

　上記の組み合わせを参考にして五輪塔3基に共通する形態的な特徴を抽出すると，つぎの8項目になる。

　①地輪の正面形・側面形は長方形あるいは正方形ではなく，逆台形を呈している。

　②水輪は球形ではなく，縦長気味である。

　③火輪の正面形・側面形は台形であり，下端に軒の厚みの表現が全くない。

　④風輪は下端部から直線的にわずかに開きながら立ち上がり上端部に至る。

　⑤火輪上端幅と風輪下端径がほぼ等しい。

　⑥風輪の最大径は空輪の最大径にほぼ等しい。

　⑦風輪の高さは空輪の高さと等しいかそれ以上である。

　⑧風輪と空輪が一石で作られている。

　この中で特に③～⑦は西風の五輪塔を特徴づけるものとして注目しておきたい。

4. 類例と年代

　西風の五輪塔には銘がなく，直接的に年代を知る手掛かりがない。そこで近接地域および周辺地域で類似する形態の五輪塔を集成し，紀年銘等によってその年代を推定することにしたい。ここでは天皇寺（大和町吉岡）・輪王寺（仙台市青葉区北山）・信楽寺跡（大和町宮床）・報恩寺（大和町落合）・橋本（仙台市太白区秋保町湯元）・沢口（加美郡色麻町王城寺）・保福寺（大和町吉田）に所在する五輪塔を検討の対象とする。なお，これらの五輪塔所在地と西風の五輪塔との位置関係は第21表のとおりである。

第21表　類例と西風五輪塔からの方角および直線距離

五輪塔	所在地	方角	直線距離
a．天皇寺	黒川郡大和町吉岡天皇寺184の20	北	1.3km
b．輪王寺	仙台市青葉区北山1丁目	南	16.4km
c．信楽寺跡	黒川郡大和町宮床字松倉沢94，95	南西	2.7km
d．報恩寺	黒川郡大和町落合上ノ山31	東	6.4km
e．橋　本	仙台市太白区秋保町湯元字橋本71	南	26.0km
f．沢　口	加美郡色麻町王城寺沢口二番37	北西	12.8km
g．保福寺	黒川郡大和町吉田字一ノ坂28	北	13.0km

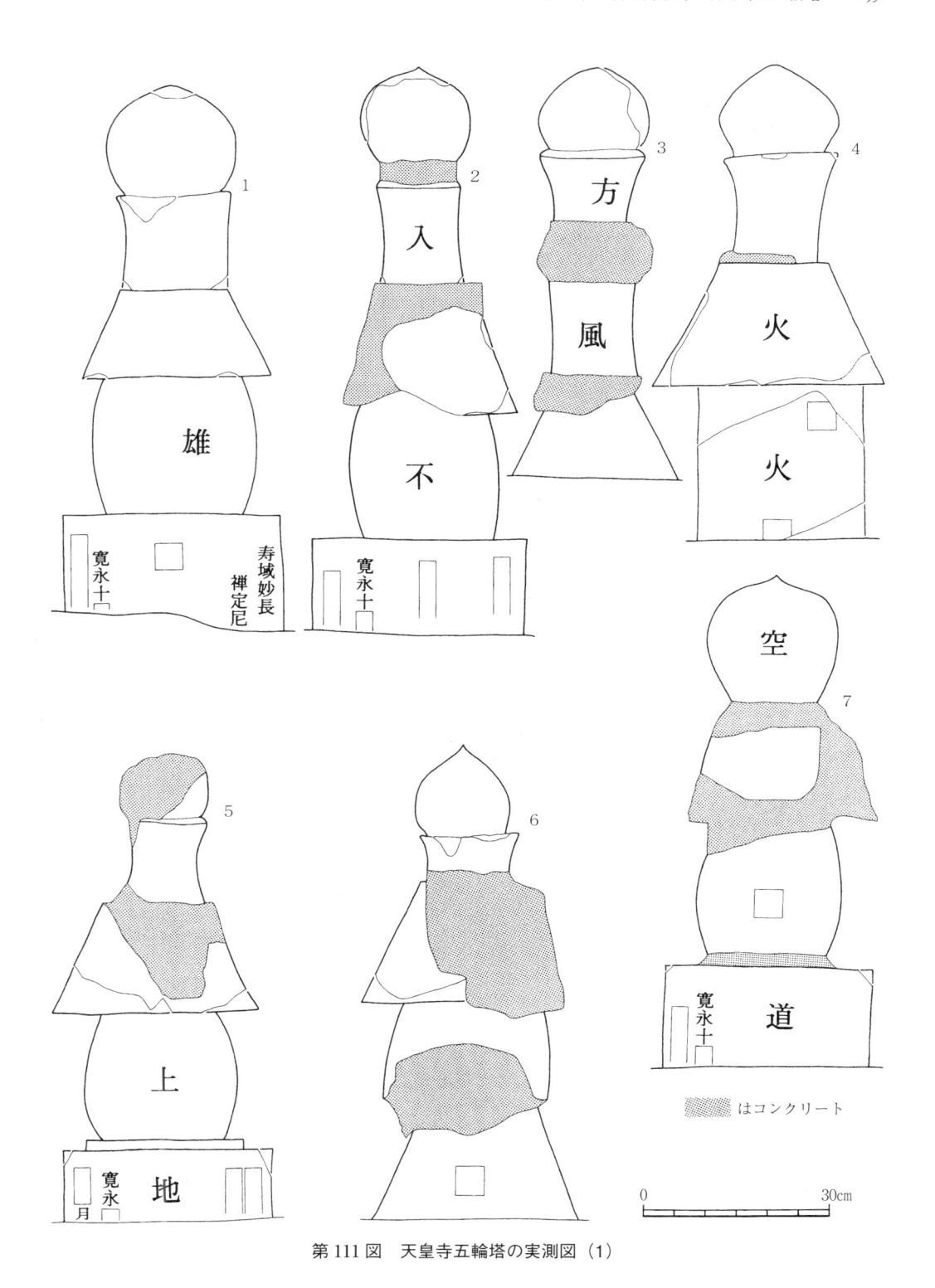

第2章　宮城県大和町西風の五輪塔　253

第111図　天皇寺五輪塔の実測図（1）

254　第3部　慶長遣欧使節関連資料の考古学的研究

(1) 類　例

　　a. 天皇寺の五輪塔（第111図1～7，第112図1・2）

　安永3(1774)年7月の『天皇寺風土記書上』[3]（宮城県史編纂委員会1954）によれば天皇寺は「飯坂家代々之菩提所」であり，そのため飯坂家に従って三度移転した。すなわち慶長8(1603)年に伊達郡飯坂村（現，福島県伊達郡川俣町飯坂）から宮城郡松森村（現，仙台市泉区松森）に，慶長16(1611)年には松森村から黒川郡下草村（現，大和町鶴巣下草）に，さらに元和2(1616)年に現在の地の吉岡に移転したのである。

　1～7は昭和62(1987)年に無縁塚として移転されたものである。1は地輪と水輪に銘がある。特に地輪に「寿域妙長禅定尼」「寛永十□」とあることから『天皇寺風土記書上』に見える「飯坂局之墓」に該当する五輪塔と考えられ，「寛永十□」は寛永11(1634)年とすることができる。2～7は破損および組み合わせの誤りが著しく，しかもコンクリートで固定されているために詳細な観察を困難にしている。各輪の個数を見ると地輪5個・水輪5個・火輪6個・風空輪7個となる。したがって7基以上の五輪塔があったことがわかる。これらの五輪塔のほとんどは当寺にあ

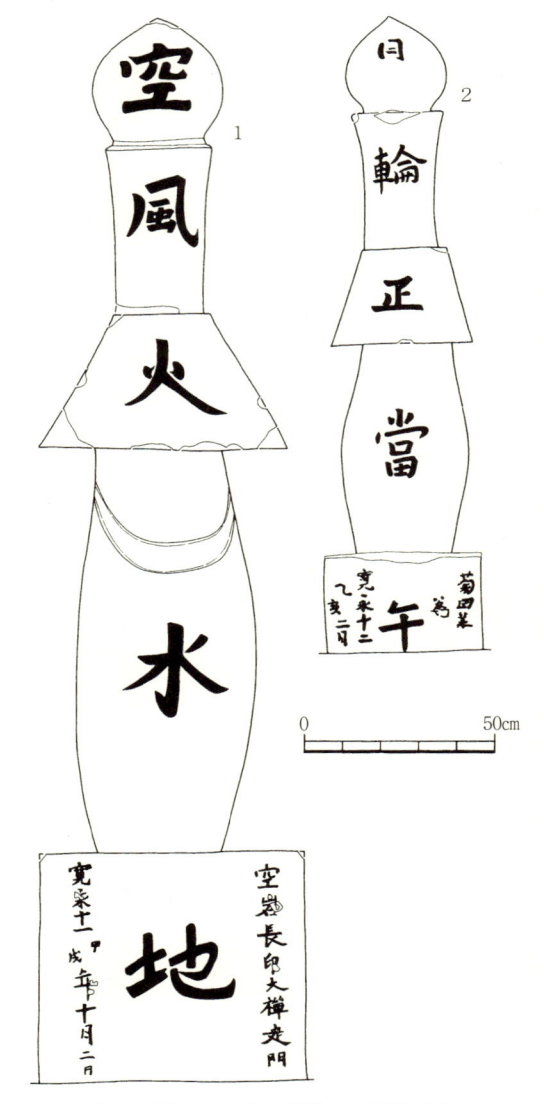

第112図　天皇寺五輪塔の実測図 (2)

る伊達宗清[4]の五輪塔の左右にあったもので，前記の『天皇寺風土記書上』に見える「河内守様江追腹之衆五輪塔七ツ右ハ御墓所左右ニ御座候事」という記事に該当するものである。事実，2と7には「寛永十□」，5には「寛永□」という紀年銘がある。

　この他に，同寺には西風の五輪塔と大きさが全く違うが，類似するものが2基ある。それは伊達宗清と菊田善兵衛の五輪塔である（第112図1・2）。1は伊達宗清の五輪塔で総高292cmを測る大型のものである。水輪の高さは111cm，風輪の高さ46cmと長大であるのが特徴である[5]。2は菊田善兵衛の五輪塔である。総高は171cmで宗清の五輪塔と同様に水輪と風輪が極端に長い。地輪には「寛永十二年乙亥二月」の紀年銘がある。菊田善兵衛が宗清の家臣であったことは寛永10年3月8日付菊田善兵衛宛伊達宗清黒印状によって確認できる[6]。

第 2 章　宮城県大和町西風の五輪塔　255

このように天皇寺境内には総高 100cm に満たない五輪塔と 100cm を遥かに超える五輪塔が共存している。しかも，両者の造立年代は同じか近接している。後者は水輪と風輪が極端に長く，前者との形態的な共通性を欠くかに見える。しかし長大化した風輪は前述した西風の五輪塔の形態的な特徴とした③〜⑦と共通し，特に⑦が極端な形で表現されたものと考えられる。また水輪も本来は②であるものが大型化によって徳利形に変形されたものと理解できる。このように見ると水輪と風輪の長大化は大型化を可能にするための要素に留まり，形態的な特徴は両者とも共通していると捉えることができる。

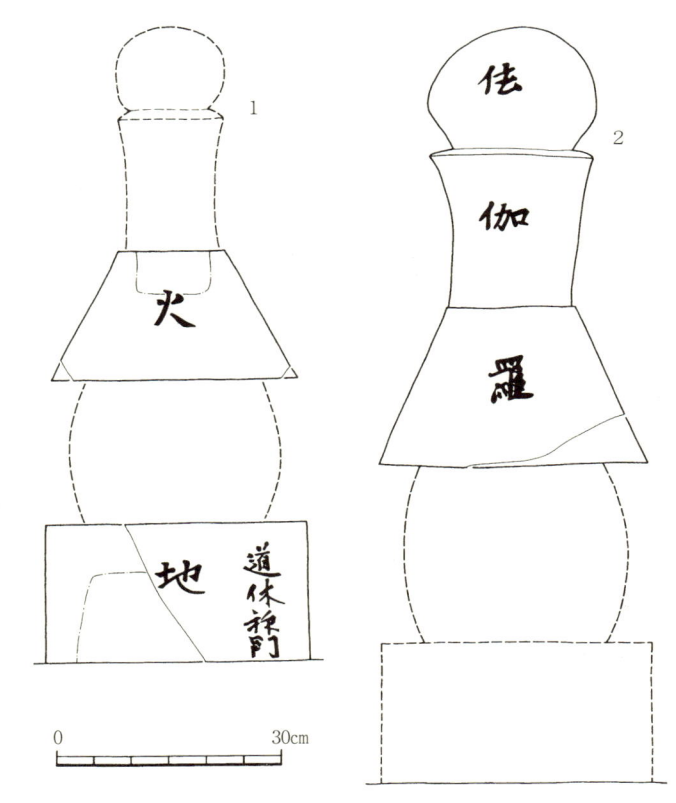

第 113 図　輪王寺五輪塔の実測図

b. 輪王寺の五輪塔（第 113 図 1・2）

　仙台城下の北辺にあたる北山地区は伊達氏の移動に伴ってきた禅宗系寺院が多く配置されており，輪王寺もその一寺である。

　境内には 2 基の五輪塔があり，これらは伊達政宗の八男竹松丸が元和元（1615）年 3 月 18 日に夭折した際に殉死した 2 名のために造立されたものといわれ，現在も竹松丸墓（宝篋印塔）とともにある[7]。ただ，2 基とも各輪すべてが現存しているわけではない。1 は地輪と火輪だけが現存している。地輪は下端から抉り取られ升状になっている。右寄りに「道休禅門」，中央部に「地」の銘がある。火輪は中央部に「火」の銘があり，上端は一辺 14cm 四方で，そこに直径 10cm，深さ 6cm の柄穴が穿たれている。この柄穴によって風輪の下端は火輪の上端幅とほぼ等しいか僅かに小さいと考えることができる。さらに後述する 2 との関係を考慮に入れれば，1 の風輪および空輪は 2 と類似した形態であると推定することができる。

　2 は火輪と風空輪のみ現存している。各輪には一字ずつ銘が刻まれているが，風輪の「伽」以外は判読できない。この五輪塔の形態的な特徴は空輪下部が直線的に開くことを除けば，基本的には西風の五輪塔と共通している。

　この 2 基の五輪塔には紀年銘はない。しかし 1 はその銘により竹松丸の殉死者の一人であるこ

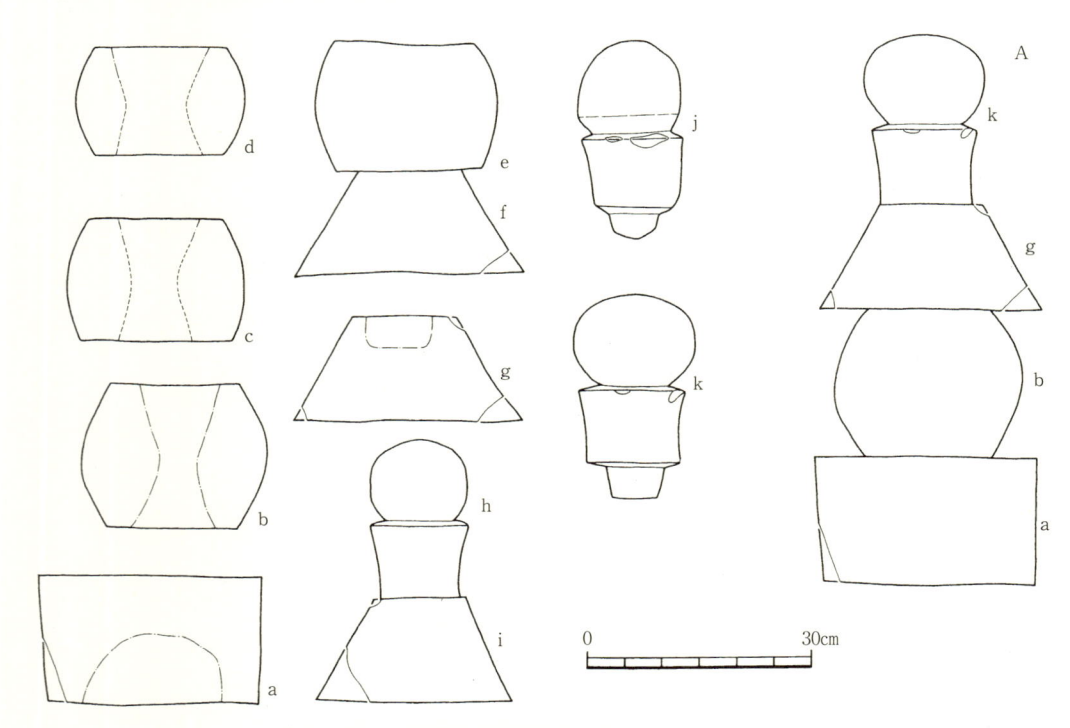

256　第3部　慶長遣欧使節関連資料の考古学的研究

第114図　信楽寺跡五輪塔各輪の実測図とその組合せ例

とは明らかである。また2は1と形態的に共通し、竹松丸墓とともに祀られていることから、もう一人の殉死者の五輪塔とみることができる。このことから、この2基の五輪塔の年代は元和元年と推定できる。

c. 信楽寺跡の五輪塔（第114図a〜k, A）

　14世紀前半に創建されたとされる密教寺院跡で、七ツ森の山岳信仰をつかさどる古寺であったと考えられている（大和町教育委員会・大和町文化財保護委員会1972）。五輪塔は信楽寺跡の観音堂の北東側にある。各輪の組み合せは混乱している。現存している各輪の個数は地輪1個、水輪4個、火輪3個、風空輪3個である。いずれも銘はない。各輪の形態的な特徴は西風の五輪塔と基本的に一致している。ただ地輪と水輪の抉り方がやや異なる。すなわち地輪の抉りは升状ではなくドーム状であり、水輪は中央部がすぼみ、鼓状を呈している。試みに地輪a・水輪b・火輪g・風空輪kを組み合せたもの（A）を示しておきたい。

　この五輪塔を安永3 (1774) 年の『信楽寺書出』に見える「先住六世法印実尊入定之墓所大師堂左脇ニ有之候処寛永拾六年三月廿一日より当安永三年迄百参拾五年ニ罷成候事」の記事（宮城県史編纂委員会1954）と関連づけて、実尊の墓とする説がある（大和町教育委員会・大和町文化財保護委員会1972）。後述するように年代的には矛盾はないが、4基以上あることからにわかに首肯できない。

d. 報恩寺の五輪塔（第115図1）

　報恩寺は黒川氏の菩提寺であったともいわれ、境内には同氏ゆかりの墓として3基分の墓標が

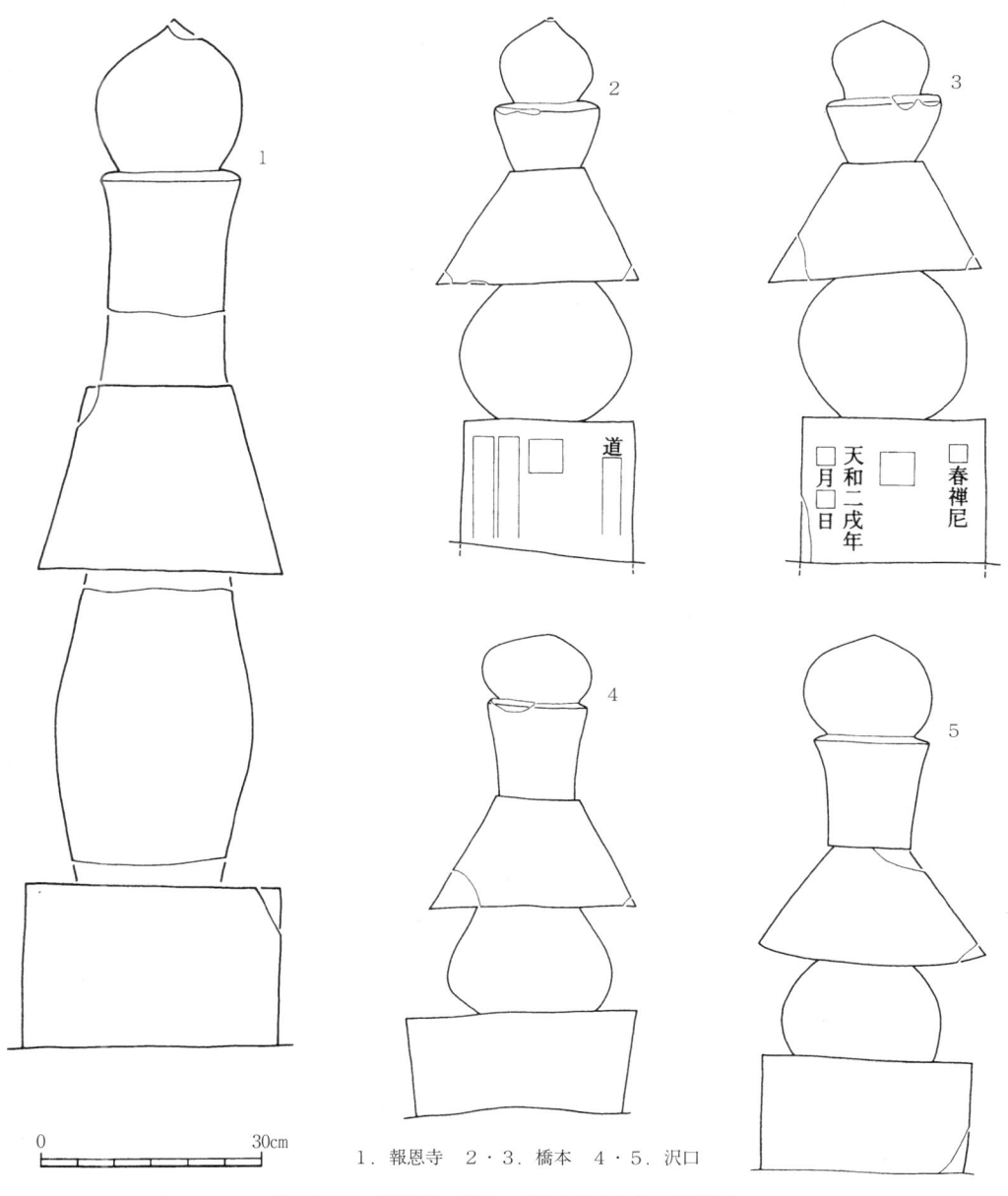

第 2 章　宮城県大和町西風の五輪塔　257

```
0    30cm
```
1. 報恩寺　2・3. 橋本　4・5. 沢口

第 115 図　報恩寺・橋本・沢口の五輪塔の実測図

ある。これらの墓標は無縫塔・宝篋印塔・五輪塔であり型式が違う。五輪塔は火輪を欠いているが，その隣にある火輪と一組を成すものであろう。いずれの輪にも銘はない。別置の火輪を加えて復原したのが第 115 図 1 である。これは中世後期以降，黒川郡一円を領有した黒川氏ゆかりの五輪塔で黒川景氏（1484～1588）のものといわれている。しかし天皇寺の菊田善兵衛五輪塔と酷似することから，むしろ寛永年間を中心とする江戸時代初期とするのが妥当であろう。

安永 3（1774）年の『報恩寺風土記書上』には「一古墓所等之事」に「黒川安芸守墓所と申伝

候へとも石碑等無御座候事」という記事（宮城県史編纂委員会1954）がある。黒川安芸守は黒川晴氏のことで，天正16（1588）年の伊達政宗による大崎義隆攻め（大崎合戦）の際には伊達氏から離反し大崎氏側についた。晴氏は天正18年の小田原の役に参陣しなかったために，豊臣秀吉によって改易された。「源姓大衡氏譜」には「慶長十四年八月十五日卒，年七十七，法名松山清公，号報恩寺」とある（大和町編1975）。上記の『報恩時風土記書上』では黒川晴氏の墓所との言い伝えはあるが，石碑等はないとする。しかし五輪塔の年代は晴氏の卒去年を含む江戸時代初期と考えられるから，年代的には晴氏の五輪塔としても矛盾はない。ただ無銘であるため断定は保留しなければならない。

e. 橋本の五輪塔 （第115図2・3）

佐藤庄市氏の宅地内東側に2基ある。五輪塔の他にも墓標があり，屋敷内に墓地が営まれていたことがわかる。五輪塔は東西に並んであり，ともに地輪が埋設されている。2は西側の五輪塔で，地上部の総高は74cmである。地輪に銘があるが，右側の「道」のみ判読できる。3の地上部総高は75cmである。地輪右側に「□春禅尼」，中央に梵字，左側に「天和二戌年□月□日」とある[8]。3は銘により天和2（1682）年に没した女性の五輪塔であることがわかる。2は3と大きさならびに形態的な特徴が共通し，しかも並存していることから，その年代は1に近接していると考えられよう。

西風の五輪塔と比較すると火輪の正面形および側面形が台形で軒の厚みの表現がないことや火輪上端幅と風輪下端径がほぼ等しいことは類似しているが，水輪が球形に近いこと，風輪が下端部から内湾気味に開きながら立ち上がること，風輪上端径が空輪最大径よりも大きいことが違っている。

なお，佐藤家は武士の家柄だったと言い伝えられている。このことは留意しておきたい。

f. 沢口の五輪塔 （第115図4・5）

今野周之助氏の宅地内東側にある。ここには五輪塔の他に江戸時代の同家歴代の墓標もある。図示した2基の五輪塔はすでに知られていたものである（色麻町史編纂委員会編1979）。この他に地輪と水輪の破片1基分があることを確認したので，同地には少なくとも3基の五輪塔があったことになる。4・5とも基本的な形態は西風の五輪塔と一致する。ただ5の火輪下端が緩やかな曲線を描いていることと火輪上端幅より風輪下端径が長いことが相違している。このことを重視するなら5は除外しなければならない。

今野家の裏山には東西約60m，南北約100mの沢口館跡がある。伝承によれば館主は今野筑前で寛文2（1662）年まで山頂に居住し，後に麓に移ったといわれ，今野家はその末裔だという（色麻町史編纂委員会編1979）。五輪塔造立の時期や背景を考える上で，興味深い伝承といえよう。なお，ここでは伝承とともに五輪塔が屋敷の一角に造立されていることにも注目しておきたい。

g. 保福寺の五輪塔 （第116図）

保福寺は仙台藩初代藩主伊達政宗と第2代藩主忠宗に奉行（諸藩の家老）として仕えた奥山常良の嗣子常辰が父母の菩提寺として建立し，寛文4（1664）年に開創したといわれる（堀野・笹山

1989)。常良は慶安 2（1649）年に，同妻は寛文 3（1663）年に逝去した。夫妻の五輪塔は常良三十三回忌をもって造立したものという（菅野編 1924）。この他に境内には常良に殉死した 3 名の五輪塔や奥山家墓地の五輪塔等がある。

　ここでは西風の五輪塔に最も類似し，遺存状態も良好な奥山常良の五輪塔に注目してみたい。総高 255cm を測る大型の五輪塔で，各輪に銘があり，特に地輪には「慶安二年己丑年」の紀年銘がある。前述した伊達宗清や菊田善兵衛の五輪塔に見られる水輪や風輪の長大化という大型五輪塔に共通する特徴が見られるものの，詳細に観察すると火輪の隅棟が緩やかな曲線を描き，しかも下端部に幅約 2cm の面取りを施し軒の厚みを表現しており，細部での相違を指摘することができる。また同様の面取りは地輪にも認められる。地輪の「慶安二年己丑年」銘は常良の没年であり，この五輪塔の造立年代を示すものではない。三十三回忌の造立であるとすると，その年代は天和元（1681）年となる。特徴として指摘した火輪における隅棟の緩やかな曲線や面取りによる軒の厚みの表現は奥山常良に殉死した 3 名の小型五輪塔や奥山家墓地にある貞享 4（1687）年銘を持つ大型五輪塔にも顕著に認められ，年代的な矛盾はない。

（2）年　代

　類例として掲げた 7 箇所の五輪塔のうち，紀年銘等によって造立年代が判明するものは，天皇寺の飯坂局五輪塔（寛永 11 年）・伊達宗清および同殉死者五輪塔（寛永 11 年）・菊田善兵衛五輪塔（寛永 12 年），輪王寺の竹松丸殉死者五輪塔（元和元年），保福寺の奥山常良五輪塔（天和元年），橋本の「□春禅尼」銘五輪

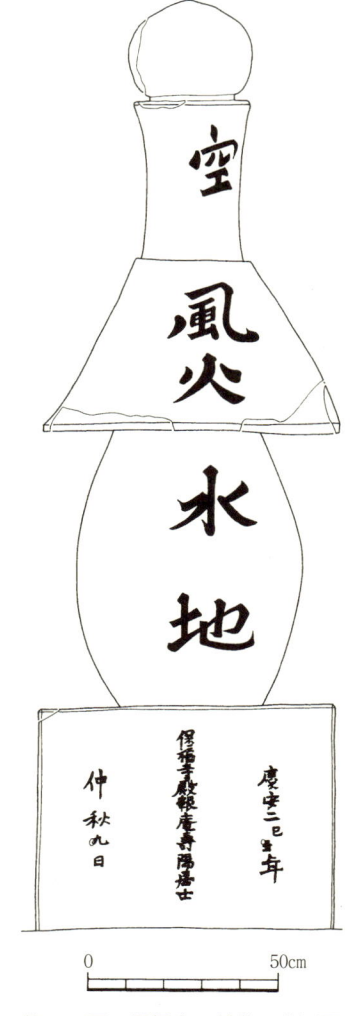

第 116 図　保福寺五輪塔の実測図

塔（天和 2 年）である。天皇寺の五輪塔群は西風の五輪塔と形態的に酷似しており，年代推定の好資料となる。また竹松丸殉死者五輪塔 2 基はそれぞれ地輪・水輪あるいは水輪・風空輪を欠いてはいるが，2 基を一組のものとすれば西風の五輪塔と極めて類似した形態を持つといえる。しかし奥山常良五輪塔および「□春禅尼」銘五輪塔は西風の五輪塔との形態的な類似はみられるものの，前者においては火輪の細部形態が，また後者においては水輪・風空輪の細部形態が異なる。

　このように見てくると西風の五輪塔の年代は竹松丸殉死者五輪塔と菊田善兵衛五輪塔によって元和元（1615）年から寛永 12（1635）年の間に求めることができる。しかし五輪塔の形態的変化の一般的な属性を考慮すれば，上記の 20 年間に限定することなく年代幅を広めに考え 17 世紀前半とするのが穏当であろう。

　なお，ここで西風の五輪塔の所在地を墓地としての使用という観点で整理しておきたい。まず

17世紀前半に五輪塔3基が造立され墓地としての使用が始まる。しかし，その後しばらくの間使用されることはなく，再び使用されるようになるのは享保3 (1718) 年以降で「下野原」「下之原」の住人も埋葬され，その使用は明治前半まで続いた。

第2節　西風五輪塔の所在地と支倉常成の関係

1. 富谷下ノ原村（里）の所在地

　富谷下ノ原村（里）は支倉常長の実父常成が居住していたところである。このことを記す史料には『系図』と『支倉家家譜書出』（以下『書出』と略記，史料番号4）がある[9]。しかし二者の性格は異なる。『系図』には女子と母親の記載があるが，『書出』は継嗣のみである。また『系図』には作成者および作成年代の記載はないが，『書出』には支倉右仲が安永2 (1773) 年3月14日に作成したものであることを記している。さらに『書出』の最終部分には詰所・知行高・拝領物等についての箇条書きがあり，「右之通御座候以上」で終っている。このことから『書出』は仙台藩に提出するために作成されたものの控えであると考えられる[10]。これに対して『系図』は通有の系図の様相を呈しており，支倉家内用に作成されたものであることが窺える。

　つぎに『書出』によって常成の知行地および居住地を見ておきたい。
　　〈前略〉天正拾九年　貞山様葛西・大崎一家御征伐之後，御領地替之節，右常成領地無
　　御相違，於黒河郡五拾余丁被下置，同郡大森村ニ住居，其後同郡富谷下ノ原村ニ移住仕
　　候〈後略〉
葛西・大崎一揆の鎮圧後の天正19 (1591) 年，常成の領地は黒川郡内の50余町となり，同郡の大森村に居住したが，後に同郡の富谷下ノ原村に移住したことを記している。『系図』もほぼ同内容であるが，地名に注目すると「大森邑」「富谷下ノ原里」とあり，表記方法に違いがある。

　ここで「黒河郡」の「大森村」と「富谷下ノ原村」の所在を確認しておきたい。仙台藩は正保元 (1645) 年12月に幕府から国絵図の調進を命じられ『奥州仙台領国絵図』を製作して提出した。この絵図の写しは現存し，仙台市博物館が所蔵している（斎藤2001）。この絵図には仙台藩の村々等が郡別に小判形に色分けされた中に，貫高とともに記載されている。黒川郡を見ると「舞野川」（現，吉田川）の支流の「あく川」（現，善川）の北に「大森村」は確認できるが，「富谷下ノ原村」は確認できない。ただ「富谷宿」の記載はある（渡辺2000）。また寛永17 (1640) 年から20年にかけて行われた仙台領内総検地の直後に幕府に差し出されたとされる『正保郷帳』（高倉1987）には「大森村」「冨谷村」はあるが「富谷下ノ原村」はない（古文書を読む会編1987）。これらのことから「富谷下ノ原村」は誤りであるといえる。

　ではその誤りは全部なのかそれとも部分なのか，さらに検討を加えてみたい。「富谷下ノ原村」は富谷＋下ノ原＋村と分解できるから，つぎの7つの場合が想定できる。
　①すべてが誤記の場合：「富谷下ノ原村」を削除する

②「下ノ原」が誤記の場合：「富谷村」となる
③「富谷」が誤記の場合：「下ノ原村」となる
④「富谷」が村名で，「下ノ原」が字名の場合：「富谷村下ノ原」となる
⑤「下ノ原」が村名で，「富谷」が字名の場合：「下ノ原村富谷」となる
⑥「下ノ原」と「村」が誤記で，「富谷」が字名の場合：「富谷」となる
⑦「富谷」と「村」が誤記で，「下ノ原」が字名の場合：「下ノ原」となる

このうち③〜⑥は江戸時代の史料にその存在を確認できない。②について見ると富谷村は『正保郷帳』等の江戸時代史料でその存在を確認できるから可能性はあるが，村域よりも狭い範囲と思われる「下ノ原」を誤記した理由を説明するのが難しい。⑦は字名あるいはそれに類する地名が存在すれば可能性がある。①は⑦が不成立の場合に考慮されるべきである。

それでは黒川郡内に「下ノ原」という字名あるいはそれに類する地名はどれほどあるのだろうか。ここでは『風土記御用風土記書出』[11]と天保10（1839）年に熊谷徳斎が写した「仙台郡村小名調」（『仙台郷土研究』第15巻第12号 1946），さらに明治17・18年頃に作成されたと思われる『宮城県各村字調書』（宮城県史編纂委員会 1970）を用いて抽出することにする。なお，「の」を補って読む場合も考慮して「下原」もその対象とする。

『風土記御用風土記書出』には小名として吉田村に「下原」があり，屋敷名として宮床村・吉田村・大松沢村に「下原」がある。このうち宮床村と吉田村の「下原」は現在「しもはら」と呼称している。大松沢村の場合は『風土記御用風土記書出』に「下」に「した」と読みが付されているから「したはら」と呼称していたと思われる。高田村の屋敷名に「下ノ原」が見え，「下」に「しも」，「原」に「はら」の読みが付されている。「仙台郡村小名調」には高田村に「下ノ原」，大森村に「下原」が見える。『宮城県各村字調書』には吉田村・大松沢村・大森村・三ヶ内村に「下原」，高田村に「下ノ原」を掲載している。大森村の「下原」は現在「しもはら」と呼称されているが，三ヶ内村の「下原」は現存せず，呼称の確認はできない。

黒川郡内の「下原」「下ノ原」の所在村と呼称の検討から「富谷下ノ原村」は高田村下ノ原（屋敷）であると考えることができる。これを補強する資料として，前述した西風の享保3（1718）年銘と同8年銘の墓標がある。それには「下野原」「下之原」と「ノ」が「野」「之」として表記され，極めて安定した状態で地名に使用されていたことが確認できる。

ではなぜ「高田村下ノ原」を「富谷下ノ原村」と誤記したのであろうか。『書出』は常長系統の清隆ではなく，本家当主の直清によるものであった。『伊達世臣家譜』巻48[12]（史料番号2）や『書出』などによれば，常長は実父常成の兄時正の養子となったが，その後時正に子ができたために知行高を60貫文ずつに二分して本家助次郎（紀伊）から分家した。直清は助次郎から数えて6代目に当たり，田宅は宮城郡中野村（現，仙台市宮城野区中野）にあった。一方，清隆は常長から数えて7代目に当たり，知行地は常長の孫の常信の代に再興を認められた川内村（現，黒川郡大郷町川内）にあった。このように見てくると『書出』をまとめた直清は黒川郡との直接的な関わりがなく，また清隆も常信から数えると5代目になることから，常成の知行地および居住地との関わ

りが希薄であった。このことが主因となり小字相当の地名である「下ノ原」は正しく，村相当の地名である「富谷」は誤って記されたと考えられる。

　高田村下ノ原の範囲は明治19（1886）年の地籍図（大和町所蔵）で確認できる。ここは吉田川と丘陵に挟まれた狭長な沖積地で地形的なまとまりがあり，しかも一部は志戸田村と境を接していることから，その範囲が時代によって大きく変動するとは考え難い。したがって「富谷下ノ原村」が現在の黒川郡大和町吉田字下原（第107図B）を中心とする地域であると推定できる。さらに「下ノ原」に隣接して「西風」があることは興味深い。なぜなら，西風の五輪塔は橋本や沢口の五輪塔のように屋敷の一角に造立されていた可能性が生まれるからである。

2. 常長の知行地と実父常成の切腹

　支倉常長の終焉の地を考えるとき，その知行地が有力な手掛かりとなる。慶長13（1608）年10月22日付の支倉常長宛知行割目録（史料番号20）によれば，本知行地が「下伊沢之内小山村」にあり，知行高は「五拾弐貫四百拾六文」であり，その他に「神郡一関之内」にも知行高「合七貫七百八拾三文」の知行地があり，「都合六拾貫仁百四拾三文」の知行高であることが記されている。「下伊沢之内小山村」は現在の岩手県奥州市胆沢区小山，「神郡一関」は宮城県加美郡色麻町一の関にあたる。知行高60貫文は養父時正の知行高120貫文を二分して分家したと記す『伊達世臣家譜』や『書出』と合致する。

　養父時正から60貫文で分家した常長ではあったが，常成と父子であるという事実は消えない。そのことが問われる事態が起きた。

　　支倉飛騨事，去年以来召籠分に而指置候，然者，此内弥以不届義候条，唯今申付候て腹
　　をきらせ可申候，奉行ニ四竈新介・中村備前可申付候，早々無油断可申付候，子ニ候六
　　右衛門尉事も，親子之義ニ候間，命ハたすけ，追失可申候，謹言，
　　　　子細之儀者，直ニ可申聞候，子ニ候者もけつしよに可仕候，但め子ハ無子細追は
　　　　なし可申候，以上，
　　　　　　八月十二日　　政宗（花押）
　　　　　　茂石見殿

これは8月12日付で奉行の茂庭綱元に宛てた伊達政宗の書状で，その要旨はつぎのとおりである。

　支倉常成（支倉飛騨）を去年から謹慎させて家に籠るように指示していたところであるが，間違いなく不届きであるので，切腹を申し付けた。常長（六右衛門尉）も常成の実子であり，親子の関係にあるから，命は助けるものの追失（追放）する。常成の子供も闕所（土地・家財の没収）とする。

　常長は実父の「不届」に連座して「追失」され，土地・家財を没収された。この書状には月日しか記されていないが，政宗の自署・花押の形などから慶長17・18年頃と考えられている（仙台市史編さん委員会編 2003）。つまり支倉常長は慶長遣欧使節に選任される直前に追失・闕所の処分を受けていたのである。

第3節　遣欧使節の選任過程と支倉常長の新知行地

1.「三日もかかる遠隔地」にある知行地の没収

　支倉常長が遣欧使節に選任される過程を考える上で注目すべき史料がある。それはイエズス会士ジェロニモ・デ・アンジェリス[13]の書翰で，1619年11月30日付でイエズス会総会長ムーディオ・ヴィテレスキに宛てたものである（史料番号333）。この書翰は後藤寿庵[14]から得た情報に基づいて，慶長遣欧使節とフランシスコ会フライ・ルイス・ソテロとの関係を報告したものであるが，ここではまず常長に言及した箇所に注目したい。

> 彼（政宗：筆者註）は大使としてあまり有力ではない一家臣を遣わしました。彼（政宗：筆者註）はその父を幾つかの詐欺のために数カ月前に斬首することを命じました。今，大使として指名した彼の息子もまた日本の習慣に従って斬首するつもりであって，彼が所有していたわずかな知行を既に彼から没収していました。政宗はその死をスペインおよびローマまで行って経験する難儀と引き換えるほうが良いであろうと判断し，彼が航海の途中に死んでしまうであろうと考えて，彼を大使に決定しました。そして，少し以前に彼から取り上げたわずかばかりの知行を彼に返還しました。

ここには①常長の父を詐欺の罪で斬首したこと，②常長も斬首するつもりで，知行を没収したこと，③斬首と引き換えに常長を大使に選任したこと，④出帆する少し前に知行を返還したことが記されている。

　アンジェリスの報告と前掲の8月12日付茂庭綱元宛伊達政宗書状は①と②に関して大筋で符合する。①について政宗書状は「不届」であるが故に切腹を命じたとあり，理由と処罰方法に食い違いが認められるものの死罪という点では一致している。②について政宗書状には「命ハたすけ，追失可申候」とあるから，「斬首するつもり」であったかどうかについては解釈が分かれるところであるが，知行地の没収ということに関しては合致している。つまり性格を全く異にする2点の史料で共通することがら，すなわち常成の死罪と常長の知行地没収は事実として認めることができるということである。

　④についてはシピオーネ・アマーティ『伊達政宗遣欧使節記』[15]（以下『使節記』と略記）の記事との関連が注目される。第12章の後半につぎのような記述がある。

> 国王（伊達政宗：筆者註）は支倉の妻と子供たちに，彼らが宮廷から三日もかかる遠隔地にいるので，彼の領地を出て，従者とともに首都に来るよう命じた。そして収入も従者も町の近くで所有できるように，宮廷から三ミリオ離れた所に屋敷と二つの村落を与え，そこで好きなように暮らせるようにした。このように国王が計らったわけは，大使（支倉常長：筆者註）がより満足して出かけられるようにするためであった。

支倉は遣欧使節として出発する直前に所領を宮廷すなわち仙台城から「三日もかかる遠隔地」か

ら「三ミリオ離れた所」に替えられたのである。つまり④の返還された知行地は「三日もかかる遠隔地」ではなく「三ミリオ離れた所」ということになる。

ところで常長の知行地で仙台城から「三日もかかる遠隔地」とは具体的にどこを指しているのであろうか。慶長13年10月22日付の知行目録によれば常長の知行地は胆沢郡小山村と加美一関にあったから「三日もかかる遠隔地」として第一に考えられるのは小山村である。寛永15(1638)年の「伊達忠宗路銭定書写」に「一松前へ鷹用所ニ遣候路銭，従仙台南部之内のへち迄，上下ニ付拾八留，此内金ヶ崎迄六留ハ，其身壱留ニ仁十五文遣〈以下略〉」（東京帝国大学1909）とある。これによれば仙台から金ヶ崎までは片道3泊である。小山村は金ヶ崎の南約12kmにあるから，仙台から2泊3日の距離に位置していることになる。また盛岡藩の藩士等の江戸往来に関する規定によれば盛岡・仙台間は3泊4日で，鬼柳・一関・古川に宿泊することになっていた（細井1988）。小山村は鬼柳と一関の中間に位置するから，2泊3日で仙台に到着することになる。これらのことから仙台城から「三日もかかる遠隔地」は小山村とすることができる。

『使節記』では支倉の知行地が使節選任後に替えられたように記しているが，8月12日付政宗書状によって小山村と加美郡一関の知行地が没収されたことは明らかであるから，追失処分が解かれて使節に選任されたのとほぼ同時に「三ミリオ離れた所」に新たな知行地が与えられたというのが事実であろう。このとき知行高も旧来どおりに回復した[16]。では「三ミリオ離れた所」とはどこかという疑問がつぎに生じるが，それは使節の選任過程を検討した後に考察することにしたい。

2. 遣欧使節の選任過程

前掲のアンジェリスの書翰（史料番号333）には常長が遣欧使節に選任される過程を考える上で重要な内容が含まれている。それを箇条書きにするとつぎのようになる。

①ソテロは後藤寿庵を介して，ヌエバ・エスパーニャとの貿易は利益が上がるので，そこだけに行く船の建造をするように政宗を説得した。

②政宗はヌエバ・エスパーニャに派遣する船の建造を命じ，ソテロが乗船するという合意を取り付けた。

③同船の艤装後，ソテロはヌエバ・エスパーニャとの貿易を成功させるためにはスペイン国王とローマ教皇への遣使が必要であることを，後藤寿庵を介して政宗に伝えた。

④政宗はすでに派遣船に対して多額の出費をしたことを考え，スペイン国王とローマ教皇への使節派遣を受け受け入れた。

上記の①～④は事実であろうか。まず②について見てみよう。『使節記』の第12章に，政宗が江戸でソテロと会い，ソテロの「ために別の船を造ろうと，再度協議に入ることになった。そしてその決定が下されると，国王（政宗：筆者註）は大急ぎで船の建造に取りかかるように命じ」たとある。政宗がソテロと会ったのは政宗が江戸に到着した慶長17年12月21日（1613年2月10日）の直後と思われる。また，政宗はソテロに会った頃にビスカイノとも会っている。『金銀

島探検報告』第12章には，政宗がビスカイノに対して「船を造ろうと望み，既に材木は伐採しており，司令官ならびにその部下たちに〔船を提供して〕，首尾よく渡航させる」として，家臣と協議するように伝え，その結果協定書が作成されたとある（史料番号45）。

　ソテロとは船の建造について「再度協議」したとあるから，以前にこの件で協議したことがあったということになる。それは慶長16年10月に仙台城でソテロと政宗が会った際に行った「船之御談合」（史料番号319）のことだと考えられる。またビスカイノに対して伝えた「既に材木は伐採して」いるということについては，ビスカイノが1611年11月中旬～12月上旬（慶長16年10月中旬～11月上旬）に行った三陸沿岸測量の際に「船を建造するためにいくらかの木を切り始めているのも見た」（史料番号44）ということも含んでいるのであろう。

　慶長16年11月5日にビスカイノ一行が三陸沿岸測量を終えて仙台に帰着したとき，すでに政宗は江戸に出立していた[17]。『金銀島探検報告』第12章には，政宗が船を建造してスペインと通交することと宣教師派遣の件についてビスカイノと協議するように家臣に命じて出府したことが記されている（史料番号43）。その後，このことは進展しないまま，ビスカイノは徳川家康・秀忠のヌエバ・エスパーニャ副王宛の答書を携え，1612年9月16日（慶長17年8月21日）に金銀島を探検し，その後ヌエバ・エスパーニャ（メキシコ）に帰航する予定で出帆したが，嵐に遭遇して大破したため11月7日（慶長17年10月15日）に浦賀に戻ってきた（ヒル2000）。一方，『使節記』第11章には，1612年10月3日（慶長17年9月9日），幕府のメキシコ派遣使節としてソテロが乗船した船が浦賀を出帆したものの，その直後に座礁してしまったこと，同船には政宗の家臣2名が乗っていたことなどが記されている。

　相次ぐメキシコへの渡航失敗という事態を受け，政宗は慶長16年10月以来の構想を実現する好機ととらえた。政宗は出府してソテロならびにビスカイノと会談する以前，すなわち慶長17年12月21日以前にメキシコへの使節派遣の意志を固めていたものと見ることができる。

　このように政宗の使節派遣に至る経過を理解するならば，①は幕府のメキシコ派遣船が難破したために渡航が不可能になったソテロが後藤寿庵を介して政宗に貿易の利益を説き，そのための船を建造するように説得したと理解できる。

　③と④については新船建造の過程を把握することが必要であろう。造船用材の伐り出しは既述したように1611年11月～12月上旬には始まっていたが，1612年10月の幕府の遣メキシコ船座礁以降，本格化したものと思われる。この船には政宗の家臣2名が乗っていたことから明らかなように，幕府は政宗のメキシコに対する関心の強さを熟知していた。この間，政宗のメキシコへの使節派遣計画は，幕府との折衝を重ねながら実現に向けて進められたと見ることができる。政宗は出府してから新船建造の最終決断をしたが，その前提として幕府の内諾がえられたということがなければならない。慶長17年12月21日直後のソテロとの会談で至急に新船建造を命じ，またビスカイノは政宗と交わした協定事項を履行するために奥州に向かい，「10月27日まで，船の建造工事，ならびにその艤装に従事した」（史料番号63）。ビスカイノらが実際に船の建造に従事したのは1613年5月4日（慶長18年3月15日）からであった（ヒル2000）。

一方，幕府との関係に目を移すと，政宗は慶長18年3月10日（1613年4月29日）付で幕府船奉行の向井忠勝に書状を送り，仙台への公儀大工派遣について礼を述べている。この書状は，ビスカイノらが新船建造に従事し始めた時期を勘案すると，公儀派遣の大工が仙台に向かった直後，おそらく数日から10日以内に送ったものと考えられる。

新船の建造は1613年5月4日（慶長18年3月15日）頃から本格化した。その半月後の慶長18年4月1日（1613年5月20日）付ソテロ宛政宗返書には「一，南蛮ヘ遣申候使者之事，此已前申付候者共ニ相定申候，〈中略〉今一人も相添可申と存知候」（史料番号48，49）とある。この返書は南蛮への遣使はこれ以前に申付けた者に決めたが，さらに1名加えるというものである。「此已前申付候者」とは1612年10月3日（慶長17年9月9日）に幕府の遣メキシコ船に乗った2名のことと考えられるから，遣使は3名ということになる。実際，慶長18年9月4日（1613年10月17日）付ヌエバ・エスパーニャ副王宛政宗書状案には，つぎのように記されている（史料番号70）。

〈前略〉同侍三人相添差越候，此内二人を従尊国致帰朝様に申付候，今一人ハ奥国迄指
　遣候間，貴札被相添，路次中諸事万端奉頼候，〈後略〉

遣使3人のうち2人はメキシコから帰国するように言い渡したが，1人は「奥国」まで遣わすので，貴殿の書状をいただき，旅行中のすべてのことがらについてお願い申し上げるという内容である。この場合の「奥国」はメキシコよりさらに遠いところにある国という意味に解せるから，政宗はメキシコへの使節2名と「奥国」への使節1名を派遣したということになる（佐藤1988）。

慶長18年4月1日（1613年5月20日）付のソテロ宛政宗返書は政宗が当初予定していたメキシコへの使節に加え，「奥国」への使節を派遣することを伝えたものであり，③と④の内容を大筋で裏打ちしている。つまり，この時点で「奥国」への使節1名が選任されたということである。それが支倉常長であることは，その後の史料で明らかである[18]（五野井2011）。

ただ③は「同船の艤装後」にスペイン・ローマへの使節派遣の必要性を政宗に伝えたとするが，慶長18年4月1日（1613年5月30日）付のソテロ宛政宗返書は新船建造が本格化した半月後のものであるから，この点は誤りとしなければならない。「同船の艤装後」は新船建造作業が後戻りできない状況に入った時期と読み替えするのが穏当であろう。

ソテロ宛の返書を書いた4日後の4月5日（西暦5月24日），政宗は江戸から駿府に発ち，10日に家康に面謁した。そして19日に駿府を発ち，21日に江戸へ戻った。これらを記す『貞山公治家記録』や『台徳院殿御実紀』には遣使や新船建造に関する記事は見えないが，その目的は使節派遣先の変更について家康の了解を得ることにあったと考えられる（五野井2011）。

3.「三ミリオ離れた所」の新知行地

『使節記』には支倉常長に与えられた新知行地は宮廷（仙台城）から3ミリオにあったと記されている。ここではこの距離の信頼性を検証することにしたい。アマーティはマドリードから使節団に同行したから，『使節記』の日本に関する記述は主にソテロから得た情報に基づいていると考えられる。そこで日本に関することがらで距離に関する記述，具体的には「ミリオ」で記され

た事項を抽出して，その信頼性を確認することにしたい[19]。抽出したのはつぎの2項である。
　①居城から15ミリオ離れた仙台（第9章）
　②長崎から江戸まで陸路1500ミリオ（第14章）
　①については記述内容から「仙台」ではなく「松島」と考えられる。つまり仙台から松島までの距離が15ミリオということになる。1ミリアは約1.6kmであるから，15ミリオは約24kmである。「正保年間奥州仙台領国絵図」の里程記録などによって仙台城・松島間の距離を求めると約30kmとなり，6kmほどの差が生じる。②については1500ミリオ，すなわち約2400kmとしている。しかし江戸時代の記録では330里前後とするものが多い。1里は約3.9kmであるから，330里は1287kmとなり，実際の距離とは約1000kmも違っている。
　①と②の距離は実際の距離と異なるものであり，数値をそのまま事実としては受け入れられない。このことを踏まえるならば「三ミリオ」も実際の距離とするのは難しいことになる。これに関わる箇所の文意から読み取れることは，支倉の新知行地は仙台から3日も要する前知行地に比べれば格段に近い場所にあるということである。
　支倉常長は実父常成の罪に連座して知行地を没収され，追放された。このとき切腹を命じられた常成の知行地や屋敷も没収されたことは確実である。『系図』や『書出』によれば，それは黒川郡の50余町の知行地と下ノ原の屋敷ということになる。すでに述べたように，政宗による遣欧使節の選任はソテロの要求を受けて急遽行われたものであった。このような状況下で選任された常長は追放・闕所の処分が解かれ，知行高60貫文が回復した。一方，選任された支倉がこれを機に常成の名誉回復や連座した家族や子女に対する処分の減免を望んだことは容易に推測できる。このようなことから，政宗が支倉常長の新知行地として常成の旧知行地を充て，下ノ原に屋敷を与えたとは考えられないだろうか[20]。そうであれば，同じ知行高を継承した嫡子の常頼も下ノ原を居宅としたことが考えられる。ただ「切支丹不分明者支倉六右衛門死失帳」（史料番号378）には常頼は寛永17（1640）年，召使がキリシタンであることを知らなかったことによる罪を問われて処刑され，光明寺に葬られたとあり，また『書出』には「御知行高六拾貫文御改易被仰付候」とあるから，下ノ原を居宅としたとしても寛永17年までということになる。

第4節　支倉常長墓＝西風五輪塔の可能性と先行説の問題点

1. 常長墓＝西風五輪塔の可能性

　西風の五輪塔を支倉常成・常長父子との関係で見てきたわけであるが，まずその結果を8項目にまとめておきたい。
　①五輪塔の年代は紀年銘等を有する同形態の例から17世紀前半と推定できる。
　②常成が居住した「富谷下ノ原村」は存在せず，それは高田村下ノ原のことであった。
　③下ノ原と西風とは隣接しており，五輪塔は下ノ原の一角に建立されたと見ることができる。

④常長は常成の罪に連座して追放・闕所の処分を受けたが，その数ヵ月後に処分を解かれて遣欧使節に急遽選任された。
⑤使節選任後，常長は仙台城からそれほど遠くない所に60貫文の新知行地を宛がわれた。
⑥常長の新知行地に常成の旧知行地が宛てられ，下ノ原に屋敷を与えられたと考えられる。
⑦嫡子常頼も同じ知行高を継承していることから，常頼も下ノ原に居住したと考えられる。
⑧寛永17（1640）年，常頼は処刑・改易された。ここに支倉家と下ノ原の関係は絶たれた。

以上のまとめを踏まえて，最後に西風の五輪塔3基が誰のために誰によって造立されたのかを考えてみたい。17世紀前半に高田村下ノ原（屋敷）に隣接して五輪塔を造立したのは，下ノ原に居住し慶長17（1612）年に切腹した常成のためとするのが妥当であろう。この場合，造立者は常長と考えられるが，常長は常成の罪に連座して処分を受け，常成の死去の数ヵ月後に遣欧使節に選任されており，しかも『書出』によれば帰国2年後の元和8（1622）年に死去している[21]。このことから常長が造立した可能性は低いと見られる。つぎに常成・常長のための造立と考えれば，その造立者は常頼ということになる。常成のための造立の遅れが気になるが，切腹によって世を去ったことを考慮すれば，むしろ時間の経過が必要だったとも解せよう。残る1基については常成・常長に密接に関わる人物と推定することもできよう。

2. 先行説とその問題点

支倉常長の墓については多くの説が唱えられている。その中で一般に知られているのは仙台市光明寺説・黒川郡大郷町東成田説・柴田郡川崎町支倉説である。

（1）光明寺説

「切支丹不分明者支倉六右衛門死失帳」（史料番号378）に常頼は寛永17（1640）年に「斬罪被仰付，旦那寺右於光明寺，火葬取置申候」とあることを主な根拠として，常長・常頼「父子の墓の光明寺にあるべきは，さらさら疑うべきにあらず」とし風輪・空輪を欠く五輪塔が常長の墓標であろうとする（大槻1901）。常頼が光明寺に埋葬されたことは上記の史料から明らかであるが，同史料によって同寺に常長を埋葬したとまではいえない。同史料に「元来仙台北山禅宗光明寺旦那ニ而，終切支丹宗門ニ不罷成候故」ともあるが，これをもって支倉家の旦那寺ははじめから光明寺であり，したがって常長の旦那寺でもあったと解することは適切ではない。これは常頼に関する記述であるから，この部分は常頼の旦那寺ははじめから光明寺であったと読むべきであろう。寺檀制度が普及するのは寛永年間（1624～1643）後期以降とされ，仙台藩で知行高60貫文クラスの家臣が元和年間（1615～1623）に旦那寺に墓所を設けることはしていないようである（浜田2010）。光明寺説は仙台藩における寺檀制度の普及という観点からも問題がある。

また常長の墓標とされた五輪塔は一石型式であるが，常長との関わりを直接示すものは認められない。ここでまず必要なことはこの五輪塔と同型式の五輪塔を集成し，その中から紀年銘名を有するものを見出し，年代を掴むという基礎的な作業である。したがってこの五輪塔と常長の関係を論じるのは上記の基礎作業の成果が得られた後ということになる。

(2) 東成田説

　この説によれば常長は知行地である東成田に隠棲して神の福音を説きつつ，84歳で天寿を全うしたという。同地にある「梅安清公禅定門　承応三年二月十七日　支倉氏」銘の墓碑が支倉常長の墓とする（佐藤1959）。「承応三年二月十七日」は1654年4月4日にあたり，『系図』『書出』およびイエズス会日本管区長フランシスコ・パシェコ書翰（史料番号345）から考えられる常長の死去年の1621年・1622年とは年代的に大きな隔たりがある。「承応三年二月十七日」死亡説を採るならば，少なくとも上記の3史料を批判し，否定する作業が必要となろう。

　また「支倉氏」についても，これを常長の系統に限定できる根拠が見いだせない。常長は伯父時正の養子となるが，その後時正に男子2名が誕生した。これにより時正の知行高1200石は嫡子助次郎と養子常長に二分され各600石となり，常長は分家となった。さらに次男の常次は助次郎から140石を分けてもらい分家した。結局，時正の系統は嫡流の助次郎，庶流の常長・常次となり，3系統に分かれた。『残間家文書』の「寛永十七年成田村御検地帳」（写）や延宝3（1675）年の成田村の「新田御検地帳」に「支倉源太左衛門」の名が見える（関1980）。それは常次の嫡孫のことであり，成田村との関わりのある「支倉氏」は常次の系統ということになる。

(3) 川崎町支倉説

　この説は旧柴田郡支倉村がかつて知行地であったことを根拠とするものである（堀田1909，庄司1922）。『世臣家譜』には時正の父常正は1200石を知行し，柴田郡支倉村に居住したとある。『系図』には時正の居住地は信夫郡山口邑（現，福島市山口）であり，常長は天正5（1577）年に養子となったとある。これによれば常長は7歳頃から山口邑に住んだことになる。既述したように慶長13年10月22日（1608年11月29日）付の知行割目録によれば，常長の本知行地は胆沢郡小山村であり，遣使に選任された直後にこの地から仙台城に近い場所に知行地を替えられた。仙台城から支倉村までの直線距離は約13kmであるので，仙台城からは近い場所といえるが，祖父常正がかつて居住した支倉村に常長が新知行地を与えられたという積極的な根拠は示されていない。

　川崎町支倉の円福寺には支倉常長の墓石とされる宝篋印塔の一部があるが，銘や型式的特徴を論拠としているものではなく，客観性に乏しい。

3. 小　結

　西風の五輪塔について，これまであまり注目されてこなかった実父常成との関わりという視点で考察を試みた。遣欧使節に選任される直前，常長は「不届義」で切腹を命じられた常成の実子であるがゆえに連座して「闕所」「追失」の処分を受けた。7歳の頃に伯父時正の養子となった常長がそれから35年程の歳月を経ても「親子之義」が問われ，連座したのである。遣欧使節の選任過程の間にこの処分は解かれ知行高も回復したが，その際も再び「親子之義」が考慮されたことは容易に想定できる。つまり遣欧使節としての常長を考察する場合，実父常成との関わりが重要な視点となるということである。

　このように考えると養父時正や嫡子常頼よりも実父常成との関係に注視して常長墓の所在地を

探究するのが妥当であるということになり，西風の五輪塔が常成・常長の墓である可能性は高まる。しかし，それらが無銘であることから断定は控えなければならないものの，先行3説以上にその可能性は高いと見ることができよう。

註

1)「史料番号」は『仙台市史』特別編8に掲載され付された史料の番号である。以下，本稿ではこの表記を用いる。例えば「史料番号5」は『仙台市史』特別編8の史料番号5を意味する。

2) 所在する小字は「下の原」ではなく「西風」である。両者は近接しているが西風の五輪塔とするのが正しい。

3) 仙台藩が安永年間（1772〜1781）に村あるいは知行所単位に提出させたもので，一般には『安永風土記』といわれている。村名の由来・田畑の収穫高・男女別人口・寺社・地名などの所定の項目について書き上げた『風土記御用書上』を中心に『代数有之御百姓書出』『品替御百姓書出』『古人書出』『神職書出』『寺院書出』等で構成されている。

4) 伊達政宗の三男として慶長5 (1600) 年に生まれた。慶長9年，飯坂宗康の養嗣子となったが，後に伊達姓を賜り，伊達河内守宗清と称した。黒川郡38,000石を領し，同郡下草に入り，元和2 (1616) 年に吉岡に移った。子に恵まれないまま寛永11 (1634) 年に卒去した。なお，宗清の生母については，六郷道行の娘（新造の方）が生母で飯坂宗康の娘（飯坂の局）が養母であるとする説と飯坂の局が生母であるとする説がある。

5) 地輪には「寛永十一年甲戌年十月二日」と刻銘されており，その建立年月日を知ることができる。『伊達治家記録』（平1974）や『天皇寺風土記書上』によれば伊達宗清の卒去は寛永11年7月22日であり，五輪塔建立の10月2日は卒去後100日目に当たる。このことから宗清の五輪塔は百カ日を契機として建立されたものと考えられる。

6)「為加増，本銭弐貫分之所，永代下置者也，仍如件 寛永拾年三月八日（宗清黒印）菊田善兵衛」とある（東京帝国大学1909）。

7) 輪王寺には殉死した2名の法名が伝えられている。すなわち道罷禅定門と道休禅定門である。

8)『秋保町史資料』（秋保町史編纂委員会1975）では2の銘を「妙春禅尼〔梵字アク〕天和三戊年 三月十三日」，1の銘を「道永禅定門〔梵字アク〕元禄元戊辰二月十二日」と判読している。

9)『系図』および『書出』の常成・常長・常頼に関する部分は写真でもみることができる（高橋1981）。

10) 佐藤憲一氏から『書出』の年代を考慮すると『伊達世臣家譜』の編纂との関わりがあるかもしれないという教示を得た。この観点で両書を比較すると，支倉家の本家の直清が纏めていること，常長の系統が清風子の内蔵之丞で終っていることが共通している。ただ『書出』は内蔵之丞清除とするが，『伊達世臣家譜』と『系図』は内蔵之丞清隆とし名前が違う。おそらく「隆」と「除」は字形が似ているので「除」と誤記したものであろう。両書の比較から『書出』と『伊達世臣家譜』の関わりは強いと見ることができる。なお『伊達世臣家譜』については12)を参照されたい。

11) 黒川郡内の村数は49である。このうち『風土記御用書出』が確認できていない村は16である（宮城県史編纂委員会1954）。

12) 仙台藩撰家譜で，100石以上の家臣の知行高の増減や役職の任免などを記しており，家臣の概要を知る上での基本史料である。正編は明和年間（1765〜1772），続編は寛政2 (1790) 年までの各家の事跡を記す。仙台藩儒学者の田辺希文・希元親子が編纂した。続編乙集は文政7 (1824) 年までを記し，希元

の子希續が編纂した。

13) チースリクの小伝記（チースリク1962）によって略述する。ジェロニモ・アンジェリス神父（1568～1623）はシチリア島出身で，18歳でイエズス会に入り，早くから極東での宣教を志願していた。1602年に来日し，駿府に布教所を設立し，さらに江戸に布教館を設立しようとしたが，幕府による1614年2月（慶長18年12月）の「伴天連追放之文」の公布により実現が不可能となった。マカオへの追放を逃れ日本に潜伏した。1614年に京阪地方に赴き，大阪冬の陣の和議が成立した1615年1月頃に伊達政宗の家臣で知己の後藤寿庵に再会した。「伴天連追放之文」の公布によって京阪・中国・南日本の多くの切支丹が北日本に逃れたので，寿庵の招きに応じて奥羽に赴いた。1615年4月に仙台，5月に寿庵の領地・見分（奥州市水沢区）に滞在し，その後瓱江（奥州市胆沢区）を経由して出羽・津軽に行き，切支丹たちを訪ねた。1616年は史料を欠くが，1617年から1621年まで仙台を基点として奥羽・蝦夷地・越後・佐渡・能登・加賀を巡回布教のために訪れた。1623年には上司の命令で江戸に戻り，潜伏した。この間，伊豆と甲斐を数回にわたって訪れた。1623年，切支丹迫害が厳しさを増す中，アンジェリスを含む50名が捕えられ，12月に火刑された。

14) 生没年・本名不詳である。寿庵はキリシタン洗礼名のジョアンを漢字で表記したものである。胆沢郡見分（奥州市水沢区）の領主。知行地はこの他に塩竈村（奥州市水沢区）・南下葉場村（奥州市胆沢区）・都鳥村（奥州市胆沢区）にあり，知行高は1,200石であった。出身は奥州の後藤一族あるいは慶長年間に九州から奥州に来たともいわれるが定かではない。伊達政宗の武将として慶長19（1614）年の大坂冬の陣と元和元（1615）年の大坂夏の陣に出陣した。冬の陣の終わりに大坂でイエズス会宣教師アンジェリスと会い，奥州に招き，寿庵の知行地および仙台の後藤屋敷は奥州布教の拠点となった。元和9（1624）年に政宗の棄教命令を拒否し南部氏領に逃亡したといわれるが，詳細は不明である（チースリク1985）。なお，寿庵の知行地がある村と支倉常長の知行地がある村は隣接している。

15) シピオーネ・アマーティ（生没年不詳）はローマ出身の聖職者・歴史家で，慶長遣欧使節がマドリードからローマに至る間，通訳兼折衝役として半年間，同行した。アマーティはイタリアの名門コロンナ家と深い関わりがあり，とりわけ1630年代には同家の書記官として同家の文化政策に重要な役割を担っていた（小川2009）。『使節記』はイタリア語で1615年に刊行された。31章からなり，第15章までは奥州を中心とした日本に関する記述であり，第16～20章はアカプルコ到着からマドリード到着まで，第21～31章はマドリード滞在・ローマへの出発・ローマでの滞在を記す。記述は1615年11月15日における常長の書記官・小寺外記の受洗と五機内キリシタン書状の教皇への奉呈で終わる。第15章までは主にソテロから得た情報をもとに記述したものと考えられる。ここでは『仙台市史』特別編8所収の石鍋真澄・石鍋真理子による邦訳を引用する。なお，アマーティには『使節記』の他に手稿『日本簡略記』*BREVE RISTRETTO Delli tre'stati Naturale' Religioso, e Politico del Giapone*があり，日本に対する関心の高さが知られる（小川2008）。

16) 常長の嫡子常頼が60貫文を継承したことが元和8（1622）年の「中屋敷屋呂之積状」（史料番号366）や寛永10年9月26日付「伊達家中江戸番組書」（史料番号368）で確認できる。また『仙台藩家臣録』には常長の死後「跡式御知行高無御相違実子同氏勘三郎に被下置」とある。これらのことから常長の知行高は60貫文で回復したことがわかる。

17) 仙台からの出立月日を記す史料はないが，推定は可能である。「台徳院殿御実紀」巻17の慶長16年11月8日条に「松平陸奥守政宗は江戸に参観するとてまかりしが。大御所忍城にましますよし承りければ。御狩場に黄昏に参り謁して。鷹十連。馬十疋献じ奉る。」とあるから，11月8日夕方には忍城（現，埼玉県行田市）に行き，徳川家康に謁見したことがわかる。一方，仙台から江戸までの所要日数を知る

手掛かりとなる史料の例として『貞山公治家記録』巻之 22 の慶長 17 年 12 月条がある。それによれば「十日己亥。公，江戸御登リトシテ，仙台御発駕。」「十六日乙巳。晩，御鷹場久喜へ御着。」とある。久喜には仙台藩の鷹狩場があった。仙台から久喜までは 6 泊 7 日を要したことになる。また忍城は久喜の西約 20km に位置している。これらを参考にして考えると政宗が仙台を発駕したのは慶長 16 年 11 月 1 日頃と推定できる。

18) 前掲の 1619 年 11 月 30 日付ジロニモ・アンジェリスの書翰には「彼（政宗：筆者註）は大使としてあまり有力ではない一家臣を遣わしました。彼（政宗：筆者註）はその父を幾つかの詐欺のために数ヵ月前に斬首することを命じました。」とある。「数ヵ月前」とはどの時点を基点としているのか判然としないが，二つの可能性が考えられる。第一は支倉常長が遣使に選任された時点，すなわち慶長 18 年 4 月 1 日（1613 年 5 月 20 日）付でソテロ宛に政宗が返書を認めた直前，第二はメキシコに向けて出帆した時点，すなわち慶長 18 年 9 月 15 日（1613 年 10 月 28 日）である。第一の場合の「数ヵ月前」は 1612 年 9 月〜12 月，第二の場合は 1613 年 2 月〜5 月ということになる。一方，常成に切腹を命じた政宗の書状の日付は 8 月 12 日である。この日付を慶長 17 年だとすると 1612 年 9 月 7 日，慶長 18 年だとすると 1613 年 9 月 26 日となる。このことから 8 月 12 日付の政宗書状は第一の場合に該当することになり，慶長 17 年とすることができる。

19) 第 1 章に奥州王国の広さに関する記述がある。それによると，その南は北緯 37 度から 38 度にあり，北緯 43 度まで広がっていると記し，基本的な認識の誤りが認められる。ここには 400 ミリオ・300 ミリオという具体的な距離の記述も見られるが，誤った認識に基づく数値であるので，検証の対象とはしないことにする。

20) 仙台城〜下ノ原の距離を確認しておきたい。「正保年間奥州仙台領国絵図」によれば，仙台城下の北目町を基点にした吉岡宿までの距離は 6 里 15 町で，これは約 25km に相当する。下ノ原は吉岡宿の南約 2km にあるから，仙台城〜下ノ原の距離は約 23km となる。江戸時代における徒歩での一日の移動距離は 35km 前後とされているから，仙台城との間を一日で往復するのは難しい場所ではあるが，片道 3 日を要する場所と比べれば格段に近いといえる。

21) 五野井隆史はイエズス会のアンジェリス神父が日本管区長フランシスコ・パシェに 1621 年 11 月 4 日（元和 7 年 9 月 21 日）以前に仙台から送った書翰に常長の死が記されていることから，1621 年に死去したとする（五野井 2003）。

引用文献

大槻文彦　1901　「支倉常長君墳墓地考證」『伊達政宗通信事略』5〜12 頁　図南講

小川仁　2008　「慶長遣欧使節通訳兼折衝役シピオーネ・アマーティ手稿『日本簡略記』に見る宗教政治思想―」イタリア学会第 56 回大会発表要旨

勝又胞吉　1964　『歴史を追うて』48〜80 頁　勝又商店

菅野小一郎編 1924『宮城県黒川郡誌』22〜23 頁　黒川郡教育会

五野井隆史　2003　『支倉常長』242〜243 頁　吉川弘文館

五野井隆史　2011　「慶長遣欧使節とルイス・ソテロ」『キリスト教文化研究所紀要』第 26 巻第 1 号　22〜39 頁　聖トマス大学キリスト教文化研究所

古文書を読む会編 1987『仙台藩の正保・元禄・天保郷帳』25〜29 頁　古文書を読む会

斎藤鋭雄　2001　「忠宗の政治」『仙台市史』通史編 3　184〜206 頁　仙台市

佐藤宗岳　1959　「支倉の終焉地が東成田であることの実証」『仙台郷土研究』9〜16 頁　仙台郷土研究会

佐藤憲一　1988　「『支倉常長追放文書』の年代について」『仙台市博物館調査研究報告』第8号　32～42頁　仙台市博物館
色麻町史編纂委員会編 1979『色麻町史』457, 1300頁　色麻町
庄司一郎　1922　『聖雄支倉六右衛門』71～74頁　仙南日日新聞出版部
関弘明　1980　「謎の支倉常長」『大郷町史』380～382頁　大郷町
仙台市史編さん委員会編 2003『仙台市史』資料編11　473頁　仙台市
平重道　1974　『伊達治家記録』4　169頁　宝文堂出版販売
大和町編 1975『大和町史』上巻　360～363頁　大和町
大和町教育委員会・大和町文化財保護委員会編 1972『宮城県黒川郡大和町宮床信楽寺跡調査報告書』15～22頁　大和町教育委員会
高倉淳　1987　「仙台藩郷帳について」『仙台藩の正保・元禄・天保郷帳』古文書を読む会
高橋由貴彦　1981　『ローマへの遠い旅』290頁　講談社
東京帝国大学編 1909『大日本古文書』家わけ第三・伊達家文書之三　40, 347～351頁　東京帝国大学文科大学史料編纂掛
浜田直嗣　2010　「総説」『仙台市史』特別編8　1～24頁　仙台市
ファン・ヒル（平山篤子訳）　2000　『イダルゴとサムライ―16・17世紀のイスパニアと日本―』1～24頁　法政大学出版局
フーベルト・チースリク　1962　「ジェロニモ・アンジェリス」『北方探検記―元和年間における外国人の蝦夷報告書―』4～14頁　吉川弘文館
フーベルト・チースリク　1985　「ごとうじゅあん　後藤寿庵」『国史大辞典』第5巻　911頁　吉川弘文館
平凡社地方資料センター編 1987「行政区画変遷・石高一覧」『宮城県の地名』733～760頁　平凡社
堀田信直　1909　『伊達政宗欧南遣使始末』80～81頁　英華堂
細井計　1988　「盛岡藩」『藩史大辞典』第1巻　56～80頁　雄山閣
堀野宗俊・笹山光紀　1989　「天祥山保福寺史」『瑞巌寺博物館年報』第15号　2～32頁　瑞巌寺博物館
宮城県史編纂委員会　1954　『宮城県史』24　496～498, 577～579, 600～603, 636頁　宮城県史刊行会
宮城県史編纂委員会　1970　『宮城県史』32　372～391頁　宮城県史刊行会
渡辺信夫　2000　『復刻仙台領国絵図』45頁　ユーメディア

あとがき

　平成6 (1994) 年頃であったであろうか，仙台市博物館の同僚学芸員から興味深い教示を得た。それは『歴史，形，用法，威力―武器』(1982年，マール社) の「極東の刀剣」(40頁) に慶長遣欧使節関係資料に含まれる刀剣2口のうちの「護拳付剣」と酷似する刀剣が掲載されているということであった。同頁第4図がそれで，キャプションに「カスターネ。スリランカの刀剣」とある。それまで「護拳付剣」が正式名称だと思っていたが，それが便宜的名称であることを知った。ではもう1口の「クリス形剣」はどうであろうかと同書を探したところ，30頁の「曲刃の短剣」第1図に酷似した図が掲載されており，そのキャプションに「クリス。マレー半島で使われ，刃元の湾曲した非対称の突出部に特徴がある」とあった。この図を見て「クリス形剣」ではなく「クリス」そのものだと確信した。

　「護拳付剣」も「クリス形剣」も慶長遣欧使節の将来品であり，これまで前者はヨーロッパで，後者はフィリピンで入手したものであるとされてきた。しかしこれらが「カスターネ」と「クリス」であることから，その説は再検討を要することになった。しかも「カスターネ」はスリランカ，「クリス」はマレー半島だという。2口とも慶長遣欧使節の経路から大きく外れた地域の製品だ。この刀剣を使節はどこで入手したのだろうか。新たなそして大きな疑問が湧いてきた。

　昭和60 (1985) 年に仙台市博物館の学芸員となり，研究テーマの設定に苦慮していた。同館は仙台藩の藩政資料や同時代の美術工芸品の収集・展示を中心に活動している博物館である。これに対して私は遺瓦をとおして国府・国分寺・城柵などの考古学的研究をしていたから，同館の性格を踏まえた研究テーマを探し出すのに苦慮していたのである。そして最終的には，古瓦を含む考古資料の江戸時代における認識に関する研究をテーマとすることにした。日本考古学史の研究は明治時代のモースから始められることが多く，江戸時代にまで遡ることは少ない。仙台市博物館は江戸時代の資料・文献・情報に溢れており，同時代を専門にしている学芸員も複数いる。この環境と人的助力を得られれば，同館の基本的性格の中で独自の研究が可能であると考えたのである。

　仙台市博物館の学芸員として数年が過ぎ，同館の主題である伊達政宗・仙台藩・慶長遣欧使節などについても少しずつ理解が深まってきた。関連する展覧会や学芸室での日常的な話題をとおして，換言すれば「門前の小僧」的な日常のもとで江戸時代の知識を得ていったのである。こうして江戸時代のことが少し理解できるようになると，日本考古学史以外のことにも関心や注意が向くようになった。最初に気が付いたのは研究や展示に考古学的思考がほとんど見られないことで，それは収蔵資料に対する考古学的アプローチがほとんど行われていないことと表裏の関係にあった。このようなときに「カスターネ」と「クリス」に出会ったのである。

「カスターネ」と「クリス」の基礎的研究に数年を費やした。邦文の基本文献がないことが研究の足枷となった。インターネットはまだ普及していなかったから，文献の検索や入手に多くの時間を要したのである。しかも文献は外国語—主に英文—が中心で，それを読解するのにも長い時間を必要とした。2口の刀剣の研究を進めるうちに，慶長遣欧使節関係資料にはこの他にも研究がほとんど行われていない資料があることがわかった。馬具がそれである。慶長遣欧使節関係資料の中では聖具・聖画と並んで一定のまとまりを形成しているのが馬具であり，この点だけでも研究する価値があると予想された。

このような契機と経緯で慶長遣欧使節関係資料の刀剣と馬具に関する研究を行い，その結果をつぎのとおり発表してきた。

 1998「支倉常長将来の刀剣に関する基礎的研究」『仙台市博物館調査研究報告』第18号
 1999 'The kastane and kris' *Royal Armouries Yearbook* No.3
 2000「支倉常長将来『南蛮剣』試論」『國學院大學考古学資料館紀要』第16輯
 2002「慶長遣欧使節とインド洋世界（試論）」『フィールドの学—考古地域史と博物館—』
 2006「仙台藩における『慶長遣欧使節関係資料』保管の二系統」『國學院大學考古学資料館
   紀要』第22輯
 2007「国宝・慶長遣欧使節関係資料における轡の系譜と年代」『宮城考古学』第9号
 2008「国宝・慶長遣欧使節関係資料における鐙の系譜と年代」『地域と文化の考古学』Ⅱ
 2009「国宝・慶長遣欧使節関係資料における野沓と四方手」『考古学と地域文化』
 2010「E. H. ハウスが見た油彩支倉常長像」『仙台市史のしおり』第28号

慶長遣欧使節関係資料の研究を進めてゆく過程で，同使節に対する認識がどのような過程を経て形成され深化してきたのかを把握する必要を実感した。そこで執筆したのがつぎの論文である。

 2008「明治政府における慶長遣欧使節の認識過程」『蔵王東麓の郷土誌』
 2009「ヴェネツィアの支倉六右衛門文書」『日本歴史』第730号
   「駐日英国公使パークスと慶長遣欧使節」『常総台地』第16号
 2011「慶長遣欧使節と明治新政府の広報外交」『文明研究・九州』第5号

慶長遣欧使節関係資料の研究を始める前に，支倉常長墓との伝承はあるが外部にほとんど知られていなかった宮城県大和町西風に所在する五輪塔について，その可能性の存否を検証した。また伊達政宗墓のヨーロッパ系副葬品2点については慶長遣欧使節関係資料の研究過程でヒントを得て執筆した。

 1992「宮城県大和町西風所在の五輪塔」『仙台市博物館調査研究報告』第13号
 2004「伊達政宗墓出土の欧州様式銀製品」『國學院大學考古学資料館紀要』第20輯
 2006「伊達政宗墓出土の欧州様式金製品」『宮城考古学』第8号

上記の論文を再検討し訂正・加筆をしたうえで，一冊となるように編集したのが本書である。ただ第1部第1章は新たに書き起こしたものである。

慶長遣欧使節および同関係資料について論究すべき事項はまだ多く残されている。また今後，

あとがき

本書で主張したことに対する検証的な研究も必要となろう。本書の刊行は慶長遣欧使節関係資料研究の一里塚に到達したことを示すものではあるが，終点は遥か彼方にある。これからもつぎの一里塚を目指して研究の歩みを続けたいと思う。

慶長遣欧使節関係資料の研究を志す前提は学芸員として日常的に原資料に接することができる環境下で形成された。原資料に接して観察する―これが研究の原点だからである。このような環境は一般市民にも担保されている。仙台市博物館ではこれらの資料を独立した常設展示室で公開しているから，「原点」の扉は常に開かれているといえる。ただ，博物館には資料保管というもう一つの大きな使命があるため，47点を同時に展示することは稀である。したがって事前に展示資料を確認してから訪れるのが最良といえる。仙台市博物館の基本情報はつぎのとおりである。

所在地：〒980-0862　仙台市青葉区川内26番地　電話番号：022-225-3074
URL　http://www.city.sendai.jp/kyouiku/museum/

学芸員・文化財調査員・高校教員・大学非常勤講師の職を得て，専攻した考古学とは離れることなく過ごして来た。この間，恩師・先輩・同僚・後輩・友人・家族から有言・無言の激励があり，それが考古学を継続する支えとなった。特に考古学の世界に没頭し他を顧みない私を見守ってくれた家族には深く感謝したい。

本書は慶長遣欧使節関係資料を基軸にして同使節を研究した成果をまとめたものである。研究を進める上で同資料の観察や写真撮影は不可欠であるが，仙台市博物館の協力を得てスムーズに行うことができた。同館に感謝と御礼を申しあげる。また調査研究の過程で多くの機関・研究者等の協力を得た。このことに対しても御礼を述べなければならない。

本書の出版は多くの方々の理解と協力によって実現した。特に出版社を紹介していただいた高橋一夫氏と高橋雅人氏，また販売の困難が予想されるにもかかわらす出版を引き受けていただいた六一書房会長八木環一氏，編集を担当していただいた石原重治氏には深甚なる謝意を表しなければならない。

2013年9月28日　慶長遣欧使節船解纜400年を1ヵ月後に迎える日に

佐々木和博

挿図・挿表の出典・所蔵・制作者等

挿　図

[第 1 部]
- 第 1 図　久米美術館所蔵 …… 46
- 第 2 図　岸田 1876 …… 53

[第 2 部]
- 第 3 図　東北大学工学部所蔵『御修復帳』から作図 …… 93
- 第 4 図　「安政補正改革仙府絵図」に加筆 …… 95
- 第 5 図　仙台市博物館所蔵 …… 98
- 第 6 図　早稲田大学図書館所蔵 …… 103
- 第 7 図　1・2. 仙台市博物館所蔵，3. 菊田 1933 …… 116
- 第 8 図　Coomaraswamy 1908 …… 117
- 第 9 図　アムステルダム国立美術館所蔵 …… 117
- 第 10 図　仙台市博物館所蔵 …… 118
- 第 11 図　写真から作図 …… 119
- 第 12 図　1. ビクトリア・アルバート博物館所蔵，2. コロンボ国立博物館所蔵 …… 121
- 第 13 図　仙台市博物館所蔵 …… 122
- 第 14 図　Jensen 1998 の原図をトレース …… 122
- 第 15 図　佐々木作図 …… 123
- 第 16 図　仙台市博物館所蔵 …… 124
- 第 17 図　佐々木作図 …… 125
- 第 18 図　Jensen 1998 の原図をトレース …… 125
- 第 19 図　写真から佐々木作図 …… 127
- 第 20 図　ウィーン国立民族学博物館所蔵 …… 129
- 第 21 図　写真から佐々木作図 …… 130
- 第 22 図　1. アントン・ヴィーリクス 2 世画，2・3. セチュバル市立博物館所蔵（ポルトガル）…… 130
- 第 23 図　仙台市博物館所蔵 …… 138
- 第 24 図　仙台市博物館所蔵 …… 139
- 第 25 図　Diderot & D'Alembert 1762-1772 …… 140
- 第 26 図　François Robichon de la Guérinière 1733 …… 141
- 第 27 図　1〜3. Tylden 1965，4・5. Blouet & Beaumont 2004 …… 141
- 第 28 図　写真から佐々木作図 …… 142
- 第 29 図　1. Hickling 2004，2・3. Gilmour 2004，4. Pluvinel 1626，5. Cruso 1632，6. Cavendish 1658 …… 143
- 第 30 図　1・2. ウィーン美術史美術館宮廷狩猟・武具室所蔵，3. ドレスデン国立美術館所蔵，4. トプカプ宮殿博物館所蔵／ナクシー画 …… 145
- 第 31 図　1. Stronge 2002，2. Park & Kim 2004 …… 146

挿図・挿表の出典・所蔵・制作者等

第32図	1. 宝寧寺所蔵（中国），2・3. 国立故宮博物院所蔵（台湾）／丁雲鵬画か，4・5. 中国国家博物館所蔵，6. 中国国家博物館所蔵／黄梓画	147
第33図	早稲田大学図書館所蔵	148
第34図	仙台市博物館所蔵	149
第35図	写真から佐々木作図	149
第36図	仙台市博物館所蔵	150
第37図	写真から佐々木作図	151
第38図	1. Boisselière 2005，2. ウィーン美術史美術館宮廷狩猟・武具室所蔵	152
第39図	1. プラド美術館所蔵／ピーテル・パウル・ルーベンス画，2. イギリス・ナショナルギャラリー所蔵／アンソニー・ヴァン・ダイク画，3. イギリス王室所蔵／ピーテル・パウル・ルーベンス工房画，4. 現在所在不明／ガスパール・デ・クラーヤー画	153
第40図	1. ルーブル美術館所蔵，2. メトロポリタン美術館所蔵，3. 個人所蔵，4. フランス国立図書館所蔵	154
第41図	赤堀和氏所蔵	155
第42図	1. ウォルターズ・アートギャラリー所蔵（アメリカ），2. バスタン博物館所蔵（イラン），3. メデイロス・エ・アルメイダ財団所蔵（ポルトガル），4. 明十三陵石牌坊	156
第43図	1. 早稲田大学図書館所蔵，2. 馬の博物館所蔵	158
第44図	Clark 2004	159
第45図	1. アシュモリアン博物館所蔵（イギリス），2. ブルゴス大聖堂（スペイン），3. デューラー画	159
第46図	1. Ferraro 1602，2〜4. モデナ市民博物館所蔵（イタリア）	160
第47図	仙台市博物館所蔵	162
第48図	1. Ferrato 1620，2. ロンドン博物館所蔵，3. モデナ市民博物館（イタリア），4. ウィーン美術史美術館宮廷狩猟・武具室所蔵	164
第49図	Clark 2004	164
第50図	モデナ市民博物館（イタリア）	164
第51図	1. 平重秀1806　2. 妙心寺所蔵	167
第52図	仙台市博物館所蔵	168
第53図	原本：1・7. 宮内庁所蔵，2〜4. 東京国立博物館所蔵，5. 京都国立博物館所蔵，6. 東京国立博物館所蔵／長谷川信春画，8. 西本願寺所蔵，9. 道成寺所蔵，10. 本圀寺所蔵，11. 島根県立石見美術館所蔵／狩野松栄画，12. 地蔵院所蔵，13. 永青文庫所蔵，14. 東京国立博物館所蔵，15. 醍醐寺所蔵，1〜15は写真から佐々木作図	170
第54図	1. 中島ほか2008，2〜6. 菊川1991	171
第55図	加須市教育委員会所蔵	172
第56図	1. 宝寧寺所蔵（中国），2. 山西省歴史博物館所蔵（中国），3. 王度コレクション，4. 慶山市立博物館所蔵（韓国）	173
第57図	ビクトリア・アルバート博物館所蔵	174
第58図	1. エルミタージュ美術館所蔵／デーヴィッド・テニールス画，2. ピエトロ・カッタ制作	174
第59図	1. 早稲田大学図書館所蔵，2〜4. 仙台市博物館所蔵	176

挿図・挿表の出典・所蔵・制作者等　281

第 60 図	1．手向山神社所蔵，2．個人所蔵，3・5．馬の博物館所蔵，4．熱田神宮所蔵	177
第 61 図	原本：1．本圀寺所蔵，2・6．東京国立博物館所蔵，3．醍醐寺所蔵，4．聖衆来迎寺所蔵，5．教王護国寺所蔵，1～6 は写真から佐々木作図	177
第 62 図	1～10．菊川 1991，11・12．寺島・片岡 1984	178
第 63 図	加須市教育委員会所蔵	179
第 64 図	1．山西省歴史博物館所蔵（中国），2・3．王度コレクション，4．劉 2002	179
第 65 図	1．ビクトリア・アルバート博物館所蔵，2．ピエトロ・タッカ制作，3．Juan 1634	180
第 66 図	イギリス王立武器武具博物館所蔵	181
第 67 図	仙台市博物館所蔵	187
第 68 図	仙台市博物館所蔵	188
第 69 図	仙台市博物館所蔵	189
第 70 図	仙台市博物館所蔵	189
第 71 図	仙台市博物館所蔵	190
第 72 図	仙台市博物館所蔵	191
第 73 図	仙台市博物館所蔵	192
第 74 図	1．プラド美術館所蔵／ティツィアーノ・ヴェチェッリオ画，2．ウィーン美術史美術館所蔵／アロンソ・サンチェス・コエーリョ画，3．プラド美術館所蔵／パントーハ・デ・ラ・クルス画，4．フリックコレクション（アメリカ）／ディエゴ・ベラスケス画	192
第 75 図	ヴァチカン美術館所蔵／アントニオ・スカルヴァーティ画	200
第 76 図	ラウファール G. P．・エイゼルマン J. W. 1595－1597	202
第 77 図	イギリス王立武器武具博物館所蔵	203
第 78 図	Plautius 1621	204
第 79 図	1．写真から佐々木作図，2．松浦史料博物館所蔵，3．写真から佐々木作図	211
第 80 図	原本：韓国中央博物館所蔵，写真から佐々木作図	211

［第 3 部］

第 81 図	伊東 1979 の挿図 4 を 90°右回転して掲載	221
第 82 図	伊東 1979 の挿図 20 を天地逆にして掲載	221
第 83 図	1～7．Whitehead 2003，8～10．http//home.kpn.nl/vagemerden/blzbeltpasser-by.htm，1・2・5・8・9 は写真から佐々木作図，3・4・6 は天地逆にして掲載	223
第 84 図	イギリス王立武器武具博物館所蔵	225
第 85 図	サン・ルイージ・デイ・フランチェージ聖堂所蔵（イタリア）／ミケランジェロ・メリージ・ダ・カラヴァッジオ画	226
第 86 図	ヘット・ロー宮殿博物館所蔵（オランダ）	226
第 87 図	Gheyn 1608	226
第 88 図	1．ウィーン美術史美術館所蔵／ヤーコブ・ザイゼンエッガー画，2．ルーブル美術館所蔵／フランソワ・クルーエ画	226
第 89 図	1．スペイン王立フランシスコ会跣足派女子修道院所蔵／クリストバル・デ・モラレス画，2．エルミタージュ美術館所蔵／パントーハ・デ・ラ・クルス画，3．プラド美術館所蔵／パントーハ・デ・ラ・クルス画	227
第 90 図	1．アムステルダム歴史博物館所蔵，2．ドレスデン国立絵画館所蔵／レンブラント・ファン・

　　　　　　レイン画 …………………………………………………………………… 227
第91図　神戸市立博物館所蔵／狩野内膳画 ……………………………………… 228
第92図　サントリー美術館所蔵 …………………………………………………… 228
第93図　伊東1979の挿図1を90°右回転して掲載 ……………………………… 233
第94図　仙台市博物館所蔵 ………………………………………………………… 233
第95図　Burgess 1970 ……………………………………………………………… 234
第96図　Deevy 1998の原図をトレースして部分名称を加筆 …………………… 236
第97図　Deevy 1998 ………………………………………………………………… 236
第98図　1．エルミタージュ美術館所蔵／レオナルド・ダ・ヴィンチ画，2．ベヴァリー大聖堂所蔵（イギリス），3．セント・マーガレットの石像(アイルランド)，4．ウェストミンスター寺院壁画(イギリス），5．大英図書館所蔵 ……………………………………………………………… 237
第99図　1・2．Deevy 1998 ………………………………………………………… 237
第100図　Egan & Prichard 2002 …………………………………………………… 238
第101図　Deevy 1998 ………………………………………………………………… 238
第102図　サンタ・マリア修道院所在（スペイン） ……………………………… 239
第103図　Egan & Prichard 2002 …………………………………………………… 239
第104図　Egan & Prichard 2002 …………………………………………………… 239
第105図　Egan & Prichard 2002 …………………………………………………… 240
第106図　佐々木による手拓 ………………………………………………………… 249
第107図　宮城県図書館所蔵の地形図に佐々木加筆 ……………………………… 249
第108図　佐々木撮影 ………………………………………………………………… 250
第109図　佐々木原図 ………………………………………………………………… 250
第110図　佐々木原図 ………………………………………………………………… 251
第111図　佐々木原図 ………………………………………………………………… 253
第112図　佐々木原図 ………………………………………………………………… 254
第113図　佐々木原図 ………………………………………………………………… 255
第114図　佐々木原図 ………………………………………………………………… 256
第115図　佐々木原図 ………………………………………………………………… 257
第116図　佐々木原図 ………………………………………………………………… 259

挿　表

〔第1部〕
第1表　佐々木作成 …………………………………………………………………… 32
第2表　佐々木作成 …………………………………………………………………… 40
第3表　吉浦1968により佐々木作成 ……………………………………………… 48
第4表　吉浦1968により佐々木作成 ……………………………………………… 49
第5表　佐々木作成 …………………………………………………………………… 51
第6表　佐々木作成 …………………………………………………………………… 55
第7表　佐々木作成 …………………………………………………………………… 56
第8表　東京帝国大学1909により佐々木作成 …………………………………… 78

〔第2部〕
第 9 表	佐々木作成	92
第 10 表	佐々木作成	97
第 11 表	佐々木作成	161
第 12 表	佐々木作成	165
第 13 表	佐々木作成	165
第 14 表	Probst 1993 により佐々木作成	166
第 15 表	佐々木作成	169
第 16 表	佐々木作成	190
第 17 表	佐々木作成	194
第 18 表	モルガ 1609 により佐々木作成	195
第 19 表	Jensen 2007 により佐々木作成	203

〔第3部〕
第 20 表	伊東 1979 により佐々木作成	242
第 21 表	佐々木作成	252

索　引

【人名索引】

あ

R. ホワイトヘッド　222, 224
アヴァン　4
アウグスティヌス　130
アウグスト3世　145
青木秀俊　39
赤堀和　155
アクバル皇帝　173
朝倉重景　183
浅野ひとみ　190
足利尊氏　177
足利義詮　169
足利義尚　169
アストン→ウィリアム・ジョージ・アストン
アダムス→ウィリアム・アダムス
アマーティ→シピオーネ・アマーティ
阿牟自→ウィリアム・アダムス
新井白石　183
アリ・クリ　173
アルジュナ　130
アルフォンソ・デ・アルブケルケ　131, 212
アルブケルケ　131
アレキサンダー・ポパム　181, 203
アレキサンデル6世　6
アレッサンドロ・フェ・ドスティアーニ　44-46
アレン→エドワード・アレン
アロンソ・ムニョス　10, 14
アンジ→ウィリアム・アダムス
アンジェリス→ジェロニモ・アンジェリス
アントニイ・バージェス　235
アントニオ・スカルヴァーティ　188, 199, 200
アントニオ・デ・モルガ　195
アントニオ・ボカロ　133
アンドレス・デ・ウルダネタ　4, 5, 133
アントワーヌ・ド・プリヴィネル　144
アントン・ヴィーリクス2世　130
アンリ・コルディエ　33
イアン・ボットムリー　182, 183
イー．エッチハウス→エドワード・ハワード・ハウス
E. H. ハウス→エドワード・ハワード・ハウス
飯坂局　254, 259, 270
飯坂宗康　270
家光　23
家康→徳川家康
イェルク・ゾイゼンホーファー　142
石井元章　44, 80
石鍋真澄　35, 271
石鍋真理子　35, 271
伊丹宗味　13, 31
井田譲　76, 78, 105
市川団十郎　80
伊藤→伊藤博文
伊東信雄　219
伊藤博文　45, 46, 80
伊藤マンショ　76
犬飼一郎　248
犬飼吉郎　248
犬飼勘　248
犬飼勘左衛門　248, 249
井上和子　109, 191
今泉令史　13, 25
岩倉具視　18, 42, 43, 45-47, 49, 52, 58, 60, 61, 66, 68, 72, 75, 76, 78, 82, 104, 105
岩下清周　77
ヴァリニャーノ　206
ヴァン・ダイク　152
ウイクラマシンへ　120, 121
ヴィセンテ・エミリオ・ブラガ　82
ウィラシンへ　121

ウィリアム・アダムス　8-10, 28
ウィリアム・エドウィン・パーソン　45, 80
ウィリアム・ガストン・ハウエル　64, 65, 69
ウィリアム・カベンディッシュ　144
ウィリアム・ジョージ・アストン　60, 63, 68, 69,
　　　96, 104, 186, 188
上沢至　44
ヴェア・ゴードン・チャイルド　102
上野景範　65
梅上沢融　43
ウルダネタ→アンドレス・デ・ウルダネタ
H. S. パークス→ハリー・スミス・パークス
エドアルド・キヨッソーネ　70, 84
エドワード・アレン　234, 235
エドワード・ハワード・ハウス　35, 59, 61, 63,
　　　65, 67-69, 70, 72, 82
恵比須屋治右衛門　84
得可主屋治右衛門　84
M. J. カッデフォード　222, 224
エレン・マリア　63
遠藤陸郎　116
王瓊　147
黄梓　147
王直　4
王柏　3
大泉光一　37, 83
大内氏　3
大久保利通　43, 44, 53, 55, 60, 66, 67, 73, 84, 104
大隈重信　59, 63, 65, 74, 77
大倉喜八郎　82
大谷正　63
大槻玄沢　28, 29, 31, 41, 83, 94, 95, 103, 106, 110,
　　　113, 136, 137, 158, 167, 182, 193
大槻玄梁　94
大槻清準　94
大槻清慶　94
大槻文彦　35, 68, 69, 82-84, 100, 112
大友氏　50-52

大村純忠　4
大山綱介　76, 78
奥山常辰　258
奥山常良　258, 259
オリバレス伯公爵　180

か

カール1世　204
カール5世　204
カール大公　204
快休→富沢快休
香川敬三　54
カスセル　82
カスパー・プラウツ　204
嘉靖帝　146
何等田剛吉　39
金井→金井之恭
勝又胞吉　248
金井之恭　54, 55, 57, 104, 112
狩野松栄　169
何礼之　43, 45
鎌田三郎右衛門　53, 81
カラ・ムスタファ　144
カルステン・サヤ・ヤンセン　126, 131, 133
河瀬真孝　76
神吉敬三　109, 189
勘左衛門→犬飼勘左衛門
菊川泉　178
菊田定郷　39
菊田善兵衛　254, 257, 259
岸田吟香　55, 57, 82, 83, 104
金須松三郎　74
北村勇　36, 83
吉内　25
木戸→木戸孝允
木戸孝允　43, 44, 46, 50, 55, 79, 80, 84
木下順庵　25
九右衛門　25

久作→竹中久作
久次　25
潔→窪田南雄衛
キヨッソーネ→エドアルド・キヨッソーネ
清隆　261
清慶→大槻清慶
金蔵　25
久家孝史　214
日下部（朝倉）景衡　173, 183
グッドール　165
クッラム王子　180
窪田敬止→窪田敬助
窪田敬助　37, 38-40, 42
窪田南雄衛　39-42
熊谷徳斎　261
久米→久米邦武
久米邦武　43, 46, 50, 52
久米之進→窪田南雄衛
クラーク　163-165
クラーヤー　153
内蔵之丞→支倉清隆
内蔵之丞清隆→支倉清隆
グリエルモ・ベルシェー　18, 45-47, 49, 52, 75, 76, 78, 80, 105
クリスチーナ・ヘルマン・フィオーレ　199
クリスチャン・ビュフォート・スポンティン　154
クリストファー・マーロー　234
クリスト・フォン・フッガー　163
グレゴリオ13世　6, 75
クレメンス8世　6, 200
クレメンテ8世　196
クロード・デリュエ　188
黒川安芸守　257
黒川景氏　257
黒川晴氏　258
黒田清隆　73
黒田日出男　169

グローネマン　133
クワーケルナーク　8
軍兵衛→冨塚右門
敬輔→窪田敬助
玄蕃→日野鉄船
ケンペル　59
玄梁→大槻玄梁
小池→小池詳敬
小池詳敬　37, 38
洪武帝　3, 157
児玉愛二郎　54
コックス　229
小寺外記　271
後藤寿庵　264, 265, 271
小西行長　211
五野井隆史　272
小林康幸　183
小松大秀　222
コルネリス・デ・ハウトマン　202
コロンナ家　271
金地院崇伝　31
近藤→近藤芳樹
近藤芳樹　54-56, 104
今野周之助　258
今野筑前　258

さ

西郷隆盛　84
西郷従道　59
財津永次　106
斎藤輝子　189
崔文炳　173, 180
作並清亮　41
桜田親義　76
佐々木高行　76
佐藤三之助　53
佐藤庄市　258
佐藤信直　27, 73, 97, 115

佐藤憲一　39, 270
佐野常民　76
鮫島尚信　82
三條実美　47, 84, 104
サンチョ6世　238
サントフォールト　8
ジー，エッチ，ハウス→エドワード・ハワード・ハウス
ジーン・マリエ・マラン　38, 39, 79
J. L. ハッフマン　63
ジェームズ1世　9, 203
治（次）衛門→日野鉄船
ジェロニモ・デ・アンジェリス　263, 264, 271
ジェロニモ・デ・ジェズース　8
シクストゥス5世　6
鎮信→松浦鎮信
シドッティ→ジョヴァンニ・バッティスタ・シドッティ
柴崎礼子　189
シピオーネ・アマーティ　33, 263, 266, 271
シブスケ　79
島地黙雷　43, 45, 47
シャージャハーン　180
ジャン・クラセ　59
ジャンボローニャ　183
朱紈　3
朱鴻　146
ジョヴァンニ・バッティスタ・シドッティ　103, 104
性山→伊達輝宗
ジョージ・カメロン・ストーン　126, 163
正徳帝　146
ジョン・クルソー　144
ジョン・セーリス　9, 229
ジョン・ムンデン　230
次郎太夫→冨塚右門
神宗　146
末崎真澄　182

陶氏　3
杉孫七郎　54
助次郎　261
助兵衛→富沢快休
スザンヌ・プロブスト　155, 167
鈴木敬三　176
棄丸→豊臣棄丸
ストーン→ジョージ・カメロン・ストーン
スルモーナ公　206
世宗　146
セーリス→ジョン・セーリス
関直彦　76-78, 105
セバスチャン　244
セバスティアン・ビスカイノ　10-13, 231, 232, 245, 265, 266
仙石記古　39
宣宗　146
宣徳帝　146
ゾアン・アンドレア・デ・マントヴァ　153
副島種臣　59
曾鯨　147
ソテロ→ルイス・ソテロ
楚天呂→ルイス・ソテロ

た

高野武兼　27, 92, 93, 96
高野倫兼　26, 92-94, 96, 137, 193
高野統兼　27, 92
高野博兼　93
隆晨→戸田隆晨
隆義→冨塚右門
武輔→高野武兼
竹中久作　172
竹中重治　172
竹松丸　255, 259
橘忠兼　176
橘邨居士　76
辰野金吾　77, 78, 105

忠宗→伊達忠宗
伊達河内守宗清→伊達宗清
伊達忠宗　258
伊達綱村　24, 99, 112
伊達輝宗　112
伊達斉宗　28, 94
伊達政宗　11-13, 25-30, 33, 34, 38, 49, 52, 56, 57, 62, 75, 77, 78, 83, 101, 104, 112, 115, 188, 199, 200, 206, 210, 212, 213, 219-221, 230-232, 240, 243-245, 254, 256, 259, 260, 262-267, 270, 271
伊達宗敦　73, 115
伊達宗清　254, 259, 270
伊達宗村　93, 100
伊達宗基　73, 74, 115, 201
伊達慶邦　73, 112, 115
伊達吉村　98, 99
田中彰　50
田中勝介　10
田中和彦　244
田中太郎右衛門　25
田辺希賢　24
田辺希績　112, 271
田辺希文　112, 271
田辺希元　112, 271
玉井美枝子　63
ダランベール　140
チースリク→フルーベルト・チースリク
チムール→ティムール
チャールズ・ウィリアム・ジョセフ・エミール・リ・ゼンドル　59, 67, 69, 71, 83, 84
仲衛門→日野鉄船
忠三郎→日野鉄船
土田美枝子　63
綱村→伊達綱村
常成→支倉常成
常辰→奥山常辰
常次→支倉常次
常信→支倉常信

常頼→支倉常頼
鶴松　172
デ・シルヴァ　120, 121, 132
ディーヴィ　236
ディヴィス　182
丁雲鵬　146
ディエゴ・デ・サンタ・カタリーナ　14, 15
ディエゴ・デ・ビリャマヨール　244
鄭成功　147
ディドロ　140
ティムール　234, 235, 245
ティモシー　63
デーヴィッド・テニールス　174
鉄船→日野鉄船
デビット・タムソン　63
寺島宗則　76
輝宗→伊達輝宗
デント　165
天皇→明治天皇
土井利勝　26, 29
東郷巌　37, 38, 42
時正→支倉時正
徳川篤敬　76-78, 105
徳川家光　38
徳川家康　7-10, 13, 14, 24, 206, 265
徳川綱吉　25
徳川秀忠　9, 10, 13, 25, 26, 57, 206, 232, 265
トスカーナ大公　206
ドスティアーニ→アレッサンドロ・フェ・ドスティアーニ
戸田隆晨　27, 93, 94
戸田隆芳　27, 92-94
戸田典膳→戸田隆芳
ドナッテラ・ファイッラ　84
利根姫　100
主殿　25
トマス・スミス　9
トマス・ハロッド　230

トマス・ラッセル・ヒラー・マクラチー　60, 63, 69, 104
富沢快休　28, 98, 99, 112, 115
富沢新六郎　112
富田鉄之助　68, 77, 82
冨塚右門　98-100
トメ・ピレス　3, 204
豊臣棄丸　172, 177
豊臣秀吉　4, 7, 8, 75, 210
豊原繁子　109, 191
トレーシィ・ブーシェ　181
ドン・ベレンゲール・デ・プイグベルト　239
ドン・ルイス・デ・ベラスコ　8
ドン・ロドゥリゴ・デ・ビベーロ・イ・ベラスコ　8, 11

な

内藤伝右衛門　82
内藤半十郎　25
直清　261
長経→支倉常長
中山譲治　44, 45, 76
那志良　146
ニコライ　38, 79
西九助　25, 27
ネロ皇帝　154
信従→冨塚右門
信安→日野鉄船
倫兼→高野倫兼

は

波阿波　25
パーキンス　163-165
パークス→ハリー・スミス・パークス
パーソン→ウィリアム・エドウィン・パーソン
ハイランド　165
ハインリッヒ・アルデグレーヴァー　153
ハウエル→ウィリアム・ガストン・ハウエル
ハウス→エドワード・ハワード・ハウス
パウロ5世　7, 15, 34, 62, 196, 200, 209
橋本左内→橋本信昌
橋本信昌　92, 94
バスコ・ダ・ガマ　131
長谷川等伯　169, 177
長谷川信春→長谷川等伯
支倉→支倉常長
支倉内蔵之丞→支倉清隆
支倉右仲　260
支倉勘三郎→支倉常頼
支倉紀伊　261, 269
支倉清風　270
支倉清隆　261
支倉源太左衛門　269
支倉助次郎→支倉紀伊
支倉常成　12, 248, 260-263, 267-269
支倉常次　269
支倉常長　12, 13, 15, 18, 19, 24-30, 38, 43, 46, 50-53, 55-57, 60, 74, 75, 83, 94, 96, 98, 99, 101, 104, 105, 108, 112, 115, 188, 189, 199, 205-210, 212, 213, 243, 245, 248, 260, 262-264, 266-271
支倉常信　24, 261
支倉常頼　112, 213, 267-271
支倉時正　12, 261, 262, 269
支倉直清　261
支倉飛騨→支倉常成
支倉六右衛門常長→支倉常長
長谷倉六左衛門　43, 47
蜂屋可敬　26, 112, 187
バハドゥル・ハーン兄弟　173
林述斎　30
林信篤　25
林復斎　30
パラークラマ・バーフ6世　121
原敬　39
針生庄之助　53
ハリー・スミス・パークス　59, 69, 72, 104

ハロッド→トマス・ハロッド
万暦帝　146
ピエトロ・ダ・ピラーゴ　153
ピエトロ・タッカ　180, 183
東久世通禧　54
土方久元　54, 58, 66, 68, 69, 81, 104
ビスカイノ→セバスティアン・ビスカイノ
秀忠→徳川秀忠
秀吉→豊臣秀吉
日野鉄船　28, 98, 99, 115
ビューフォート・スポンティン　155
平井希昌　18, 58, 59, 61, 63, 66-69, 71, 72, 75, 82, 83, 104, 187, 193
平田隆一　35
ヒルドレス→リチャード・ヒルドレス
博兼→高野博兼
ファビオ・ムチネルリ　46, 81
フアン・デ・シルバ　10
ファン・ネック　203
ファン・マテオス　180
フィリップ・フランシスコ　57
フェリペ・フランシスコ　14
フェリペ3世　10, 13, 14, 34, 183, 204-206, 213
フェリペ2世　133, 205, 206, 212
フェリペ4世　180
フェルデナンド2世　144, 204
フェルナンド1世　183
福島九成　82
福地→福地源一郎
福地源一郎　43, 44, 45, 47, 49, 52, 57, 65, 80
武宗　146
文園章光　37
フラ・フランセスク・ドメネック　109
ブラス・デ・アルブケルケ　204, 212
フランシスコ・ゴメス・デ・サンドバル・イ・ロハス　10
フランシスコ・ザヴィエル　4, 5, 131
フランシスコ・パシェコ　269

フランシスコ・ボンコンパニ・ルドヴィッシ　84
フランソア1世　152
フレデリック・スピッツェル　152
プロブスト→スザンヌ・プロブスト
平泉→大槻清準
ペドロ・ブラボ・デ・アクーニャ　8
ヘラクレス　152
ベルナルド　38
ベルシェー→グリエルモ・ベルシェー
フルーベルト・チースリク　271
ベレンガリア　238, 239
ベレンゲール　245
ヘンリー5世　142, 143
法印→松浦鎮信
ホセ・デ・サン・ハシント・サルバネス　11
ホジソン　133
ポパム→アレキサンダー・ポパム
ボルゲーゼ卿　15
ホルスタイン　133

ま

マーシャル　239
マウリッツ　9
マウリッツ・ファン・ナッサウ　203
マクラチー→トマス・ラッセル・ヒラー・マクラチー
政宗→伊達政宗
益田元祥　169
マゼラン　4, 6
町田久成　81, 84
松木忠作　13, 25, 27
松平親氏　25
松平正直　74
松浦鎮信　8, 9, 211, 229
松浦隆信　8, 9
マティアス・ブファッフェンビヒラー　167
マヌエル1世　156
マリア　204, 236
マリオ・マレガ　106, 113

マリン→ジーン・マリエ・マラン
マルガリータ　204
マルガリータ・エステーリャ・マルコス　109,
　　　189
マルトウィクリド・ワヨノ　130
希績　112, 271
希元　112, 271
三浦按針→ウィリアム・アダムス
ミゲル・ロペス・デ・レガスピ　4
ミシェル・ル・テリエ　33
南館喜十郎　39
南館義十郎　39
源順　176
三野村　67
三野村利左衛門　83
三野村利助　83
宮城時亮　40, 53, 73, 81
三輪甫一　44, 45, 76
ムーディオ・ヴィテレスキ　263
向井将監→向井忠勝
向井忠勝　12, 13, 24-28, 30, 31, 266
ムスタファ→カラ・ムスタファ
ムチネルリ→ファビオ・ムチネルリ
宗敦→伊達宗敦
統兼→高野統兼
宗村→伊達宗村
村上直次郎　18, 78, 79, 105, 106
ムンデン→ジョン・ムンデン
明治天皇　54, 57, 76, 81, 83, 84, 104
メフメト2世　145
毛利秀元　211
黙雷→島地黙雷
茂庭綱元　263
モルガ　197
モンス・クラウディオ　188

や

屋代弘賢　176

山口尚芳　76
山崎平五郎　74
山本復一　54
ヤン・ピーテルスゾーン・クーン　213
ヤン・ヨーステン　8
ヤンセン→カルステン・サヤ・ヤンセン
ユリウス2世　6
横沢監物　57
横沢将監→横沢将監吉久
横沢将監吉久　15, 26
慶邦→伊達慶邦
吉田小五郎　35
吉田雅子　189, 191
吉村　99
吉本次郎兵衛　82
与十郎　13
ヨリス・ファン・スピルベルゲン　202
頼久→富沢快休

ら

ラ・ゲリニエール　140
楽山→伊達慶邦
ラッフルズ　133
ラナ・アマル・シン　180
ラモン・ベレンゲール4世　245
ラロッカ　146, 182
ランカスター　203
リセンドル→チャールズ・ウィリアム・ジョセフ・
　　　エミール・リ・ゼンドル
李仙得→チャールズ・ウィリアム・ジョセフ・エミー
　　　ル・リ・ゼンドル
リチャード・ナウルズ　235
リチャード・ヒルドレス　34, 35, 63, 69
リチャード1世　238
李如松　211
劉永華　146
林莉娜　146
ルイス・ソテロ　10-15, 25, 26, 28, 30, 31, 34, 62,

205, 213, 231, 263-267, 271
ルイス・デ・ベラスコ　4
ルイス・フロイス　229
ルーカス・フォルスターマン　144
ルーベンス　152
レオ11世　196, 200
レオナルド・ダ・ヴィンチ　236
レオネル・デ・ソウザ　3
レオン・パジェス　34, 59
レルマ公　10, 14, 15, 205, 213
レンブラント　212
ロウレンソ・メシア　206
ロドゥリゴ→ドン・ロドゥリゴ・デ・ビベーロ・イ・ベラスコ
ロンキーロ　244

わ

鷲塚泰光　106
渡辺昇　77
渡辺正雄　80
ワツソン　82
ワヨノ→マルトウィクリド・ワヨノ

【地名索引】

あ

アーヘン　239
アイルランド　235-237
アウグスブルク　144
青葉区　252
青森　74
アカプルコ　5, 10, 13, 14, 34, 62, 75, 195, 271
秋保町　252
秋田　73
あく川　260
アジア　5, 63, 131, 132, 146, 182, 194, 196, 197, 200, 204, 205, 245

網地島　95
アッシジ　14
アフガニスタン　245
アフリカ　212
天草　228
アメリカ　34, 42, 163
廈門　81
アユタヤ　4
アラ　42
アラビア　163
アルバニア　145
アレンツァーノ村　84
アントワープ　174
飯坂村　254
イギリス　7, 9, 14, 33, 42, 78, 79, 106, 142, 182, 204, 207, 222, 229, 238, 244
胆沢区　262
胆沢郡　264, 269, 271
石巻市　12, 243
伊豆　271
泉区　254
イタリア　17, 42, 43, 45, 46, 75, 77-79, 84, 105, 106, 144, 152, 154, 155, 157, 163, 167, 182, 183, 189, 190, 196, 201, 208, 271
一関　262, 264
一の関　262
イベリア（半島）　5, 202
イラン　245
磐井　25
磐井県　40
磐井郡　41
岩手県　39, 40
石見銀山　3
イングランド　237, 238
インスブルック　42, 142
インド　43, 120, 130-132, 146, 163, 174, 175, 197, 201, 202, 204, 206, 245
インドネシア　108, 115, 128, 130, 131, 213, 245

ヴァージニア州　224
ヴァンデー　245
ウィーン　42, 45, 77, 105
ウィーンナ→ウィーン
ウェールズ　192, 238
ヴェネツィア　16, 35, 42, 43, 45, 46, 52, 57, 58, 61, 75, 78, 81, 105
ヴェルデ岬諸島　6
ヴェローナ　42
右玉県　146
臼杵　8, 9
内オーストリア　204
宇都宮　74
浦賀　8, 9, 12, 265
浦戸　7
蔚山邑城　210
江刺　25
エジプト　43, 159
蝦夷地　271
越後　271
江戸　11, 64, 232, 264-267, 271, 272
エルサレム　43
大坂　64
大阪市　178
奥羽　271
欧州→ヨーロッパ
奥州市　262, 271
王城寺　252
大郷町　261, 268
オーストリア　77, 154
オーストリア・ハンガリー　70
大隅　4
大隅国　30
大町　84
大松沢村　261
大森村　260
雄勝町　243
牡鹿郡　11, 12, 24, 57, 95

落合　252
鬼柳　264
小山　262
小山村　262, 264, 269
オランダ　7, 9, 14, 33, 77-79, 120, 133, 137, 202, 204, 207, 213, 222, 223, 228, 244
嵐江　271

か

甲斐　271
加賀　271
加賀野村　41
カガヤン　16
上総国岩和田　9
片浜通り　25
カタルーニャ　245
神奈川　64
金ヶ崎　264
鎌倉市　171, 178, 179
加美郡　252, 262
神郡　262
カリカット　131
カリフォルニア　5, 11
カリマンタン島　131
川内　261
川内村　261
川崎町　268, 269
関東　8
広東　195
カンボジャ　197
北アメリカ大陸　5
北一番町　39
北目町　272
北山　252
喜望峰　4
キューバ　17
九州　206
京都　7, 10

索   引

行田市　272
極東　271
金海　210
金銀諸島　10
グアム島　5
グラモーガン　192
栗原郡　40
クリミヤ半島　145
黒川郡　248, 254, 257, 260, 262, 267, 268, 270
黒沼村　41
慶尚道　173, 210
京阪　271
気仙　25
気仙郡　40, 41
気仙沼　25
ゴア　6, 29, 62, 75, 131-133, 202
小泉村　73, 201
神戸　64
国分町　74, 81
コロンボ　120, 202
コンスタンティノープル　145

さ

埼玉県　272
堺　11
佐賀県　178
肴町　81
相模国　8
薩摩　4, 16
佐渡　271
サマール島　4
サマルカンド　245
サラゴサ　15
サルディニア島　204
サルト県　238
沢口　252
三ヶ内村　261
サンタ・ルチア駅　45

サン・フアン・デ・ウルーワ港　13
サン・ルーカル・デ・バラメーダ港　13
山西省　146
サンフランシスコ　42
三陸　11
ジェームズタウン　224
ジェノヴァ　15, 75, 84
塩竈村　271
滋賀県　177
色麻町　252, 262
シチリア　271
シチリア島　204
志戸田村　249, 262
信夫郡　269
柴田郡　268, 269
下胆沢　13
下伊沢　262
下草村　254
下の（ノ）原　248, 261, 262, 267, 268
ジャカルタ　231
ジャフナ　120
シャム　131, 197
ジャワ（島）　124, 129-133, 193, 201, 202, 205, 207
上川島　3
十五浜　243
漳州　195
漳州海澄県　3
小スンダ列島　213
常磐沖　11
ジョホール　8
シリア　81
新イスパニア　34
シンハラ　121
スイス　43, 105
スコットランド　238, 245
スペイン　4-7, 9, 10, 12-15, 17, 33-35, 62, 69, 75, 76, 78, 79, 105, 106, 132, 133, 159, 163, 189, 190, 192, 201, 204-206, 213, 222, 223, 228, 238, 245,

266
スマトラ（島）　128, 201
スラウェシ島　129, 130
スリランカ　115, 120, 121, 132, 193, 200-202, 205,
　　213, 245
スル諸島　108, 128
スンバワ島　131
駿府　10, 229, 271
西南アジア　130
セビリア　13, 15, 34, 62
セブ島　4, 5
セルビア　13, 145
善川　260
仙台　12, 42, 57, 64, 69, 72, 74, 75, 81, 82, 84, 231,
　　264, 267, 271
仙台市　252
仙台領　12
全羅道　210
双嶼島　3
ソールズベリ　239

た

大スンダ列島　213
太白区　252
台湾　82
大和町　248, 252, 262
高田　248
高田村　249, 261, 262, 268
田代島　95
伊達郡　254
種子島　4, 191, 228
玉櫛遺跡　178
玉造郡　40
ダリッジ　235
チヴィタ・ヴェッキア　15
地中海　44
チベット　146, 182
中国　11, 131, 146, 148, 155, 163, 173, 175, 179,

182, 190, 191, 193, 195-197, 204, 210, 271
朝鮮　12, 146, 173, 175, 210
チレボン　129
津軽　271
築地　39
月浦　12, 23, 24, 57, 195
鶴巣下草　254
ティモール島　131
出島　23
デリー　245
出羽　271
デンマーク　133, 238
ドイツ　33, 84, 144, 163
東京　64, 73, 75, 76, 82
東南アジア　7, 108, 220
土佐　7
都鳥村　271
富谷　248
富谷下ノ原村　248, 260, 262, 267
富谷宿　260
富谷村　249, 260, 261
登米郡　40, 41
トリンコマリー　120
トルコ　43, 146, 182
屯門島　3

な

長崎　4, 23, 38, 64, 75, 79, 82, 267
長崎港　81
中野　261
中野村　261
名護屋　210
七ツ森　256
ナポリ　42, 204
西風　248, 255, 259, 269
南蛮　24
南蛮国　24, 25, 56
南米　5

新潟　64
新田（新井田）村　41
西ジャワ　129
西ヨーロッパ　142, 145, 147, 148
日本　4, 5, 11, 14, 34, 35, 43, 63, 72, 81, 146, 163, 175, 182, 193, 195-197, 199, 205, 228, 230, 232, 244, 267
ニューメキシコ州　34
ニューヨーク　35, 63
ニュルンベルク　144
寧波　3
ヌエバ・エスパーニャ　4, 13, 200, 206, 264, 265
ノッティンガム　192
能登　271
ノビスパン→ヌエバ・エスパーニャ

は

バグダット　245
函館　64
橋本　252, 259
支倉村　269
パタニ　8
バティカロア　120
ハバナ　13
バリ（島）　128-130, 132, 133, 193, 200, 202, 205, 207
パリ　33, 43, 76, 77, 105, 153, 245
バルセロナ　15, 75, 245
ハンガリー　145, 182
パンジャブ　174
バンタム→バンテン
バンテン　209, 229, 244
東アジア　34, 146, 155
東一番丁　81
東インド　207
東九番丁　84
東成田　269
東松下町　83

東山　25
ビサヤ諸島　133
肥前　210
兵庫　64
平戸　4, 9, 229, 232
フィリピン　4-7, 10, 11, 17, 108, 110, 156, 189, 197, 199, 206, 207, 223
フィリピン諸島　14, 133
フィレンツェ　15, 43, 75, 155, 167
フィレンツェ駅　42
福島市　269
福州　195
釜山　210
伏見　8
フランクフルト　84
フランス　17, 33, 34, 42, 77-79, 82, 142, 152, 238, 245
フランドル　130, 174, 183, 204
プリマス港　229
ブリュージュ　239
ブリュッセル　43
古川　264
ブルナイ　131
プロシア　79
フロレンス→フィレンツェ
豊後→豊後国
豊後国　4, 8, 9, 11, 228
ペイ・ド・ラ・ロアール　245
ペグー　131
逸見　8
ペルシア　81
ベルギー　77
ペルシャ　5, 163
ベルリン　44, 77, 105
ボストン　34, 63
ボスニア　145
北海道　73
ボブレー　239

ポルトガル　4-7, 78, 79, 105, 120, 121, 131-133,
　　202-205, 207, 212, 213, 228, 244
ボルネオ　197
ポーランド　164, 182
ボローニャ　196
本郷金助町　83

ま

舞野川　260
マカオ　4, 29, 75, 131, 206, 271
マッカサル　129
松島　74
松森村　254
マドリード　13, 15, 34, 75, 209, 267, 271
マニラ　4, 5, 9, 11, 62, 195, 196, 244
マラッカ　3, 4, 75, 131, 197, 201, 202
マルコ諸島→モルッカ諸島
マルセーユ　44, 77
マレー半島　8, 108, 122, 128
マントバ　75
マンナール　120
水越村　41
水沢区　271
水沢県　40
南下葉場村　271
南日本　271
宮城郡　73, 201, 254, 261
宮城県　17, 37-41, 54, 57, 73, 74, 243, 262
宮城野区　261
宮床　252
宮床村　261
ミュンヘン駅　42
ミラノ　44, 45, 75, 77, 144, 204
見分　271
ミンダナオ島　108, 201
メキシコ　4, 9-15, 17, 33-35, 62, 69, 191, 200, 206,
　　244, 248, 265, 266, 272
メキシコ市　13, 14

メキシコ湾　13
メワール　180
メンドシーノ岬　5, 11, 12
モデナ　75
本吉郡　40
桃生郡　243
盛岡　74
森村　41
モルッカ諸島　5, 131, 133, 197, 201, 202
モンゴル　146, 182

や

野久島→屋久島
屋久島　30, 103
山形　73
山口　269
山口邑　269
湯元　252
ヨーロッパ　33, 34, 62, 77-79, 107, 120, 130-132,
　　145, 154, 155, 157, 159, 163, 166, 167, 174, 175,
　　189-191, 193-196, 199-201, 203, 204, 207, 208,
　　220, 228, 232, 234, 235, 243, 244
横須賀市　8
横浜　38, 63, 64, 77
横浜港　42
吉岡　254
吉岡宿　272
吉田　248, 262
吉田川　249
吉田村　248, 261

ら

リヴォルノ　15
リヴォルノ港　75
リスボン　7, 75, 131, 156, 206
梁山　210
ル・マン　238
ルソン（島）　10, 13, 25, 30, 107, 133, 201, 230

呂宋→ルソン
琅橋湾　82
ローマ　12-15, 33-35, 38, 42, 45, 57, 69, 75, 77, 78, 105, 196, 199, 201, 206, 208, 209, 243, 266, 271
ローマ市　15
ロシア　42, 79
ロッテルダム　223
ロンドン　43, 77, 105, 121, 164, 230, 235, 239
ロンバルディア地方　155

【件名索引】

あ

IHSモノグラム　157
アウグスティノ会　4, 5, 130-132, 200, 213
青山墓地　84
泥障　167, 173, 174
アカンサス　154
飽ノ浦製鉄所　79
秋保町史資料　270
アクバルナマ　174
アダ・アダ　123
アタル・ワツ　127
アチェ国王　203
アトランティック・マンスリー　35, 63
アトリビュート　130
鐙　18, 91, 106, 110, 111, 136, 148, 152, 155, 157, 158, 174, 182, 195
鐙A　136, 148, 152, 155, 157, 199, 207-210
鐙枝　136, 152, 155, 182
鐙革　139, 148
鐙革通し　136, 138, 148, 150, 152, 155, 157
鐙B　136, 139, 148, 149, 155-157, 195, 196, 210, 212
アミクトゥス　208
アムステルダム国立博物館　212
アメリカ人　35, 72

アラゴン　214
アラゴン連合王国　245
アラス・アラサン　128, 132, 200
新たなる航海の達成　204
アリムブヴァ　118
アルカソヴァス条約　6
アルカンタラ　213
アルジュナ像　129
アレキサンダー・ポパム大佐騎馬像　203
アンカラの戦い　245
アンクプ　126-128
安政の五ヵ国条約　34, 64, 79
アンフォラ　149
イエズス会　4, 5, 7, 62, 131, 133, 157, 206, 229, 263, 271
居木　137-140, 142, 143, 145, 147, 148, 179-182
居木受け　139
居木先　139, 145
イギリス・オランダ防衛船隊　230
イギリス王立武器武具博物館　143, 182, 202
イギリス商館　228, 232
イギリス商館長日記　229
イギリス人　75, 207, 213, 224, 235
イギリス船　228, 230
イギリス東インド会社　9, 244
池　128
石川県職員録―明治10年2月20日調―　82
石柄剣　28, 74, 116, 117
石柄釵　116
異宗探索諜者　37
イスラム教　124, 245
板ガラス　219, 241, 242
イタリア王国国立銀行　84
イタリア印刷省　84
イタリア外務省　45
イタリア国王　45
イタリア語　271
イタリア特命全権公使　76, 78, 105

イタリア人　103	馬を調教する新手法　144
イダルゴとサムライ　245	鱗状黒鉛　220
一遍上人伝絵巻　168	雲程祖道　147
イノシシ　127, 128	永々御由緒牒　28, 98, 99
入記→入記目録	英学　80
入記目録　29, 94, 97, 112, 148, 158, 167, 182	英国祝砲条例　80
色葉字類抄　176	英国商法　80
岩倉使節団　16, 42-45, 57, 75, 78, 79	衛兵たち　174
イングランド王　142, 238	エコル　126
印章　27, 191	S字金具　161
インディアス顧問会議→インド顧問会議	絵図　102
インド顧問会議　10, 15, 205, 206, 213	江戸城　10
インド総督　131, 212	江戸幕府　7, 23, 32
インド副王　131, 133	江戸番騎士番頭　93
印籠　242	江戸中屋敷　100
ヴァチカン美術館　199	円形突起　138, 144, 145, 147
ウィーン万国博覧会　44	偃月形　120
ウィーン美術史美術館宮廷狩猟・武具室　152, 167	円錐形馬銜身　163
	エンダス　126, 133
ウィーン包囲　145	エンダス・チェチャ　125
ウィデン・カサトリアン　127	鉛筆　219, 220
ウィルト　125	円福寺　269
ウィレム1世　226	奥羽日日新聞　81
ウィロビー婦人像　192	王瓊事迹図冊　147
ウウン　125	オオカミ　127
ウェストミンスター寺院　237	欧州系金製品　232-235, 240, 241
ウェストミンスター大修道院　142	欧州系銀製品　220-222, 224, 225, 232
ヴェネツィア共和国大使　80	欧州系副葬品　243, 244
ヴェネツィア国立古文書館　43, 46	黄金宮殿　154
上馬銜枝　160, 166	往時イタリアに来たりし日本使節　18, 46
ウォレス・コレクション　142, 144	王室馬術　144
ウキラン　124	王宮晩餐会　45
受け具　240	奥州王　14
腕釧　124	奥州仙台領国絵図　260
馬の制御　165	王政復古　203
馬膚　139, 145, 167	王の歴史―ルイ14世とスペイン王フィリップ4世のフェザント島での会見―　192
馬廻り役　112	
厩図屏風　170	王立フランシスコ会跣足派女子修道院付属教会

14

大蔵省　54
大蔵省印刷局　70
大蔵省紙幣寮　84
大坂夏の陣　271
大坂冬の陣　271
大阪洋学校督務　79
大崎合戦　258
大崎義隆攻め　258
オーストリア大公　144
オーストリア特命全権公使　76
大番頭　99
大番組　40
大番士　40
大村牢　16
御勝手方　74, 100, 112
奥国　266
奥南蛮　29
オスマン帝国　144-146
オスマン帝国軍　245
帯鉤　225, 244
帯通し金具　225
男衾三郎絵巻　168
面懸　159
親潮　12
お雇外国人　70
オラトリオ会　131
オランダ軍　118
オランダ鞍　136
オランダ商館　23
オランダ船　228
オランダ総督　203
オランダ人　10, 75, 207, 213
オランダ貿易　8
オランダ連合東インド会社　8
オリバレス伯公爵騎馬画像　153
御馬金鞍―王度歴代馬鞍馬具珍蔵展―　183
御物置　74

か

海禁継続派　3
海禁政策　32
海禁廃止派　3
海禁策　23
海禁令　3
海禁論　3
海軍省　54
会計検査院　77
懐剣　231, 232
外交官　70
外交顧問　8
外国交際公法　80
外国事務　80
会社弁　80
貝状突起　154
開成所　79
海賊禁止令　4
開拓長官　73
甲斐地誌略名称訓　82
華夷秩序　3
開洋論　3
回覧実記→特命全権大使米欧回覧実記
鏡　158
鏡四方手　176, 178, 179
書出→支倉家家譜書出
鶴城公記　41, 42, 79
隠れ切支丹　248
駕籠　219, 220
華僑　189, 198
葛西・大崎一揆　260
飾り鋲　160, 163, 165-167, 182, 208
華人　8
春日権現験記絵　169
カスターネ　115, 117-121, 202-205, 245
カスティーリャ　214
カズラ　108, 109, 189, 208

家世伝　211
ガゼッタ　44, 81
肩衣　208
片倉小十郎邸　94
肩剣帯　227, 228
刀奉行　28, 73, 74, 97, 99, 115
徒小姓頭　93
活版御布告文集・明治九年四月分　53
カトリック教国　5
カトリック教舎　39, 42
カトリック信仰　109
カトリック布教　6
カトリック法具　106
ガネーシャ　123
狩野派　171
壁掛　27, 107, 136, 191, 192, 199, 207
花文　179
ガヤマン　126
カラ　124
唐太鼓　211
カラトラーバ　213
火輪　250-252, 254-256, 259
ガルーダ　124
カルメル会　130, 131
ガレオン船　5, 195, 223
ガレオン貿易　5
革袋　242
冠羽　150
棺桶　219
勘合貿易　3
ガンジャ　122, 125, 128
ガンジャ・セパン　125
漢城　210
眼状斑　150
環状フレーム　236, 239
寛政重修諸家譜　30, 31, 59
貫属禄高拾六俵　39, 40
ガンダル　126, 127, 133

ガンディク　123, 126, 128
カンデラブルム　154, 182
カンデラブルム式グロテスク　154, 155
ガンバル　126-128, 130
官府　26, 96
官符原案・明治九年　60
騎西城跡　171, 172
騎西城武家屋敷跡　179
騎士　15, 166, 167
擬似刃　120
騎士用本　167
貴石　5
擬似刀　119
煙管　242
北太平洋海流　11
帰朝常長道具考略　29, 41, 94, 97, 103, 113, 136, 137, 148, 158, 167, 193, 197
吉祥文　155
切付　136, 168
木戸孝允日記　43, 45, 50, 55, 80, 104
騎兵学校　140, 141, 143, 147
騎兵軍事教本　144
義兵長　173
木村宇右衛門覚書　243
キャッチ　240
キャンディ国王　118, 202
キャンディ時代　117, 120
旧切支丹所→仙台藩切支丹所
九州平定　7
給主頭　93
柩像　192, 238
教育博物館　70
教皇→ローマ教皇
教皇庁　188, 190, 200
京都府立総合資料館　81
清水寺縁起　170
キリシタン　13, 17, 23, 24, 31, 62, 101, 104, 107, 113, 206, 241, 245, 271

切支丹所→仙台藩切支丹所
切支丹改御役人衆居所　95
切支丹御改所　95
切支丹教法物品　57
切支丹道具入記→入記目録
切支丹鉄砲改役　93
切支丹奉行鉄砲改奉行　27, 93, 94
切支丹不分明者支倉六右衛門死失帳　267
ギリシャ・ローマ時代　149
キリスト教　107, 111, 130, 131, 189, 194-196, 199, 200, 207, 208
キリスト教禁圧政策　17, 228
キリスト教徒　14, 23, 110, 189
麒麟文　211
禁教　7
金銀諸島　11, 12
金銀島探検報告　265
近習　93, 100
金城秘韞　28, 29, 32, 68, 94, 103, 110, 113, 136, 137, 148, 158, 167, 193, 197
金城秘韞（仙台黄門遣羅馬使記事）　100
金城秘韞補遺　82, 83
金象嵌　200
銀船　5
銀象嵌　119, 120, 150, 157
金属フレーム　235
金羊毛騎士団の騎士　152
空想動物　118, 120
空輪　268
苦行鞭　104
孔雀文　150, 155, 157
グシン　123
具足　219
轡　18, 27, 106, 110, 111, 136, 158, 160, 182, 195, 199, 207-210
轡鎖　159, 161, 164
轡鎖鉤　161
轡之様成物　158

宮内省　54
国絵図　260
陸路の記　81
陸路硯記　81
クマ　127
久米美術館　50
鞍　18, 29, 106, 136, 137, 144, 145, 158, 182, 195, 211, 212
鞍A　110, 111, 136, 137, 142, 144, 145, 147, 182, 199, 207-210
鞍座　141
鞍敷　167
鞍褥　173, 174, 179
クラトン様式　124
鞍B　136, 137, 146-148, 195, 196, 210, 212
鞍橋　136, 137, 141, 142, 147, 167, 174, 178, 180
鞍輪　145, 147
クリス　108, 113, 115, 122, 126, 128, 131-133, 203-205, 212, 245
クリス形剣　108, 110, 111, 115, 121, 122
クリス形短剣　107
クリスを持った東洋の君主としての自画像　212
グル・メレット　125
クルウィンガン　123
グレネン　123
クロス　30
グローブ号　9, 228
黒潮　5, 11, 25
グロテスク　154, 182
グロテスク式カンデラブルム　154, 155
黒船　24
群書類従　182
軍用鞍　141, 143
軽騎兵　182
経済便蒙　79
型式学　18
型式論　102, 103, 108, 109, 111, 194
系図→平姓伊藤一家支倉氏系図

頸垂帯　208
慶長一分金　232
慶長遣欧使節　9
慶長遣欧使節関係品　41
慶長の役　211
経略三関　147
闕所　12, 262, 268
毛彫り　150
ケラブ・リンター　125
ゲルン・チェンツン　124
元　173, 179
肩甲骨　220
遣使考→伊達政宗欧南遣使考
絹船　5
剣鎗秘録　27, 32, 73, 74, 97, 99, 115, 116, 131, 213, 245
元代墓　179
剣帯　224, 228, 230, 232
剣帯用バックル　224
剣吊袋　225-228, 231
剣吊袋鉤　225, 228
剣吊袋付き剣帯　224
元　173
元和の大殉教　23
ゲンドク　125, 126
ケンバン・カチャン　123
鯉口　116
コイン　224
幸運座　235
香合　242
考古学　18
考古学的検証　101, 102
考古学的研究　110, 111
考古学的方法　111
考古資料　102
航西日策　43, 44, 47
格子文　179
香辛料　5

高祖父輝宗曾祖父政宗祖父忠宗記録抜書　25, 26, 30
皇帝カール5世と猟犬　192
弘法大師行状絵詞　177
香木　5
光明寺　267, 268
光明寺説　268, 269
紅毛人　228
孝陵　157
講和交渉　7
古今要覧稿　176
国書　7, 42, 229
国書刊行会　35
国宝　17, 91, 92, 97, 101, 193
国宝「慶長遣欧使節関係資料」　201
国立公文書館　35, 60, 82
国立国会図書館近代デジタルライブラリー　82
護拳　118, 119, 121
護拳付き剣　108, 110, 111, 115, 117
護拳付短剣　107
護指環　118, 119, 121
児小姓　93
後三年合戦絵巻　169, 177
腰剣帯　225-227
弧矢考　183
ゴシック　189
腰物奉行　28, 99, 115
腰物役　28, 99, 115
御修覆帳　95
小姓頭　93, 99
小姓組頭　93
小姓組番頭　93
扈従日誌　55, 104, 112
鐺　116, 226
古人書出　270
古談筆乗　26, 32, 57, 95, 96, 104, 187
御知行被下置御牒　24
戸長　40, 42, 53

国華余芳　84
コッテ王国　120, 202
コッテ時代　120, 121
ゴドン　126, 127
コブラ　120
御物之帳　240
古ラドラン型式　129
五輪塔　248-250, 252, 254-257, 259, 268, 269
コルク　141
コロンボ国立博物館　120, 121
こんたつ　240

さ

サアベドラ艦隊　4
祭祀奉行　93
サイドパネル　190
祭服　27, 107-109, 136, 188, 189, 199, 207, 208, 210
祭服帯紐の垂総　91
祭服留金具　91
細密画　146
佐賀の乱　65
作事奉行　100
提鐶　225
提鐶付きバックル　224-228, 230, 232
鎖国　17
刺金　225
サムソンを裏切るデリラ　212
鞘孔　128
鞘口　128
鞘固定金具　225
鞘尻　128
サラゴサ条約　6
サラペンディア　117, 119, 132
サレジオ会　113
沢口館跡　258
サン・ジョアン要塞　131
サン・セバスティアン号　11, 12

サンダン・ワリカト　126
サンティアゴ騎士修道会　213
サン・ディエゴ号　223, 224, 244
サン・フアン・バウティスタ号　11-14, 16
サン・ブエナベントゥーラ号　10
サン・フェリペ号　7
サン・フランシスコ号　9-11
山岳　128
三十年戦争　33
サンタ・アナ号　9, 10
サンタ・マリア修道院　239
サンタ・ルチア駅　45
サンダン・ワリカト　126
サンティアゴ騎士修道会　213
サントス宮殿　156
サンバ・ケリン　127
蚕卵紙　80
三陸沿岸測量　12, 265
寺院書出　270
シヴァ神　123
シェイクスピア　235
ジェームズ砦　224
ジェノヴァ市立キヨッソーネ東洋美術館　84
四方手　18, 27, 106, 110, 111, 136, 158, 175, 177, 179-181, 195, 196, 199
四緒手→四方手
鞍　175
四方手通し孔　176, 178
シカ　128
敷物　107
司教区　5
歯齦部　161
軸金　225
獅子濱繍球文　156
獅子文　151, 155, 156
侍衆御知行被下置御牒　24
後輪　136-138, 141, 142, 180, 181
使節記　263

下鞍敷　167, 173, 174
下馬衛枝　160, 162
舌寛　161
寺檀制度　268
漆器　5
実竹　220
私的礼拝所　208
シトー会修道院　245
蒴屋北遺跡　178
品替御百姓書出　270
シノム　128
紙幣彫版師　63
四方城　157
島原の乱　23
縞模様布　27, 107, 136, 191
下中杖遺跡　178
ジャヌル　123
ジャパン・ウィークリー・メイル　64-66
ジャパン・ガゼット　64
ジャパン・ヘラルド　64-66
ジャパン・メイル→ジャパン・ウィークリー・メイル
ジャフナ王国　202
シャムシール　120
ジャル・メメト　123
ジャワ様式　126
ジャワ・バンタム型式　212
ジャンク　4
ジャングット　123, 126-128
ジャングト　126
朱印状　7
朱印状携行船　7
朱印船　7, 16
朱印船制度　7
植民都市　5
十三大藩海外視察団　83
十字架　27, 30, 136, 188, 190, 195-197, 200, 231, 245

十字架像　27, 188
重装騎士　182
絨毯　5
修道服　14
17世紀における日本とローマ　61, 105
12年休戦協定　9
銃兵　226
州浜形　139
自由民権運動　84
宗門改帳　23
宗門改役　23
十文字轡　158
重要美術品　106, 110
重要文化財　17, 91, 92, 101, 106, 110, 136, 193, 219
出版條例　60
シュテーテル美術館　212
狩猟の起源と品格　180
定（御）供　99
商館　9
商館長　229
貞享松平陸奥守書上　30
聖衆来迎寺　177
定供　99
小勅書　6, 7
上祭服　208
賞牌取調掛　59
昌平坂学問所　173
正保郷帳　260
正保年間奥州仙台領国絵図　267
少老　26, 93
小勒馬銜　159, 163, 166
植民都市　5
調馬図屏風　171, 177
尻懸　136, 176, 179-181
白石館　94
清　146, 173, 179
信楽寺跡　252, 256

信楽寺書出　256	ズボン　108
晋州城　210, 211	スライド　225
新昌号　191	聖アウグスティノ教会　133
尋常中学校国語科教科用書　81	聖遺物　237
神職書出　270	聖エリア宮　189
新資料常長の墓発見　248	聖画　18, 101, 106, 107, 188
神聖ローマ皇帝　204	盛期ルネサンス　182
神聖ローマ帝国　144, 145	聖具　17, 18, 101, 106, 107, 110, 188
心臓　128, 130	聖サンフランシスコ会修道院　231
清東陵　157	聖紐　208
シンハ　117, 118	征台紀事　59, 63, 69, 72
シンハバルワン　129	西史攬要　80
シンハラ人　117	聖母及び四聖人像　91, 107
シンハラ文字　120	聖母子像　236
隋　146	聖マタイのお召し　226
瑞鳳殿　219	聖モニカ修道院　133
水陸会　183	西洋法制　79
水陸画　146	聖ルカ芸術協会　196
水輪　250-252, 254-256, 259	政令　5
枢機卿王子ドン・フェルナンド　152	セビリア市会　15
スエズ運河　44	セビリア市役所　76
スコットランド国立戦争博物館　141, 143, 181	セーリス日本渡航記　229
スコットランド連合軍博物館　141, 181	施餓鬼　183
スチュアート朝　222	セカル・カチャン　123
スティッベルト博物館　155, 167	石室　219
ストラ　208	石製鋳型　239
砂時計　245	石牌坊　157
臑当　169, 170	石牌楼　157
スフィンクス女像　154	石版写真　78
スペイン王室　5	石版摺　77, 106
スペイン王→スペイン国王	世臣家譜続編→伊達世臣家譜続編
スペイン語　213	浙江巡撫　3
スペイン国王　10, 12, 16, 34, 200, 205, 207	瀬戸・美濃陶器　179
スペイン商人　5	セバスティアン・ビスカイノ旅行航海報告　231, 245
スペイン人　4, 5, 10, 13, 14, 16, 244	セビット・ロン　125, 126
スペイン船　7, 10, 23, 228	セビット・ロンタル　125
スペイン特命全権公使　105	セビリア市　76, 78
スペイン・ポルトガル特命全権公使　76	

セビリア市長　206
セビリア市役所　76
セルト　125, 128
宣教師　7
宣教用祈祷書　14
潜在的領有権　6
染織品　101, 107, 136
仙台・メキシコ間貿易　14
仙台カスターネ　28, 32, 115, 116, 119-121, 136, 199-201, 205-207, 213
仙台空襲　219
仙台クリス　28, 32, 115, 116, 122, 125-128, 130-132, 136, 199-201, 205-207, 213
仙台黄門譜　27, 31, 35
仙台市史　17, 35, 82, 212, 270, 271
仙台市博物館　17, 100, 220, 260
仙台市博物館図録Ⅱ―慶長遣欧使節関係資料編―　107, 201
仙台城　13, 26, 243, 255, 263, 265, 267-269
仙台藩　17, 24-26, 31, 32, 40, 53, 57, 73, 74, 82, 94, 100, 112, 115, 244, 269
仙台藩家臣録　35, 98, 99, 112
仙台藩切支丹所　17, 40, 26-29, 32, 40, 73, 92-97, 100, 105, 107, 111, 112, 115, 136, 148, 158, 166, 167, 193, 194, 199, 210, 212
仙台藩士族籍　40
仙台藩知事　73, 115
仙台武鑑　27, 31
仙台封内神社仏閣等作事方役所修繕ニ属スル場所調　95
仙台領　200
戦闘鞍　142
1615年における仙台公派遣のローマ使節について　70
双環楕円形剣帯吊金具　224
続豊後切支丹史料　113
ゾウ　126
曹司　93

双獅戯球文　156, 157, 211
装身具　219
続群書類従　182
続群書類従完成会　35
ソゴカン　123
ソテロ＝イギリス人説　28
染付　156
ソルソラン　122

た

大アルブケルケ伝　204, 212
第1回内国勧業博覧会　73
大学南校　63, 83
代言人　39
大新亭　81
代数有之御百姓書出　270
大勅書　6
台徳殿院御実紀　266
第二次ウィーン包囲　144, 145
大日本史料　17, 18, 33, 46, 78, 79, 83-85, 106, 188
台北国立故宮博物院　146
対メキシコ通商構想　12
タイムズ　65
平姓伊藤一家支倉氏系図　248, 260, 267, 270
大勒馬銜　136, 159, 160, 163, 165, 166, 176, 182, 199, 207-210
台湾遠征　63, 64, 83
台湾手稟　82
台湾出兵　59, 65, 69, 81
台湾信報　82
台湾生蕃処置取調　59, 63, 69, 72
台湾蕃地事務局　59, 63, 69, 72
唾液鎖付属鐶　161, 163
高砂丸　82
高野家譜　93
高野家記録　26, 27, 32, 92, 137, 148, 193, 197
高野家記録目次　96
懐守　99

托鉢修道会　4, 5
竹中百箇条　172
竹廼舎　81
竹松丸墓　255, 256
大宰府条坊跡　171
太政官　37, 42, 71, 82
太政官正院　54, 64, 72, 104
太政官正院監部　38
太政官諜者　37
太政官諜者報告　37, 42
太政官布告　37
太政官布告全書　60
タタール　145
太刀　219
立聞　158
立合（陪臣）裁判　43
手綱　159
手綱鐶　161, 162
竪琴　189
伊達家の茶の湯　112
伊達治家記録　98, 100, 112, 270
伊達世次考　112
伊達世臣家譜　93, 94, 98, 99, 112, 262, 270
伊達世臣家譜続編　93, 94, 112
伊達譜　23, 24, 26
伊達政宗欧南遣使考　18, 58-61, 69, 71, 72, 82, 104, 105, 193
伊達政宗遣欧使節記　33, 209, 263, 265, 267
伊達政宗言行録　246
伊達政宗墓　19, 219, 223-225, 230, 232, 239, 244
鉈尾　225
ダポル　122, 128, 132
ダポル・ベネル　122, 132
ダポル・ロク　122, 132
玉櫛遺跡　178
玉取獅子文　156
ダマルチカ　190
タメルレイン　245

タンバレイン　245
ダリッジ大学図書館　235
タルワール　120
短帯　225, 244
短剣　106, 108, 112, 113, 159, 229, 230, 232, 245
男根　123
弾正台　37
旦那寺　268
タンネンベルク城　164
タンバレイン大王　234
乳　225
チェチャ　125
力革　139, 167, 174
力革通穴　139, 140
知行高　12
知行地　13
千島海流　12
着座　92, 112
チャールズ1世騎馬画像　152
中央パネル　190
中国，日本，インドの新キリスト教徒と宣教師団の擁護　33
中世近世日欧交渉史　34, 63, 69
中正楼　81
鋳造品　221, 222
チューダー朝　222
チュニック　109
長期トルコ戦争　145
長剣　226, 230, 232
庁所　27
朝鮮義兵　210
朝鮮鞍　173
朝鮮軍　211
朝鮮の役　212
長帯　225, 244
調度品　5
朝野新聞　61
直状剣身　122

直刀	120	天皇寺風土記書上	254, 270
勅令	5	東京開成学校	70, 80
直轄地	7	東京国立博物館	77, 106
地輪	250, 252, 254-256, 259, 270	東京大学理学部	80
チロル大公フェルディナンド	226	東京タイムス	61, 68, 69, 71, 72, 104, 106
チングルム	208	東京帝国大学文科大学史料編纂掛	17
陳列品略目次	53	東京日日新聞	16, 43, 55, 57, 61, 68, 69, 71, 76, 78, 82, 105
追失	262		
追放	12, 268	東京日日新聞社	80
通航一覧	30, 31	東京博物館	70, 83, 84
柄	121, 131, 133	東京博物館年報	70
繋ぎ鎖	161-163	東京毎日新聞	84
爪先	139	東京横浜毎日新聞	84
吊帯鉤	225	刀剣	18, 99, 110, 111, 115
釣鐘	189	東国	11
手	128	陶磁器	5
テアティノ会	131	東巡録	55, 104
ティケル・アリス	123	道成寺縁起	169
ディゴ・ビリャマヨール像	227	東方諸国記	204
貞山公御治世御記録抄書	28	東北・北海道巡幸	73
貞山公治家記録	24, 26, 28, 31, 32, 35, 188, 266	東北遺物展覧会	116, 201
帝室博物館	77, 106	東北遺物展覧会記念帖	112, 116, 117, 197, 201
ディスチプリナ	27, 30, 103, 104, 106, 136, 188	東北御巡幸記	16, 57, 104
鄭成功画像軸	147	東北御巡行記	57
ティムール帝国	245	東北毎日新聞	74, 116
テカ	106, 136	東洋移民合資会社	80
テカ及び袋	27, 189	東洋航海船隊	9
テシヒリイナ→ディスチプリナ		頭絡	159
鉄炮御改所	95	ドゥルガー女神像	129
寺請制度	23, 24	答礼遣日大使	10
テラル・ガジャ	123	トーナメント	166, 214
テル・エル・アマルナ遺跡	159	トカゲ	125
伝足利尊氏像	169	土岐家聞書	168, 182
テンガー	122, 128	特命全権大使米欧回覧実記	47, 50
天正遣欧使節	16, 43, 47, 50, 52, 62, 75, 77, 78, 206, 207	十符の菅薦	56, 104
		十符之菅薦	81
天帝御影	29	徒歩トーナメント	166
天皇寺	252, 254, 255	冨塚右門記録之御牒	98, 100

冨塚記→冨塚右門記録之御牒
ドミニコ会　5, 106, 109, 131, 133
ドムス・アウレア　154
留金具　27, 91, 191
留針　233, 235, 236, 240
留鐶金具　225
トリビューン　63
トルコ・ブーム　145
トルコ国民の歴史概説　235
トルデシーリャス条約　6
トレド大聖堂聖具室　109, 189
ドンドルフ・ナウマン社　84
トンボ　127

な

内務省　54
名懸頭　93
薙刀　169
ナバラ王国　238
ナポレオン兵法　79
南蛮王答書　26, 96, 104
南蛮鏡　245
南蛮剣　28, 32, 73, 74, 115, 116, 199
南蛮皇帝ノ図　74
南蛮人　228
南蛮屏風　228
二十六聖人の殉教　7
日欧文化比較　229
日米修好通商条約　63
日蓮聖人註画讚　169, 177
日本アジア協会　70, 72
日本海流　5
日本からの手紙　81
日本簡略記　271
日本教会史→日本西教史
日本切支丹宗門史　34, 59, 63, 82
日本銀行　77
日本軍　210, 211

日本遣欧使節　46
日本研究欧文書誌集成　35
日本遣使　46
日本遣使関係文書　47
日本使節　43, 47, 49, 52, 75, 76, 105
日本書誌　33
日本・スペイン協定案　10
日本西教史　59, 81, 82
日本船　244
日本図書目録　34
日本布教巡察師　206
日本耶蘇記→日本切支丹宗門史
日本帝国文部省年報　70
日本・メキシコ間貿易　34, 62
ニューヨーク・トリビューン　63
ニューヨーク・ヘラルド　59, 63, 72, 82
ニューヨーク領事館　68, 82
入市式→ローマ入市式
寧波の乱　3
ヌエバ・エスパーニャ副王　10, 12-14, 16, 265, 266
ヌッガク・セミ　124
野沓　18, 27, 91, 106, 110, 111, 136, 158, 167-170, 172-174, 178, 180, 195, 196, 199
ノサ・セニョーラ・ダ・グラサ号襲撃沈没事件　11
野蒜築港　74

は

波阿波　25
バーハナ　124
廃藩置県　17, 38, 41, 73, 74
バカラン・バルン　127
馬具　17, 101, 106, 107, 110, 111, 136, 137, 167, 174, 195, 199, 208, 209
拍車・馬銜・鐙　164
白石叢話　183
幕府→江戸幕府

幕府遣米使節団　　68
幕府御船奉行　　12, 266
幕府フランス語学伝習生　　80
波状剣身　　122
馬上槍試合　　166, 209, 214
長谷雄草紙　　169
支倉家家譜書出　　260, 267, 268, 270
支倉説　　268, 269
支倉常長油絵　　73
支倉常長像　　17, 26, 55, 62, 70, 96, 104-107, 110,
　　136, 159, 188, 199, 207, 208, 210
支倉常長将来の刀剣に関する基礎的研究　　112
支倉常長・慶長遣欧使節の真相　　82
支倉常長伝　　82
支倉常長南蛮渡海始末愚考　　28
支倉六衛門持参之品　　92, 96
馬体高　　182
旗奉行　　93
パチェ　　127
バチカン図書館　　77, 78, 106, 199
バックル　　222, 224, 225, 238, 239
伴天連追放之文　　23
バテレン追放令　　7
パドヴァ大学　　80
花を持つ聖母　　236
ハプスブルク朝　　192, 244
刃根元　　119
喰　　158
馬銜　　159, 163, 165, 182
馬銜うけ　　182
馬銜枝　　159-161, 163, 164
馬銜枝下端　　161
馬銜身　　159, 160, 161, 163-165, 182
馬銜身蓋　　161
パモル　　122
パモル・サナク　　123
バユ神像　　129
パラティーノ伯爵　　15, 208

バルセロナ伯王　　245
腹帯　　142, 180
礫杭　　30
パルメット（文）　　154, 221
バロック　　109, 182
半獣半人　　149, 153, 154
磐水存響　　35, 82, 182
藩史大事典　　112
版籍奉還　　73, 115
パンチ穴　　225
蛮刀　　108, 201
ビーマ像　　129
東インド総督　　213
東成田説　　268
引手金具　　222, 232
ビクトリア・アルバート博物館　　121
ビザンティン帝国　　145
ビジェタン　　123
臂釧　　124
美術史　　102, 109, 111, 154, 182
美術史学　　18
襞衿　　192
引手　　158
ヒッポの聖アウグスティヌス　　130
日時計兼磁石　　232, 233
火縄銃　　226
百姓一揆　　23
百科全書　　140, 147
ピューリタン革命　　203
評定所　　94
評定役　　26, 93
平象嵌　　150, 151
平戸藩　　8
ビリャロボス艦隊　　4
ヒンドゥー教　　123, 124
ファリッド・シャカルガンジ廟　　174
フィリピン・メキシコ航路　　4
フィリピン国立博物館　　224, 244

フィリピン諸島誌　195, 197, 201	フランス王アンリ2世　226
フィリピン総督　8	フランス人　39, 79, 188
フィリピン総督領　4	フランス特命全権公使　76, 105
フィリピン臨時総督　8	フリー・トーナメント　166
風空輪　250-252, 254-256, 259	ブル号　230
風輪　255, 259, 268	ブルゴス大聖堂　159
ブータナワサリ神像　129	ブルンバンガン　123
フェリペ3世像　192, 227	ブローチ　234, 235, 243
フェリペ3世騎馬像　174	文　78, 100
フェリペ2世像　192	文久遣欧使節　79
フェリペ4世像　192	文献史学　18, 102
フォースタス博士　234	文献資料　102
武頭　99, 100	豊後切支丹史料　113
布教禁止　8	憤怒形シヴァ神像　129
布教保護権　5, 7	文房具　219
服飾史　108	文禄の役　12, 173, 210, 211, 212
服飾史学　18	米国北長老教会　83
服飾の本　191	平壌城　211
服飾品　219	平壌城攻防図屏風　211
福地社説　47, 49, 55, 57	平壌の戦い　211
福冑号　191	ベヴァリー大聖堂　237
普請奉行　100	ベニス元老院　213
扶助米支給規則　40	ベニス大統領　213
プチュク　122	ヘビ　128
譜牒余録　30	ペラム　159, 163
仏教　119	ベルサイユ宮殿国立美術館　192
物質的資料　101, 187, 194	ヘレル　126
プットー　153	ペンダント　222, 232, 243
風土記御用書上　270	ペンダントヘッド　222
武徳大成記　25	ペンドク　126, 127
踏板　148, 152, 154, 155	ボ　119
冬の陣　271	法王ノ画像　100
ブラゲット　109, 191	法王ノ返書　104
プラケット　190, 208	鳳凰文　150, 155, 157
プラボト　122	報恩寺（仙台）　84
フラーリ古文書館　105	報恩寺（黒川郡）　252, 256
フランシスコ会　4, 7, 10, 13, 131, 133, 200, 263	報恩寺風土記書上　257
フランス王　152	宝篋印塔　255, 257, 269

法住寺殿跡　179
棒状鍔　118, 119, 121
放蕩息子に扮したレンブラントとサスキア　227
宝寧寺　146
頬当　165
頬革孔　161
ホース　165
ポーランド王　145
慕帰絵詞　169
北軍従軍通信員　63
牧羊神　153
菩薩像　108
ボストン・クリエール　63
細川澄元像　169
牡丹文　150, 157
ポニー　165, 182
帆柱　13
保福寺　252
ボルゲーゼ公家書籍館　76
ボルゲーゼ美術館　76, 78, 106, 188, 199
ポルトガル王室　5
ポルトガル語　156, 240
ポルトガル王セバスチャン像　227
ポルトガル国王　7, 14, 205-207, 244
ポルトガル人　4, 23, 75, 82, 109, 121, 132, 191, 202, 204, 228
「ポルトガルと南蛮文化」展　133
ポルトガル船　3, 4, 7, 23, 201
本願寺　43
本光国師日記　31
本朝軍器考集古図説　183
本朝通鑑　23
翻訳集成原稿　60, 96

ま

毎日新聞　77
前輪　136-139, 141, 142, 145, 148, 178, 180, 181, 212

マカオ司教区　6
マカオ商人　4
マカラ　119, 132
蒔絵箱　219
牧馬図屏風　169, 177
巻紐　91
政宗君記録引証記　35
政宗軍記　59
政宗墓→伊達政宗墓
益田元祥像　169, 177
松島竹　220
松浦家　211
松浦史料博物館　211, 214
松浦法印征韓日記抄　211
マニエリスム　155
マニプルス　208
マハーバーラタ　129
真山記　26, 35
眉　128
マラッカ要塞　133
マリア・ルーズ号事件　58
マルタ島のユダヤ人　234
饅頭四方手　176
マント　109
マント及びズボン　27, 107, 136, 191, 199, 207
ミサ　208, 231
ミサ用葡萄酒　14
三井銀行　67, 83
三井物産　77
密教寺院跡　256
密貿易　3
ミニアチュール　173, 180
耳　160
宮城県各村字調書　261
宮城県官員録　40
宮城県勧業課　73
宮城県公文書館　53
宮城県国史　41

宮城県権令　53
宮城県参事　54
宮城県知事　41
宮城県庁　38
宮城県図書館　111, 112
宮城県博覧会　73, 74, 115, 116, 201
宮城県赴任以来県治着手順序之概要　53
宮城日報　74
宮城博覧会　16, 18, 42, 53-55, 58, 73, 81, 104, 115
目　128
明　157, 173, 179, 195, 196
明軍　3, 210-212
明十三陵　157
明人出警入蹕図　146
民俗学　102
民俗資料　102
明朝　3
ムガル細密画　173, 180
武者騎馬像　169, 177
胸懸　136, 142, 176, 179-181
無縫塔　257
明治九年奥羽地方御巡幸　54
明治九年官省往復　58
明治九年御巡幸御用書類　54
明治九年分各区達留　41
明治十三年宮城県博覧会出品目録　73, 115, 201
明治十年官省使文章　58
明治政府における慶長遣欧使節の認識過程　82
明治政府翻訳草稿類纂　65
メイル社　65
メキシコ貿易　244
メダイ　27, 30, 106, 112, 136, 188, 190, 196, 197, 199, 207, 208
メダイ残欠　27
メダイヨン　156
メディチ家　183
メデイロス・エ・アルメイダ財団　156
メトロポリタン美術館　144

目を潰されるサムソン　212
メンダク　125
蒙古襲来絵巻　168, 169
毛筆　242
文字資料　101, 187, 194
モスケット銃　245
木簡　102
モデナ市民博物館　163
モハーチの戦い　145
物置締役　100
モロ型クリス　108, 201
モロ型式　201
文書館→ヴェネツィア国立古文書館
文部科学省告示　91

や

矢　128
ヤコブ・シモン・デ・ヴェリエス隊長　227
屋敷奉行　100
耶蘇教諜者　37
山崎屋　84
有功丸　81
湯島聖堂　83
弓張記　168, 182
俑　173
羊皮紙公書　60, 68, 69, 72, 104
羊皮紙書翰　29, 96
ヨーロッパ人　8, 121, 130, 202, 204
ヨーロッパの馬鎧　144
横須賀製鉄所　79
横浜毎日新聞　84
ヨハネ黙示録　159
鎧着用次第　183
鎧櫃　219, 220, 232
万渡方帳　245

ら

ライオン　109

ラ・ガゼッタ・ディ・ヴェネツィア　44, 80
ラ・ガゼッタ・ディ・ヴェネツィア　44, 80
ラ・ガッゼッタ・ヴェネタ・プレヴィレジャータ
　　80
ラ・ガッゼッタ・プレヴィレジャータ・ディ・ヴェ
　　ネツィア　80
ラーヴァナ像　129
雷文　150, 151, 155
楽善社　81
楽善叢誌　81
羅利像　129
ラドラン　126
ラドラン型式　129
騾馬　195
ラリタサナ　125
ランカ　126
ランカ・イラス　126
蘭学　80
リーフデ号　8, 228
リグーリア美術学校　84
陸軍省　54
リコレクト会　133
リチャンクリン　126-128
立憲帝政党　80
リットルコートハウス　181
リボルノ港　75
リヤ・ヴェラ　119
リヤ・パタ　119
リングブローチ　235-241
輪王寺　252, 255, 270
ルイ13世王妃　14
ルイ13世騎馬像　180
ルイ14世のスイス大使接見　192
ルーナ　44
ルーベンス工房　152
呂宋　25
呂宋酋長　29
ルネサンス　245

ルパーヴァリヤ　117
ルリク　124
礼儀類典　26, 93, 112
礼拝所　15
歴史の謎を追うて　248
レナ・ショール沈船遺跡　156
レパントの海戦勝利　190
レピアー　226-228
レヘル　125
レュナ　44
レリカリオ　27, 106, 136, 182, 189
蓮池水禽　191
老臣　93
ローマ教皇　5, 15, 31, 34, 62, 75, 77, 157, 196, 205,
　　206, 208, 209, 271
ローマ教皇パウロ五世像　18, 26, 32, 96, 100, 101,
　　106, 110, 112, 136, 159, 188, 193, 199, 200, 205
ローマ剣　73, 74, 100, 115, 201
羅馬剣→ローマ剣
ローマ市貴族院　188
ローマ市公民権証書　18, 26, 29, 31, 55, 70, 72, 91,
　　96, 101, 102, 104-107, 110, 111, 136, 159, 187,
　　194, 199, 207, 210, 214
ローマ人　30, 159
ローマ総政院　75
ローマ帝国　159
ローマにおける歓待の報告　209
ローマに来た最初二回の日本使節　84
ローマ入市式報告　209
ローマ入市式　15, 34, 209
六道絵　177
六右衛門等覚書聞書　41
ロクロ成形　220
ロザリオ　27, 91, 106, 136, 188, 189, 196, 236, 237,
　　240, 241, 245
ロザリオの聖母像　27, 29, 91, 104, 105, 109, 110,
　　136, 188, 189, 196, 199, 207, 208, 210
ロシア艦隊　95

肋骨　220
ロマネスク　189
露梁津海戦　211
ロンドン博物館　163, 239

わ

若年寄　26, 93, 99
輪金具　92
和鞍　103, 137, 180
若老　93, 99
脇差　219

脇番頭　27, 93, 94
枠金　225
倭寇　3, 4
和式轡　158
早稲田大学図書館　35
倭城　210, 211
和名類聚抄　176
腕帛　208

ん

ンガバー・コポン　122

Summary of Archaeological Study on the Keicho-era Mission to Europe (1613-1620)

Introduction

Chapter 1. The international situation surrounding Japan from the latter half of the 16th century to the early half of the 17th century

When we think about the international relations that surrounded Japan after the latter half of the 16th century, it is essential to take into consideration the presence of the Wako, pirates and smugglers operating along the coast of China and Korea from the 13th century to the 16th century. In the middle of the 15th century, the Ming government had to enact frequent bans on trade, providing evidence of a lively smuggling trade largely controlled by the Wako.

At the beginning of the 16th century, the Portuguese advanced into India and Malacca. Though they requested the Ming dynasty to authorize trade and commerce in 1517, their application was rejected. After that, the Portuguese were involved in illegal trade in association with the Wako. They obtained the Macau Settlement in 1557, due to their support of a clean-up operation of the coastal smugglers in Canton and neighboring provinces by Canton authorities. Thus Portuguese secured a trade foothold in China.

The Ming Dynasty relaxed the restrictions of the traditional Kaikin Policy (a policy forbidding private trade with foreign countries) in 1567 and approved Chinese merchants to go to Southeast Asia for trade. However, trade with Japan remained forbidden due to it being deemed the source of the Wako.

A ship owned by the boss of the Wako sailed from Ayutthaya to the Zhoushan Islands located off the east coast of Ningbo in 1542. However, the ship was caught in a violent rainstorm and drifted ashore on Tanegashima Island, 55 km southeast of the southern tip of Kyushu. In 1549, Francisco de Xavier (1506-1552), a Catholic missionary belonging to the Society of Jesus, was able to go directly to Japan by coercing a pirate who lived in Malacca. Thus the Wako played important roles for encounter with Portuguese and Japanese. Soon after, Portuguese ships came to visit ports in Kyushu, Japan's southernmost island. In 1570, the port of Nagasaki was opened for trade with Portugal by Shumitada Omura (1533-1587) who was a feudal lord of Omura in the Hizen Province (what is present-day Nagasaki and Saga Prefectures). As a result, the trading route between Nagasaki and Macau was securely established.

Due to the easing of the Kaikin Policy by the Ming emperor in 1567, as well as bans on piracy enacted by Hideyoshi Toyotomi (1537/1536-1598) in 1587 and 1589, the activities of the

Wako seemed to be nearing an end.

In 1582, a junk owned by a merchant of Macau entered port at Hirado Island, 75 km northwest of Nagasaki City, carrying missionaries of mendicant orders from Manila. In 1570, the Spanish occupied Manila and declared possession of the Philippine Islands, and this arrival of missionaries from Manila signified the beginning of the relationship between Japan and Spain.

The Acapulco-Manila sea route was discovered by Andrés de Urdaneta in 1565. The galleon trade between Acapulco and Manila commenced the next year and continued until 1815. A galleon which set sail for Manila from Acapulco first headed southwest before catching the northeast trade wind at around 12° N latitude. The galleon took two months to arrive in Manila from Acapulco. However a galleon bound for Acapulco from Manila would sail north on the Kuroshio ocean current with southwest wind to around 35° N latitude where it would sail with the prevailing westerlies towards Cape Mendocino in California. From here, it would sail along the west coast of North America down to Acapulco. This voyage would take 5 months.

The galleon trade was monopolized by Spanish in Manila. Galleons that sailed to Acapulco from Manila carried mainly Chinese silk goods, leading to their being called "silk ships". However, galleons sailing to Manila from Acapulco carried silver and monks, and were therefore known as "silver ships".

In 1549, Francisco de Xavier of the Society of Jesus preached the gospel in Japan for the first time. Thirty-five years later, missionaries of the mendicant orders from Manila arrived in Japan. The Society of Jesus was supported by Kingdom of Portugal and the mendicant orders by Kingdom of Spain. Japan became a site for the mingling of the two countries of the Iberian Peninsula.

Beginning in the 15th century, the pope gave *padroado* (patronage) to the kings of Portugal and Spain for their missionary activities. With the Treaty of Tordesillas in 1494, the two countries prescribed the areas of their latent possession. The *demarcacion* (line of demarcation) was placed at 40° 30' W longitude, with the lands and sea to the east belonging to Portugal and the lands and sea to the west going to Spain. If one were to extend this line around to the other side of the globe, it would sit at 133° 30' E longitude and pass through the western Japanese prefectures of Tottori, Okayama, Ehime and Kochi. However, there were no provisions for this in this treaty. The division of the eastern hemisphere was subsequently established in 1529 with the Treaty of Zaragoza. However there were differences between the Spanish and Portuguese interpretations of the line of demarcation marked off by this treaty. Similarly, a confrontation emerged between Portugal and Spain based on missionary rights and was brought into Japan. It caused confusion in the propagation of the Catholic faith and brought about distrust from rulers such as Hideyoshi Toyotomi and Ieyasu Tokugawa (1542-1616) in Japan. The confusion enabled the Dutch and the English to enter the trade market in Japan.

Hideyoshi ordered the deportation of Christian missionaries in July 1587. Although he banished missionaries from Japan, he continued to encourage foreign trade that was unconnected with Christian missionary work. In 1596, he re-issued this ban on clerics and had twenty-six Christians, or Franciscan monks, the Japanese Franciscan members and the Japanese members of Jesuits who had been conducting and supporting missionary work in Kyoto arrested and taken to Nagasaki where they were executed. Consequently, the relationship between Japan and Spain (Philippines) became strained. Amid this situation, he passed away on September 18, 1598.

After Hideyoshi's death, Ieyasu Tokugawa became shogun and dispatched messages to the nations of Southeast Asia with the aim of fostering international relations. Based on these diplomatic ties, he established and implemented the system of shuinsen, or shogunate-licensed trading ships. Shuinsen legally met and traded with Chinese trading ships in the main ports of Southeast Asia.

While Ieyasu traded with the Portuguese which had strong ties with the saigoku daimyo (the feudal lord of western Japan), he had a major interest in improving relations between Japan and Spain (Philippines) for realizing foreign trade in his territory. Ieyasu met with the Franciscan monk Jerónimo de Jesús de Castro in 1598. De Castro realized that Ieyasu wanted to enter into trade with Spain (Philippines) and Mexico in the ports of Kanto region, and to invite Spanish silver mining engineers and shipwrights to Japan. The first Spanish ship from Manila arrived in the port of Uraga, located at entrance of Tokyo Bay, in 1606. While he welcomed this ship, in regard to his policy towards Spain, it is worth noting that although he permitted the residence of the foreigners in Japan, he prohibited Christian missionary work in Japan.

Around that time that Ieyasu began moving towards creating trading ties with Spain, a Dutch ship called the Liefde drifted ashore on the northeast coast of Kyushu in Japan. This occurred around the year 1600. Ieyasu met with two members of the crew, an Englishman named William Adams and a Dutchman named Jan Joosten van Loodensteyn. From them he learned about the international conflict between the Catholic kingdoms of Spain and Portugal and the Protestant countries of the Netherlands and England. He then appointed William Adams as his foreign advisor and gave a residence in Uraga along with nearby. These were preparations for the arrival of Spanish ships in Uraga Port.

Two Dutch ships arrived in Hirado in June 1609. The feudal lord, Matsura, went to welcome the ship and then acted as intermediary on Ieyasu's behalf to secure permission to commence trade with the Dutch. The Dutchmen traveled to Edo with a message from the Dutch sovereign Maurits van Nassau requesting the initiation of trade with Japan. In response, Ieyasu issued a shuinjo (a license to trade) to the Dutch. The Dutch East India Company then established a trading firm in Hirado, thus initiating formal exchange between the two countries.

It was in 1613 that Japan entered into trade relations with England. In June of that year, John Saris entered the port of Hirado and through an introduction from William Adams, was able to meet with Ieyasu Tokugawa. Ieyasu approved the establishment of a firm of the British East India Company in the port of Uraga, but instead Saris placed it far from the shogun's capital in Hirado. Ieyasu tolerated him opening it here.

Chapter 2. Keicho-era Mission to Europe

In September 1609, a galleon called the San Francisco washed ashore off the east coast of the Boso Peninsula near the Shogun's capital of Edo while on its way to Acapulco from Manila. One passenger on board was Rodrigo de Vivero y Velasco, the former Spanish interim governor of the Philippines. A consort ship arrived in a port of northeast Kyushu to take shelter from the storm.

The Edo shogunate recognized this as a good opportunity and welcomed Velasco in order to open trading relations with Spain. As part of the negotiations, Velasco petitioned Ieyasu to protect missionaries, establish friendly relations between their two countries and deport the Dutch from Japan.

In February 1610, Ieyasu presented an agreement between Japan and Spain consisting the following seven items. 1. The Edo shogunate provides ports for arrival of ships and land for Spanish residents. 2. The Edo shogunate permits mendicant friars to reside in Japan. 3. The Edo shogunate permits Spanish ships en route to Acapulco from Manila to call at Japanese ports. 4. If Spanish ships require refitting or rigging, or if new ships need to be constructed, the Edo shogunate will permit payment of the general price for this work. 5. When an ambassador of the king or viceroy visits Japan, the Edo shogunate will welcome them. 6. The viceroy of New Spain will welcome the arrival Japanese merchants and ships in Mexico. 7. The price of items brought into Japan by Spanish ships is to be decided by the joint agreement of Japanese and Spanish.

The same year, a ship constructed under the direction of William Adams called the San Buenaventura left Uraga for Acapulco. Alfonso Muñoz, whowas the Provincial of the Franciscan Order in Japan, acted as the shogunate's envoy to Mexico, along with Rodrigo de Vivero and 22 Japanese merchants were on board this ship. Alfonso Muñoz carried the above-mentioned agreement to King Felipe III of Spain.

On March 22, 1611, the Viceroy of New Spain, Luis de Velasco II, dispatched Sebastián

Vizcaíno (1548-1624) as an envoy for returning courtesies to Japan. He was also charged with the duty of mapping Japan's Pacific coast and of exploring two mythical islands called Rico de Oro and Rico de Plata. In March of 1611, about 50 Spaniards, including Vizcaíno, as well as Japanese merchants set sail in a galleon from Acapulco. The ship entered the port of Uraga on June 10 and, with Luis Sotelo — a Franciscan monk who had been conducting missionary work in Japan since 1603 — as an interpreter, Vizcaíno met with the shogun Hidetada. In July, Vizcaíno presented with letters and presents from Louis de Belasco, the Vice Royalty of New Spain. He also received permission from the shogunate to conduct mapmaking expeditions along the coast of Japan.

In September 1612, he set sail for Acapulco from Uraga. On the way, he planned to search for the islands of Rico de Oro and Rico de Plata that were allegedly around 35°N latitude. He carried with him letters to the Viceroy from Hidetada and Ieyasu, both of which expressed an expectation that trade relations between the two countries would advance, but with Ieyasu specifying in his that the propagation of Christianity in Japan was prohibited. Vizcaíno's ship met with a storm while searching for the islands, and returned to Uraga, abandoning their voyage to Acapulco.

At around the same time, the shogunate built a ship to dispatch to Mexico. It left Uraga for New Spain in October 1612 carrying Luis Sotelo (envoy of Ieyasu and Hidetada) as well as two vassals of Masamune Date (1567-1636). However the ship ran aground approximately 5.6 km offshore of Uraga Port.

Due to these continuous failures to reach New Spain, the shogunate's attitude towards trade negotiations with Mexico regressed a little.

Masamune Date – a powerful daimyo (feudal lord) with wide land holdings based about 350 km north of Edo in Sendai – first met with a European in 1610. This meeting was with Father Jose de San Jacinto Salvanez of the Dominican Order. Masamune promised to provide him with a site for the building a church.

Because Masamune's land was on the Pacific side of Japan, we can conjecture that he was interested in Spanish ships arriving in Uraga from Manila and that his reason for meeting Father Salvanez was to explore the possibility of trade between Sendai and Mexico. But there was one more reason why Masamune was interested in opening trade between Sendai and Mexico: geographic coordinates. A galleon ship leaving Manila for Acapulco would travel north to around 35°N latitude and then change to an eastern course, heading for Cape Mendocino in California. Masamune's ship the San Juan Bautista left Tsukinoura in the Bay of Sendai for Acapulco in October 1613. Although Cape Mendocino is around 8,000 km away from Tsukinoura, the latitude between the two spots is different by only 2 degrees. A ship leaving from there can cross the Pacific by simply navigating to the east.

Masamune's plan to trade with Mexico began to progress in 1611. When Vizcaíno visited Sendai to survey the Pacific coast of the Tohoku district, he brought Sotelo as his interpreter and Masamune received the two of them at Sendai Castle. During his surveying work, Vizcaíno caught sight of timber for shipbuilding being cut down from the forest. After completing his surveying work, he returned to Sendai and received presents for the King and Viceroy of New Spain. He was also informed by Masamune that he was prepared to accept missionaries.

In September 1612, Vizcaíno set sail for Acapulco from Uraga, but was forced to return to Uraga due to a storm. The next month, a new ship built by the shogunate left Uraga for Acapulco, and once again ran aground immediately after leaving port.

Masamune used this as an opportunity to demand the shogunate to permit him to send an envoy to Mexico and to construct a ship for this purpose. In June 1613, Masamune sent a letter to Tadakatsu Mukai, the shogunate's administrator for ships. The letter thanked Mukai for having dispatched a shipwright to Sendai, thus we can assume that the building of Masamune's ship had been already begun when this letter was sent.

But right when the construction of this ship was progressing, a big change occurred to the plan. The plan was originally to dispatch envoys to Mexico. However, he decided to take the suggestion of Sotelo and dispatch an envoy to Spain and Rome as well. He had already completed the choice of the personnel for the envoys to Mexico, but had to quickly select people to dispatch to Spain and Rome.

Tsunenaga Hasekura (1571-1621/22), a mid-level vassal in the Sendai Domain, was chosen as the envoy to Spain and Rome. At the time of his appointment, he had been forced to take responsibility for a crime committed by his father, and the land of his fiefdom, which was a distance of three days' walk from Sendai Castle, had been confiscated. But after his appointment, he was given a new fief near the Sendai Castle.

The ship built to carry envoys to Mexico was 10.8meters wide, 35.5meters long, 28meters high and its mast was 32.4meters high. The ship was named the San Juan Bautista and carried about 180 people on board, of which approximately 140 were Japanese and 40 were foreigners. Sotelo was traveling as an envoy of Masamune and the Shogunate, but he also acted both as the captain and the director general of the ship. Three of Masanune's vassals were on board as envoys: Chusaku Matuki and Sakan Imaizumi were the envoys to New Spain and Tsunenaga Hasekura was the envoy to Spain and Rome. Vizcaíno was on board as a passenger. 1,000 items of baggage were loaded onto the ship.

The San Juan Bautista left Tsukinoura on October 28, 1613 and arrived in Acapulco on January 25 or 29, 1614. Tsunenaga handed the Viceroy a letter from Masamune. Sotelo submitted to the viceroy a note promising that the persecution of Christians and deportation of missionaries from Japan would cease if trade relations with New Spain were established. But Vizcaíno also sent a letter to the Viceroy and the King informing them that the true purpose of the envoy was to realize commerce between Japan and of Mexico.

In May 1614, a 30 member troop from Hasekura's group left Mexico City and traveled on a Spanish warship via Havana, arriving at Sanlúcar de Barrameda on October 5, 1614. They arrived at Seville, which was the hometown of Sotelo, on October 21 and received a warm welcome. On about December 5, they arrived in Madrid.

Tsunenaga Hasekura and Luis Sotelo had an audience with Felipe III, the King of Spain, on January 30, 1615. Tsunenaga handed the king a letter from Masamune and a draft agreement between Masamune and the king. The contents of the draft are as follows. 1. Masamune requests that the king dispatch Franciscan monks to his fief. 2. Masamune will send a ship to New Spain every year to bring missionaries to his fief. Then the ship will take cargo for exchange and for private use on board. 3. Masamune requests the king to dispatch to him navigators and sailors. 4. When a ship which headed for Acapulco from Luzon docks in a port of Masamune's fief, Masamune is to offer repairs and special consideration towards it. 5. When a Spaniard builds a ship in Masamune's fief, Masamune will offer the materials at the market rate. 6. Masamune is to welcome Spanish ships into the ports of his fief. Masamune will permit Spaniards to sell their cargo freely in his fief. 7. When Spaniards are to reside in Masamune's fief, he is to give them land to build houses. And if discord should occur between Spaniards and Japanese, Masamune is to respect the judgment of the Spanish leader.

Because the shogunate wished to trade with Mexico, Sotelo made a speech stating that he was dispatched again by the shogunate to help realize a trade agreement.

However, in the king's reply to draft agreement regarding trade between Japan and Spain that Muñoz brought, there was no article stipulating that one ship a year would be sent to Japan from Mexico. In fact, contents of his reply were the same as a general thank you letter, reflecting the severe suppression of Christianity in Japan. This reply was brought to Japan by the Franciscan monk Father Diego de Santa Catalina, who was acting as an envoy of the king, on the San Juan Bautista, which left Acapulco for Japan on April 28, 1615. Before Tsunenaga and Sotelo even had a chance to meet with the king of Spain, he had refused trade with Japan and New Spain.

The King stipulated as a condition to agreeing to enter trade relations with Sendai that the Dutch be expelled from Japan. This made the creation of trade relations between Sendai and New Spain incredibly difficult.

Tsunenaga was baptized at Conventos de las Descalzas Reales y de la Encarnación in

Madrid on February 17, 1615. The king, his daughter, the Queen Louis XIII and many nobles or officials attended the ceremony. The Duke of Lerma acted as the godfather. Tsunenaga's baptized name was Filippo Francesco.

The King permitted the envoy party to visit Rome. They left Madrid on August 22, 1615. Their ship set off for Rome from Barcelona via Genoa and arrived at Rome on October 10. They stayed in Rome until January 7, 1616. A ceremony to commemorate their entry into the city was held on October 29. When Tsunenaga was granted an audience with Pope Paul V on December 3, he read Masamune's letter to the Pope aloud. In it Masamune expressed his respect for the pope and his desire to create a friendship with Spain.

The envoy asked for the Pope's assistance in some matters. There is no existing copy of this petition, but we do have the pope's reply, and it contains some interesting items. This is the pope's reply following Tsunenaga personal petition. 1. I appoint Tsunenaga Hasekura, his family and descendants as Count Palatines and knights. 2. I will accept the establishment of a private oratory.

The mission left Rome on January 7, 1616. They called at the ports of Livorno and Genoa and their way to Barcelona. They arrive at Madrid in the middle of April, but information about the prohibition of Christianity and oppression of Christians that was occurring in Japan had reached Spain by then, ruining Sotelo's reputation. The government ordered the envoy to leave Madrid immediately. Therefore they stayed in Seville. On June 22, fifteen members of the mission were to leave Seville and go to New Spain. However, because Tsunenaga had not yet received the King's reply to Masamune, he and Sotelo refused to allow the boat to embark. The reply was written on July 12, 1616 and in it the King wrote that he expected Masamune to be accommodating to Christianity, however, it did not address the possibility of trade between Sendai and New Spain. Although Tsunenaga and Sotelo made various efforts to carry out their duty, they were unable to pull of the trade agreement that Masamune desired. Finally they left for New Spain with five members of the envoy on a Spanish warship on July 4, 1617.

The San Juan Bautista sailed from Uraga for Acapulco on June 30, 1617 in order to meet the arriving members them. About 200 people, including the Franciscan monk Father Diego de Santa Catalina who was acting as an envoy of the King of Spain, were on the ship. He was able to give Ieyasu a letter and a present from the King, but Hidetada refused to take the present. Move over, he was ill-treated while staying Japan. A letter from the viceroy relating these offenses was sent to the King in about June, 1617.

It was impossible for the San Juan Bautista to return to Japan without the help of Spanish sailors. They could not let the ship go directly to Japan because of the severe persecution towards Christianity there. Therefore, the ship headed for Manila, leaving Acapulco on April 2, 1618 with Tsunenaga, Sotelo and others on board. It arrived in Manila on August 10. Tsunenaga and others stayed in Manila for two years. In September 1620, the envoy and Tsunenaga returned to Sendai without having received a reply from the King of Spain to Masamune. Just after Tsunenaga returned home, to make clear Masamune's stance to the shogunate, he ordered a large board declaring the prohibition of Christianity to be erected on his fief. Tsunenaga died in either 1621 or 1622.

In September of 1622, Sotelo stowed away in cagayan that was off the northern end of Luzon Island to enter Japan. He was arrested in southern Kyushu and was executed in Nagasaki in August 1624.

Chapter 3. Research on the Keicho-era Mission to Europe

The Keicho-era Mission to Europe became well-known in the Meiji Era. When the Meiji emperor toured the Tohoku area in 1876, he saw materials related to the Keicho-era Mission at the Miyagi Exhibition, which was being held in Sendai. A newspaper reporter following the emperor's tour reported this in the Tokyo Nichi Nichi Shimbun newspaper, which resulted in the Keicho-era Mission to Europe becoming widely known.

Prior to this in 1873, some Japanese people had seen historical materials about the envoy in Venice, Italy. A member of the Iwakura envoy Genichiro Fukuchi (1841-1906) and a Buddhist priest named Mokurai Shimaji (1838-1911) visited archives in Venice on March 5, 1873 to see the letters of Tsunenaga Hasekura. While there, Fukuchi made copies of them. After returning to Japan, he asked many scholars for their opinions on the letter, but no one replied. The next to see the letters was Takayoshi Kido (1833-1877), the Vice Commander of the Iwakura envoy. He saw them on May 6 and realized that they were related to the Tensho-era Mission to Europe (February 20, 1582 - July 21, 1590). The third group to see the letters was the ambassador of the mission, Tomomi Iwakura (1825-1883) and his attendant Kunitake Kume (1839-1931), a historian. They visited the archives to see the letter on May 30. Kume denied that the letters were related to the Tensho-era Mission to Europe, but he did not realize that the letters were written by an envoy of Masamune Date.

There were extremely few Japanese who knew the history of the Keicho-era Mission to Europe in the Edo Period. In contrast to this, the Tensho-era Mission was widely known. Just after the departure of the Keicho-era Mission to Europe, the shogunate tightened its ban of Christianity, so the only European country with a trade relationship with the shogunate ended up being the Netherlands. Historical evidence of the envoy remained sealed for approximately 250 years.

These historical materials are classified into roughly two categories for the purpose of research. One category is materials which are preserved by the Sendai Domain's Office in Charge of Persecuting Christians and in charge of preserving the Date family records. The other category is historical records which are preserved in Europe and Japan. The former is currently held by Sendai City Museum and the latter are included in Dai Nihon Shiryo (the Historical Materials of Greater Japan) which was published in 1909.

This book is comprised of three parts. In the first part, I will throw light on the how the history of the Keicho-era Mission to Europe became recognized. I intend to clarify the reasons for the new Meiji government endeavoring in the historical study of the envoy. The second part presents research on materials related to the Keicho-era Mission to Europe. Research on the swords and harnesses, which are thought to have been brought back by the envoy has hardly been conducted until now. Based on the archeological research of the swords and harnesses I intend to clarify their historical significance. In the third part, I present and archeological analysis of items excavated from Masamune Date's grave that exhibit European elements. Finally I will propose that they were intentionally included in the grave as burial accessories. I also investigate the grave of Tsunenaga Hasekura in the third part.

Part One. Research on the process of growing awareness about the Keicho-era Mission to Europe

Chapter 1. Awareness of the Keicho-era Mission to Europe up to the end of the Edo Period

Immediately after the departure of the Keicho-era Mission to Europe, the shogunate tightened its ban on Christianity. The shogunate prohibited the arrival of the Spanish ships to Japan in 1624, and then Portuguese ships in 1641. The only European nation allowed to trade with Japan was the Netherlands. These policies continued until the shogunate was toppled. Under these political conditions, historical knowledge about the envoy was not conveyed accurately.

In the Sendai Domain, there are the following records on the mission. Datefu (the Date Record, 1664), *Samuraisyu Onchigyo Kudashiokare Oncho* (47 volumes of Notifications to the Authorities Regarding the Fief Lands of Samurai and, 1676-1679), *Date Jika Kiroku* (23 volumes of the Date Family Records,1703), *Kodan Hitsujo* (A Recording of Old Tales, 1724), *Takanoke Kiroku* (The Takano Family Records, 1774), *Sendai Bukan* (12 volumes of The Sendai Book of Heraldry, 1782), *Kenso Hiroku* (2 volumes of The Confidential Records on Swords and Spears,1789), *Hasekura Tsunenaga Namban*

Table 1: Description of records on the Keicho-era Mission to Europe from the Edo period

	Title / Year of publication	Purpose of dispatch	Destination	Departure	Return	Members on board	Articles brought back
1	*Date Fu* 1644-1670	Preliminary survey for the capture in Namban	(Western Europe)	Western Europe	1606	After several years	Sailors of Tadakatsu Mukai
2	*Samuraishu Onchigyo Kudasiokare Oncho* 1676-1679		Western Europe	1613	1620		
3	*Date Jikakiroku* 1703	Preliminary survey for the capture in Namban	Western European Country	Oct.28, 1613	Sep.22, 1620	180 people (12 people concerned with the Sendai Domain, 10 of Mukai's subordinates, 40 western people and merchants)	Portraits of Western king and Hasekura
4	*Kodan Hitsujo* 1724	Preliminary survey for the capture in Namban	Western European Country	1605-1625	Six years later	The Envoy of Rokuemon Hasekura and Shogen Yokozawa	Reply from Western king, some gifts and portraits of Western king and Hasekura
5	*Takanoke Kiroku* 1774		Western Europe				
6	*Sendai Bukan* 1782	Survey for the capture in Namban	Western European Country	1634	After passing through years	10 monks, Hasekura, Matsuki, Nishi and Tanaka	Personal effects of Hasekura, Matsuki and Nishi
7	*Kenso Hiroku* 1789		Western European Country				2 Western swords
8	*Kinjo Hiun* 1812	Reconnaissance for the capture in Namban	Western European Country	Oct.28, 1613	Sep.22, 1620	180 people (10 people including Hasekura, 10 of Mukai's subordinates, 40 western people and merchants)	Safekeeping products from Office in charge of persecuting Christians
9	*Kansei Jusyu Shoka Fu* 1812	Sending Sotelo back	Western European Country	Oct.28, 1613	1620	180 people (Mukai's subordinates, vassals of Masamune and western people)	
10	*Tsuko Ichiran* 1853		New Spain (Mexico)	Sep.29, 1613		180 people (Mukai's subordinates, vassals of Masamune and western people)	

Note: No.1-8 are records from Sendai Domain and No.9-10 are from the Tokugawa Shogunate.

Shimatsu Guko (An Opinion on the Management of Tsunenaga Hasekura's Sea Crossing into Barbarian Lands, 1812), and *Kicho Tsunenaga Dohgu Kouryaku* (An Abbreviated Consideration of the Tools of Tsunenaga's Return to Japan, 1812).

Shogunate records relating to the Keicho-era Mission include *Kansei Jusyu Syokafu* (Volume 12 of Various Genealogies from the Kansei Reform, 1812) and *Tsukoh Ichiran* (Volume 185 of the Brief Summary of Naval Affairs, 1853). There are eight records about the mission in the Sendai Domain and two in the shogunate in Edo Period.

A summary of the contents of these records can be seen in Table 1. Looking at this table, it becomes apparent that even the basic information about the mission is complicated. Further, the activities of the envoys in Mexico and Europe are not even mentioned in any of these records.

Between 1614 and 1618, books about the Keicho-era Mission to Europe were published all over Europe. Even today many historical materials related to the mission are housed in European archives. There are descriptions of the mission in the book *Defense des nouveaux chrestiens et des missionnaires de la Chine, du Japon, et des Indes* (published in Paris in 1687). A description can also be found in chapters 15-17 of the first volume and chapters 1, 3 and 5 of the second volume of *Histoire de la Religion Chrétienne au Japon depuis 1598 jusqu'a 1651, comprenant les faits relatifs aux deux cent cinq martyrs beatifies le 7 juillet 1867* (published in Paris between 1869 and 1870).

The mission also was known in the United States. There is a description of it in chapter 21 of *Japan as It Was and Is* (published in 1855). The movements of the envoys in Mexico, Spain and Rome were widely known in Europe and America even before the dispatch of the Iwakura Mission to the United States and Europe (1871-1873).

Chapter 2. Awareness of the Keicho-era Mission to Europe from the 1860s until 1890

In 1871, in order to establish a unified nation ruled by a central government, the new Meiji government dissolved the Han system of feudal domains and established prefectures in their place. As a result, the Sendai Domain was dissolved and Sendai Prefecture was established in its place in July 1871. Six months later, Sendai Prefecture was renamed Miyagi Prefecture and the documents and the articles which were managed by the Sendai Domain were transferred to Miyagi Prefecture's management. These included articles related to the envoy that were managed by the Sendai Domain's Office in Charge of Persecuting Christians. This is recorded in "The Secret Agent Report for The Grand Council of State, No.57" which was sent in September 1872. From this, it is clear that the new government's intelligence agency received information about the envoy. However, this information was not conveyed to the central government.

As mentioned above, three times in 1873 members of the Iwakura envoy had seen the letters of Tsunenaga Hasekura in the Venice Archives. However, no one was able to understand Tsunenaga. The ambassador, Tomomi Iwakura requested the Italian Guglielmo Berchet (1833-1913), who oversaw the archives, to proceed in an investigation of Tsunenaga.

From April 15 until July 3, 1876, the Miyagi Exhibition was held in Sendai. Among the articles on display at this exhibition were curiosities, rare articles and local products. But the articles that drew the most attention from visitors were articles relating to the envoy to Europe that had been managed by the Sendai Domain's Office in Charge of Persecuting Christians. Of particular attention were an official document written on the parchment (第67図, p.187. See figure 67 on p.187) and an oil portrait of Tsunenaga (第68図1, p.188). The Emperor Meiji emperor made an official tour of the Tohoku district from June 2 until to July 16, 1876. Many high government officials, including the Minister of the Right Tomoni Iwakura, accompanied him. The Emperor visited the exhibition on June 26 and showed interest in the articles concerning the envoy.

Iwakura ordered them to be transferred Tokyo for analysis, preservation and study. In August 1876, Miyagi prefectural office sent them to the Dajokan Seiin (the Central State Department of the Grand Council of State). The junior clerk of The Grand Council, Yukimasa Hirai (1839-1896), was in charge of their research and preservation. Because he was proficient in Chinese, English and French, he played an active role in diplomatic negotiations and the creation of the diplomatic documents. The first thing that Hirai did with the documents was translate an official document on parchment from Latin into English with the help of the British Minister to Japan, Harry Smith Parkes (1828-1885). This English translation was then translated into Japanese. At this point, it became clear that this document was a patent of Roman citizenship granted to Tsunenaga Hasekura. Hirai then made a point of collecting historical information about the envoy from not just Japanese sources, but from European books as well. The result of Hirai's study on the envoy was published in Japanese under the title *Date Masamune Ohnan Kenshi Koh* (Study on the envoy dispatched to southern Europe by Masamune Date) around February 1877.

Just before its publication, an article entitled "JAPAN AND ROME IN THE SEVENTEENTH CENTURY" appeared in *the Tokyo Times* Vol.1 No.1, dated January 6, 1877. The publisher of this newspaper was the American Edward Howard House (1836-1901), a pro-Japanese journalist who visited Japan in 1870 and an acquaintance of Hirai since 1874. Although this weekly English newspaper was ostensibly published privately by House, he was secretly furnished with funds from the government for publication. The government's goal in funding this operation was to publicize Japan to the world. Because the article had the same purpose, it was an appropriate for inclusion in the first issue.

Using Hirai's book and House's article as support, the Meiji government announced that Japan had conducted diplomatic negotiations with Spain in the early 17th century at both home and abroad.

At the 1880 Miyagi Prefecture Exhibition in Sendai, two swords of foreign origin that had been owned by the Date family were on display. These had been brought to Japan by Tsunenaga. The Meiji emperor took a second imperial tour of the Tohoku and Hokkaido districts from July 30 to October 11, 1881. During this tour, he was in Sendai from August 12th until the 14th, and while he was there an oil portrait of Pope Paul V that had been owned by the Date family was presented for his inspection. With the public presentation of these two swords and this portrait of Pope Paul V, all of articles related to the envoy had become known to the public.

Guglielmo Berchet's notes and writings on the Keicho-era and Tensho-era Missions to Europe were collected and, along with the results of his research, were published as a *Le antiche ambasciate giapponesi in Italia* in 1877. This book contained 16 documents about the Keicho-era Mission and 37 documents about the Tensho-era Mission.

The Meiji government gave Naojiro Murakami (1868-1996) permission to study in Spain, Italy and the Netherlands from 1899 from 1902. During this time abroad, he visited archives and libraries in Italy, France, Portugal, the Netherlands and England to transcribe documents and records related to the two envoys. The results of his work were published in 1909 in issue 12.12 of the *Dai Nihon Shiryo* (Historical Materials of Japan), and again in Volume 11 Books 1 and 2 of a special edition of that publication in 1974.

Part Two. Archaeological research on materials related to the Keicho-era Mission to Europe

Chapter 1. The history of research on materials related to the Keicho-era Mission to Europe

The materials relating to the Keicho-era Mission to Europe have been organized into 47 items (Table 2). Among them is a portrait of Pope Paul V and two swords that were owned by the Date family. The remaining 44 items are materials that had been managed by the Sendai Domain's Office in Charge of Persecuting Christians during the Edo period. All of these were designated national treasures in June 2001 and the Ministry of Education, Culture, Sports, Science and Technology (MEXT) officially declared them all materials that were brought to Japan by the Keicho-era Mission. However, they were mistaken.

Table 2: The details of materials related to the Keicho-era Mission to Europe

Material name	qt.	p.	Explanatory notes
Certificate of Citizenship of Rome	1	187	Color on parchment. Dated 1615. To Tsunenaga Hasekura
Portrait of Tsunenaga Hasekura	1	188	Oil on canvas
Portrait of Pope Paulus V	1	188	Oil on canvas
The Madonna and Child	1	189	Oil on bronze
Chasuble with orphreys	1	189	Velvet
Crucifix	1	—	Bronze and wood (zelkova)
Medal and cross	1	190	Medal: bronze. Cross: lacquered wood
Cross	1	—	Cloth and silk thread
Rosaries	5	—	Wood, bone
Discipline	1	—	Hemp yarn
Host box and cover	1	—	Host Box: brass. Cover: leather, beads
Reliquary	1	—	Brass and tortoiseshell
Pieces of medal	6	—	Gilt bronze
Saddle tree	2	138, 139	One is made of wood, iron and leather, another is made of wood
Stirrups	3	149, 150	One pair: brass. One pair : Iron with silver inlay
Curb	2	162	Iron, Lacquered
Shiode (Japanese)	1	176	Circular metal things for holding breast-plate and crupper together. A set of four
Nogutsu (Japanese)	1	168	Metal parts that attach to end of saddle blanket. A set of two
Mantle and Trousers	1	191	Green colored wool. The latter could be trousers
Tapestry	1	192	Color on silk. Made in China
Striped cloth	1	—	Cotton
Short sword and dagger	2	118, 122	The former is kastane from Sri Lanka. The latter is kris from Indonesia
Seals	2	—	Ivory and wood
Metal fittings	10	—	Gilt bronze

Strictly speaking, it is only the Certificate of Citizenship of Rome Conferred to Tsunenaga Hasekura that we can certifiably say was brought to Japan by the Keicho-era Mission. According to records from that time, we can also consider two portraits (第68図, p.188) and two swords (第5図, p.98) to be articles brought by the mission. However, other than the fact that they had been managed by Sendai's Office in Charge of Persecuting Christians during the Edo period along with the portraits, swords and citizen certificate, there is no unequivocal evidence that the remaining 42 articles were connected with the mission. According to the results of research by art and clothing historians, the Madonna and Child (第69図, p.189), the chasuble (第70図, p.189), the medal (第71図, p.190), the mantle and the trousers (第72図, p.191) and the tapestry (第73図, p.192) were likely brought to Japan by the mission.

The materials related to Christianity and equestrian tools are characteristic of materials related to the Keicho-era Mission. However, research on the equestrian tools has yet to take place. In addition, there has been almost no research on the two swords given to Masamune Date by Tsunenaga Hasekura. Because research on the materials has been conducted by art historians and clothing historians, the equestrian tools and the swords were outside the scope of their research.

It is necessary to determine the date and origin of the equestrian tools and the two swords through archeological research. Based on the results of such research, we can then begin to consider whether or not they are related to the mission.

There are still many materials that require basic research to be done on them.

Chapter 2. Basic knowledge of the two swords included in the materials related to the Keicho-era Mission to Europe

In 1789, Tozo Sato (1747-1802), a vassal of the Date clan and keeper of its swords, compiled a list of swords and spears owned by the family in the *Kenso Hiroku* (The Confidential Records of Swords and Spears). In it is a description of the two swords Tsunenaga Hasekura brought in Japan from abroad and gave to Masamune Date. This description was based on information relayed by Tessyu Hino and Kaikyu Tomizawa who were in charge of managing the swords of the Sendai Domain in the late 17th century, which makes the description highly trustworthy. One sword is a Sri Lankan kastane and the other is an Indonesian kris. I will refer to the former as the "Sendai kastane" and the latter as the "Sendai kris".

The overall length of the Sendai kastane is 53.2 centimeters and weighs 528 g (第10図1, p.118). The hilt is 11 cm in length and made of ivory with a carving of a singha, or lion (第10図2, p.118). The knuckle-guard, quillon and finger-guard are all made of brass and have ornamental carving. The tips of the knuckle-guard and finger-guard are carved with a serapendiya, or mythical bird with a lion's head (第10図2, p.118). The original scabbard is missing and the length from its point to shoulder is 40.2 cm. The blade has a single edge with a flat backside and no foible. A mythical animal with its mouth open is carved between the false edge and the back (第10図6, p.118). On one side of the ricasso is a silver inlay of a cross, crown and the letter 'N'; the other side shows a silver inlay of a plant or a flower placed in a vase (第10図8・9, p.118 and 第11図, p.119).

The sword was produced before 1620. As is common with swords of the Kotte period in Sri Lanka (1415-1597), the blade of the Sendai kastane is straight. The silver inlay of the letter 'N' indicates that there were relations with Portugal. It is believed that a Sinhalese sword smith produced the sword at the request of a Portuguese official.

The Sendai kris is 51.1 cm long and weighs 354 grams (第13図, p.122). The scabbard is 40.8 cm long and weighs 68 grams (第13図, p.122). It consists of a straight blade known as *sarpa tapa*, or snake in meditation.

The hilt is a wooden carving of human figure and is 10.4 cm in length (第16図1・2, p.124). The figure exhibits a hairstyle called *gulung centung* in Java (第16 図 2, p.124). The buckle of the waistband shows the head and the fingers of a raptorial bird (第16図3, p.124). The figure is in a *lalitasana* position. Eight red precious stones are fitted in the *selut*, a metal part that catches onto the base of the Sendai kris's hilt (第16図4, p.124).

The hand-guard of the kris, called a *ganja*, is shaped like a lizard that symbolizes agility. The hand-guard of the Sendai kris is 9cm in length and is decorated with 16 precious stones (第17図, p.125).

The scabbard of the kris, called *wrangka*, consists of three basic parts that fit together to make the scabbard: the *gambar*, the *gandar* and the *pendok*. However, there is another type of scabbard that is comprised of just one piece, called a *wrangka iras*. These were produced before 1800. The scabbard of the Sendai kris is a *wrangka iras*. On the scabbard are drawn mountains, a snake, dragonflies, a wolf, a bear, an elephant, birds and flowers (第19図, p.127). The pattern of the scabbard exhibits characteristics of *alas-alasan* style. Furthermore, there is a another characteristic motif which shows two arrows going through a heart (第21図, p.130).

Judging from the characteristics of the Sendai kris, it is believed to have been produced somewhere between the eastern part of Java to Bali. The motif of two arrows going through a heart is the same as the crest of the Augustinian monastic order (第22図, p.130). Portuguese ships engaged in the spice trade often called at Javanese ports on their way to the Moluccas. Goa was the greatest Portuguese colony in Asia. When considering the area of its production, it is likely that the Sendai kris has stronger relations with the Augustinian monastic orders than those of the Philippines.

Augustinians arrived at Goa in 1572. Tsunenaga returned to Japan with the Sendai kris in 1620. Therefore, it is thought that the kris dates back to sometime between 1572 and 1620.

Chapter 3. Basic knowledge about the equestrian equipment included in the materials related to the Keicho-era Mission to Europe

The equestrian equipment included in the materials related to the Keicho-era Mission to Europe consists of two saddle trees, a pair of stirrups and another single stirrup, two curbs, a set of shiode and a pair of nogutsu. However, until now they have not been studied.

There are two types saddles in the collection. One is made of wood covered in leather and the other is made of wood. The former I will refer to as 'saddle A' and the latter as 'saddle B'. The pommel of saddle A is 39.5 centimeters and the cantle is 35.1 centimeters in height. From the top of the pommel to the top of cantle is a span of 41.7 centimeters. The pommel and cantle are connected by two iron plates of that are 0.6 centimeters thick and 4 centimeters in width. Both have several rivets as well as scratches from rivets. Because of similarities between saddle A and those in Diderot & D'Alembert's *L'Encyclopedie* (第25図1-3, p.140) and François Robichon de la Guéinière's *Ecole de Cavalerie* (第26図1, p.141), it is thought that saddle A was made in Europe.

There are two areas which must be taken into consideration for when estimating a date for saddle A: the first is the bands which are nailed and attached to each side of the saddle-bows and the second is the way in which the front and back of cantle rise up. In his 1733 book *Ecole de Cavalerie*, La Guéinière described the materials of the bands as varying from iron to wood. Because such iron and wooden bands were used in Europe during the 17th century, it is likely both were in existence at this time. When comparing the rising phase of cantle of saddles from the 17th century (第29図4-6, p.143) with those from the 18th century (第26図3, p.141), it can be seen that the former was higher than the latter. Thus saddle A resembles those from the 17th century. There is also a rounded projection on the top of the pommel of saddle A which is similar to ones on saddles from the Ottoman Empire (第30図, p.145). Starting in the 16th century, there was a great interest in Turkey in the rest of Europe, which first peaked after 1600. The circular projection of saddle A shows the influence of the Turkish saddles and helps us to date it somewhere between the fourth quarter of the 16th century and the middle of the 17th century.

The saddle B is made of zelkova wood. Its pommel and cantle are 24.7 cm and 23.1 cm in height respectively. The distance from the top of pommel to the top of cantle is 39 cm. There is a slight indentation in center of the pommel. The bands are 43 cm long and 13.5 cm wide. There are 18 circular holes approximately 7 millimeters in diameter where string was used to fix the pommel and cantle to a board, as well as one square hole measuring 5.5 cm × 1.5 cm for stirrup leathers. There are two points that must be grasped in order to ascertain the area where saddle B was produced: the first is pointed shape of the band, and the second is the method with which the pommel and cantle were stabilized. Saddle B is characterized by the wideness of the band's tip, a form that is generally seen in the part of Asia that is east of Turkey. The method in which the saddle-bows and bands are affixed with string is seen in China, Korea and Japan. From the above, it is believed that saddle B was produced in East Asia, and more specifically in China.

Next I will consider the date of saddle B. The center of the pommel of saddle B exhibits a slight indentation, a style that was predominantly used during the Ming Dynasty (1368-1644). A similar saddle can be seen in a drawing in the Bao Ning temple in the Shanxi province of China that is dated to sometime after 1460 (第32図1, p.147). However, the same type of saddle can also be seen in a picture from the mid-17th century which the National Museum of China possesses. Based on this, saddle B is estimated to date from somewhere between 1460 and the mid-18th

century (第32図2-6, p.147).

There is also a pair of stirrups made of brass and a single stirrup made of iron. I will refer to the former as stirrup A (第34図, p.149) and the latter as stirrup B (第36図, p.150). Stirrup A is 16.2 centimeters high and 6.1 centimeters wide. There is a shell-shaped projection in the front central part of the tread. The outside of the branch is decorated with a relief (第35図, p.149). A pair of stirrups with a relief closely resembling that on stirrup A is printed in *ÉPERONNERIE ET PARURE DU CHEVAL* (Boiselière 2004) (第38図1 p.152). It has a projection like stirrup A and is of Italian manufacture. It was formerly in the collection of Frédéric Spitzer (1814-1890), a French art collector and dealer. In addition, there is a similar stirrup in the Hofjagd-und Rüstkammer des Kunsthistorischen Museums in Vienna (第38図2, p.152). Furthermore, stirrups with reliefs that resemble stirrup A can be seen in pictures from the 17th century (第39図1-4, p.153).

Reliefs similar to that of stirrup A can be seen in works from the 16th century (第40図1-4, p.154). These are all characterized by motifs that are layered upon each other without consideration for gravity. This characteristic is common in candelabrum (第40図1, p.154) as well as the grotesque (第40図2-4, p.154) in art history. Works in which candelabrum displayed qualities of the grotesque were produced mainly in the 16th century.

From the above, the date of stirrup A is presumed to be somewhere between the late16th century and the early the 17th century, and it is believed to have been produced in Italy. Judging from contemporaneous works, we can assume that it was for the use of royalty and titled nobility or dignitaries of high rank.

Stirrup B is made of iron, and is ovular in form. It is 18.7 cm high, and its surface exhibits quite a bit of rust. There is small iron ball attached to it. There are silver inlay patters covering the whole of its surface. But due to the rust, we can see these only partially. A peacock, a Chinese phoenix and peonies are drawn on the outside of the branch in silver inlay (第37図1-3, p.151). There is also a silver inlay of two lions playing with an embroidered ball on the outside of the tread (第37図4, p.151).

In China, there are stirrups that similarly have a small metal ball attached (第41図1-4, p.155). The motif of two lions playing with an embroidered ball was used often in China during the 16th century (第42図1-4, p.156). It is thought that the silver inlay decorating the stirrup's surface is of a high grade. From the above, it may be said that the stirrup B was made in China in the 16th century.

Bits are generally classified as either small (a snaffle) or large (a curb). Snaffles have traditionally been used in East Asia rather than curbs. In the Edo Period records of the Sendai Domain's Office in Charge of Persecuting Christians, the record of two curbs describes them as being like bits (第43図1, p.158 and 第47図p.162), because curbs were not used in Japan and had never been seen there before. The branch and the cannon of the two curbs (A and B) resemble those in seen in *Cavallo Frenato,* which was published in Italy in 1602 (第48図1, p.164). Their watering chains resemble those of two bits from the 16th century (第48図2・4, p.164). Over time, the length of the curbs' branch tended to grow shorter. The lengths of these curbs are about the same as those dating from the early to the middle 17th century. For these reasons, it is thought that these two curbs were made in Europe, and probably in Italy, sometime between the late 16th century and the early 17th century.

Nogutsu are metal parts that prevent the saddle leather from being rubbed damaged and are peculiar to the Japanese harness (第51図, p.167). The use of *nogutsu* in Japan began in the13[th] century. However, the shape and construction of *nogutsu* differ depending on what era they are from. This style of *nogustu* (第52図, p.168 and第53図15, p.170) first appeared after the 16th century and was used until the mid-19th century.

The *shiode* (第59図, p.176) part of the harness is a set of four ring-shaped pieces that bind the ends of the breast-plate to the crupper. This kind of equestrian gear does not exist outside of Japan.

Chapter 4. The position of the Materials related to the Keicho-era Mission to Europe in history

Among the 47 items in the collection, the only written material is the Certificate of Citizenship of Rome that was conferred to Tsunenaga Hasekura. Therefore, we will first examine the 46 non-written items to clarify our understanding about the time and the space they inhabited. Based on this examination, it will become possible to consider whether or not these materials are related to the Keicho-era Mission to Europe.

Researchers agree that the portrait of Tsunenaga Hasekura was produced during his was in Rome between October 25, 1615 and January 7, 1616. However, opinions differ about who the painter of the portrait might have been. Kristhina Herrmann Fiore attributed the portrait to Antonio Scalvati (1557-1622) who primarily drew portraits of Pope Paul V.

Among the items in the collection that are related to Christianity, research is being conducted into the date and area of production of the following: a Rosario Madonna and Child, a chasuble, a cross and a medal. The Madonna and Child (第69図, p.189) is oil on copperplate and is 30.2 cm in height and 24.2 cm in width. According to the researcher Kiezo Kanki, it was an item used in personal rather than public worship, and it was produced for export in the Philippines in the 17th century by a non-Christian overseas Chinese. Based on this, it is possible that Tsunenaga purchased it for personal use while in the Philippines. As pointed out by the

Table 3: The dates and the areas of origin of the swords and the harnesses included in the Materials of Keicho-era Mission

Category	Item	Date of manufacture	Area or country of origin
Swords	Kastane	16th century -1620	Sri Lanka
	Kris	1572-1620	Eastern Java or Bali
Harnesses	Saddle A	The end of 16th century-the mid-17th century	Western Europe
	Saddle B	The late 15th century.-the mid-17th century	China
	Stirrup A	The late 16th century- the early 17th century	Italy
	Stirrup B	16th century	China
	Curbs	the early 17th century	Europe (Italy)
	Nogutsu	The late 16th century-19th century	Japan
	Shiode	16th century- 19th century	Japan

researchers Teruko Saito and Reiko Shibasaki, the chasuble (第70図, p.189) is of a Baroque style. Later, Masako Yoshida's research indicated that it might have been made in China for export to Europe during the 17th century. As for the medal and the cross (第71図, p.190), Hitomi Asano has conducted research on these items. The ovular medal is made of bronze and measures 10.8 cm along its long axis and 7.5 cm along its minor axis. The cross is made of lacquered wood and is 11.6 cm in width and 19.3 cm in height. Because of the lacquering, Asano believes that it was probably not made in Europe. However, she believes that the medal was probably cast in Italy sometime between the late 16th century and the 17th century.

I have already considered in detail the dates and the areas of production of the swords and the equestrian materials. Here, I summarize them in Table 3.

Among the textile items, research has been conducted on a mantle and a pair of trousers (第72図, p.191). Kazuko Inoue and Shigeko Toyohara pointed out that the cloth and braiding of these two items were the same. They also postulated that what was thought to be trousers is actually a piece of equestrian apparel similar to a skirt. They also stated the area of production to be either Europe or Mexico. Masako Yoshida concentrated on the collar of the mantle. Based on the fact that European mantles did not have collars until after the 1570s, she was able to state that the mantle dates to sometime after the 1570s.

The colored tapestry (第73図, p.192) is made of silk and is 207.5 cm long and 134 cm wide. The picture drawn on it is of an oriental style. There are Chinese characters written on the back lining, indicating that tapestry was made in China. From the style of dress of the people appearing in the tapestry, we can estimate the period in which it was created.

The ruff was popular between the late 1560s and the early 1660s in Europe. However, it was only between the 1570s and 1630s that large ruffs became popular. Because the tapestry was made in China for export to Europe, it can be assumed that the time of its manufacture was

Table 4: The place of origin of the articles included in the Materials of Keicho-era Mission

Area	Country	Item
Europe	Italy	Certificate of Citizenship of Rome Conferred onto Tsnenaga Hasekura
		Portrait of Pope Paul V
		Portrait of Tsunenaga Hasekura
		Stirrup A
		Medal
	Unknown	Saddle A
		Curbs
		Mantle and Trousers
Asia	Japan	Nogutsu
		Shiode
		Lacquered Wooden Cross
	China	Saddle B
		Stirrup B
		*Chasuble
		*Tapestry
		*The Madonna and Child
	Indonesia	*Sendai kris
	Sri Lanka	*Sendai kastane

Note : Items marked * are made in Asia, but are related to European goods.

The collection of materials related to the Keicho-era Mission to Europe can classified as roughly either European or Asian in origin (Table 4). Amongst the materials in table 4, we must pay particular attention to the *nogutsu* and the *shiode*. Because these are artifacts unique to Japan, we can assume that the mission did not introduce them to Japan on their return. It is also highly possible that the lacquered wooden cross was made in Japan. Saddle B and the stirrup B are both from the Ming period. According the records from the early 17th century, the saddle and the stirrup were not included in exports from China to Manila. Therefore, the envoy was less likely to obtain the saddle B and the stirrup B in Manila. There is strong evidence that other than the *nogutsu*, the *shiode*, the lacquered wooden cross, saddle B and stirrup B, all the materials listed in Table 4 were brought back by the mission.

contemporaneous with the popularity of large ruffs.

Chapter 5. The historical significance of the materials brought back by the Keicho-era Mission to Europe

The Sendai City Museum possesses the 47 materials related to the mission as one collection. Amongst the foreign articles included in the collection are artifacts produced in areas far from the mission's route which are difficult to conclusively link with the envoy directly.

Furthermore, it is necessary to pay attention to not only the areas where they were produced, but also the administrative bodies in the Edo period. The portrait of Pope Paul V, the Sendai kris and the Sendai kastane were managed directly by the Date family, but the remaining articles were managed by the Sendai Domain's Office in Charge of Persecution Christians. When analyzing the mission via the articles, we must first of all consider the articles that were managed by Date family as especially important because it was the Date family who dispatched the mission. After that, we should use the articles that were managed by the Office in Charge of Persecution Christians because there is a good possibility that they were personal items of Tsunenaga Hasekura that were singled out for confiscation by the Sendai Domain.

One of the objectives of the mission was to have an audience with the Pope, showing that Masamune Date regarded him as an important person. It is highly possible that the portrait of the pope was given to Masamune Date by the Curia Romana. Although the Sendai kastane and Sendai kris originate from areas that are far away from each other, they share three common characteristics. Firstly, although they are Asian in origin, they were produced in areas that deviated from the mission's route. Secondly, they both bear either European letters or a Christian motif. And thirdly, compared to similar articles, these swords are of high quality. Judging from these three commonalities, it is believed that these two swords were brought not by an envoy from Asia, but by one from Europe.

King Felipe III of Spain, who was another person who Masamune held as being of consequence, inherited the vast collection of his father Felipe II. He gave his mother-in-law Maria Anna of Bavaria (1551-1608) a kris included in the collection (第78図, p.209). Because a kastane can be seen in the equestrian portrait of Colonel Alexander Popham (1605-1669) which dates from the third-quarter of the 17th century, we know that they were brought to Europe before the 17th century. If we consider these facts together, it is plausible to think that these two swords were given to Masamune Date by King Felipe III. By giving these two swords to Masamune, King Felipe III was able to demonstrate that his influence extended beyond the Pacific area of the Far East, into the territories of the Indian Ocean.

The portrait of Tsunenaga Hasekura, the chasuble and the medal are included in the Christianity-related articles that were managed by the Office in Charge of Persecuting Christians. It would not have been possible for ordinary Christians to own these items. Because the pope authorized Tsunenaga to establish a private oratory, it is thought that he was given special permission enabling him to own these articles.

Saddle A, stirrups A and the curbs are very likely articles that were made in Italy. Looking at the age and area of their production, we can consider them together as comprising one set of equestrian gear. We can also assume that they were used by a member of the upper class, possibly at the ceremony commemorating the envoy's arrival in Rome on October 29, 1615. On this occasion, Tsunenaga Hasekura, his family and his descendents were all conferred knighthood by the pope. For this ceremony, Tsunenaga rode a horse provided by the Roman Curia. From this, we can consider it possible that Tsunenaga received saddle A, stirrup A and the curbs from Roman Curia on this occasion.

Saddle B and stirrup B are foreign articles, but they were not brought into Japan by the envoy. They belong to Ming Dynasty of the 16th century.

The historical event that linked this 16th century Ming saddle and stirrup with Tsunenaga Hasekura was the Bunroku War (1592-1593). The Bunroku War was a military campaign on the Korean peninsula lead by Hideyoshi Toyotomi with the aim of conquering Josen Dynasty Korea, and subsequently Ming Dynasty China. On Hideyoshi's orders, Date Masamune stationed troops in Korea from May 13 until October 5, 1593. At this time, Tsunenaga was also on the front. The Ming forces that supported the Korean forces had drums on which a embroidered ball and two lion were drawn (第79図, p.211). This motif is also seen on stirrup B. In addition, the saddles used by the Ming forces also exhibited a dent in the central part of the pommel (第80図, p.211), just like saddle B. From this we can conclude that that Tsunenaga obtained saddle B and stirrup B during his time in the Bunroku War.

Part Three. Archaeological study of materials connected to the Keicho-era Mission to Europe

Chapter 1. Burial goods of European origin discovered at Zui Ho Den (the mausoleum of Masamune Date)

Masamune Date died on June 27, 1636 at the age of 69. We know that he was aware that his death was near because on February 7, 1636, he handed to his retainer the farewell poem that one traditionally writes near the time of one's death. Further, on May 22, 1636 he visited a hill approximately 900m southwest of Sendai Castle where he planted his cane to indicate the place where he should be buried.

Masamune's mausoleum, Zui Ho Den, was completed on December 12, 1637. However, the mausoleum was destroyed in a fire caused by an air strike in July 1945. To obtain basic information on how to go about reconstructing it, an excavation was carried out from September 25 until October 15, 1974. During this excavation, they found not only Masamune's remains, but also many burial goods in the stone chamber. The most striking articles found in Masamune's grave are articles thought to bear some relation to Europe, for example pencils, a case for writing brushes embedded with glass, and silver and gold articles. The black lead of the pencil was imported, while the body of the pencil was made in Japan of bamboo and Japanese cypress (hinoki) with the same method that is used to make Japanese writing brushes. The writing brush case is fitted made of lacquered wooden with flat glass embedded in it. However, sufficient studies on the silver and gold artifacts have yet to be conducted.

The silver article (第82図, p.221) is 4.5cm in height, 4.2cm in width and has a ring attached that is 1.1cm in diameter. The excavation report regarded it as a European article, probably a

Summary of Archaeological Study on the Keicho Era envoy to Europe (1613-1620)   343

pendant. Other researchers do not think that it was a pendant, but some kind of metal handle. However, there are no concrete evidences to support these opinions.

Masamune lived from the late 16th until the early 17th century; therefore our study of the articles found in his tomb should begin by looking for items dating from this time that resemble the silver artifact. Similar metallic items found in Europe and America seem to have some relation to items discovered in Asia (第83図, p.223). By looking at contemporaneous portraits, we were able to identify what these items were used for (第86図, p.226, 第89図, p.227). The silver artifact is a double loop oval sword belt hanger and was not a kind of ornament, but an accessory of a weapon.

The gold artifact found amongst the burial goods in Masamune's mausoleum (第94図, p.233) was not common in Japan during Masamune's lifetime. Based on a portrait of the British actor Edward Allen (1566-1626, 第95図, p.234), the excavation report concluded that it was produced between the 16th and the 17th century as a men's brooch. However, in this portrait the 17th century actor was dressed in the 14th century costume of Timur (1336-1405), so the broach in the portrait was likely of a 14th century design. Indeed, this type of broach was called a ring broach and was widely used in Europe from the 12th century to 15th century.

This gold artifact was not a common object in the beginning of the 17th century, and there is no apparent reason why an object that had not been popular for 150 years was buried with Masamune in his grave.

The burial goods in the Masamune's grave were mostly made in Japan and China and can be roughly divided into three categories: weapons, armor and ornamental accessories and cosmetic tools and writing instruments. The burial goods related to Europe are fall into these three categories: the silver artifact is a weapon, the gold artifact is an accessory, and the pencil and the Japanese writing brush case are writing instruments.

Because Masamune chose his burial place himself, there is a good possibility that he chose the burial goods for his tomb as well. Masamune had sent the envoy to Mexico, Spain and Rome in order to establish Sendai as the center of Japanese trade with Mexico, but this did not happen. Therefore he might have chosen burial goods that were Japanese, Chinese and European in origin in the hopes that trading relations between these countries would be realized in the afterlife. We can assume that Masamune had high expectations for trade relations with Mexico by considering the burial goods that seen related to Europe.

Chapter 2. Gorinto, located in the Narai area of the Yoshida District of Taiwa Town, Kurokawa County, Miyagi Prefecture

On the right bank of the Yoshida River in the Narai area of the Yoshida District of Taiwa

Town, there are three gorintos, which are tower-like stone memorials or gravestones. Gorintos are made up of five stone elements that have been stacked vertically to create an almost tower-like shape. This type of stone monument was made not for civilians, but was reserved for those of the samurai class.

It is said that one of the gorintos in Narai is the grave of Tsunenaga Hasekura (1571-1621/22). In order to ascertain whether or not this is indeed the case, it is necessary to establish what period they date from. However, because no letters have been carved into the gorintos in question, it is impossible to date the structure by looking at inscriptions in the stone. Therefore we must grasp the period by looking at the typology of the structure.

By looking at nearby gorinto that bear structural similarities, it was possible to estimate that the gorinto was made in the early 17th century. This time period corresponds to the date of Tsunenaga's death, so it is chronologically possible that this gorinto is indeed Tsunenaga's grave stone.

In 1577, Tsunenaga was adopted by Tokimasa, the elder brother of Tsunenaga's natural father, Tsunesige. Afterwards, Tokimasa had a son of his own. Thus, to allow both his adopted son Tsunenaga and his biological son to succeed him, he split his fief which had a crop yield of 1440 koku of rice (one koku has a volume of approximately 180.39 liters or 6.37 cub. ft., which was equivalent to one person's annual rice consumption) into two fiefs, each producing 720 koku of rice. According to genealogical record of the Hasekura family that was made in 1773, Tsuneshige, lived in the village of Tomiya-Shimonohara in Kurokawa County. However, there was no village with this name in Kurokawa County during the Edo period, but there was an area in the village of Yoshida in Kurokawa County that was called Shimonohara. The place where the gorintos are located was either a part of or was next to Shimonohara. Therefore, it is thought that they are likely the grave of Tsuneshige.

Around September 1612, for acting in what he considered an insolent manner, Masamune ordered Tsuneshige to commit seppuku, a form of Japanese ritual suicide by self-disembowelment that was originally reserved for samurai. As his son, Tsunenaga was considered complicit in Tsuneshige's crimes, so Masamune confiscated Tsunenaga's fief.

Shortly after, under the advice of the Franciscan Luis Sotelo and with the permission of Tokugawa shogunate, Masamune decided to build 500 tons ship for dispatch to Mexico. By the beginning of May 1613, the construction of this vessel was in full swing. About two weeks later, Sotelo told Masamune that it was necessary to dispatch envoys to Spain and Rome as well as Mexico. He therefore had to quickly select members for this new envoy to Europe.

It was under these circumstances that Tsunenaga was selected for the envoy to Europe. As a result, he regained the fief that Masamune had confiscated. This land was located approximately 100km from Sendai Castle; however he was also given a new fief close to Sendai Castle. Because Masamune selected Tsunenaga to be a member of the mission, the guilt that he inherited from his father's crimes was absolved. Although Tsuneshige had a large fief in Kurokawa County, it was confiscated by Masamune, but it is probably the case that Tsunenaga was given land that was previously a part of his father's fief. The distance from his father's land in Shimonohara in Yoshida Village to Sendai Castle was approximately 20km, so it is possible that Tsunenaga's new fief included the area of Shimonohara and that he lived in what had been the house of his natural father.

Tsunenaga returned to Japan in 1620, and it is thought that on his return he came to live in Shimonohara. He died in 1621 or 1622 and his son Tsuneyori inherited his fief. Tsuneyori was later executed in 1640 because his younger brother and his servants were Christians. From the evidence laid out above, I have come to conclusion that the gorintos in Narai were erected by Tsuneyori for people such as his grandfather Tsuneshige and his father Tsunenaga.

I would like to acknowledge and thank Ms. Pamela Taylor of Sendai Municipal Sendai Taishi High School for her assistance in creating the English summary.

著者略歴

佐々木 和博（ささき かずひろ）

　1949年 宮城県生まれ

　1973年 國學院大學文学部史学科卒業，1975年 明治大学大学院文学研究科修士課程修了

　市立市川博物館（現，市立市川考古博物館）学芸員，仙台市博物館学芸員を経て

　現在，仙台市立仙台大志高等学校教諭ならびに宮城教育大学・東北学院大学非常勤講師

主な論文

「松平定信の古瓦収集」『王朝の考古学』（1995年，雄山閣出版），「『府土万葉』における多賀城跡の認識とその評価」『古代東国の考古学』（2005年，慶友社），「慶長遣欧使節とインド洋世界（試論）」『フィールドの学―考古地域史と博物館―』（2002年，白鳥舎），「伊達政宗墓出土の欧州様式銀製品」『國學院大學考古学資料館紀要』20輯（2004年，國學院大學考古学資料館），「国宝・慶長遣欧使節関係資料における鐙の系譜と年代」『地域と文化の考古学』Ⅱ（2008年，六一書房）

慶長遣欧使節の考古学的研究

2013年10月10日　初版発行

著　者　佐々木　和博

発行者　八木　環一

発行所　株式会社　六一書房

　　　　〒101-0051　東京都千代田区神田神保町 2-2-22
　　　　TEL　03-5213-6161　　FAX　03-5213-6160
　　　　http://www.book61.co.jp　　E-mail info@book61.co.jp
　　　　振替　00160-7-35346

印　刷　藤原印刷　株式会社
装　丁　篠塚　明夫

ISBN978-4-86445-034-8 C3021　　Ⓒ Kazuhiro Sasaki 2013　　Printed in Japan